고신선교 70년史

고신선교 70년史

고신선교 70년史 편찬위원회

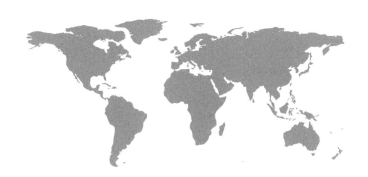

대한예수교장로회
고신총회세계선교회

목차

고신선교 70년史

고신선교 70년史

남일우
고신총회세계선교회 이사장

　우리는 과거를 잊지 않고 미래를 위한 도약대로 삼고자 기념비적인 『고신선교 70년史』를 발간한다. 대다수의 사람은 무언가를 기념하고자 한다. 동생을 죽인 가인도 자신의 성을 쌓고 그의 아들의 이름을 따라 그 성의 이름을 에녹이라고 지었다(창 4:17). 또한 사람들은 자기의 이름을 남기기 위해서 바벨탑을 쌓기도 했다(창 11:4). 이는 부정적인 측면이다. 그러나 기념에는 긍정적인 측면도 많다. 주님께서는 우리를 구원하시고 그 놀라운 은혜를 잊지 않도록 절기를 정해 주셨다. 12지파를 상징하는 12돌로 된 기념비도 요단강 한 복판과 길갈에 세우게 하셨다. 하나님이 홍해를 육지같이 건너게 하셨던 것처럼 요단강도 물이 넘칠 때에 오히려 마른 땅으로 만들어서 건너게 하셨다. 이 사실을 잊지 않고 다음 세대에게 전달하게 하셨다. 여기까지 도우신 에벤에셀의 하나님을 우리는 결코 잊을 수 없다. 시편 기자는 주님의 은혜를 이렇게 노래하며 찬양했다. "주를 두려워하는 자를 위하여 쌓아두신 은혜 곧 주께 피하는 자를 위하여 인생 앞에 베푸신 은혜가 어찌 그리 큰지요"(시 31:9).

　지난 70년 동안 고신총회에서 파송한 선교사들을 통하여 하나님께서는 큰 은혜를 베풀어 주셔서 많은 열매들이 선교현장에 남겨져 있다. 그간 KPM은 2천 5백억 원이 넘는 선교비를 열방 가운데 흘려보냈고, 현재도 500명 이상의 선교사들을 57개국에 파송하고 있다. 후원한 교회들은 수고한 물질을 아낌없이 보냈고,

숱한 기도의 눈물과 함성으로 주님께서 맡기신 사명을 감당해 왔다. 70주년을 과거 역사 속으로 흘려보내면서 우리는 다시 한번 미래를 위하여 새 비전을 가지고 도약할 수 있는 발판을 마련하고자 한다. 주님께서 지금까지 함께하신 모든 은혜를 이 책에 담았다. 다음 세대들에게 큰 감동과 울림이 될 수 있기를 간절히 기도한다.

축사

정태진
대한예수교장로회 고신총회 총회장

고신총회세계선교회(KPM)가 설립 70주년을 맞이하여 『고신선교 70년史』를 발간하게 된 것을 진심으로 축하하며, 지난 70년 동안 함께하신 하나님의 은혜와 인도하심에 감사드린다.

1957년, 고신총회는 하나님의 부르심에 응답하여 개혁교회 건설이라는 분명한 신학적 정체성과 사명을 품고, 김영진 목사를 대만에 파송함으로써 세계선교의 첫 발걸음을 내디뎠다. '오직 말씀으로, 오직 믿음으로, 오직 은혜로'라는 종교개혁의 정신을 따라 시작된 이 사역은, 이제 하나님의 놀라운 역사 속에 세계 각지에서 꽃을 피우고 있다.

KPM은 현재 세계 57여 개국에 걸쳐 493명의 선교사를 파송하고, 선교지마다 말씀 중심의 개혁주의 신앙을 기반으로 한 건강한 교회 건설, 현지인 리더 양성, 신학교 설립, 의료·교육·문화 선교 등 다양한 영역에서 복음을 전하는 귀한 사역을 감당하고 있다.

고신총회는 '개혁주의 신학 위에 세워진 선교'를 지향하며, 세속화와 다원주의가 범람하는 오늘날에도 성경적 세계관과 확고한 신학적 기반 위에서 올곧은 복음을 전하고자 노력해 왔다. 이러한 방향성은 KPM 선교의 본질을 견고히 지켜왔다.

『고신선교 70년史』는 단순한 역사 기술을 넘어, 지난 70년간 하나님의 은혜가 어떻게 고신의 선교를 통해 흘러왔는지를 되돌아보고, 시대마다 순종과 헌신으로 응답해온 선교사들과 교회의 믿음의 여정을 기록한 귀한 증언이다. 이 책은 앞으로의 100년을 준비하는 고신선교의 비전서이자, 다음 세대를 위한 신앙 교과서가 될 것이다.

그간 헌신해 오신 수많은 선교사님, 파송과 후원으로 함께 동역해온 교회들, 전략적으로 선교사를 훈련하고 돌본 KPM 본부와 실무자들, 그리고 기도와 물질로 후원해 주신 성도 여러분 모두가 바로 이 역사의 주인공이자 하나님의 귀한 동역자들이다.

우리는 70년의 은혜를 기념함과 동시에, 새로운 100년의 선교를 준비하는 중요한 시점에 서 있다. 세상은 변화하고 있지만, 하나님의 말씀은 변하지 않으며, 우리의 선교적 사명 역시 영원하다. 고신총회와 KPM은 앞으로도 복음을 전하기 위해, 철저한 기도와 준비, 말씀 중심의 교육, 건강한 리더십 양성에 힘쓸 것이며, 전 세계 열방 가운데 하나님 나라가 확장되는 일에 더욱 헌신할 것이다.

『고신선교 70년史』는 고신선교의 지난 시간을 결산하고, 앞으로의 선교적 비전을 재정립하는 기준점이 될 것이다. 각 장마다 담긴 선교사들의 이야기, 교회와 공동체의 역사를 통해 독자들은 하나님의 살아계심을 경험하게 될 것이다.

끝으로 이번 도서 발간을 위해 애쓰신 모든 편집위원과 필진 여러분, 그리고 KPM 본부 및 총회 선교위원회 관계자들께 깊은 감사의 마음을 전한다. 주님께서 여러분의 수고를 기억하시고, 그 헌신을 통해 한국교회가 다시 한번 선교의 불꽃을 붙잡고 나아가게 되기를 간절히 소망한다.

"너희는 가서 모든 민족을 제자로 삼아 아버지와 아들과 성령의 이름으로 세례를 베풀고…"(마 28:19)

고신총회와 KPM의 선교사역이 이 말씀을 따라, 충실히 세계 열방을 향해 나아가길 기도한다. 모든 찬양과 영광을 하나님께 올려드리며, 『고신선교 70년史』의 출간을 진심으로 축하드린다.

축사

재미한인예수교장로회 고신총회 총회장

　필자가 교회를 섬기고 있는 곳은 미국 동남부 조지아(Georgia) 주의 사바나 (Savannah)라는 도시이다. 이곳 사바나는 1700년대 노예무역이 성행하던 도시 였고, 성공회의 사제였던 요한 웨슬리가 복음을 전하고자 하는 열정으로 도착한 곳이기도 하다. 그는 이곳에서 영국인 정착민들과 대륙의 원주민들을 만났다. 고향 영국을 떠나서 살아남기 위해 발버둥치는 정착민들과 그들에게 빼앗긴 땅과 삶으로 분노에 찬 원주민들에게 복음을 전하는 일은 쉽지 않았다. 게다가 이곳 사바나는 아프리카에서 수입되는 노예들이 인구의 50% 이상을 차지하고 있었다. 그들은 비인간적인 조건 속에서 목화밭에 투입되어 강제노동을 하고 있었다. 청년 웨슬리는 정착민들의 욕망과 원주민들의 분노와 노예들의 처참한 삶 어느 곳에도 자신이 전하고자 하는 '고급스러운 복음'이 뿌리내리기 어렵다는 것을 깨닫는다. 그는 스스로 선교의 실패를 인정하고 다시 영국으로 가는 배를 탈 수밖에 없었다. 그가 영국으로 돌아가서 감리교 운동을 시작하게 된 중요한 이유가 그의 실패의 경험에서 왔다는 것은 이미 잘 알려진 이야기이다.

　조국을 떠나 미국에서 30년 가까이 살고 있지만 늘 감사하고 자랑스러운 것은 필자가 고신교단의 목회자라는 사실이다. 교회를 소개하거나 목회를 소개할 때 고신의 역사를 먼저 이야기하게 된다. 우리 고신교단은 한국의 역사 속에서 십자가의 흔적을 가지고 있으며 개혁주의 신학과 십자가의 순결한 신앙이 살아 있는 교단이라고 자신 있게 말한다. 이것이 얼마나 중요한지 미국에서 목회를 하면서 더욱 절실하게 깨닫는다. 성공과 번영의 흔적이 있는 신앙이 아니라 예수그리스도와 함께 십자가를 지고 역사의 질곡을 지나온 신앙이 있다는 것, 그리고 그 신앙으로 교회를 지켜온 선배들이 있다는 것이 자랑스럽다. 재미고신은 이곳 미국에서 그 신앙과 삶을 전하기 위해 노력하고 있다.

고신의 이름으로 시작한 선교가 이제 70년이 되었다. 현재 500여 명의 선교사가 세계 각지에 흩어져서 복음을 전하고 있다. 여러 교단의 선교사들이 교회를 방문할 때마다 느끼는 것은 고신의 선교는 다르다는 것이다. 고신선교가 한국사회의 번영과 한국교회의 성장을 앞세우는 선교가 아니라 우리 속에 뿌리내린 십자가의 흔적을 증거하는 선교라는 것을 확인할 수 있었다. 고신의 선교는 "한 생명을 구원하기 위해 나의 천 개의 생명을 드릴 수 있다"고 고백했던 데이비드 브레이너드처럼 우리를 구원하기 위해 이 땅에 내려오셔서 십자가를 지셨던 예수님을 닮은 삶이 있는 선교이며, 주님이 지셨던 십자가의 흔적이 있는 선교이다. 세계 각지에서 십자가의 흔적이 있는 복음을 전하는 선교사들에게 존경과 격려를 전하며, 금번 『고신선교 70년史』를 발행하게 된 것을 진심으로 축하하고 축복한다.

축사

윤중호

유럽예수교장로회 고신총회 총회장

고신총회 선교 70주년을 진심으로 축하드린다. 세계에 흩어진 주님의 백성들을 부르시기 위해 지금까지 고신총회를 사용하신 하나님께만 오직 영광을 돌린다. 언어와 문화가 다른 타국에서 수많은 어려움을 감내하며 복음 사역에 헌신하신 모든 선교사님들의 노고와 KPM의 섬김 그리고 보내는 선교사로 기도와 물질을 아끼지 않은 고신총회와 교회의 헌신에 존경의 마음을 전한다.

고신총회는 설립 초창기부터 선교사를 파송하며 선교를 시작했다. 더욱이 오직 성경과 오직 하나님께만 영광을 모토로 하는 개혁주의 신앙고백으로 무장한 선교사로 인해 개혁주의 세계교회 건설에 큰 역할을 감당해 왔다. 고신선교는 선교에 대한 헌신과 열정, 또한 선교에 대한 분명하며 올바른 정체성으로 지금까지 주님의 귀한 도구로 쓰임 받았다. 척박한 파송지에서 고신의 선교사들은 하나님께서 택하신 자들은 반드시 부르시고 칭의와 영화에 이를 것임을 믿기에, 더군다나 하나님은 전도의 미련한 것으로 믿는 자들을 구원하신다는 확신이 있기에, 지금까지 복음의 전달자로 그 사명에 묵묵히 충성을 다하였다. 고신의 교회들은 어려운 환경 속에서도 주님의 지상명령을 수행하고자 지속적인 희생과 헌신을 아끼지 않았다. 이 모든 일들이 결코 주 안에서 헛되지 않은 줄 안다. 하늘나라에서 찬양하는 각 나라 각 족속 중 수많은 무리들이 고신의 선교를 통해 구원받은 열매인 것을 확인하며 함께 기뻐할 날이 있을 줄 믿는다.

지난 70년 동안 오직 하나님께만 영광을 위해 달려온 고신선교의 흔적을 금번 『고신선교 70년史』에 담아 한국 선교역사에 또 하나의 흔적을 남기게 된 것을 진심으로 축하한다.

축사

강대흥

KWMA 사무총장, GMS 순회 선교사

고신교단의 선교사 파송 70주년을 축하한다. 이번 70주년을 기념하여 발간되는 『고신선교 70년史』는 한국교회 사료의 중요한 모델일 뿐만 아니라 고신선교의 역사와 행정을 다루므로 귀중한 역사적 자료이다. 동시에 고신선교회의 장래를 예견할 수 있는 귀한 자료이다. 특히 고신선교의 역사적 발자취를 다룬 행정과 선교정책 발전사는 후학들에게 많은 생각과 도전을 줄 수 있는 귀한 사료이다. 어린 아이가 자라면서 성인이 되기까지, 여러 가지 발전 과정을 거치게 된다. 각각의 나이에 맞게 행동해야 정상적인 어린이라고 할 수 있다. 고신교단의 선교 발전은 시기에 따라 구조가 변하고 현장의 선교역사도 발전했다. 고신선교는 초창기부터 개혁교회 설립을 주장하였다. 그래서 파송받은 모든 선교사는 시대마다 혹은 선교지 상황에 따라 약간의 변화는 있을 수 있으나, 고신선교사가 가진 고신 신앙과 동일한 개혁교회 설립이 선교 사역의 가장 중요한 목적이었다. 이와 관련해서는 고신 본부가 현지에 적합한 개혁교회 설립 관련 선교전략 개발이 나오리라 생각한다. 또한 현지 선교부 강화는 중요한 선교 이슈이다. 이와 관련하여 팀 사역과 선교사 배치 그리고 탈 중앙 집권 방식을 전략적 구조로 택하였는데 이는 모범적인 결정이라 할 수 있다. 이를 발전하기 위해서 고신선교 본부는 선교 지역 권역화 논의, 본부 중심의 행정보다는 현장 중심의 사역 구조로 나아가려는 시도 역시 높이 살 만 하다. 그러나 진정한 어려움은 역량을 갖춘 현장 선교사를 만나는 일이다. 현장 선교사로서 지역 대표, 권역 대표를 섬길 만한 분을 만나는 것이 쉽지 않기 때문이다. 고신선교부는 이를 인지하고 권역 대표로 섬길 수 있도록 선교사 훈련(교육)에 매진하고 있는데 이는 계속 장려해야 하고 총회 차원에서 후원해야 할 사역이다.

고신선교 70주년을 맞아 화두가 되는 건강한 현장 선교와 관련하여서 긍정적인 점은 고신선교는 선교사의 재정 관련 정책이 확실하고, 파송 선교사들이 고신 정신으로 무장되어 있다는 점이다. 또한 선교본부(KPM)는 멤버 케어에 정성을 기울임과 동시에 온 총회가 고신총회세계선교회와 마음을 같이하여 건강한 선교를 해보려는 의지가 있다. 이런 선교적 환경 가운데 발간되는 이번 『고신선교 70년史』는 고신선교역사 안에 더 나아가서는 한국교회 안에 선교적으로 의미가 있다. 앞으로의 고신선교를 축복하면서 건강한 선교회로서 선교적 인사이트를 한국 선교계 안에 던져 주시기를 바라면서 금번 『고신선교 70년史』 발간을 축하드린다.

머리글
고신선교 70년史를 간행하면서

이상규

백석대학교 석좌교수

이번에 『고신선교 70년史』를 발간하게 된 것을 기쁘게 생각한다. 우리가 속한 대한예수교장로회(고신)총회는 경남법통노회를 계승하여 1952년 9월 '총노회'를 조직함으로 시작되었다. 당시 고신에 속한 지역교회는 약 320여 개 교회였는데 이중 90%는 부산 경남지방에 산재한 교회였다. 그로부터 3년이 지난 1955년에는 해외선교를 관장할 선교부를 설치하였고, 1956년에는 총로회 산하에 6개 노회가 구성됨으로써 대한예수교장로회(고신)총회를 조직하게 되었다. 총회를 조직하면서 이를 기념하여 김영진 목사를 대만에 선교사로 파송하기로 결의하였다. 그러나 여러 사정으로 파송이 지체되던 중 1958년 5월에 김영진 목사가 대만으로 출국하였다. 그는 고신교회가 파송한 첫 해외선교사가 되었다. 그로부터 16년이 지난 1974년 1월에는 두 번째 선교사 유환준 목사를 대만으로 파송하였다. 이렇게 시작된 고신총회의 선교운동은 1970년대까지는 미미했으나 1980년대 이후 보다 적극적으로 추진되어 1990년대 이후 다수의 선교를 파송하게 되었다. 현재 고신총회세계선교회(KPM)는 493명의 선교사를 파송하였고, 이들은 57개국에서 활동하고 있다. 되돌아보면 이 모든 선교활동은 하나님의 사랑과 은혜의 결과이며 총회, 노회, 개교회 그리고 온 성도들의 기도와 헌신의 결과라고 확신한다.

이에 고신총회세계선교회는 이 은혜의 70년史를 단행본으로 편찬하기로 결정하고 지난 2024년 9월 권효상 교수, 이상규 교수, 조동제 KPM 본부장, 하민기 선교사 등 4인을 편집위원으로 선정하였다. 위원들은 수차례 회합하면서 편집 방향을 정하고 분야별 집필자를 선정하였다. 고신총회 선교 70년 역사 개관은 이상규 교수가, 70년 선교전략사는 권효상 교수가, 70주년 선교본부 행정사는 하민기 선교사가 집필하기로 하였고, 각종 KPM자료는 KPM본부의 연구국장(김진엽 선교사)과 행정국장(최우성 선교사)이 맡기로 했다. 편집위원회는 분담된 원고를 수합하여 원고를 상호 수정 보완하였고, KPM 본부장을 역임한 몇 분의 검토를 거쳐 이렇게 『고신선교 70년史』를 발간하게 되었다. 이번 70년史 발간을 위해서 조동제 본부장은 행정적인 지원과 자문을 해 주었다. 필자로 선정된 네 사람은 분주한 업무 중에서도 분담된 영역을 집필해 주었다. 특별히 편집위원회 총무인 권효상 교수는 편집위원회를 주관하며 이 책 출판을 위해 실무적인 수고를 감당해 주었다. 그의 헌신적인 노력이 없었다면 이 책의 출판은 어려웠을 것이다. 그리고 선교 본부의 연국국장과 행정국장, 그리고 간사들과 직원들은 필자들에게 필요한 문헌자료를 준비하고 또 이 책 말미의 여러 연표, 통계, 목록을 준비하는 등 수고를 아끼지 않았다. 마지막 교정 작업을 맡아 수고해 준 손지연 간사의 수고도 있었다.

편집위원들의 노력에도 불구하고 이 책은 부족한 점이 적지 않다고 생각한다. 그러나 이 70년史가 지난 70년을 되돌아보고 앞으로 70년, 100년, 아니 주님 오실 때까지 교회에 주어진 전도와 선교의 사명을 감당하며 교회의 본질을 지키고 교회의 사명을 감당하는 일에 작은 지침이 되기를 기대한다. 지난 70년의 역사는 역사가 오랜 서구교회에는 비견할 바가 못되지만 우리 고신총회로 볼 때는 의미 있는 70년이었고, 고난과 영광의 자취였다. 이 책을 통해 우리 자신을 성찰하는 기회가 되기를 기대하며 기도한다.

2025년 5월 30일
편찬위원회를 대표하여

제1부

고신선교 70년 개관

고신선교 70년史

제1부
고신선교 70년 개관

이상규(백석대 석좌교수)

I. 들어가는 말

대한예수교장로회(고신)는 1952년에 총노회를 조직함으로 시작되었고, 고신총회의 해외선교는 1955년 총로회에 선교부를 설치하면서 시작되었다. 이렇게 볼 때 고신총회가 해외선교를 시작한 지 2025년으로 70주년을 맞게 되었다. 1952년 9월 총노회를 조직한 지 4년이 지난 1956년에는 총로회 산하에 6개 노회가 구성됨으로써 이 해에 대한예수교장로회(고신)총회를 조직하였고, 총회 조직을 기념하여 선교사 한 가정을 대만에 파송하기로 결의하였다. 여러 사정으로 파송이 지체되던 중 1958년 5월 김영진 목사가 대만으로 출국하였다. 그는 고신교회가 파송한 첫 해외선교사가 되었다. 그로부터 40년이 지난 1995년까지 고신교회가 파송한 선교사 연인원(원주민 및 교포)은 228명에 달했고, 200명(약 90가정)의 선교사들이 아시아, 중앙아시아, 아프리카, 유럽, 남미, 북미, 오세아니아 등지에서 개혁주의 교회 건설을 위해서 활동했다.[1] 고신총회 선교 70주년을 앞둔

---

1. 고신총회가 1958년부터 1998년 7월 30일까지 파송한 선교사와 현역 선교사 통계는 「해외선교」 98(1998. 3/4) 11면에 게재된 1997년 말까지의 통계와 1998년에 파송된 선교사(5가정 9명) 수를 합한 것임.

2024년 7월까지 총 707명의 선교사가 파송되었다. 이 가운데 목사 선교사가 295가정 590명이며, 전문인 선교사가 17가정 34명, 독신 여선교사가 29명 그리고 교포, 자비량, 단기선교사가 54명이었다. 현재 고신총회는 493명을 파송했는데, 이들은 57개국에서 활동하고 있다.

교회에 주어진 가장 중요한 사명은 마태복음 28장 19-20절이 지시하는 바처럼 증거의 사명, 곧 전도와 선교라고 할 수 있다. 이 사명을 어떻게 감당했는가에 따라서 그 시대의 교회가 평가받게 된다. 어떤 시대의 교회 혹은 교회 공동체를 평가할 때 가장 중요한 평가의 규범(norm)은 그 시대의 교회가 교회의 본질과 사명을 지키기 위해 무엇을 했는가에 의해 결정된다.[2] 어떤 시대의 교회가 고난과 박해를 받아도 그것이 교회의 본질과 사명, 곧 말씀을 지키며 충성된 증인이 되기 위한 결과였다면 그것은 아름답고도 영광스러운 고난이다. 또 교회가 비록 사회로부터 비난과 멸시를 받아도 그것이 교회의 본질을 지키며 교회의 사명을 감당하기 위한 불가피한 것이라면, 그것은 가치 있는 고난이 될 것이다.

이 글에서는 지난 70년 동안 고신총회가 교회에 주어진 선교의 사명을 어떻게 감당해 왔는가를 개관하고 약술하였다. 지난 70년의 고신선교역사는 역사가 오랜 서구교회에는 비견할 바가 못되지만, 고신총회로 볼 때는 의미 있는 70년이었고, 고난과 영광의 자취였다. 이 글을 통해 우리 고신총회가 교회에 주어진 선교의 사명을 어떻게 수행해 왔는가를 확인하고 성찰하고 반성함으로써 '내일의 선교'를 준비하는 유익한 발판이 되기를 기대한다. 이 글에서는 고신총회의 해외선교의 추진과 발전 상황, 선교 실행 과정 등을 총회와 노회 그리고 개교회와 선교사 간의 상관관계를 토대로 정리하였다. 그러나 선교정책, 선교행정, 그리고 선교 지역별 상황이나 선교지에서 개별 선교사들의 활동에 대해서는 별항에서 다른

---

2. 이 점은 예수님의 지상명령(至上命令, 마28:19-20) 속에 분명하게 예시되어 있다. 이 지상명령에서는 교회가 무엇이며 교회가 해야 하는 가장 중요한 사명이 무엇인지를 밝혀 주고 있고, 동시에 어떤 시대의 교회를 평가하는 중요한 원리가 예시되어 있다. 또 요한계시록에 나타난 일곱교회에 대한 말씀 속에서도 어떤 시대의 교회를 평가하는 규범이 구체적으로 예시되어 있다. 특히 요한계시록 3장 7절 이하의 "말씀을 지키며(본질) 또 (교회의 사명에) 충성된 증인"에 대한 칭찬은 교회사의 모든 시대에서도 동일하게 적용된다.

필자에 의해 정리되었으므로 이 글에서는 간략한 대강의 역사를 기술하였음을 밝혀둔다.

II. 고신교회(敎團) 형성

1. 기독교 전래와 수용

한국과 기독교와 접촉은 오랜 역사를 지니고 있다. 그러나 개신교회와 첫 접촉은 1832년 내한하였던 칼 귀츨라프(Karl Gutzlaff)로부터 시작되었다. 화란선교회 소속 선교사로 내한하여 일시 체류한 일이 있으나 구체적인 선교의 결실을 얻지는 못했다. 그 후 만주를 징검다리로 한 서구교회와 간헐적인 접촉이 있었다. 그 결과 백홍준(白鴻俊), 이응찬(李應贊) 등이 1879년 한국인 최초로 스코틀랜드연합장로교 선교사인 매켄타이어(John MacIntyre)에게 세례를 받았고, 로스(John Ross) 선교사는 이들을 포함한 한국인들의 도움으로 1882년에는 만주에서 최초의 한국어 성경 일부, 곧 누가복음과 요한복음을 역간하게 된다. 그 후 황해도 장연군 대구면 송천(松川)에 1883년 한국 최초의 소래교회가 설립된다.

한국에서 기독교 운동이 가능하게 된 것은 1876년의 개항(開港)이었다. 개항은 외국인 선교사들의 내한을 가능하게 해 주었다. 1884년 알렌 의사의 내한과 이듬해 언더우드, 헤론 등의 내한으로 미국 북장로교회의 한국선교가 시작되었다. 1889년에는 호주 빅토리아장로교 선교사 데이비스(J. H. Davies)가 내한함으로 호주교회의 한국선교가 시작되었고, 1892년에는 미국 남장로교회가, 1898년에는 캐나다 장로교회가 각각 한국선교를 시작하였다. 그래서 미국과 호주, 캐나다에서 온 네 장로교 선교부에 의해 장로교회가 한국에 전파되었고, 이들 네 선교부는 각각 분담된 지역에서 활동했으나 연합하여 1907년 대한예수교장로회 독노회(獨老會)를 구성하였다. 독노회를 구성할 당시 장로교회는 전국적으로 984개에 달했고, 세례교인은 1만7천890명, 전체 교인은 7만 2천 명에 달했으며 한국인 목사 47명, 장로 53명에 달했다.[3] 노회가 조직되자 그해 평양의 장로교신

3.『대한예수교장로회 총회회록』, 21.

학교를 졸업한 길선주, 방기창, 서경조, 송인서, 양전백, 이기풍, 한석진 등 7인에게 목사안수를 베풀었다. 그래서 이들은 한국 최초의 장로교 목사가 되었다. 12개 신조는 공식적인 신앙고백으로 채택되었다. 노회가 조직된 지 5년 후인 1912년에는 7개 노회의 조직과 함께 대한예수교장로회 총회를 구성하였다. 이 당시 한국인 장로교 목사는 52명이었고, 장로는 125명에 달했다.

한국장로교회는 총회 조직을 기념하여 중국 산동성에 선교사를 파송하기로 결의하였는데, 그 결의에 따라 1913년 김영훈, 사병순, 박태로 목사를 중국에 파송함으로써 중국 선교를 시작하였다.[4] 이러한 선교사 파송은 후일 한국교회의 '선한 모범'으로 강조되었다. 사실 한국교회의 해외선교는 이보다 앞서 시작되었다. 이미 1907년 목사의 장립과 함께 해외선교에 관심을 가지고 이기풍(李基豊) 목사를 제주도 선교사로 파송하였다. 1908년에는 제주도에 여선교사 파송을 논의하였고, 1909년에는 이관선(李寬善) 여전도인을 파송하였다. 1909년에는 8인의 목사를 장립하였는데 그중 한 사람인 최관흘(崔寬屹) 목사를 시베리아로 파송하였다. 이 당시에는 시베리아를 해삼위(海參威)라고 불렸는데, 이곳에 거주하는 한인들을 전도하기 위한 목적이었다. 또 그해에 한석진(韓錫晉) 목사를 동경에 파송하였다. 이러한 초기 한국장로교회의 선교 의지는 계속되어 1910년 평북대리회에서는 김진근(金振根)을 서간도에 전도목사로, 1911년에는 임종순(林鐘純) 장로를 동경에 전도인으로 각각 파송토록 결의하였다. 또 1921년에는 정재덕, 최수영, 배형식 목사를 만주에 파송함으로 만주 선교를 시작하였고, 최성모 목사에 의해 몽골 선교가 시작되었다.

2. 일제하 상황과 신사참배 강요

개신교 선교사가 입국한 지 불과 25년이 지난 1910년, 일제는 한국을 강점하였고, 한국기독교는 일제의 식민통치 하에 놓이게 된다. 일제의 침략은 이른바 운양호 사건(고종 12년, 1875)으로 일본에 대한 문호를 개방했던 1876년 이후 계속

---

4. 김의환, "한국선교의 역사적 개관", 「미션저널」15(1995, 가을호), 4-13.

되었다. 1876년에 체결된 전문 12조의 병자수호조약에서는 "조선은 자주국으로 일본과 평등권을 갖는다"(1조)고 명시하므로 청(淸)의 세력(宗主權)을 배제하고자 했고, 1882년의 임오군란, 1894년의 청일전쟁, 1904년의 러일전쟁을 거치면서 조선에 대한 독점적 이익을 승인받게 되었다. 그래서 일제는 1905년 을사조약을 거쳐 1910년 8월에는 '합방(合邦)'이란 이름으로 한국을 강점하였다. 통감부는 총독부로 승격되었고 무단정치를 감행하였다.

일제의 기독교 정책은 일면 탄압, 일면 회유의 양면적인 것이었다. 1910년 당시 이미 기독교는 전국적인 조직을 갖추고 있었고, 기독교는 학교와 병원의 경영, 사회 봉사활동으로 상당한 영향력을 행사하고 있었다. 그래서 기독교를 탄압하여 그 힘을 약화시키든지, 아니면 기독교를 회유하여 식민 통치에 이용하고자 했다. 양면적인 정책이 시행되었으나 기독교에 대한 탄압은 일관되게 추진되었다. 특히 1930년대 신사참배(神社參拜) 강요를 통해 기독교 탄압은 보다 구체화되었다. 신사는 신도(神道)라는 일본의 토착종교 의식을 행하는 종교 시설물이었다. 신도란 다신론적이며 자연숭배적인 일본의 토착적인 원시종교이지만, 국조신(國祖神)이라고 하는 천조대신(天照大神)과 그 이후의 종신(宗神)을 섬기며, 또 천황(天皇)을 현인신(現人神)으로 섬기는 일종의 민족종교였다.

1935년을 경과하면서 일제가 신사참배를 요구했을 때 기독교회는 처음부터 강하게 저항하였으나 탄압이 심해지자 차츰 타협하는 교회가 나타나기 시작하였다. 천주교회와 감리교회가 공식적으로 신사참배를 국민의례라는 이름으로 수용하였고, 장로교회도 강압에 의해 1938년 9월 총회에서 신사참배를 종교행위가 아닌 국민의례로 간주하고 참배를 결의함으로써 일제에 굴복하였다. 이때부터 한국교회에는 두 가지 상반된 태도가 나타났다. 다수의 교계 인사들은 적극적으로 일제에 협력하고 친일적 배교의 길을 갔다. 소위 시국(時局) 인식이란 이름으로 행해진 기독교계의 친일행각은 암울한 역사를 엮어갔다. 1942년에는 친일적 기독교단인 '조선혁신교단'(朝鮮革新敎團)이 조직되기도 했다. 1945년 7월 20일 일제는 한국기독교의 모든 종파를 통폐합하여 '일본기독교 조선교단'이란 이름으로 흡수하여 모든 교회조직을 일본기독교에 편입시켰다.

다른 한편에서는 신사참배 강요에 저항하고, 조직적인 반대운동을 전개하였다. 주남선(朱南善), 한상동(韓尚東), 이기선(李基善), 한부선(Bruce F. Hunt) 등이 반대운동의 지도자들이었다. 이들은, 신사참배는 하나님의 계명에 반하는 우상숭배이자 개인의 신앙 양심과 신교의 자유를 억압하는 것으로 보았다. 또 그것은 교회의 순수성과 거룩성을 파괴하는 것으로 인식하였다. 신사참배 반대로 2천여 명이 투옥되었고, 주기철, 최상림, 이현속 등 50여 명은 옥중에서 순교하였다. 해방 후 26명이 평양, 대구, 부산 등지에서 출옥하였다. 그들 중 후일 고신교단과 관계된 인사들이 주남선 목사, 한상동 목사, 손명복 전도사, 이인재 전도사 그리고 조수옥 권사 등이었다.

1930년대 자유주의 신학의 대두는 신사참배 문제와 함께 한국교회에 커다란 문제를 야기하였다. 적어도 1930년대 이전에 내한한 초기 선교사들은 대부분 복음주의적인 혹은 보수적인 선교사들이었다. 그러나 주로 캐나다 선교부를 통해

<그림 1> 1945년 8월 17일 주기철 목사 사택에 모인 출옥한 교인들
뒷줄 좌-우: 조수옥, 주남선, 한상동, 이인재, 고흥봉, 손명복
앞줄 좌-우: 최덕지, 이기선, 방계성, 김화준, 오윤선, 서정환

파종된 '다른 전통'은 1930년대부터 그 실체를 드러내기 시작하였고 1934년과 35년 장로교 총회에서 문제가 되기도 했다. 1930년대까지는 자유주의 신학의 영향력이 미미하였고, 교회의 지지도 받지 못했다. 그러나 1940년대에 와서 상황은 크게 달라졌다. 보수적인 신학운동이 퇴조하고 자유주의 신학이 그 지경을 넓혀 갈 수 있는 여건이 조성되었기 때문이다. 즉 「신학지남」이 폐간되고 평양의 장로교신학교가 폐교되었고, 보수주의적인 인사들이 망명하거나 투옥되고, 선교사들은 추방되었다. 이런 상황에서 이 자유주의 신학이 전파되면서 후일 한국장로교회의 변화와 분열을 초래했다.

3. 광복과 교회 재건운동

35년간 일제의 지배하에 있던 한국은 1945년 8월 15일 광복을 맞았다. 광복된 조국에서 가장 시급한 과제는 일제하에서 범한 신앙적, 민족적 범과를 청산하고 교회 재건, 곧 영적 쇄신을 통해 새로운 교회를 건설해 가는 일이었다. 그러나 불행하게도 한국교회는 이 두 가지 과제를 수행하는 데 실패하였다. 친일 인사들은 신속한 변신을 통해 여전히 교권을 장악하였고, 교회 재건을 위한 노력은 친일적 전력을 지닌 교권주의자들에 의해 좌절됨으로써 그 이후의 한국교회에 적지 않은 문제를 야기하였는데 그것이 곧 교회분열과 대립이었다.

부연하면, 광복 후 북한에서 교회 재건과 쇄신을 위한 노력이 전개되었으나 공산정권에 의해 좌절되었고, 기독교는 다시 탄압을 받았고 오늘까지 고난받는 교회로 남아있다. 서울을 중심으로 하는 장로교 인사들은 1946년 6월 서울 승동교회당에 모여 대한예수교장로회 남부총회(南部總會)를 조직하고 배은희(裴恩希) 목사를 회장으로 함태영(咸台永) 목사를 부회장으로 선출하였는데, 이것은 일제하에서 해산되었던 치리회의 재조직, 그 이상의 의미가 없었다. 1947년 4월 18일 대구 서문교회당에서 열린 제2회 남부총회에서는 남북통일의 조속한 실현이 희박하므로 '총회'로 개회할 것을 결의하였다. 그래서 1942년 10월 16일 평양 서문밖교회당에서 열린 제31회 총회를 끝으로 일제에 의해 해산되었던 조선예수교장로회 총회를 계승하여 1946년의 제1회 남부총회를 32회 총회로 인정하고,

1947년의 제2회 남부총회를 제33회 총회로 개회하였다. 이상과 같은 교회 재건은 이름 그대로 기구적 재건에 불과했다.

한국교회에서 진정한 의미의 교회쇄신운동은 부산·경남지역, 곧 경남노회를 중심으로 전개되었다. 즉 한상동, 주남선 등 출옥한 인사들이 1946년 남하하여 회개와 자숙을 요구하고 진정한 교회쇄신을 시도하였다. 그러나 김길창(金吉昌), 권남선(權南善) 목사 등 친일 인사들의 저항과 그들이 노회 주도권을 장악하려는 시도로 인해 효과적으로 수행되지 못했다. 이렇게 친일 인사들은 교권장악을 통해 기득권을 확보하고 1949년 3월 8일 부산 항서교회당에서 기존의 교회조직을 이탈하여 사조(私租) 경남노회를 조직하였다. 이것이 한국장로교회 분열의 시작이었다.

4. 고신교회(敎團) 형성

1) 고려신학교 설립

신사참배 반대로 투옥되었던 주남선, 한상동 두 목사는 일제의 패망을 예견하고 한국교회 재건과 신학교 재건을 구상하고 있었다. 그것은 참다운 신학교육 없이는 한국교회를 재건할 수 없다는 확신 때문이었다. 광복과 더불어 석방된 이들은 이 구상에 따라 1946년 5월 신학교 설립을 위한 기성회를 조직하였고, 6월 13일부터 8월 10일까지 진해에서 제1회 신학강좌를 개설하였는데 이 강좌가 고려신학교 개교로 이어지는 신학교육의 시작이었다. 고려신학교의 정식 개교는 1946년 9월 20일이었다. 박형룡과 박윤선, 한부선 선교사가 교수로 초빙되었다. 곧 김진홍, 이상근 등이 교수로 가담하였다.

고려신학교는 개혁주의 신학교육을 통한 목회자 양성이 목표였을 뿐만 아니라 광복 후 교회 재건운동과 영적 쇄신운동의 동력원이 되었다는 점에서 중요한 의미를 지니고 있다. 특히 고려신학교 중심 인사들이 고신교단 형성의 주체가 되었다는 점에서 이 학교는 고신교단 형성의 신학적 혹은 이념적 모체가 되었다고 할 수 있다.

2) 경남노회 분열과 총회로부터 단절

앞에서 언급하였듯이 광복 후 경남지방에서는 교회 재건을 주장하는 인사들 (주로 출옥한 신사불참배론자들)과 신속한 변신을 통해 교회에서 주도권을 장악 하려는 자들(주로 친일적인 교권주의자들) 사이에 대립이 있었다. 전자는 고려신 학교 중심의 교회쇄신을 주장하였으나 후자는 교회 재건 원칙을 거부하고 정치 적으로 교회의 주도권을 장악하고자 했고, 별도의 경남노회를 조직했다. 당시 장 로교 총회는 경남노회의 문제를 정당하게 처리하지 못했다. 당시 총회는 1951년 5월 김길창 목사 중심의 경남노회 총대를 받아들이고 고려신학교 중심의 경남법 통노회 대표들을 축출하는 오류를 범했다. 광복 이후 친일파들이 기득권을 행사 하면서 반민특위(反民特委)가 와해되고 결국 민족정기를 바로잡지 못했듯이 한 국교계에도 친일 성향의 교권주의자들이 교권을 장악함으로써 교회쇄신론자들 이 도리어 탄압을 받았다. 이런 현실이 고신교단이라는 별도의 치리회 조직을 불 가피하게 만들었다.

3) 고신교회(敎團) 조직

장로회 총회에서 부당하게 축출된 인사들, 특히 고려신학교를 중심으로 한 경 남법통노회 인사들은 불가피하게 별도의 교회 조직을 설립할 수밖에 없었다. 그 래서 이들은 1952년 9월 11일 진주 성남교회당에서 총노회(總老會)를 조직하였 다. 이것이 세칭 고신파(고신총회)의 시작이 된다. 이때 발표된 총로회 설립 취지 와 목적은 다음과 같다.

취지: 현 대한 예수교 장로회 총회는 본 장로회 정신을 떠나서 이(異) 교파적으 로 흐르므로 이를 바로잡아 참된 예수교 장로회 총회로 계승하기 위하여 총로 회를 조직함.
목적: 전통적인 대한예수교장로회 정신을 지지하는 전국교회를 규합하여 통괄 하며 개혁주의 신앙운동을 하여 법통노회를 장차 계승키로 함.

이것은 예수 그리스도를 머리로 하는 참된 교회의 한 지체로서 고신의 출발이었다. 이날 선출된 임원은 회장 이약신(李約信), 부회장 한상동, 서기 홍순탁, 회록 서기 오병세, 부서기 윤봉기 (이상 목사), 회계 주영문 장로 등이었다. 이 당시 고신교단에 속한 교회는 320여 개 교회였고 이중 90% 정도가 부산, 경남지역에 위치하고 있었다.

총로회에서는 한국교회가 범한 신사참배의 죄를 자백하고 자숙하기 위한 3주간의 특별집회를 갖기로 결의하였다. 3주간의 자숙 기간을 보내고 1952년 10월 16일, '대한예수교장로회 총노회' 발회(發會)를 공식 선포하였다.[5] 총노회가 조직될 당시는 경남지역이 중심이었으나 점차 타 지역으로도 교세가 확장되었다. 1956년까지는 여섯 개 노회가 조직되었으므로 그해 9월 20일에는 대한예수교장로회 총회(고신)가 조직되었다. 이 당시 교단에 속한 교회는 568개 처, 목사는 111명, 전도사 252명, 장로 157명, 세례 교인수는 15,350명으로 보고되었다. 총로회를 조직한 교회는 이를 기념하여 대만에 선교사를 파송하기로 결의하였는데 그 결과로 1955년에는 선교부를 조직하고, 1958년에는 김영진 목사를 대만에 정식 파송하였다. 이것이 고신교단의 선교운동의 시작이었다. 고신교단은 단순히 신사참배를 반대했던 신앙적 유산만이 아니라 보다 적극적으로 개혁주의 신학의 확립과 개혁주의 교회건설 그리고 개인 생활의 순결을 강조하는 복음주의 교단으로 출범하게 되었다.

III. 해외선교 시작(1952-1979)

1. 총회 선교부 조직

고신교단이 총노회(總老會)라는 이름으로 1952년 조직되었으나 처음 몇 년간은 조직의 정비와 교회 내외의 여러 도전에 직면하여 생존의 투쟁을 전개해야 했

---

5. 이 발표된 발회문은, 이상규, 『교회쇄신운동과 고신교회의 형성』(생명의 양식, 2016), 89-93을 참고할 것.

다. 우선 정체성 확립에 몰두하지 않으면 안 되었다. 따라서 첫 몇 년간은 해외선교에 대한 아무런 준비도 없었다. 비록 고신교회가 개혁주의 교회 건설을 중요한 과제로 삼았고, 고신교단 산하의 학생신앙운동 단체인 에스에프씨(SFC. Student For Christ)가 "개혁주의 세계교회 건설"을 중요한 사명으로 여겼으나 교단 지도자들이 처음부터 개혁주의 교회의 외연(外延)에 대해 관심을 가질 만큼 세계교회의 현실을 헤아려 볼 수 있는 안목이 없었다. 따라서 교단이 치리회를 구성할 당시 선교에까지 관심이 미치지 못했다.[6] 그러다가 1955년 4월 19일 부산남교회당에서 소집된 제4회 총노회에서는 해외선교를 관장할 상비부의 필요성을 절감하고 "선교부를 조직하기로 가결하고 부원은 12명으로 하기로" 결의하였다.[7] 이 결의에 따라 박손혁(朴遜爀) 목사를 부장으로 윤봉기(서기), 박봉화(회계), 송상석, 이인재, 현호택, 황철도 등 7인의 실행위원을 포함하여 한상동, 주태화, 명신익, 오종덕, 오병식 등 12명의 선교부원이 공천되었다.[8]

이것이 교단의 선교활동과 관련된 첫 기록인데, 이 선교부는 후일 교단 선교 문제를 주도해 갔던 교회의 조직이 되었다. 비록 선교부가 조직되었으나 해외선교만을 관장하지는 않았다. 도리어 국내 전도와 해외선교 업무를 통괄하였다. 어떤 점에서 선교부는 기존의 전도부와 업무 구분이 선명치 못한 점이 있었다. 그러나 선교를 교회의 중요한 사명으로 인식하기 시작했다는 점은 중요한 시작이 아닐 수 없다.

2. 총회 조직과 선교사 파송 결의

1952년 당시 총노회는 약 320여 개 처의 교회로 출발했는데, 이중 약 90% 정도가 부산, 경남 지역에 산재한 교회였다. 고신교단은 경남노회를 모체로 조직되

---

6. 1952년 총노회가 조직될 당시 임사부, 전도부, 신학부, 종교교육부, 학무부, 헌의부, 구제부, 면려부, 규칙부, 재정부 등 10개의 상비부를 설치했으나 (해외)선교와 관련된 부서는 없었다. 『1952-1960년도 대한예수교 장로회 총회 총회록』(이하 『총회록』으로 약기함), (총회출판부, 1961), 8 참고.

7. 『총회록』(1952-1960), 44.

8. 『총회록』(1952-1960), 47.

었기 때문에 이러한 지역 편중 현상은 당연한 결과였고 이런 현상은 그 이후 오늘에 이르기까지 계속되고 있다. 처음에는 총노회 아래에 대구지방회, 경주지방회 그리고 전라지방회를 두어 관할 교회를 치리하였으나, 점차 다른 지역에서도 교회가 설립되거나, 기존 교회가 고신교단에 가입함으로 1956년에는 경남, 경북, 경기, 전라, 부산, 진주노회 등 6개 노회가 조직되어 그해 9월 부산남교회당에서 대한예수교장로회 고신총회를 구성하였다. 총회를 구성할 당시의 고신에 속한 교회는 568개 처였다. 이 중 부산, 경남지역에 위치한 교회는 387개 교회로 전체 교회의 70%에 달했다. 이 당시 세례 교인수는 15,350명으로 보고되었다. 총로회 횟수를 연산하여 제6회 총회로 불린 이 회의에서는 총회 임원과 각 상비부의 임무를 규정한 규칙을 제정했는데[9] 이 규정에서는 불분명하게 되어 있던 전도부와 선교부의 업무 한계를 분명하게 규정하였다. 즉 전도부는 내외지(內外地)에 있는 동포들에게 전도하는 일을 관장하고, 선교부는 외국인에게 선교하는 일을 관장하는 것으로 정리하였다. 말하자면 선교를 타문화권 이국인(異國人)들에 대한 일련의 복음 사역으로 인식하고 있다는 점을 보여주는 대단히 의미 있는 규정이었다.[10]

주목할 만한 사실은 제6회 총회에서 선교부장 이인재 목사가 매우 중요한 청원을 했다는 점이다. 그는 해외선교사역을 원활히 추진하기 위해 1956년 10월부터 각 교회에서 월 1회 선교비를 염출하도록 청원하였고 이 청원이 가결되었다. 또 교단총회 조직을 기념하여 해외선교사 파송을 위해 보다 구체적인 안을 제시하였는데, 그 내용은 다음과 같다.[11]

1. 선교지는 대만으로 한다.
2. 선교사는 적임자를 선정하여 자격이 구비될 때까지 본 선교부에서 양성할 수 있도록 한다.
3. 선교비는 특지가(特志家)의 헌금을 수리한다.

---

9. 『총회록』(1952-1960), 90.
10. 『총회록』(1952-1960), 107.
11. 『총회록』(1952-1960), 96.

이러한 제안과 함께 김영진(金榮進) 목사를 1년간 어학 준비 후에 파송하도록 교섭 중이라는 사실을 공개하였다. 사실은 총회 조직을 기념하여 김영진 목사를 대만에 파송하기로 내정된 상태였다. 교회 지도자들은 대만을 선교지로 정하고 이곳에 선교사를 파송하려는 준비를 총회가 개최되기 이전부터 추진하고 있었음이 분명했다.[12] 선교사 파송 청원은 총회에서 받아들여졌는데, 이 결정이 고신교회가 해외에 선교사를 파송하는 일련의 계획의 시작이었다. 총회 조직을 기념하여 선교사를 파송하자는 요청은 상당한 설득력을 지니고 있었고, 고신교단의 출범과 함께 매우 의미 있는 조치로 인식되었다. 왜냐하면 당시 어떤 교단총회도 해외선교에 관심을 갖지 못하고 있었기 때문이다. 또 이러한 결정은 앞에서 언급한 바와 같이 1913년 한국장로교회가 총회를 조직하면서 해외선교를 시작했던 전례를 따른 '선한 모범'이었다.

고신총회가 첫 선교지로 대만을 결정한 것은 미국정통장로교 선교사였던 한부선(韓富善, Bruce F. Hunt) 선교사의 조언 때문이었다.[13] 당시 고신교회는 외국의 다른 교회와 유대관계를 갖지 못하고 있었고, 오직 미국 정통장로교회(OPC, Orthodox Presbyterian Church)와만 교류하고 있었다. 정통장로교는 대만에 엔드루스(E. W. Andrews), 가핀(Richard B. Gaffin), 존스톤(J. D. Johnston) 등 3명의 선교사를 파송하고 있었으므로 양 교단은 상호 협력할 수 있다고 보았다. 바로 이러한 배경에서 한부선 선교사는 대만을 첫 선교지로 권고한 것이다. 이와 함께 대만은 우리나라와 지리적으로 가깝고, 동일한 문화권에 속하므로 선교활동이 비교적 용이할 것이라는 점이 또한 고려되었을 것이다. 한부선 선교사는 고신의 해외선교 문제에 대한 첫 조언자였다.

홀어머니와 세 동생을 둔 장남이었던 김영진 목사는 총회선교부의 거듭된 권

---

12. 김영진, 『선교지 대만에서 역사하신 하나님』 (총회선교부, 1992), 28. 이 글에서 김영진 목사는 자신이 담임하고 있는제2영도교회 부흥집회 강사로 오신 선교부장 이인재 목사가 1956년 총회가 열리기 전에 사적으로 대만에 선교사로가도록 종용하였다는 사실을 밝히고 있다.

13. 한명동 목사와의 면담(1985. 04. 23). 김영진 목사는 총회가 비록 "대만을 선교지로 정했으나 대만이 어떤 곳이며 어떻게 선교해야 하는지에 대해 알아보고자 했던 이는 아무도 없었던 것"으로 회상했다. 김영진, "대만 선교의 재검토", 「고신대학보」 12(1975, 8), 18 참고.

고를 받고 숙고 끝에 이를 수락하였고, 1956년 11월 21일부로 5년 6개월간 시무하던 제2영도교회를 사면하였다.[14] 이때부터 김영진 목사는 대만 선교를 준비하기 시작하였고 대만의 선교적 상황을 국내교회에 소개하기 시작하였다.[15]

3. 첫 선교사, 김영진 목사 파송

교단 제7회 총회 회기 중이던 1957년 9월 20일 오후 7시경 부산남교회당에서 최초의 교단 선교사 파송식이 거행되었다. 총회장이었던 한상동 목사의 사회로 시작된 이 날 예배에서 박손혁 목사의 기도에 이어 남영환 목사는 사도행전 11장 19-26절, 13장 1-5절을 본문으로 "보내시는 성령님"이란 제목으로 설교하였다. 이어서 한상동 목사의 권면과 기도, 김영진 선교사의 답사가 있었다. 이어서 1장 찬송을 부른 후 황철도 목사의 축도로 파송식은 끝났다. 이날의 파송식은 감사와 축복의 예배였다. 이로써 김영진 목사는 공식적으로 고신교회의 첫 선교사로 파송을 받았고 출국을 위해서 구체적으로 준비하기 시작하였으나 당시의 복잡한 수속으로 출국이 지연되었다. 그러던 중 1958년 5월 13일 부인 임옥희(林玉姬) 사모와 6살 된 딸 난나(蘭娜)를 데리고 1만 톤 급 미국 상선 존 비 워터맨호로 부산을 떠나 선교지 대만으로 향했다. 당시로는 한국과 대만 간의 직항로가 없었다. 또 있었다 할지라도 비행기로 선교지에 부임할 형편이 되지 못했다. 그래서 그는 미국상선을 이용하기로 했고, 이날 부산 제3부두에서 전국 각지에서 온 성도들의 애정 어린 송별을 받고 대만으로 향했다. 이날의 선교사 파송은 광복 이후 김순일 선교사[16] 외에는 한국의 교단총회가 파송하는 첫 선교사였다는 점에서 특기할 일이었다. 「부산일보」는 이례적으로 선교사 파송을 다음과 같이 보도했다.

---

14. 김영진, 29.

15. 김영진, "우리의 선교지 대만, 「파수군」 66(1957. 09), 25-29.

16. 김순일 선교사는 1956년 9월 당시 장로교 총회의 파송을 받고 1975년까지 태국에서 사역하였다. 김순일, 『한국 선교사의 가는 길』 (성광문화사, 1980).

<그림 2> 대만신죽동문교회당에서 진행된 김영진 선교사 환영회

우리나라에서 최초로 미국 선교사들의 초청에 의해 멀리 대만으로 복음을 전하러 가는 선교사 부부가 있다. 이들은 시내 영도구 신선동 소재 제2영도교회에서 목사로 있던 김영진씨(39)와 그의 부인 임옥희씨(39) 부부인데, 이들 선교사 부부는 13일 오전 에베레트 기선 회사 소속 존. B. 워터맨(John B. Waterman)호로 떠나리라 한다. 김씨 부처는 앞으로 6년간 얼굴도 말도 다른 대만의 벽지인 신죽이라는 지방에서 복음을 전하게 될 것이다. 김씨는 자기들 부부가 남들보다 먼저 이러한 선교사업을 하게 되었음을 기쁘게 생각한다고 전제하면서 상대가 미개한 원주민이고 신죽시가 개척지라는 것에서 오는 고난을 각오한다고 말하였다. 언제나 남의 신세만 받고 있던 우리나라도 이런 복음으로서 다른 나라에 봉사할 수 있음을 기뻐한다고 그들의 대만 선교 소망을 말하였다.[17]

김영진 선교사 가족은 3일 후인 5월 16일 기륭(基隆)항에 도착하였고, 이때부

17. 「부산일보」, 1958. 05. 12일 자.

터 그는 신죽(新竹) 지방을 중심으로 주로 객과인(客家人)들을 위해 사역하기 시작하였다. 객가인이란 전 대만 인구의 약 14%에 해당하는 인구비로서 대륙의 보다 북쪽에서 이주해 온 사람들로서 대만 북서부, 중북부지역에 살고 있는데, 신죽은 이들의 중심지였다.[18] 후일 그는 객과인만이 아니라 대만인(臺灣人)과 산지인(山地人)들에게 선교하였는데, 대만인은 대만 인구의 약 74%에 해당하는 다수 종족이었다. 반면 산지인은 9개 부족으로 이루어진 대만 원주민으로 전 인구의 2% 미만이었다. 그들 모두가 선교의 대상이었다. 결과적으로 객과인들로 구성된 죽동(竹東)교회, 대만인들로 구성된 신죽(新竹)교회, 그리고 산지인들을 위한 화원(花園)교회 등을 설립하였다. 이렇듯 김영진 선교사는 이곳에서 1990년 은퇴하기까지 신죽교회, 죽동교회 등 12개의 교회를 설립하였고, 진정홍(陳正弘) 목사 등 현지인 목사 18명을 배출하였다. 특히 그는 1971년 3월 1일 개혁주의, 장로교신앙을 견지하는 4개 선교부와 협력하여 "대만 기독교개혁종장로회"(基督敎改革宗長老會)를 조직[19]하여 고신교단이 지향하는 개혁주의 신학과 교회의 외연을 이루었다. 1987년부터는 선교부 총무직을 겸하여 한국과 대만을 왕래하며 사역하였다. 그는 32년간 한국과 대만에서 개혁주의 세계교회 건설을 위해 실로 값진 봉사를 감당하였다. 그를 파송했던 교단총회와 산하 교회는 첫 선교사인 김영진 목사를 위해 기도하고,[20] 선교사의 신변보장, 선교사의 주택을 위한 헌금, 선교후원 등으로 계속적인 관심과 애정을 보냈다.

4. 교포 선교사 파송

총회 선교부는 처음부터 교포교회에 관심을 기울이지 못했다. 총회규칙에서

---

18. 김영수, "한국교회의 대만 선교에 관한 연구", 목회학석사학위논문, 고신대학 신학대학원, 1983, 12.
19. 김영진, 선교일기 (1971. 3. 1일자) 참고.
20. 예컨대, 1958년 9월 부산남교회에서 개최된 제8회 총회에서는 김영진 선교사의 편지를 낭독하고 그를 위해 통성 기도하고 총회 명의의 격려의 서신을 보내기로 가결한 바 있다. 『총회록, 1952-1960』, 162. 1959년 9월 남교회당에서 모인 제9회 총회에서도 김영진 목사와 신죽교회에 위로와 격려의 서신을 보내기로 가결하였다. 『총회록, 1952-1960』, 207. 온 교회가 모든 공예배 때마다 기도할 정도로 총회적 관심과 후원을 보냈다.

규정한 바와 같이 해외의 교포에 대한 전도 책임은 선교부의 소관이 아니라 전도부의 소관이었다. 하지만 소관 여부와 관계없이 초기 고신교단은 교포들에 대한 관심이 없었다. 1960년대 당시에 이미 미국과 일본에는 상당한 수의 한인교민들이 거주하고 있었고, 독일에서의 한국인 광부와 간호사들의 취업 이민, 남미에로의 이민이 붐을 일으키고 있었으나 이들에 대한 선교에 관심을 가지지 못했다. 만일 이런 지역의 교포들에 대한 선교정책을 가지고 이를 조직적으로 추진하였다면 개혁주의 교회 건설에 크게 기여하였을 것이다.

비록 선교부는 특별한 관심을 갖지 못했지만 1966년 11월에는 정길수(鄭吉洙) 목사가 남미선교사로 파송되었다.[21] 정길수 목사는 1960년 7월 20일 이래로 부산 제2영도교회에서 목회하던 중 브라질로 이민하기 위해 1966년 8월 16일 자로 제2영도교회를 사임하였다. 브라질에는 다수의 교민들이 살고 있으나[22] 고신총회에 속한 교회가 없었으므로 그를 교단 선교사로 임명하는 것이 좋겠다는 의견에 따라 그를 교포 선교사로 임명하였다. 앞에서 언급한 바와 같이 정길수 목사의 파송은 총회적 배려나 합의에 의한 것이라기 보다는 본인의 의사를 총회선교부가 수용한 것이었다.[23] 따라서 그에 대한 총회적 관심 또한 미미하였다. 정길수 선교사는 브라질의 상파울루에 상파울루복음장로교회를 설립하는 등 교민 목회자로 활동하였고 1982년 브라질에서 세상을 떠났다. 흥미로운 사실은 앞에서 언급한 바와 같이 교포선교는 전도부 소관이었으나 이때부터는 선교부 소관이 되었다는 점이다.

원칙적으로 선교부는 타문화권 선교를 일차적인 목표로 했으나 정길수 목사에 이어 1972년 6월 29일에는 조병철 목사를 일본의 재일교포 선교사로 파송하였다. 조병철 선교사는 일본 동경에서 강동(江東)교회, 신교(新橋)교회를 설립

---

21. 정길수, "브라질 선교 10년", 「고신대학보」 12(1975. 08), 40-41 참고.
22. 한국인의 브라질 이민은 1962년 시작되었고, 1963년에 30가구, 1964년에 68가구 350명이, 1967년에 50가구 250명이 단체로 이주하였다. 배성학, "남미선교전략", 「해외선교」 42(1990. 3/4), 5.
23. 『총회록, 1971』, 147. 이 당시 정길수 목사를 선교사로 파송한 후 총회에 승인을 요청한 일로 책임자가 공식 사과하였고, 그후 정길수 목사는 선교사로 승인받았다. 이런 점만 보아도 정길수 목사의 선교사 파송은 교단적 합의에 의한 진지한 선교적 관심에서 이루어지지 않았음을 알 수 있다.

하여 교민 선교에 힘쓰는 한편 우에노(上野) 공원에서 걸인들에게 선교하였다. 또 그해 12월에는 박상순 목사를 캐나다로 파송하였다. 그는 토론토에 한인교회를 설립하고 목회자로 활동했다. 1974년 9월에는 이종철 목사를 아르헨티나 교민 선교사로, 강위상 목사를 브라질의 교민 선교사로, 그해 11월에는 김용출 목사를 캐나다 선교사로 파송하였다. 또 부산남교회가 후원하는 제일교포 목사인 박정식 선교사가 일본 오끼나와에서 사역하였다.[24] 이들은 교민 선교를 위한 이른 바 F1 선교사들이었다. 박상순 목사가 미국 로스앤젤레스(羅城)로 이주하게 되자 김용출 목사는 박상순 목사가 설립한 교회에서 사역하였다. 후일 미국에 있던 박상순 선교사는 다시 캐나다로 돌아가 1978년 1월 온타리오(Ontario)에 고신장로교회를 설립하고 목회하였다. 이종철 선교사는 아르헨티나 교포교회에서 사역하던 중 1978년 현지에서 세상을 떠났다. 강위상 선교사는 1977년 한국인 장로회 남미교회를 설립하여 목회하던 중 1981년 7월 30일 선교사직을 사임하고 미국으로 이주하였다.[25]

5. 유환준 선교사 파송

김영진 선교사를 대만에 파송한 이듬해인 1959년 부산남교회당에서 회집한 제9회 총회에서 선교부는 대만에 선교사 1인의 증파를 요청하였다.[26] 이것은 대만 선교의 가능성과 시급성을 인식한 결과였다. 그러나 이 요청은 보류된 채 수년이 지났다. 1964년 9월 삼일교회에서 회집된 제14회 총회에서 부산노회장 박손혁 목사는 대만 선교사 한 사람을 증파하자고 다시 요청하였다.[27] 이때에도 당

---

24. 신명구, "선교사업과 당면문제", 「고신대학보」 12 (1975. 08), 15. 1975년을 전후하여 박정식 목사가 일본 오끼나와에서 선교사로 사역하고 있다는 기록이 있으나 그가 공식적으로 선교사로 파송되거나 인준받았다는 기록은 찾지 못했다.

25. 『총회록, 1983』, 158.

26. 이 당시 총회 산하 587개 교회 중 158개 교회가 월정 선교비를 납부하는 교회였다. 『총회록, 1952-1960』, 221. 따라서 27% 교회가 선교사업을 후원하고 있었음을 알 수 있다. 『총회록, 1952-1960』, 220.

27. 『총회록, 1961-1970』, 54.

분간 보류하기로 가결하였다. 대만 선교사의 증파는 시급한 요청이었으나 선교사를 증파하지 못했고, 도리어 당시 선교부장이었던 한명동 목사는 대만 선교사업은 당분간 더 이상 확장하지 않도록 요청하였다.[28] 가장 중요한 이유는 재정적 이유였다. 사실 총회적으로 김영진 선교사를 파송한 이후 후원이 원활하지 못했다. 총회는 대만 선교비를 노회별로 할당하기에 이르렀고, 각 노회는 선교부를 설치하여 회계를 선출하여 해 노회에 배당된 선교비를 수금하도록 하였다. 이에 "총회 선교부 회계에게 매월 정한 시기에 송금하도록"[29] 친절하고도 세세한 결의를 해야 했을 만큼 재정 확보는 심각한 현안이었다. 이러한 상황에서 고신교단이 다른 선교사를 파송하는 것은 현실적으로 어렵다고 인식하고 있었다.[30] 경제적인 어려움이 있긴 했으나 대만 선교사 증파는 계속 요구되었다. 김영진 선교사는 1969년 선교상황 보고와 함께 선교사 1인을 증원 파송해 줄 것을 총회에 청원했는데 이를 선교부에 맡겨 연구토록 하였다.[31]

이런 상황에서 부산노회는 대만 선교사의 증원이 필요하다고 보아 이를 추진하기 위해 노력하고 있었다. 경기노회도 이를 중시하고 선교사의 증파를 지원하였다. 그러던 중 1972년 9월 부산 부민교회당에서 회집된 제22회 총회에서는 부산노회의 청원을 받아들여 부산 거제교회 담임목사였던 유환준(劉煥俊, 1931-2023) 목사를 대만에 선교사로 파송하기로 가결하였다. 이 결정은 선교사 파송은 총회가 하되 선교 후원은 부산노회(후일 부산지역 노회)가 담당한다는 양해하에서 이루어졌다. 1972년 당시 고신교단의 교회는 566개 교회에 달했으나 총회적으로 선교사를 후원할 수 없었을 만큼 교회적 관심이 미약했다는 점은 놀라운 일이 아닐 수 없다.

선교사로 임명받은 유환준 목사는 1973년 4월 시무하던 거제교회를 사임하고 임지로 갈 준비를 시작하였다. 당시로는 온 가족이 해외로 나가는 일이 용의하지

---

28. 『총회록, 1961-1970』, 59.

29. 『총회록, 1961-1970』, 69.

30. 『총회록, 1961-1970』, 59.

31. 『총회록, 1961-1970』, 274.

않았고 수속 기간도 길었다. 그는 고신교단이 파송한 두 번째 원주민 선교사로 1974년 1월 18일 부산을 떠나 임지인 대만으로 향했다. 첫 선교사인 김영진 선교사를 보낸 지 꼭 16년 후였다. 고신총회는 김영진 선교사를 파송하고 16년이 지나서야 두 번째 원주민 선교사를 보내게 된 것이다.

유환준 선교사는 대만의 수도인 타이베이(臺北)에 주재하며 교회 개척, 신학 교육과 지도자 양성, 그리고 문서선교에 주력하였고, 김영진 선교사와 함께 대만 선교부를 구성하였다. 1979년 9월 당시 한국 선교부에 속한 대만교회의 현황은 아래의 <표 1>과 같다.[32]

	예배당 유무	목사, 조사	장로	성인 교인수	유년수	선교부 보조	소재지
신죽교회	있음	1		30	40		신죽시
죽동교회	있음	1	2	40	40		죽동시
화원교회	있음	1	2	20	30	US$40.	신죽현
중력교회	없음	1		20	40	140	중력시
도원교회	없음	1		30	20	100	도원시
충효교회	없음	없음		30	20	100	대북시
남항교회	없음	없음	1	30	40	80	대북시
계	유3, 무4	3 2	5	185	250	530	

<표 1> 대만 선교부의 교회개척 현황

유환준 선교사는 남항(南港)교회를 비롯하여 7개 교회를 개척하였고, 1990년 이래로 중국개혁종신학원(中國改革宗神學院)을 설립하여 목회자를 양성하였다. 특히 언어습득 능력이 탁월한 유 선교사는 1980년 이래로 중국어 저술을 통해 대만과 장기적으로는 본토 선교를 위해 노력했다. 그는 1998년 당시까지 구약의 오경과 사도행전, 로마서, 계시록 등 성경주석과 구약개설 등 12종의 문서 5만2천

---

32. 대만 선교부가 1979년 9월 20일 총회 선교부에 보고한 자료에 의함. 『총회록, 1979』, 82.

<그림 3> 개혁종신학원 앞에서 유환준 선교사

여 부를 보급하였다.[33] 그는 2001년 11월 20일 은퇴하기까지 28년간 원주민 선교사로 활동했고, 은퇴 이후에도 중국 본토를 향한 선교열정으로 중국을 100회 이상 방문하고 지하교회를 지원하였다. 특히 그는 대만과 중국에 각각 대만개혁신학교와 중국개혁장로교회(RPCC)를 설립하고 신학교육을 비롯해 성경주석과 기독교 서적들을 출판 보급하는 문서 사역에 이바지했다. 그는 2024년 10월 6일 오전 11시 30분 향년 94세로 하나님의 부르심을 받았다.[34]

---

33. 「선교회보」 89(1998, 3/4), 17.

34. 1931년 10월 15일 경남 거제시 연초면에서 출생한 유환준 선교사는 미군 제3사단의 카투사로 군 복무 중 신앙생활을 시작해 부산과 대만, 중국 본토 땅에 이르기까지 복음을 전파자의 삶을 살았다. 그의 첫 번째 사역지는 괴정제일교회였다. 고려신학교를 졸업한 그는 1967년 울릉도 신흥교회에 자원하여 그곳에서 목회했고, 1969년 3월 27일 거제교회의 청빙을 받아 임지를 옮긴 지 4년 만인 1972년 9월 21일, 제22회 총회의 결의로 대만 선교사로 파송을 받았다. 고인의 유족으로는 윤춘재 선교사와 슬하에 3남 2녀(유신일, 유신호, 유신우, 유은숙, 유중숙)가 있고, 외손자인 왕요한 목사가 고인이 대만에서 개척한 남항교회(南港教會)에서 목회하고 있다.

6. 해외선교에 대한 재고

1) 교단발전위원회 제안

해외선교 문제를 포함한 고신교단의 정체성 확립, 조직과 제도, 기구와 신학교육 등 모든 면에서 변화와 새로운 시도가 있어야 한다는 점에는 지도자들 간에 공감대가 형성되고 있었다. 이러한 상황에서 1975년 총회는 교단의 건실한 발전을 모색하기 위한 교단발전위원회를 구성하게 되었다.[35] 이 위원회는 일 년간의 연구를 거쳐 1976년 총회에 보고한 연구보고서에서 해외선교가 효율적으로 시행되어 오지 못한 문제점을 파악하고, 해외선교에 대해서 몇 가지 제안을 한 바 있다. 즉 선교사 양성 문제와 관련하여 신학대학에서 선교 요원을 선정하여 특수 훈련을 시켜야 한다는 점을 지적하였다. 또 선교방법에 있어서 1) 외국 학생을 초청하여 교육시켜 자국으로 파송하거나, 2) 일본 등지 신학교에 유학을 보내 현지에서 선교사로 일하게 하는 방법, 3) 이민, 취업 혹은 교역 등의 목적으로 해외로 가는 인사들에게 선교의 임무를 부여하는 방법 등을 제시하였다. 또 선교 대상 지역으로는 아시아권을 제시하였다.[36] 선교정책이라고 보기에는 여러 가지로 미흡한 점이 없지 않으나 이것이 교단의 선교운동을 보다 효율적으로 시행하기 위한 정책적 시안이었다는 점에서 발전된 재고라고 평가할 수 있다. 이러한 보고에도 불구하고 이를 구체적으로 시행하고 실천하려는 노력은 보이지 않았다. 해외선교를 포함한 교회 운동이란 전 교회적 합의와 참여 없이는 성공적으로 수행할 수 없다. 1970년대까지는 선교에 대한 이상이 전 교회적으로 확산되거나 주지되지 못한 상태였고, 교회의 사명에 대한 인식이 여전히 성숙한 단계에 이르지 못했음을 부인할 수 없다.

---

35. 『총회록, 1975』, 21.
36. 『총회록, 1976』, 42.

2) 선교부와 전도부 통합

1976년 총회에서는 총회규칙을 개정하였는데, 기존의 전도부를 선교부와 통합하여 국내전도분과, 국외선교분과, 특수전도(산업, 군경목, 농어촌, 병원, 교도소, 북한선교 등) 분과로 구분하였다.[37] 이것은 교단 지도자들이 의식했든 의식하지 못했든 선교를 보다 포괄적인 개념으로 이해했다는 점을 보여주고 있다. 그러나 이런 기구의 조정이 증거(證據)의 사역에 대한 신학적 성찰에서 나온 결과라고 볼 근거는 없다.

3) 선교 달력 제작

여전히 어려운 문제는 필요한 선교비를 확보하는 일이었다. 이 일을 위해서 개 교회별로 제작하던 달력을 지양하고 선교부가 선교 달력을 제작하는 것이 검토되었고 1975년부터 선교 달력이 제작되었다. 이것은 필요한 재원의 확보만이 아니라 선교에 대한 전 교회적 관심을 불러일으키는 데 상당한 도움을 준 것으로 보인다.

4) 공산권선교위원회 조직

1979년 총회에서는 공산권 지역을 선교의 불모지로 더 이상 방치만 할 수 없다는 점에서 총회는 특별위원회로 '공산권 선교 연구위원회'를 조직하기로 하였다. 그래서 오병세 목사를 위원장으로 이지영(서기 및 회계), 박종수, 신현국, 전호진 등 목사와 김경래, 주경효, 정환식 등 장로를 위원으로 선임하였다. 이미 교단발전연구위원회는 1976년 9월 부산남교회당에서 회집된 제27회 총회에 공산권선교를 위한 특수기구의 설치를 제안한 바 있었다. 그러나 이때의 공산권선교위원회의 조직은 극동방송의 대 공산권 선교방송, 아세아연합신학대학의 공산권선교문제 연구소의 설치, 충현교회를 비롯한 개 교회의 공산권 선교에 대한 자극으로 이루어졌다고 할 수 있다. 비록 이 위원회가 설치되기는 했으나 구체적이고

---

37. 『총회록, 1976』, 47.

조직적으로 활동하지는 못했다. 단지 자료수집과 공산권선교현황에 대한 정보 제공 정도에 지나지 않았다.

5) 프랑스 선교사 파송 좌절

이 당시 해외선교의 난제는 선교사의 해외 이주가 용이하지 않았다는 사실이다. 그 한 가지 분명한 사례가 이용호 목사의 선교사 파송 좌절이다. 프랑스 파리에서 유학하고 귀국한 부산 신흥교회 하기식 장로는 그곳의 한인교회 사역과 선교활동을 위해 선교사의 파송이 시급하다는 의견을 개진하였는데, 이 제안에 따라 부산노회는 프랑스에 선교사 1인을 파송하기로 잠정 결정하고 이용호 목사를 천거하였다. 당시 부산노회는 가장 영향력 있는 노회로서 교단 선교운동을 사실상 주도했다고 볼 수 있고, 대만의 유환준 선교사를 후원하고 있었다. 총회선교부는 부산노회의 요청을 수용하고 이를 1976년 9월 총회에 상정하였다. 총회는 부산노회의 요청을 받아 이용호 목사의 선교사 파송을 결의하였다.[38] 그래서 이용호 목사는 자신이 개척 시무하던 동래제일교회를 1977년 1월 13일부로 사임하고 출국을 위해 준비하였으나 여권 발급을 받지 못했다. 당시 해외 거주 한인 목사들을 중심으로 일어난 반한(反韓) 운동 때문에 당시의 박정희 정권은 목사들의 해외여행이나 여권 발급을 극도로 억제하고 있었다. 만 2년을 기다려도 여권 발급조차 불가능 했기 때문에 결국 프랑스에 선교사 파송 계획은 실현되지 못했다.

7. 평가와 반성

교신교단의 선교운동 제1기에 해당하는 1956년 이후 1970년대 말까지, 선교는 교회의 가장 중요한 사명이자 과제라는 점에 대한 교단적 인식이 부족하였다. 이 시기에 대만에 두 사람의 현지 선교사(김영진, 유환준)와 7명의 교민 선교사를 캐나다(박상순, 김용출), 브라질(정길수, 강위상), 아르헨티나(이종철), 일본(조병철, 박정식)에 파송하였으나 선교에 대한 교단적 관심이나 교회적 사명에

---

38. 『총회록, 1976』, 135.

대해 충실치 못했다. 또 이를 고취하고 적극적으로 추진할 수 있는 선교적 이상 (mission mind)을 가진 지도력도 없었다. 또 선교정책을 수립하고 이를 효과적으로 추진할 수 있는 전문인력이나 행정적 뒷받침도 없었다. 이런 점들에 대해서는 총회 선교부에서도 심각한 문제점으로 인식하고 있었다. 선교부는 그 문제점을 3가지로 요약했다.

1. 산하 각 노회와 각 지교회의 사명 의식의 결핍으로 인한 비협조
   복음을 땅끝까지 전하라는 주님의 지상명령임에도 불구하고 대부분의 교회가 개교회주의에 집착한 결과 과중한 부담이 아닌데도 적극적인 협조가 없으며,
2. 전문직 부재로 인한 비능율적인 업무수행
   선교사업 추진을 위해서는 수금, 섭외 등 종횡으로 활약하는 전문직이 필요한데도 목회를 담당한 교역자나 자기 생업에 매인 현재 인원으로는 원활한 사업 추진이 불가능하며,
3. 예산 부족으로 인한 기동성의 제한
   교단 산하 교회 중에는 1년 예산이 1천만 원을 상회하는 교회가 허다한데, 한 나라를 상대하는 해외선교 예산은 4백만 원에 미달하는 빈약한 예산으로는 현지 선교사와 실무자들을 지원하거나 활발한 업무를 수행할 수 없다.[39]

가장 큰 문제점은 선교비의 확보였다. 선교부는 거의 매년 재정 확보의 어려움을 호소하고 있었으나 교회의 관심과 지원은 미미했고, 선교비 확보 문제는 매년 문제점으로 지적되었다.[40] 특히 대만의 김영진, 유환준 선교사를 파송한 이후,

---

39. 『총회록, 1974』, 18.
40. 총회 선교부는 1976년 총회 보고서에서도 "현재 우리의 선교사업은 극히 부진한 형편인데, 그 문제점은 교단 산하 각 노회와 각 지교회의 사명 의식 결핍으로 인한 비협조로 사료되는 바 … 선교 사업을 우선적으로 시행할 때 교회와 노회가 축복을 받을 것으로 인식하여 적극적인 협조를 바란다."고 했다. 『총회록, 1976』, 120. 1977년 보고서에서는 문제가 더욱 심각했음을 보여준다. "과거에도 선교 사업에 어려움이 없지 않았겠지만 금년에는 … 도무지 선교비가 조달되지 않아서 선교부로서는 여간 고충을 겪지 않을 수 없었다. 총회 선교예산의 절반도 수금되지 않았다."라고 지적했다. 심지어는

선교비를 제대로 송금하지 못하여 두 가족은 생존의 위협을 받기까지 어려움을 겪었다. 이 점은 교단의 선교사 후원과 관리상의 문제점을 간명하게 보여주었다. 총회선교부 회계였던 신명구 목사는 "총회에서 생활비를 부담하는 김영진 선교사는 사업비와 생활비를 본국에서 수개월씩이나 제대로 보내지 못한 관계로 사택을 은행에 저당하고 돈을 빌려 쓰는 형편이니 우리의 체면도 문제이거니와 신앙 양심상 하나님 앞에서 부끄러운 일이 아닐 수 없다."[41]라고 호소했으나 사태는 호전되지 않았다. 선교비를 받지 못해 어려움에 처해 있던 유환준 선교사는 고신대학교 학생회가 보낸 작은 기금을 받고 보낸 감사의 편지에서, "여기는 그릿시내가의 까마귀도 보이지 않고 수넴여인도 없는 것 같습니다. … 먹이를 주지 않고 알을 기다리는 선교정책에 신죽의 김영진 목사님은 피곤하십니다. 1973년 9월부터 1974년 5월 현재까지 정식으로 송금된 것이 없다는 사실을 여러분이 아시면 교계에 여론이 되어 약간의 도움이 되겠지요."[42]라고 쓰고 있다. 유환준 선교사는 자신의 경우에 대해서는 말하고 있지 않지만, 자신의 경우도 동일했다. 이 절규에 가까운 호소가 있은 지 거의 일년이 지나도 사정은 달라지지 않았다. 이런 상황에서 김영진 선교사는, "그토록 하나님께 기도하고 결심하고 노회적, 총회적으로 결정하고 시작한 해외선교 사업이 20년도 못 되어 이렇게도 냉각되고 심지어 총회에서 파송한 선교사가 해외에서 1년 가깝게 생활비, 사업비 송금을 받지 못하고 있는 사실을 알면서도 관심도 동정도 없는 정도가 되었으니…"[43]라고 탄식하고 있다. 유환준 선교사는 본국에서 선교비 송금이 없어 현지 사역자의 사례를 줄 수 없는 형편을 "송금이 몇 달씩 지체되는 것을 저희들은 이해할 수 있으나 중국 사람들은 이해 못할 일"이라고 지적했다.

"전 교단적으로 선교의 사명이 지중함을 먼저 교역자들이 자각하고 교인들에게 가르쳐 적극 선교사업에 협조케 해야 한다"라고 말하고 "선교비는 외국에 나가 있는 선교사의 생명줄이니 교역자 자신의 생활비 보다 먼저 보내야 한다는 것을 명심해야 한다"라고 했다. 『총회록, 1977』, 58.

41. 신명구, "선교사업과 당면문제", 「고신대학보」 12(1975. 08), 15.
42. 김영진, "대만 선교의 재검토", 「고신대학보」 12(1975. 08), 21.
43. 김영진, "대만 선교의 재검토", 「고신대학보」 12(1975. 08), 21.

본국에서도 빚을 지면 허둥지둥하거든, 하물며 외국에서는 어찌되겠습니까? 7월에 송금이 될 것 같은데, 5개월분이 밀린 중에도 모금이 되지 않아 겨우 두 달 분을 부친다고 합니다. 국내에서도 이런 경우는 없습니다. 이쯤 되면 돈을 누에처럼 갉아먹어도 모자라기 마련입니다. 이런 말은 되도록 피하려고 합니다. (선교) 사업을 위해서 말한 것뿐입니다. 기왕에 보내실 것 우선적으로 지불하여 정기적 송금이 되었으면 죽을 끓이든지 밥을 끓이든지 하겠습니다.[44]

이와 같은 사실은 개 교회와 신자들의 선교 의식이 결여되어 있었음을 반영하고 있다. 1970년대 전반기가 교단 내분으로 심한 대립과 갈등 하에 있었다는 사실을 염두에 둔다면 이때의 해외선교사들에 대한 '극심한 소홀'을 다소 이해할 수 있을 것이다. 선교는 일부의 지도자들의 선도와 함께 교회의 지원과 후원이 불가피한 요구라는 사실을 다시 한번 확인시켜 주었다.

정리하면, 적어도 고신교단은 1960년대까지는 교단의 조직과 정비, 개혁주의 신앙의 파수라는 현안에 집중한 시기였다고 할 수 있으나 그 이후 개혁주의 세계교회 건설이라는 교단의 이상을 실천하고 이를 구체화하고자 하는 의지가 빈약했다고 평가할 수 있다. 따라서 선교정책을 수립하고 이를 효과적으로 실행할 수 있는 행정체계를 확립하고, 훈련된 선교사를 파송하고자 하는 시도가 없었다.[45] 이보다 더 중요한 문제가 있었다. 그것은 교단 내부의 분열과 대립, 그리고 승동 측과의 합동과 환원, 1970년대 초의 반고소 측의 분열 등 교회의 진정한 연합을 방해하는 요인들이 있었기 때문이다. 이런 비본질적인 대립은 해외에 선교사를 파송하는 문제를 진지하게 숙고할 정신적 여유를 갖지 못하게 한 요인이었다. 역으로 말해서 고신총회가 선교에 대해 깊은 관심을 가지고 이를 추진했더라면 교회 내부의 분열과 대립을 막을 수도 있었을 것이다.

---

44. 유환준 선교사의 선교보고, 「고신대학보」 12(1975. 08), 25, 26.
45. 1970년대까지의 선교에 대한 상대적 무관심은 우리 교단만의 문제는 아니었다. 예컨대, 대한예수교 장로회(합동)의 경우 1960년대에 파송한 선교사는 고작 4명에 지나지 않았고, 1970년대에 21명을 파송했다. 1980년대에 와서 비로서 176명을 파송했다.

IV. 선교를 위한 새로운 시도(1980-1985)

1980년대는 한국교회의 성장이 계속된 시기였다. 이 교회 성장은 교회로 하여금 해외선교를 가능하게 해 주었다. 동시에 1980년대에는 한국교회에 커다란 변화가 나타났다. 미국인 첫 거주선교사인 알렌의 입국 백 주년이 되는 1984년을 전후하여 한국교회에는 지난 역사에 대한 반성과 새로운 성찰을 시작하였다. 지금까지 한국교회가 지나치게 수적 성장, 곧 양적 확장주의에 집착하여 개교회주의에 빠졌던 점에 대한 반성과 함께 교회의 본질과 사명이 무엇인가에 대한 새로운 모색이 일기 시작하였다. 이러한 현상은 매우 바람직한 현상이었다. 1980년대에는 과거의 지나친 수적 성장주의에 대한 반성과 함께 말씀 묵상과 큐티(QT), 제자화 운동, 그리고 해외선교에 대한 자각이 일기 시작하였다. 이것은 지난 한 세기 동안의 한국교회 현실에 대한 반성의 결과였다. 그 결과 한국교회는 내적 성숙과 교회 본래적 사명이 무엇인가에 대해 심각하게 고려하기 시작하였다. 그 분명한 결과가 선교에 대한 새로운 관심이었다. 이 점을 잘 보여주는 통계가 있는데, 1979년 당시 한국교회가 파송한 선교사 수는 겨우 93명에 지나지 않았으나,[46] 1982년 당시 한국 선교사 수는 323명으로 증가되었다. 이들은 47개 단체에서 파송된 선교사들로서 아시아, 아프리카, 등지를 포함한 37개국에서 활동하고 있었다.[47] 1993년 기준 해외선교사로 일하고 있는 한국인 선교사들의 70%가 1980년대 파송된 선교사들이라는 사실[48]은 한국교회의 선교에 대한 관심과 자각이 1980년대에 이루어진 것임을 알 수 있다.

이러한 상황에서 교단적인 혹은 초교파적인 선교단체들이 조직되었고, 곧 선교단체협의회가 구성되기도 했다. 또 개 교회에 선교위원회 등 개교회의 선교활

---

46. 이들은 21개 단체로부터 파송을 받았는데, 26개국에서 일하고 있었다.
47. 이들 선교사들의 중요 파송 교파 혹은 교단을 보면, 구세군: 1, 기감: 6, 기성: 10, 합동: 38, 통합: 36, 그리고 침례교: 1 명이었다.
48. 선교학자 노봉린은 1993년 1월 "한국교회의 선교사 2,576명의 70% 정도가 1980년대 파송되었다."고 했다. 「기독교보」 1993. 1. 2, 6면.

동이 활성화되기 시작하였다. 이런 추세에서 미전도 지역과 미전도 종족에 대한 관심은 자연스런 결과였다. 이러한 한국교회적 영향 하에서 고신총회도 이 시기에 와서 선교 문제에 깊은 관심을 나타내기 시작하였다. 그래서 고신교단과 교회는 1980년대 후반기부터는 해외선교에 대한 관심이 보다 구체화되었고 훈련된 선교사를 파송하기에 이르렀다. 이런 점에서 1980년대 초에 선교에 대한 새로운 각성이 일어났다. 그 결과 구체적인 선교운동이 1980년대 후반부터 활성화되기 시작했다. 그러면 고신교단이 선교에 대해 구체적으로 생각하게 된 내적인 요인은 무엇이었을까? 이런 질문에서부터 이 시기 선교역사에 대해 살펴보고자 한다.

1. 선교에 대한 새로운 관심

이 시기 고신의 울타리에서 선교에 대한 관심이 일기 시작한 것은 한국교회적 상황으로부터의 영향도 없지 않지만, 교회 내적인 측면에서 볼 때 특히 두 사람의 영향이 적지 않았다. 첫째는 한명동(韓命東) 목사의 영향이다. 한명동 목사는 두 차례에 걸쳐 20년간(1960. 09-1971. 08, 1974. 09-1983. 08) 총회 선교부장을 역임하면서 교단선교운동을 추진하였다.[49] 그의 헌신과 활동은 1980년대 교단 선교활동에 큰 영향을 끼쳤다.[50] 선교국 총무였던 서울중앙교회 김사엽 장로도 한명동 목사를 도우며 교단 선교를 위해 봉사를 아끼지 않았다.

또 한 사람은 전호진(全浩鎭) 교수였다. 고려신학교 제23회 졸업생인 전호진

---

49. 그는 이미 1975년에 "우리는 지금 파송하고 있는 선교사들을 최대한으로 지원해야 함은 물론이거니와 이에 만족하지 않고 더욱 선교에 힘써야 한다"고 전제하고 해외선교에 대해 4가지 점을 강조하였다. 첫째 개혁주의 교회건설을 위해 아시아를 비롯한 구라파(유럽), 미주, 아프리카 등지에 선교사를 파송해야 한다. 둘째, 목사 선교사만이 아니라 평신도선교사를 파송해야 한다. 셋째, 선교사 훈련과 양성에 힘써야 한다. 넷째, 선교지에 대한 연구가 병행되어야 한다. 한명동, "선교에 대한 한국교회의 사명", 「고신대학보」12(1975. 08), 12-13.
50. 1955년 총회선교부가 설치되면서 선교부장으로 봉사한 이들로는 박손혁(1955. 04-1956. 03), 이인재(1956. 04-1959. 08), 황철도(1959. 09-1960. 08), 한명동(1960. 09-1971. 08), 심상동(1971. 09-1972. 08), 민영완(1973. 09-1974. 08), 한명동(1974. 09-1983. 08), 최일영(1983. 09-1985. 08), 박창환(1985. 09-1987. 08), 박현진(1987. 09-1989. 08), 이금조(1989. 09-1991. 08), 박유생(1991. 09-1992. 08), 조긍천(1992. 09-1993. 08), 박현진(1993. 09-1994. 08), 유윤욱(1994. 09-1995. 08), 최해일(1995. 09-1996. 08), 이금조(1996. 09-1997. 08), 이지영(1997. 09-) 등이다.

목사는 육군 군목으로 근무한 후 도미 유학하여 웨스트민스터신학교에서 네비우스(John L. Nevius)의 토착선교에 대한 연구로 신학석사 학위를 받고 풀러신학교에서 선교학을 전공하여 선교학 박사학위를 얻은 후 1978년 귀국하였다. 고신대학 교수로 초빙된 그는 선교학과 교회 성장학을 강의하면서 한국교회와 교단, 그리고 학생들에게 선교에 대한 관심을 불러일으켰다. 한국에서 그보다 앞서 선교학을 공부하거나 가르친 인사들로는 곽선희, 나일선, 전재옥, 노봉린 등 소수에 불과했다. 따라서 전호진 교수는 고신교단만이 아니라 한국교회에도 교수활동, 강연, 그리고 집필과 저술을 통해 선교에 대한 관심을 진작시켰다. 그는 선교학에 대한 고전적 작품인 바빙크(J. H. Bavinck)의 『선교학 개론』(An Introduction to the Science of Missions) 등을 역간 하였고, 다수의 논문과 『선교학』(개혁주의신행협회, 1985) 등의 저작을 통해 선교를 교회적 관심사로 이끌어 갔다. 그 결과로 고신대학교 신학대학원생들을 중심으로 1980년 선교학회가 조직되었는데, 이 선교학회는 선교학회보 발간, 세미나 개최[51] 등을 통해 신대원생들과 교회에 선교에 대한 관심을 불러 일으켰다. 회원 중 다수는 학교를 졸업한 후 선교사로 혹은 선교기관에서 사역하고 있다.[52] 총회선교부에서 이 선교학회를 재정적으로 후원한 사실[53]은 선교학회가 교단의 선교운동에 유익한 기여를 할 것으로 판단했기 때문일 것이다. 미국에서의 해외선교운동, 혹은 학생자원운동(SVM)이 보여주는 바처럼 19세기 말의 미국에서의 선교운동은 학생운동 단체나 신학생들로부터 시작되었다. 이처럼 신학생들의 선교에 대한 관심은 교회의 선교활동을 예견해 주는 변화의 시작이었다. 고신교단의 목회자 양성기관인 신학대학원생들의 선교에

---

51. 고신대학 신학대학원 학생들로 구성된 선교학회는 1986년 5월 20일 「선교학회보」 창간호를 발간하였고, 1984년 5월 8일 부산삼일교회에서 OMF 선교사인 배도선(Dr P. R. M. Pattisson) 의사를 강사로 선교세미나를 개최한 바 있다.
52. 선교학회 회원 중 다수가 해외선교사나 선교기구에서 사역하고 있거나 사역한 바 있다. 그들은 김영수(중국), 김종국(인도네시아), 남후수(필리핀), 박영기(일본), 박은생(가나), 박진섭(방글라데시), 배성학(브라질), 신대원(시에라리온), 이광호(WIN 선교회 한국대표), 이상룡(성경번역선교회), 이신철(가나), 이정건(파라과이), 이헌철(인도네시아), 최광석(필리핀) 등이다.
53. 총회선교부는 1981, 1982년도의 경우 선교학회에 연 6백만 원을 지원했다. 이는 선교부 전체 예산의 2%에 해당한다.

대한 관심은 교단의 선교운동을 실행해 가는데 커다란 영향을 끼쳤고, 결과적으로 교단 선교사(史)에 주요한 의미를 지닌다.

2. 선교부 조직 정비

1) 선교국, 선교개발연구원 설치, 선교회보 발간

1980년 9월 총회에서는 교단의 해외선교업무를 보다 효과적으로 관장할 수 있도록 하기 위해 총회선교부 산하에 선교국을 설치키로 결의하였고[54] 그 사무실을 부산남교회당에 두었다. 부산남교회 신명구 목사가 선교국장에, 서울 중앙교회 김사엽 장로가 총무로 임명되었다. 부산 거제교회 이우성 장로가 무보수 간사로 봉사하였다. 1984년 2월 1일 자로 고신대학 신학대학원을 졸업한 김영수 강도사가 전담간사로 일하면서 선교국의 업무가 정비되어 갔다. 그동안 부산 동광동 남교회당에 있던 선교부 사무실은 3월 15일 자로 부산 초량동의 삼일교회 부속 건물로 이전하였다. 김영수 간사에 이어 남후수 간사가 1987년 3월 6일까지 일했고 그 후 이순복 강도사가 간사로 일했다.

1982년 9월, 제32회 총회에서는 선교부 산하에 선교연구기관으로 '선교개발연구원'을 설치키로 결의하였다. 이 결정에 따라 전호진 교수(아세아연합신학대학)가 원장에 임명되었다. 이때를 전후하여 전호진 원장은 교단의 선교운동과 선교정책을 사실상 주도하였다. 선교개발연구원에는 서울, 부산, 대구지역 중심으로 17명의 연구위원을 두었는데, 이때 선임된 연구위원은 다음과 같다.

> 서울: 이병길(아시아지역, 중공권), 장희종(직장선교), 김종국(인도네시아), 이
> 헌철(태국권)
> 부산: 이용호(의료선교), 이상규(선교역사), 김영수(대만권), 전태(산업선교), 김
> 영수(대만권), 이상룡(공산권). 이신철(인도권), 박영기(외항선교), 남후수
> (방글라데시)

---

54. 이것은 동년 총회에서 승인된 "해외선교업무규정" 제8조 6항에 근거한 결정이었다.

<그림 4> KPM 선교회보 변천

대구: 조돈제(학원선교), 황상규(농어촌선교), 임영효(군선교), 김성복(도시선교)

이 선교개발연구원을 중심으로 편집된 교단 선교홍보지 「선교회보」가 창간
되었다. 변형 타블로이드판 4면으로 편집된 창간호는 1983년 4월 28일자로 3천
부 발행되어 전국교회와 교단 기관에 분배되었다. 그해 5월 28일 발행된 제2호는
8절지 판 8면으로 증면되었고, 8월 28일 발행된 제4호는 12면으로 증면되었다.
1984년 3월 5일 발행된 제5회부터 제호가 「해외선교회보」로 개칭되었고, 8면 혹
은 12면으로 매호 5천 부씩 발간되었다. 격월간으로 발행된 「해외선교회보」는 교
단선교의 현황과 동향, 그리고 선교소식과 선교사들의 편지 및 보고서를 게재하
고 교단기관과 교회, 후원단체나 개인에게 분배되어 선교에 대한 관심을 불러일
으키는 중요한 매체가 되었다. 「해외선교회보」는 1988년 1, 2월호(통권 29호)부
터는 「해외선교」로 개칭되었고, 2018년 166호(10-12월호)까지 발간되었다. 이후
2019년 167호(44-6월호)부터 「땅끝까지」로 개칭되었고 현재 2025년 202호(3-4
월호)를 발간했다.

2) 선교부 업무 범위 재조정

우리 교단은 전도부와 선교부 간의 업무 범위와 한계에 대해 일관성 있는 입
장을 견지하지 못했다. 1976년 이래로 전도부는 선교부에 통합되어 국내전도분
과로 있었으나 1983년 9월 23일 대구 서문로교회에서 모인 제33회 총회에서는

선교부를 다시 전도부와 선교부로 분리하기로 하고, 기존의 선교부 소관이었던 국내전도부는 다시 전도부로 독립하도록 하였다. 이것 역시 신학적 근거에서 결정된 것이라기보다는 해외선교 업무의 효율화와 전문화를 기하기 위한 조치였다고 볼 수 있다. 해외선교에 대한 교단적 관심이 점증하고 있었으므로 이러한 조치는 바람직한 것이었다고 평가된다. 특히 1983년 총회에서는 '해외선교후원협의회 규정'이 채택되었다. 해외선교후원협의회란 선교사를 파송한 개교회나 단체의 대표들로 구성되는 협의체로서 선교사역의 상호협조와 유기적 관계 정립을 위한 단체였다.

3) 선교세미나 및 선교대회 개최

이처럼 선교부의 조직과 정비, 선교국의 설치, 그리고 선교개발연구원의 설치 등은 일련의 기구와 행정적 쇄신을 가져왔다. 이러한 제도적 개혁과 함께 개최된 선교 세미나는 이 시기 교단 선교운동을 이끌어 간 힘의 원천이었다. 교회의 선교는 일부 의식 있는 지도자들로부터 시작되었지만, 영속적인 선교운동은 교회의 지원 없이는 불가능하다. 따라서 선교에 대한 대중적 관심을 불러일으키고, 구체적인 선교의 방안을 가르치기 위해 선교세미나를 개최한 일은 매우 적절한 시도였다. 이 세미나는 특히 교회 지도자들에게 선교에 대한 관심을 환기시키기 위한 것이었다. 이때의 세미나는 선교부장 한명동 목사, 선교개발연구원장 전호진 교수를 중심으로 김종국, 이헌철 등 선교 헌신자들의 희생적인 노력으로 추진되었다.

제1회 선교지도자 세미나 및 선교대회는 1982년 6월 부산에서 개최되었다. 이 세미나에는 68명의 교단 인사들이 참석하여 성황을 이루었다. 제2회 세미나 및 선교대회는 "동남아시아에 그리스도를"이라는 주제로 1983년 6월 13, 14 양일간 부산 에린유스호스텔(선교지도자 세미나)과 부산남교회당(선교대회)에서 한승인 목사(인도네시아선교사), 안와리 목사(인도네시아선교회 총무), 와기뇨노 목사(남부 수마트라 탄중에님 신학교 교장), 땀바 장로(수마트라선교회 부회장, 변호사)를 강사로 개최하였다. 이 선교 모임에는 60명의 목사를 포함한 105명이 참석하였다.[55] 세미나에 초청된 강사 면면을 보면 알 수 있듯이 이때는 이미 인도네시아 지역에 선교사를 파송하도록 구상하고 있었으므로 이 지역 인사들을 강사로 초청했다. 말하자면 인도네시아에 대한 교단적 관심을 환기시키려는 의도가 있었다. 땀바 장로는 "인도네시아 선교 측면에서 본 정치, 법률, 사회적 상황"이라는 강연을 통해 이 지역 선교의 가능성과 제한성, 그리고 종교의 자유 문제와 선교적 상황을 설명하였다. 선교지도자 세미나에서는 전호진 박사가 "총회선교부의 기구개편에 대하여", 김영진 선교사가 "선교 일선에서 본 선교전략"에 대하여, 김사엽 선교국 총무가 "선교협의회 운영 구성안"이란 제목으로 발표하고 참석자들의 토론이 있었다. 이러한 일련의 강연과 주제 발표 그리고 토론은 교단선교의 방향과 정책을 결정하는 데 주요한 지침이 되었다.

제3회 선교지도자 세미나 및 선교대회는 1984년 6월 11, 12일 양일간 대구 계명대학교 동서문화관과 대일교회당에서 개최되었다. "땅끝까지, 만민에게 끝날까지"라는 주제로 모인 제3회 대회에는 인도네시아의 샤무엘 반두 박사, 미국의 스텐톤 박사, 유환준 선교사, 전호진 박사가 강사로 초빙되었다. 제3회 선교지도자 세미나에는 131명이 참가하여[56] 선교에 대한 교회적 관심이 매년 점증하고 있음을 보여주었다.

3. 선교정책 수립

그동안 우리 교단은 선교에 대한 정책이 없었다고 해도 과언이 아니다. 선교에 대한 열정만 있었지 선교에 대한 정책적 고려는 없었다. 이런 상황에서 선교역사가 오랜 서구교회의 경험이나 유산을 헤아려 보려는 시도는 생각할 수도 없었다. 그동안 어떤 선교훈련이나 정책도 없이 선교사를 파송하여 김영진 선교사는 자신을 "선교를 모르는 선교사"라고 했고, "그 당시에는 선교사를 파송하는 총회선교부 조차도 사람만 선교지에 파송하면 선교가 되는 줄 알았고, 선교사를

---

55. 「선교회보」 3(1983. 06. 28), 27. 제1, 2회 선교지도자 세미나 참석자 명단은 「해외선교회보」 2/3(1984. 05), 65를 참고할 것.
56. 이때의 참가자 명단은 「해외선교회보」 2/4(1984. 07), 78을 참고할 것.

훈련하는 곳도, 선교를 배울 곳도 없었다."라고 솔직히 술회하고 있다. 또 "선교지를 미리 답사하여 정보를 얻을 수 있는 것도 아니고 선교정책이나 방향을 논의해 볼 수도 없는 상황이었다"[57]라고 했다. 실지로 김영진 선교사를 파송한 후 처음 열린 1958년 9월 총회에서는 "대만 선교방침은 총회 즉석에서 토의하여 주시옵기 바라오며"[58]라고 요청했을 정도로 선교에 대한 전략이나 정책적 안목이 없었다. 그러나 드디어 1980년대 초에는 교단 선교정책을 수립해 가기 시작하였다.

1) '해외선교업무규정' 제정

해외선교 업무를 효율적으로 수행하기 위하여 1980년에 모인 제30회 총회에서는 선교부 관할 하에 상설기구로 해외선교국을 설치, 운영키로 가결하였다. 또 그해 12월에는 '해외선교업무규정'[59]이라는 문서를 발행하였다. 이 문서는 교단의 선교목적과 목표, 정책을 제시한 선교정책에 관한 첫 문서라는 점에서 중요한 문서라고 할 수 있다. 이 문서에서 선교는 "교회 밖의 선교단체의 사업이 아니라 교회의 사업"임을 천명함으로써 선교는 교회의 과업임을 선언하였다. 이 문서에서 중요한 것은 선교 목표와 선교목적에 대한 선언이다.

총회 선교사업의 목표는 개혁주의 신학과 정치를 따르는 토착교회의 설립이다. 토착교회가 자기들의 언어와 문화 속에서 스스로 예배, 친교, 교육, 봉사, 전도 및 선교를 할 수 있도록 하는 데 목표를 둔다. 자립, 자치, 자력 전파의 토착교회가 세워지도록 선교사는 최선의 노력을 경주한다. 파송된 선교사는 언제 어디서나 한 신앙과 한 목적을 가지며, 개혁주의 신앙을 가르치고 장로교회를 설립한다. 우리는 주님이 다시 오실 때까지 땅끝까지 만민에게 가서 개혁주의 신앙을 전파하는 일을 쉬지 않을 것이다.[60] 또 선교목적에 대해서는 다음과 같이 규정하였다.

57. 김영진, 『선교지 대만에서 역사하신 하나님』. 30.
58. 『총회록 1961-1970』, 171.
59. 이 규정은 1981년 9월 29일 제31회 총회에서 승인되었고, 1차 수정(1984. 09. 25), 2차 수정(1987. 09. 25), 3차 수정(1988. 09. 06), 4차 수정(1989. 09. 20), 5차 수정(1991. 10. 04), 6차 수정(1995. 09. 18)을 거쳐 이후 '선교업무규정' 이라고 부르고 있다.
60. 총회선교부, 「해외선교업무규정」 (총회선교부 해외선교국, 1980), "제2조, 해외선교 사업의 목적

우리의 기본 임무는 죄인들을 구원하시기 위하여 세상에 오셔서 죽으시고 부활하신 예수 그리스도의 구원의 복음을 말과 행위로 전파하는 데 있다. 이 전파의 목적을 달성하기 위하여 직접 전도, 교육, 문서사업, 의료, 기타 봉사활동 등의 제반 가능한 수단을 활용한다. 그러나 이러한 봉사는 목적이 아니라 다만 전도를 위한 도구가 되어야 하며, 교회설립을 선교활동의 최선의 목적으로 한다.

결국 총회 선교부는 교육, 의료, 사회봉사 활동을 선교의 수단으로 보고 선교의 일차적인 목표는 교회설립이라고 규정함으로써 고전적 의미의 선교관을 정책의 기본으로 하였다. 또 선교사역에 있어서 가장 중요한 선교정책은 자립, 자치, 자력 전파에 기초한 토착교회 설립으로 보았다. 특히 해외선교업무규정 제29조 1항에서 "선교사는 토착교회 설립을 위하여 교회당 건축 등 시설물과 기타사업에 가능한 한 본국 교회의 자본을 사용하지 않는 것을 원칙으로 한다"고 규정함으로써 과거 한국에서 시행된 네비우스 원리를 그대로 원용하였다. 그러나 "이 원리의 적용은 상황에 따라 융통성과 신축성 있게 시행되어야 한다."는 단서 조항은 후일 자립 정책의 원칙이 근원부터 무시되는 결과를 가져온 것으로 보인다.

이 문서에는 이상과 같은 선교의 목적과 목표에 대한 기본적 입장 외에도 총회 선교부의 업무와 임무 등 행정의 방향에 관해 규정하였다. 선교사는 두 종류로 구분되었는데 선교지의 토착민을 대상으로 하는 '선교사'와 해외의 교포전도를 위한 전도자를 '교포 선교사'로 칭하는 것으로 구분하였고, 팀(team) 사역을 선교사 파송의 기본정책으로 정하였다. 또 선교사 후보의 선정과 관리, 선교사의 준비와 의무, 휴가, 안식년, 정년과 퇴직, 선교사에 대한 후원, 선교사 아내의 위치 등에 대해 규정하였다. 선교사는 임지에서 2년간의 언어훈련 기간을 갖는 것을 원칙으로 하였다. 안식년 휴가는 매 3년 후 3개월, 매 4년 후 6개월이나 매 5년 후 1년 중 어느 하나를 선택할 수 있도록 했다. 특히 이 규정에서는 "선교사의 아내는 선교사로 지명되지 않는다."라고 규정하였다.

과 목표."

특히 선교사는 "총회 산하 개인, 단체, 교회나 노회의 후원으로 파송될지라도 총회선교부 관할 하에 있게 되며 그 정책에 따라야 한다"라고 규정하고 "총회 산하 선교기관의 모든 재정은 반드시 선교부 정책에 의하여 사용되며, 계획된 예산안에 따라 지출되어야 한다"라고 규정했다. 이는 선교사에 대한 모든 재정 후원은 총회 선교부를 통해서 하도록 규정한 것이다. 선교사 관리와 후원을 총회 선교부 휘하에 둠으로써 선교사 간의 재정 후원의 격차나 불균형을 해소하려는 의지가 반영되었다고 볼 수 있다. 이러한 규정의 제정은 교단 선교부의 활동이 더욱 체계화되고 있다는 증거라 하겠다.

2) 선교지역 선정

교단 내외의 선교에 대한 점증하는 관심과 함께 서울중앙교회와 전국여전도회 연합회가 선교사 파송과 후원을 자원하였다. 동시에 김종국, 이헌철 등 선교 헌신자들이 생겨나자 어느 지역으로 선교사를 파송할 것인가 하는 것이 중요한 현안으로 대두되었다. 지금까지는 대만을 선교의 중심지로 삼았으나 이곳만을 고집할 이유는 없었기 때문이다. 1976년 9월 총회에 보고한 교단발전연구위원회에서는 "아시아 선교를 본 교단의 제1차적인 대상으로 하자"고 제안한 바 있으나[61] 합리적 근거가 제시되지 않는 막연한 제안이었다. 단순히 "아시아 선교"라고 한 것만 보아도 그것이 세심한 연구의 결과가 아님을 알 수 있다. 단지 현실적으로 동남아시아는 우리와 인접해 있고, 비교적 용이하게 사역을 시작할 수 있다는 점 때문에 동남아시아권은 선교의 일차적인 대상으로 인식되기 시작하였다. 그래서 총회 선교부는 인도네시아와 태국을 선교지역으로 결정하고, 서울중앙교회가 후원하는 김종국 전도사는 인도네시아로, 전국여전도회연합회가 후원하는 이헌철 전도사는 태국으로 파송하기로 결의하였다.[62] 인도네시아는 1억 5천만 인구 중 회교 인구가 85%에 해당하는 전통적인 회교국가라는 점에서, 태국은 4천

61. 『총회록 1976』, 42.
62. 「선교회보」 2(1983. 02), 15.

3백만 인구 중 불교도가 93%에 달하는 불교 국가라는 점에서 두 지역은 중요한 선교지역으로 인식된 것이다.

이 결정에 따라 선교지의 정황을 파악하고 선교지에서의 사역을 협의하기 위해 선교지를 방문하기로 하였다. 그래서 신명구 목사(선교국장), 전호진 교수(선교개발연구원장), 김사엽 장로(선교국 총무) 그리고 이우성 장로(선교국 간사)는 인도네시아 선교사 후보인 김종국 전도사를 데리고 1983년 1월 26일부터 2월 8일까지 싱가폴, 인도네시아, 태국, 홍콩, 대만을 둘러보고 귀국하였다. 이 여행의 중요한 목적은 선교사 파송 방법을 모색하는 것이었고 현지 교회나 선교단체와 선교협력 문제를 논의하기 위해서였다.

한국을 떠난 이들은 싱가폴에 있는 OMF 본부를 방문하여 선교사 파송에 대해 의견을 교환하고 자문을 구했다. 인도네시아에서는 대한예수교장로회 통합교단 파송으로 사역 중이던 한숭인 선교사와 접촉, 그의 소개로 엘레오스장로교단(Eleos Presbyterian Synod)의 하나니엘 목사와 접촉하게 되었다. 그 결과 고신 교단 선교부는 그의 교단과 선교협력을 갖게 되었다. 하나니엘(韓承惠, 1934-?) 목사는 중국계 인도네시아인으로서 뉴질랜드 오클랜드에 있는 뉴질랜드성경대학(Bible College of New Zealand)에서 수학한 개혁주의적인 장로교인이었으므로 우리와는 신학적 동질성을 지니고 있었다. 바로 이런 이유때문에 비록 소규모의 교단이었으나 하나니엘이 대표로 있는 엘레오스 교단과 협력하게 되었고 후일 그의 초청으로 김종국, 이헌철 선교사가 선교지에 입국할 수 있었다.

이 선교지 답사 여행을 통해 교단 선교지는 대만, 인도네시아, 태국 등 세 나라로 정하고 그 지역적 중심지라고 할 수 있는 싱가폴에 선교관리기지(mission station)를 두고, 선교사를 파송하는 개교회나 선교회 대표로 구성하는 선교협의회를 구성하여 협동과 연합정신으로 선교사역을 추진하자는 데 의견을 모았다. 기본적으로 인도네시아와 태국을 적절한 선교지로 생각한 것은 이곳이 아시아 국가라는 점과 복음에 대한 수요가 높기 때문이었다. 또 선교사는 한 나라에 3,4명씩 파송하여 팀선교를 하도록 해야 한다는 데 의견을 같이 하였다. 비록 이러한 정책적 구상이 그대로 실행되지 못했다 하더라도 선교역사에 대한 이해에 바탕을 둔 매우 적절한 시안이었다.

4. 김종국, 이헌철 선교사 파송

1983년 9월 대구 서문로교회당에서 회집한 제33회 총회에서는 김종국 전도사를 인도네시아에, 이헌철 전도사를 태국에 선교사로 파송하기로 결의하고 목사 안수를 소속 노회장에게 청원키로 하였다.[63] 이 선교사 파송 결의는 1974년 유환준 선교사를 파송한 이후 1980년대의 첫 현지인 선교사 파송 결정이었다. 김종국 선교사를 후원하는 서울 중앙교회는 1983년 10월 20일 김종국 선교사 파송예배를 드렸다.

김종국 선교사를 파송한 서울 중앙교회는 고신선교운동에 있어서 선도적 역할을 했다고 할 수 있다. 이 교회의 선교운동에 동기를 부여한 것은 임종을 앞두고 있던 이영구 집사가 해외선교를 위해 써 달라고 기부한 기금 2백만 원이었다.[64] 그 후 여러 성도들의 헌금과 기부금으로 1983년 한 해에 약 7백만 원의 선교기금을 확보하였고, 곧 선교회가 조직되었다. 주일학교 학생에서부터 성인에 이르기까지 전 교인이 선교회에 가입하였고, 또 서울중앙교회 선교가를 지어 선교의 사명을 고취하였다. 총회선교사로 파송 받은 김종국 선교사는 1983년 10월 28일 가족을 남겨둔 채 인도네시아 말랑(Malang)으로 향했고, 이듬해 3월 9일에는 부인 최춘영 사모와 50일 된 아들이 한국을 떠나 인도네시아로 갔다. 김 선교사는 이곳에서 엘레오스장로교단의 하나니엘 목사와 협력사역을 시작하였다. 하나니엘 목사는 1893년 9월 한국을 방문하고 선교협력을 약속한 바 있어 양 교단간의 선교를 통한 협력이 가능했다. 김종국 선교사의 파송은 고신선교역사에 있어서 중요한 분기점이 된다. 이것은 대만에 이어 제2의 선교지로 인도네시아 선교의 시작을 의미하기 때문이다.

이헌철 선교사는 전국여전도회엽합회의 후원으로 불교권인 태국에서 파송될

---

63. 『총회록 1983』, 297. 김종국, 이헌철 두 선교사는 9월 15일 서울 중앙교회당에서 목사 안수를 받았다.
64. 김사엽, "한분의 선교사를 파송하기까지", 「선교회보」, 2/1(1984. 03), 44.

예정이었으나 입국이 좌절되었다. 당시는 현지의 초청자 없이는 입국이 불가능한 상황이었다. 그래서 이미 태국에서 사역하고 있던 합동측 선교사의 협조를 얻어 입국할 예정이었으나, 협조를 얻지 못함으로써 입국 자체가 불가능해졌다. 이런 상황에서 더 이상 지체할 수 없었으므로 총회선교부는 1984년 3월 19일 삼일교회당에서 전체 회의를 열고 이헌철 선교사의 선교지 조정 문제를 논의하여 그를 태국이 아닌 인도네시아로 파송하도록 의견을 모았다.[65] 태국선교를 자원했던 이 선교사 자신과 후원 기관인 전국여전도회 연합회는 태국 사역이 하나님의 뜻이 아니라고 믿고 총회 선교부의 결정에 따르기로 하였다. 그는 제3회 선교지도자 세미나와 선교대회 기간 중인 1984년 6월 16일 공식적으로 인도네시아 선교사로 파송을 받았고 6월 19일 한국을 떠나 대만으로 갔고, 26일 인도네시아 자카르타를 거쳐 임지인 말랑에 28일 도착하였다. 그도 김종국 선교사와 함께 엘레오스교단과 협력하며 사역하게 되었다. 전국여전도회 연합회는 선교사 후원을 중요한 사업으로 정하고 이헌철 선교사를 파송하였을 뿐만 아니라 당시 표지현 회장이 인도네시아를 직접 방문하기도 했다. 그 후 이 연합회는 이신철 선교사를 아프리카 가나에 파송하는 등 선교를 위해 후원을 아끼지 않았다.

인도네시아에서 팀 사역하게 된 김종국, 이헌철 선교사는 인도네시아 선교부를 조직하고 원주민교회인 엘레오스교회에서 사역하는 한편, 와길교회, 셀로빵궁교회, 마가딴교회를 설립하는 등 교회개척 사업과, 와길유치원, 와길중학교 등 교육기관을 설립하였고, 살렘신학교를 설립하여 현지지도자들을 양성하고 있다. 김종국 선교사는 말랑에서 3년간 사역한 후 1986년에는 중부 쟈바의 족자카르타(Jokjakarta)로 옮겨가 인니복음주의신학교(STII)를 중심으로 사역하였다.

5. 교포 선교사 파송

1970년대부터 해외 이주에 대한 관심이 일기 시작하였고, 이와 함께 한국교회는 해외 거주 교포들에 대한 선교 노력이 일기 시작하였다. 고신총회는 1980년

---

65. 「선교회보」, 2/2(1984. 04), 56.

대에 와서 이들에 대해 관심을 갖기 시작하였다. 그 관심의 일단이 1981년 9월 총회에 상정된 선교부의 문건 속에 나타나 있다. 이 문건에서 선교부는 해외교포교회에서 사역하고 있는 목회자들에게도 선교사 명칭을 부여할 수 있게 해 달라며 다음과 같이 건의하였다. "국외 선교에 여러 가지로 어려운 상황에서 수고하는 본 교단 목사들의 실정은 본국에서는 이해하기 어려운 형편이므로 이러한 과도기에 처한 현실에서 해외교포선교와 교단 확장을 고려하여 교포 선교사 명칭, 임면권을 금년만 선교부에 일임하여 주시기 바라나이다."[66]

교포교회 목회자를 선교사로 인정할 것인가에 대한 문제는 상당한 논란이 있었다. 총회에서는 그 논쟁의 여지를 없애기 위해 선교사 명칭이나 임면권을 '금년만' 선교부에 일임해 달라고 요청하였다. 그리고는 해외교포 전도에 대한 다음과 같은 4가지 방침을 제시하였다.

1. 세계 각국에 산재해 있는 교포들에게 적극적으로 선교활동을 전개할 것이며,
2. 아세아 지역과 아프리카와 기타지역에 인재가 준비되는 대로 적극적으로 선교활동을 전개하며,
3. 이를 위해서 선교사 사명자를 모집하여 필요한 훈련을 시키며,
4. 선교자금 확보와 모금 운동을 전개하고자 한다.[67]

해외교포 목회자를 교포 선교사로 인준하자는 주장과 함께, 1981년 9월 서독의 김은수 목사와 미국의 김만우 목사를 교포 선교사로 인준하였다. 김은수 목사는 1979년 4월 출국하여 독일 쾰른과 인접지역 3개 처에 한인교회를 설립하고 헌신적으로 목회하고 있었다. 또 김만우 목사는 1979년 미국으로 갔고 필라델피아한인장로교회를 설립하여 목회하면서, 고신교단 미주노회 조직 및 교역자회 조직을 위해 힘쓰고 있었다.

1982년 1월에는 진주삼일교회가 조성관 목사를 캐나다 선교사로 파송하였다.

66. 『총회록 1981』, 56.
67. 『총회록 1981』, 56.

그는 토론토 고신장로교회 시무 중 교회 명칭을 시민교회로 개칭하고 교민 전도를 위해 힘쓰고 있다. 브라질의 정길수 목사가 소천함에 따라 손창호 목사가 1983년 1월 브라질 선교사로 파송되었고, 그해 2월에는 신현국 목사가 마산동광교회의 파송으로 미국으로 건너가 그해 9월 미주 선교사로 인준되었다. 신현국 목사는 교포교회를 위해 목회하는 한편 미주지역 노회 조직을 위해 노력하였다. 1984년 9월에는 스페인에서 활동 중이던 도만기 목사가 교포 선교사로 인준되었다.[68] 1980년 스페인으로 이주한 도만기 목사는 바르셀로나에 제일스페인교회를 설립하였고, 1981년에는 마드리드에 교회를 설립하고 황상호 목사를 초청하여 목회하도록 한 바 있다. 1983년에는 발렌시아와 토르렛톤에도 강화식 집사 가정을 중심으로 집회를 시작하였다. 그후 황상호 목사와 강화식 집사는 1986년 교포 선교사로 인준되었다.[69]

1985년 9월의 제35회 총회에서는 6명의 교포 선교사를 인준하였는데, 이때 인준받은 선교사들로는 일본의 김소익 목사, 이청길 목사, 브라질의 배성학 목사, 스페인의 김학우 목사, 서독의 최한주 목사 그리고 미국으로 이주 예정인 김영신 강도사였다.[70] 그해 10월에는 서울노회에 의해 이선 목사가 홍콩 선교사로 파송되었다. 이때까지 교포 선교사로 총회의 인준을 받은 선교사는 15명인데 사역하는 지역별로 보면 다음과 같다.

일본: 조병철, 김소익, 이청길
유럽(독일, 스페인): 김은수, 최한주, 도만기, 김학우,
남미(부라질): 손창호, 배성학
북미(미국, 카나다): 김만우, 김용출, 조성관, 신현국, 김영신
아시아(홍콩): 이선

68. 「해외선교회보」 10(1984. 11), 103.
69. 『총회록 1986』, 37.
70. 『총회록 1985』, 21; 「해외선교회보」 15(1985. 09), 162; 16(1985. 11), 175.

그런데 1985년 9월 제35회 총회는 교포 선교사 인준과 함께 교포 선교사 관리와 관련하여 중요한 결정을 하게 된다. 즉 교포 선교사는 "선교업무의 편리와 관리의 효율성과 각 노회 선교부의 활성화를 위하여 각 노회가 심의, 인준, 관리 지도하고 총회에 보고하도록 업무를 이관하기로"[71] 한 것이다. 사실 이런 결정의 배경에는 교포 선교사 인준이 노회 단위로 시행되고 있었고 이에 대한 관리가 이루어지지 못했기 때문에 차라리 노회가 관장하도록 권한을 위임해 주는 조치였다.[72] 그러나 이런 결과가 교포 선교사 파송과 관리를 더욱 복잡하게 만드는 결과가 되었고, 해외교민 목회자 중 (교포)선교사와 선교사 칭호가 없는 목회자들 간의 심리적 균열을 가져오는 결과를 초래하였다. 이런 문제점 때문에 1996년 9월에 모인 제46회 총회에서는 교포 선교사 칭호를 없애기로 결정하였다.

6. 해외선교단체와 협력

1980년대 고신교단은 국제적인 선교단체와의 협력을 시도했다. 고신교단은 처음부터 미국정통장로교(OPC) 외에 외국의 교회와는 단절된 상태에 있었다. 고신교단이 초기부터 미국정통장로교와 교류한 것은 교단의 국제적인 고립을 불가피하게 만들었다. 정통장로교회가 미국 교회 상황에서 상당히 고립되어 있었기 때문이다. 그후 1971년 화란의 자유개혁파교회(31조파)와 교류하게 되고 자매관계로 발전하게 되지만 이 교회 역시 국제적으로 고립된 소규모 교회조직이었다.[73] 한때 국제기독교연합회(ICCC)의 멕킨타이어와 접촉한 일은 있으나 교단적

---

71. 『총회록 1985』, 21.
72. 그 한 가지 예가 황상호 목사의 경우였다. 경북노회는 황상호 목사를 (총회인준과 관계없이 스페인에 선교사로) 파송하였는데, 선교부에 선교사 증명 발급을 요청했을 때, 총회에서는 "총회 서기가 발급하도록" 했고, 총회는 "앞으로 노회가 외국에서 사역할 인물을 선교사로 파송하고 선교사 명칭을 청원하면 총회가 심사 후에 허락하도록 제도화하는 것이 좋겠다."라고 제안한 바 있다(『총회록 1982』, 34). 1983년도 대구 서문로교회에서 모인 총회에서는 "스페인에서 교육과 선교에 노력하고 있는 교역자들이 요청해 온 선교사 명칭 부여건은 본 선교부에서 연구하도록 일임해 달라"고 요청하였는데(『총회록 1983』, 37), 이 교포 선교사 건이 문제가 되고 있었음을 보여주고 있다. 그 후 선교부는 해외에서 목회 사역하고 있는 이들에 대한 선교사 칭호 요청을 노회로 이관하도록 했다.
73. 이 교파는 어떤 국제적인 기독교 연합기관에도 가입되어 있지 않았다. 가장 덜 자유주의적이며, 광의

교류 관계로 발전시키지는 않았다.[74] 교단의 고립은 선교에 있어서도 상당한 제한을 가져올 수 있다. 그러나 건실한 복음주의적이고 초교파적인 선교단체와의 협력과 참여를 통해 이를 극복해 간 것은 매우 바람직한 일이라고 볼 수 있다.

고신총회의 초교파적인 국제선교단체와의 공식적인 접촉은 1975년 9월 총회 때부터 시작되었다. 이때 한국 해외선교회(OMF) 대표 배도선 선교사는 고신총회에 해외선교회(OMF) 선교사 초청을 요청하였고, 총회는 이를 허락하였다.[75] 자세한 기록이 없어 보다 분명한 정보를 얻을 수 없으나, 아마도 한국에서 사역하기를 원하는 해외선교회 소속 선교사를 고신교단이 초청해 달라는 청원으로 보인다. 이것이 해외선교회와의 협력관계의 시작을 의미했다. 이로부터 5년 후인 1980년 해외선교회 한국대표 배도선 선교사는 변재창 목사를 OMF 선교사로 일본에 파송하여 달라고 요청하였고, 총회는 이를 허락하였다.[76] 그래서 변재창 목사는 1981년 1월 12일 광안중앙교회 등의 지원을 얻고 OMF 소속의 일본 선교사로 파송되었다. 사실 그는 유환준 선교사 이후 1980년대 고신의 첫 원주민 선교사였다.

의 개혁주의 계에 속하는 RES(현 REC, Reformed Ecumenical Council)에 대해서도 적대적인 입장을 취했다. 고신총회에서는 1971년 이 화란 31조파 교회에 교수 선교사 2사람을 파송해 줄 것을 요청한 바 있다. 이 요청은 7년이 지난 후 1978년 31조파 교회에서 결의되었고, 1979년 2월 22일자로 2사람을 파송키로 지명하였다. 『총회록 1979』, 67. 고재수(Drs. N. H. Gootjes)와 박도호(Drs. J. M. Battaw)가 그들이다. 이들은 1980년 2월 내한하여 고신대학에서 교수 선교사로 활동하였다. 고재수 목사는 화란 캄펜신학교를 출신이며, 박도호는 스페인계 미국인으로 하바드대학과 웨스트민스터신학교를 거쳐 캄펜신학교에서 조직신학을 공부한 목사였다.

74. 교단적으로 외국교회와의 관계는 1976년 9월 총회에서는 호주의 자유개혁파교회와 자매관계를 맺기로 가결하였다.『총회록 1976』, 16. 1978년 부산남교회당에서 모인 제28회 총회에서는 미국장로교회(PCA)와 우호관계를 맺기로 결의하고, 그 교회의 총무인 스미스 박사를 다음 총회시에 강사로 초청키로 한 바 있다. 또 이때에 미국기독개혁파교회(CRC)와 우호관계를 맺는 문제를 섭외위원회에서 계속 논의키로 하였다. 『총회록 1978』, 21. 그러나 자매관계로 발전하지는 못했다. 1980년 9월 총회에서 섭외 위원장이었던 오병세 교수가 국제개혁주의교회협의회(ICRC) 창설에 우리 교단이 창립회원으로 가담하도록 요청하여 허락을 받았다. 『총회록 1980』, 65. 이 ICRC는 국제적인 기독교연합기구에서 고립되어 있던 화란 31조파, 호주자유개혁파 등의 규모가 적은 교회들의 연합체였다.

75. 『총회록 1975』, 5.

76. 『총회록 1980』, 122.

1983년 1월에는 교단 선교국장 신명구 목사와 전호진 선교개발연구원장 등이 싱가폴의 해외선교회(OMF) 본부를 방문하여 상호 협력에 논의한 바 있다. 이와 함께 해외선교회 한국 대표가 교단총회시에 외국교회기관 대표로 인사하는 등 선교부는 해외선교회와 긴밀한 관계를 갖게 되었다. 1980년대 후반기부터 고신 총회의 초교파 선교단체들과의 접촉이 보다 빈번해졌다. 고신총회가 해외에 선교사를 파송하고, 선교를 통해 국제 기독교권에서 어깨를 맞대고 협력하기 위해서는 외국의 선교단체와 접촉하지 않으면 안 될 상황에 이르렀다.

선교는 교단 선교부 단독으로 추진될 수 없는 특수한 영역이 있게 마련이고 고도의 전문성과 기동성을 요구하기도 한다. 따라서 초교파적인 선교단체와의 협력과 지원이 필요한 때가 되었다. 이런 상황에서 외국의 초교파적인 선교단체와의 자연스런 접촉이 이루어졌다. 수단내지선교회(SIM, Sudan Interior Mission) 아시아 지역 총무 고든 스탠리(Gorden D. Stanley)[77]는 1986년 10월 17일 총회 선교부와 고신대학원을 방문한 바 있는데, 이 선교회가 해외선교회에 이어 우리가 접촉하기 시작한 두 번째 선교단체였다. 이듬해 10월 16일에는 SIM 호주 총무인 디플(Bruce Dipple), 1988년 2월 17, 18일에는 국제선교회(WEC: Worldwide Evangelization Crusade) 국제총무 쿨(D. Kuhl), 동년 2월 23일에는 아프리카내지선교회(AIM, Africa Inland Mission) 호주 총무 체클리(Chekley)가 선교부를 방문하였고, 3월 19-25일에는 SIM 호주 총무의 재방문이 있었다. 또 그해 7월 5, 6일에는 WEC 훈련원장의 내방과 세미나 인도가 있었다.[78] 이와 같은 빈번한 접촉을 통해 고신선교부는 세계교회의 일원으로 그들과 협력하면서 하나님의 나라에 대한 책임을 감당할 수 있게 된 것은 바람직한 일이었다.

이런 추세에서 변재창 목사에 이어 류영기 목사가 1988년 1월 역시 OMF 소속 선교사로 일본에 파송되었다. 그해 8월에는 전국여전도회 연합회의 후원을 받은 이신철 선교사가 국제선교회(WEC)을 통해 아프리카 가나에서 사역을 시

---

77. 「해외선교회」 22(1986. 11), 246.
78. 『총회록 1988』, 265; 「해외선교」 30(1988. 3/4), 15.

<그림 5> 대만 선교50주년 기념방문

작하였다. 그해 12월에는 이상룡 선교사가 성경번역선교회(GBT) 소속 선교사로 N국으로 파송되었다. 또 1986년에는 박은생 선교사가 OM, 후에는 SIM을 통해 가나에서 사역하였다. 손승호 선교사 또한 1992년부터 OMF의 일원으로 태국에서 사역하고 있다. 이로써 고신선교부는 건실한 초교파적인 국제선교기구와 협력하게 되었다.

V. 선교정책의 수립과 행정 쇄신(1985-1989)

1985년 이후 고신의 선교운동은 새로운 단계로 발전하였다. 무엇보다도 선교 헌신자의 급증은 새로운 선교지를 모색하게 했고 선교지 선정을 위한 새로운 정책의 수립을 요구하였다. 또 그간의 활동을 통해 선교부가 행정적으로 정비되었을 뿐만 아니라 선교부 전담 총무제의 실시, 선교훈련원의 설치 등 발전적인 변화가 나타났다. 무엇보다 이때부터 그간의 대만, 인도네시아에 이어 일본, 필리핀, 아프리카, 타선교단체와의 협력 등 선교지역의 다변화 현상이 나타났다.

1. 선교정책과 행정 쇄신

1) 새로운 선교지 모색

총회 선교부는 이미 1980년대 초에 10여 명의 해외선교사를 파송하는 것을 목표로 하고 있었다.[79] 따라서 선교사 후보생의 선발과, 대만과 인도네시아에 이어 제3의 선교지 선정이 시급하였다. 새로운 선교정책이 요구되었다. 전호진 선교개발연구원장은 선교지의 다변화, 선교사 선발과 훈련, 선교활동의 다변화 등 전략적인 문제를 "교단해외선교전략과 계획"이라는 글을 통해 제안한 바 있다.[80] 그는 선교지 선정에 있어서 복음을 잘 받아들이는 수용성이 높은 지역, 선교사를 필요로 하는 지역, 선교활동이 가능한 지역, 우리 선교사들이 활동할 수 있는 지의 적합성 등 4가지 점을 고려해야 한다고 지적하고 제3의 선교지로 태국, 방글라데시, 파키스탄, 일본, 그리고 아프리카지역을 제안하였다. 그는 또 이 글에서 선교사 훈련의 필요성을 강조하고, 목사 선교사의 활동만이 아니라 평신도 선교사의 활동이 요구된다고 하였다. 이러한 지적은 당시 변화하는 추세에서 자연스럽게 요구되는 것들이었다. 교단의 선교정책도 이러한 추세를 반영해 가기 시작하였다.

선교 헌신자들의 증가와 새로운 선교지에 대한 희망 때문에 새로운 선교지에 대한 모색은 1985년부터 중요한 과제로 대두되었다. 특히 선교사를 파송하기 원했던 교회나 단체는 기존의 대만이나 인도네시아 이외의 지역 선교를 선호하는 경향이 지배적이었다. 그것을 새로운 선교지 개척이라는 뜻에서 특별한 의미를 부여하는 경향이 있었기 때문이다.

이 점은 새로운 선교지 개척이 교단 선교부에 의해서가 아니라, 점차 선교사 후보 개인에 의해 주로 이루어졌다는 점에서 분명하게 나타난다. 점차 선교부는 정책적 고려에서 특정 지역에 선교사를 파송하는 일관된 장악력을 상실하기 시

---

79. 자세한 요강은 『총회록 1982』, 167-69 참고할 것.
80. 전호진, "교단해외선교전략과 계획", 『해외선교회보』 10(1984. 11), 93-94.

작하였고, 어떤 특정 지역에 선교사로 가길 원하는 이들을 승인하고 파송해 주는 행정적 관리자로 남게 되었다. 다시 말하면 선교부는 세계선교 전략에 따라 선교지를 개척하고, 선교사들을 파송할 수 있는 국제적 감각을 지니지 못했다. 그 첫 경우가 일본과 아프리카 지역 선교였다. 일본 원주민 선교는 교단의 정책적 고려에서 시작된 것은 아니었다. 다만, 박영기 선교사의 경우 일본 유학가게 된 것을 계기로 선교부는 그를 일본선교사로 임명하였다. 박영기 선교사는 이것 또한 인간의 생각을 초월해서 역사하시는 하나님의 인도하심이었다는 회고한다. 아프리카 선교도 이신철, 박은생 두 선교사의 외국의 초교파 선교단체와의 접촉과 협력에 의해 해(該) 국에 입국하게 된다. 말하자면 선교지 선정은 교단 선교부의 일관된 정책이나 통제 하에서 이루어졌다고 볼 수 없다. 또 선교지 선정을 총회 선교부가 일관되게 통제해야 할 이유도 없다.

이러한 상황에서 교단 선교부의 배려로 시작된 선교지가 필리핀이었다. 필리핀 선교는 1986년 8월 13-16일 총회선교부 실행위원 3인(정순행, 박두욱, 김사엽)과 선교개발연구원장(전호진) 등 4인의 필리핀 방문과 필리핀에서 합동교단 선교부와의 선교협력 합의서에 의해 교단의 선교 대상 지역이 되었다. 이때의 합의서는 다음과 같다.[81]

> 대한예수교장로회(고신)선교부는 필리핀에 선교사를 파송하여 사역함에 있어서 대한예수교장로회(합동) 주 필리핀 선교부와 다음과 같이 합의한다.
>
> 1. 대한예수교장로회(고신)선교부는 필리핀에서 선교사역을 함에 있어서 기존하는 한국장로교 선교부들과 협력하여 하나의 장로교단을 설립하는 데 합의한다.
> 2. 대한예수교장로회(고신)선교부는 필리핀에서 현지 일군을 양성함에 있어서 필리핀 장로교신학교를 통하여 하며 신학교 사역에 협력할 것을 합의한다.
> 3. 대한예수교장로회(합동) 주 필리핀 선교부는 대한예수교장로회(고신)선교

81. 김사엽, "필리핀으로의 부름", 「해외선교회보」 21(1986. 09), 228-29.

부의 필리핀 사역을 최대한 도와주며(초청장 발급과 기타) 피차 사역상에 있어서 독자성을 인정하고 최대한으로 상호 존중한다.

1986년 8월 16일

대한예수교장로회(고신)총회 선교부장 목사 박창환

대리 목사 정순행

대한예수교장로회(합동) 주 필리핀 선교부 대표 목사 여상일

이 합의서는 고신선교사들의 필리핀 입국을 위해서 합동교단 선교사들이 도와주며, 그 대신 고신선교사들은 별도의 신학교를 세우지 않고 합동측 선교사들이 설립한 기존의 신학교육에 협조한다는 것을 골자로 하고 있었다. 이 협약에 의해 고신선교사들의 필리핀 선교가 가능하게 되었고, 선교부는 대만, 인도네시아, 일본에 이어 필리핀을 제4의 선교지로 간주하게 되었다.

이런 배경에서 김자선(1986), 김형규(1987), 남후수(1987), 김영숙(1989) 등이 필리핀에서 사역하게 된다. 그 후 김재용(1990), 최광석(1991), 이경근(1991), 정순성(1991), 황성곤(1994), 김성일(1994) 등이 필리핀에서 사역함으로써 가장 많은 선교사의 파송지가 되었다.

이 기간 동안 전기한 나라들 외에도 아프리카의 시에라리온, 남미의 파라과이에 선교사를 파송하게 되었다. 어떤 점에서 스페인의 고신선교사들은 아프리카와 남미 지역 선교의 거점 역할을 했다고 볼 수 있다. 도만기, 김학우 선교사 등은 스페인에서의 선교사역만이 아니라 아프리카 선교개척을 위해서도 크게 봉사하였다. 그들은 아프리카 지역을 답사하고 선교지를 개척하여 1988년 3월 신대원 선교사가 시에라리온으로 파송되었다. 그후 이순복(1991), 이승옥(1994), 윤장욱(1997) 선교사 등이 파송되었다. 남미 지역의 경우, 브라질, 아르헨티나에 이어 파라과이에도 선교사역이 시작되어, 1989년 3월에는 이정건 선교사가 이 지역 첫 선교사로 파송되었다. 그후 최승열(1991), 김진호(1992) 선교사가 증파되었다.

2) 선교개발연구원 재임명, 선교국 간사, '해외선교'지 발간

1984년 11월 2일 선교개발연구원의 제2기 연구원을 다시 임명하였다. 이때 임명된 연구원으로는 김형규(고신대학교 교수), 김영수(총회선교부 간사), 김영산(제4영도교회), 남후수(동부삼일교회), 이상규(고신대학교 교수), 정병재(선교개발연구원 간사, 문현제일교회), 장성환(광주 광산교회) 등 24명이었다. 비록 연구원들이 임명되었으나 연구 활동이 활발하지는 못했다. 그러나 몇몇 연구원들의 연구 결과는 『한국교회와 선교』,[82] 『한국교회와 선교, II』[83]라는 이름으로 출판되었다.

그동안 선교부 간사로 있었던 김영수 목사는 사임하였고, 남후수 전도사가 1984년 12월 1일부로 간사로 봉사했다. 그러나 그가 필리핀 선교사로 선정되어 파송을 위한 준비 관계로 1987년 2월 26일자로 간사직을 사임하였고, 후임으로 이순복 강도사가 임명되었다. 선교부 업무가 많아짐에 따라 간사를 증원키로 하고 1988년 3월 1일에는 하민기 강도사를 간사로 임용했다. 또 선교를 위한 지역 기도회의 효과적인 관리를 위해 지역 (협동) 간사를 임명하기로 하고 1989년 3월 1일자로 홍영화 강도사를 마산지역 간사로, 이장우 강도사를 대구 지역 간사로 각각 임명하였다.[84]

3) 선교지도자 세미나 및 선교대회 개최

제4회 선교대회는 1985년 5월 20일과 21일 양일간 부산의 애린유스호스텔과 삼일교회당에서 "만민을 위하여 기를 들라"라는 주제로 개최되었다. 이 대회는 선교부와 전도부, 그리고 공산권 선교위원회 등 3개 부서 공동주관으로 개최되었는데, 회교도인 인도네시아 종교성 차관과 개신교 장로인 종교성 차관보가 동시에 초청되었다.[85] 총회 선교부는 개신교 장로인 종교성 차관보를 초청했으나

---

82. 전호진 편, 『한국교회와 선교』 (서울: 정음출판사, 1983), 288.

83. 전호진 편, 『한국교회와 선교, II』 (서울: 엠마오, 1985), 255.

84. 『총회록 1989』, 419.

85. 이때의 선교대회에 대한 정보 및 강연 요지는 「해외선교회보」 14(1985. 07) 참고할 것.

<그림 6> 제5차 고신 선교 포럼(2024. 04. 29-05. 03, 대만 신죽)

인도네시아 정부는 회교도인 차관을 함께 가도록 했다는 점에서, 그것이 우리로 서는 불가피한 초청이었지만 인도네시아의 종교정책의 실상을 보여주는 의미있 는 모임이었다. 이 대회에서 김영진, 변재창 두 선교사와 한국의 타교단 전도부 책임자들이 초청되어 교단의 해외선교 현황과 전도 정책을 새롭게 모색하고 타 교단과 비교해 볼 수 있는 기회가 되었다.

제5회 선교지도자 세미나 및 선교대회는 1987년 8월 17-19일 김해 장유수양관 에서 개최되었다. 110명이 참석한 이 대회에서는 2박 3일간 합숙으로 진행되었 다. 1982년부터 매년 실시된 선교지도자 세미나 및 선교대회는 5회를 끝으로 더 이상 개최되지 못했다. 그러나 이 대회는 교회와 교회 지도자들에게 선교적 사명 을 고취시키는 중요한 행사였다.

4) 이경석 목사의 재산 헌납과 사무실 이전

부산 동광동 남교회당 사무실에 있던 선교부 사무실이 1984년 3월 15일 부산 초량동 삼일교회 별관으로 이전하였음은 앞에서 언급하였다. 1988년 3월 9일에는 다시 부산진구 초읍동 277-7번지로 이전하였다. 이 사무실은 1987년 7월 당시 초광교회를 담임하고 있던 이경석 목사(李敬錫, 1908-1990)가 기증한 건물로서 대지 100평, 연건평 110평의 2층 슬라브 건물이었다.[86] 고 이경석 목사가 세계선 교에 보템을 주고자 사재를 기꺼이 총회 선교부에 기증한 일을 김영진 당시 선교 부 총무는 "하나님의 기묘하신 역사"라고 했다.[87] 그동안 사무실 공간이 좁아 업 무에 장애가 많았으나 이 건물에는 선교 자료실과 세미나실까지 갖추게 되었다.

5) 선교기도회

선교부가 주관하는 선교를 위한 정기 기도회가 1986년 6월부터 초량 삼일교 회 내의 선교사무실에서 시작되었다.[88] 월 1회 첫 주 목요일 저녁에 모이는 정기 기도회에서는 선교 보고, 혹은 선교 현황 보고가 있었고 선교사들을 위해 기도하 는 모임으로 진행되었다. 또 「해외선교회보」 7월호부터는 매일의 기도 제목을 공 지하는 "해외선교를 위한 기도"가 게재되기 시작하였다. 선교기도회는 1987년 부터는 부산(선교부 사무실)에서만이 아니라 대구(신흥로교회), 서울(백주년기 념관), 포항(포항대흥교회)에서도 개최되기 시작했고,[89] 그 이듬해부터는 부산에 서 두 지역, 곧 부산(선교부 사무실)과 북 부산지역(사상교회)에서도 기도회가 개 최되었다.[90] 그러나 서울과 포항지역의 기도회는 정기적으로 시행되지 못하다가 곧 중단되었다. 1989년부터는 마산지역 기도회가 마산동광교회에서 실시되었다. 1991년 4월부터는 충무, 고성지역 기도회가 충무 성민교회에서 개최되었고, 기도 회는 안경갑 강도사가 주관하였다.

---

86. 『총회록 1987』, 338. 총회에 제출된 선교부 보고에는 기증자의 이름을 밝히지 않고 "모 성도"로 기제 되어 있다. 초읍동에 있던 총회 선교부가 서울 서초구 반포동 58-10번지 총회회관으로 이전하게 되 므로, 이 건물은 1998년 3월 20일 부산초광교회에 2억 6천만 원에 매도되었다.

87. 김영진, 『선교지 대만에서 역사하신 하나님』, 186.

88. 「해외선교회보」, 19(1986. 05), 210.

89. 『총회록 1987』, 338.

90. 『총회록 1988』, 266.

6) 선교사 부인에게도 선교사 칭호 부여함

우리 교단은 처음부터 선교사의 아내에게는 '선교사'라는 칭호를 부여하지 않았다. 1980년 12월에 제정된 해외선교업무규정 21조 1항에서는 선교사의 아내에 대해 다음과 같이 규정했다. "선교사의 아내는 원칙적으로 선교사로서 지명되지 않는다. 그의 제일의 의무는 남편과 자녀들을 위한 기독교 가정을 유지하는 것과 선교사의 사역을 격려하고 돕는 것이다." 이 규정은 1987년 9월 제37회 총회에서 수정되었으나 선교사의 아내에 대한 규정은 변함이 없었다. 그러나 1988년 9월 총회에서는 선교업무규정을 수정하고, 선교사의 자격을 종전의 "선교부에서 추천하는 선교사 후보로서"를 "선교부에서 추천하는 남, 여 선교사 후보로서"로 수정하고 선교사 부인도 선교사로 간주하기로 규정하였다.

2. 전담 총무제 도입

그동안 선교부의 업무는 1982년 이래 선교부 총무였던 김사엽 장로가 관장했으나 1986년 9월 11일 '불행한 사건'으로 사임하게 되었다. 따라서 새로운 총무가 필요하게 되었다. 특히 선교부의 업무가 과중 되자 선교 관계 행정을 책임 있게 관장할 전담 총무가 필요하게 되었다. 그래서 선교부는 전담 총무제를 총회에 요청하였는데, 1986년 9월 총회는 선교부 전담 유급 총무 1인을 채용하도록 허락하였다.

이 결의에 따라 총회 선교부는 대만의 김영진 선교사를 선교국 총무로 선임하고, 연중 절반씩 한국과 대만에서 근무하도록 요청하였다.[91] 현직 선교사를 총무로 선임하고 한국과 대만에서 각각 6개월씩 근무하게 하는 것은 행정의 효율화나 선교사역을 위해 바람직한 결정이라고 볼 수는 없다. 아마도 선교부 총무는 선교현장을 아는 사람이어야 한다는 점 때문에 불가피한 선택이었던 것으로 보인다. 김영진 선교사는 1987년 2월 9일부터 선교사로 그리고 선교부 총무로 1990년 9월 17일 은퇴하기까지 약 4년간 봉사하였다. 이 기간동안 그는 행정체

---

91. 김영진, 『선교지 대만에서 역사하신 하나님』, 181.

계를 확립하고, 회계 제도를 쇄신하고, 개체교회의 선교사업에의 동참과 선교후원을 격려하는 등 선교부의 업무와 행정을 쇄신하였다. 특히 '선교사 훈련원'을 설립하고 선교사 후보생의 훈련을 실시하였다.

1990년 9월에 대구성산교회당에서 모인 제40회 총회에서 마산동광교회 곽삼찬 목사가 후임 총무로 인준을 받았다. 그는 1990년 9월부터 1994년 9월까지 4년간 총무로 봉사하면서 행정 관리와 재정 사용의 효율화를 추구하였고, 새로운 선교지 개척을 위해 노력하였다. 특히 그는 미국장로교(PCA) 한국 선교부의 재산을 증여받는데 크게 기여하였다. 곽삼찬 총무에 이어 대만 선교사인 이병길 선교사가 1994년 9월 총무로 인준받았다. 이 총회는 선교부 총무의 임기를 교단 총무의 임기와 동일한 3년으로 규정하였다. 1985년 4월부터 9년간 대만 선교사로 일해온 신임 총무는 선교사직을 사임하고 선교부의 행정을 관장하는 명실상부한 전담 총무로 봉사하게 되었다.

3. 고신선교훈련원(KMTA) 개원

1970년대까지는 선교사도 훈련받아야 한다는 점을 인식할 만큼의 정신적인 여유를 갖지 못했다. 이때까지 파송된 선교사들은 일정 과정의 훈련 없이 임지로 투입되었다.[92] 그 후에도 교단에서 주관하는 선교사 훈련기구나 훈련과정이 없었기 때문에 선교사 후보생들은 타 기관에서 훈련을 받거나 훈련 없이 파송되기도 했다.

이런 현실에서 훈련의 필요성을 절감한 선교사 후보생들은 자발적인 훈련을 시도하기도 했다. 즉 1986년도 파송 예정자 가족은 훈련프로그램을 만들고 1986년 5월 5일부터 6월 5일까지 6주 동안 서울 중앙교회 사택과 부산영도 청학기도원에서 공동생활 훈련을 실시하였다. 이때 참가했던 이들이 이신철 목사 가족(부

---

92. 김영진 선교사는 초기 선교사 훈련이 없었음을 지적하면서, "그 당시에는 선교사를 파송하는 총회 선교부 역시 사람만 선교지에 보내면 선교가 되는 줄 알았고, 선교사를 훈련하는 곳도 선교를 배울 곳도 없었다. 또 선교지를 미리 답사하여 정보를 얻을 수 있는 것도 아니고 선교정책이나 방향을 논의해 볼 수도 없는 상황이었다"고 술회했다. 김영진, 『선교지 대만에서 역사하신 하나님』, 30.

인 이성숙, 은진, 미파), 박은생 강도사 가족(부인 차말순, 가빈, 수빈)과 남후수 강도사 가족(부인 이성희, 화평, 해선)과 강병호 목사였다. 이 공동생활 훈련은 선교사로서 상호 동역자 의식의 함양과 교육의 기회였는데 이것이 고신교단의 선교훈련의 시작이었다.[93] 그러나 교단의 공식적인 교육이나 훈련기관이 없었기 때문에 선교부 총무인 김영진 목사는 1987년 총회에 선교사 훈련 기구의 설치를 청원하였다.[94] 이 청원이 승인을 받음으로 1988년 '고신선교훈련원'(KMTI, Kosin Missionary Training Institute)이 설치되었다. 이것이 교단선교훈련의 공식적인 시작이다. 미국장로교(PCA) 한국 선교부는 8기까지의 선교훈련원의 교육과정, 운영 그리고 강사선정과 섭외 등에 많은 도움을 주었다.[95] 특히 고주영(Jim Kobb) 선교사는 선교훈련원 운영과 교육에 자문과 협조를 아끼지 않았다. 교과과정은 크게 세 부분 곧, 선교이론, 선교지 연구, 선교 실제로 구성되었는데, 각각 30%, 25%, 45% 정도로 배정되었다.[96]

선교훈련원 제1기 훈련이 1988년 8월 1-19일 3주간 존 영(John M. Young) 박사를 주 강사로 부산사직동교회당에서 시작되었다. 이때 25명이 수료했다. 1988년 총회에서의 승인을 통해 "고신선교훈련원에 관한 규칙"이 제정됨으로써 훈련원을 법적으로 뒷받침하였다. 이 규칙에 의해 선교사 훈련이 계속되었고, 제2기 선교사 훈련은 1989년 1월 16일에서 2월 3일까지 3주간 동안 초읍의 선교사 사무실에서 실시되었다. 주 강사는 칼 보그 박사(Dr Carl Bogue)였고 수료자는 15명이었다. 제3기는 1989년 6월 26일에서 7월 14일까지 3주간 실시되었고, 주 강사는 몰톤 스미스 박사(Dr Morton Smith)였다. 제3기 수료자는 34명이었다. 이렇게 해서 선교사 훈련은 연 2회 실시되었고 선교사 후보는 2회 이상의 훈련을 의무화했다. 선교훈련원의 교육과정 수립과 관리는 하민기 간사가 담당하였는

---

93. 이 때의 훈련에 대해서는, 「해외선교회보」, 19(1986. 05), 210, 이신철, "제1회 선교사 후보들을 위한 훈련을 마치고", 「해외선교회보」 20(1986. 07), 216을 참고할 것.
94. 『총회록 1987』, 30.
95. 「해외선교」 55(1992. 5/6), 3, 4.
96. 「해외선교」 42(1990. 3/4), 11에 게재된 선교훈련원 1, 2, 3기 교과과정을 분석한 통계임.

<그림 7> 제1기 선교훈련(1988. 08. 01-19, 부산사직동교회당)

데, 그는 외국인 강사들의 강의를 통역하는 등의 일로 봉사하였다.

4. 외국선교부와 선교 협력 체결

고신선교부의 외국선교단체와의 협력에 대해서는 앞장에서 언급하였지만, 1980년대 후반기에 와서 새로운 발전을 겪게 된다. 이 기간동안 인터서브(Interserve) 총제인 미카엘 로밀레(Michaeal Roemilae, 1988. 03. 25-27), OMF 영국 이사 딕 도우셋(Dict Dowsett, 1988. 09. 1-3), SIM 재정담당 키스 미니우스(Keith Minus, 1989. 05. 30), 인터서브 본부 나오미(Naomy, 1989. 06. 30-07. 14) 등이 방문하여 상호 협력을 논의하였다. 그러나 단순한 협력만이 아니라 공식적인 선교협력을 체결하게 된다. 선교부는 1988년 9월 총회에 외국교회나 선교 기관과의 선교협약 체결을 선교부에 일임해 주도록 청원하였고,[97] 이 청원이 받아들

---

97. 『총회록 1988』, 267.

98. 인터서브 선교회는 1852년 인도에서 힌두교권 선교를 위해 ZBMM(Zenana Bible and Medical Mission)이란 이름으로 창설되었다. 그후 BMMF(Bible and Medical Missionary Fellowship)라는 이름으로 개칭되었고, 1987년 다시 인테서브라는 이름으로 개칭되어 오늘에 이르고 있다. 인터서브는 종교적으로는 힌두교권, 이슬람권, 라미불교권을, 지리적으로는 서남아시아 및 중동, 중앙아시아

여짐에 따라 국제적인 여러 선교기구나 외국교회 선교부와 선교협약을 체결하였다. 특히 1995년에는 한국 인터서브(IntreServe)[98]와 선교협약을 체결하였다.[99]

5. 파송되는 선교사들

1984년 9월에는 서울동부교회 담임목사로 일하던 이병길 목사를 서울등촌교회 후원으로 대만 선교사로 파송하기로 하였다. 등촌교회는 교회설립 15주년 기념으로 선교사 파송을 준비해 왔는데, 그동안 중국 선교에 관심을 가지고 기도하며 연구해 오던 이병길 목사를 파송하기로 하였다. 이 선교사는 1985년 4월 대만으로 떠남으로써 김영진, 유환준 선교사에 이어 3번째 대만 선교사가 되었다. 그는 대북(臺北)에 주재하면서 영신(榮新)교회 설립 등 교회 개척과『중국 선교의 어제, 오늘 그리고 내일』(1987),『從起初到永恒』(중문, 1992),『모리슨』(1994) 등의 저술 등 문서를 통해 1994년까지 사역하고 본국 선교부 총무로 부임하였다. 1985년 2월에는 김해덕촌교회 담임하고 있던 박영기 목사가 일본 선교사로 파송되었다. 외항선교회 부산지부 간사로 3년간 봉사한 바 있는 그는 일본 선교를 위해 준비해왔고, 덕촌교회와 부산의 사상교회, 문현제일교회, 개금교회(현 고신교회)의 후원으로 일본인 선교사로 일하게 되었다.

그 외에도 이 기간에 파송된 선교사들로는 강병호(1986, 스페인), 이신철(1986, 가나), 김대영(1986, 스페인), 김자선(1986, 평신도, 필리핀), 이상룡(1986, 성경번역선교회), 남후수(1987, 필리핀), 김형규(1987, 필리핀), 신대원(1988, 시에라리온), 유영기(1988, 일본 OMF), 최수일(1989. 1, 필리핀), 이정건(1989. 3, 파라과이), 이경화(1989. 3, 아이보리코스트), 김영숙(1989. 8, 필리핀, 간호사), 박경숙(1989. 9. 인도네시아, 허입) 선교사 등이다. 교포 선교사들로는 홍관표(1988), 최성득(1989. 4) 최우권(1990. 9월) 목사 등이 선교사로 인준을 받았다.

를 대상으로 사역하고 있는 국제적인 초교파, 복음주의적인 선교단체다.

99. 협약문은 「해외선교」 73(1995. 7/8), 12를 참고할 것.

지 역	선교지	선교사 수	원주민 선교사	교포 선교사
아시아 (20)	대 만	3	김영진, 유환준, 이병길	
	인도네시아	3	김종국, 이선철, 최수일	
	일 본	7	변재창, 박영기, 류영기, 이영수	조병철, 김소익, 이청길
	필리핀	4	남후수, 김형규, 김자선, 김영숙	
	N국(GBT)	1	이상용	
	홍 콩	2		이 선, 박종창
유 럽 (10)	스페인	7	김대영, 강화식	조만기, 김학우, 황상호, 김진신, 지영범
	독 일	2		김은수, 최성득
	포르투갈	1		강병호
남 미 (2)	브라질	1		배성학
	파라과이	1	이정건	
아프리카 (4)	가 나	2	이신철, 박은생	
	시에라리온	1	신대원	
	코트디부아르	1		이경화
미 주 (5)	미 국	3		김만우, 신현국, 최우권
	캐나다	2		김용철, 조성관
대양주 (1)	호 주	1		홍관표
		42	21	21

<표 2> 1989년말 현재 파송 선교사 현황

1989년 말 현재 선교사 수는 원주민 선교사와 교포 선교사 수가 각각 21명으로 총선교사 수는 42명이었다. 이중 1970년대까지 공식적으로 선교사로 파송받은 이들은 김영진, 유환준(이상 원주민), 조병철, 김용출(이상 교포 선교사) 목사 등 오직 4명의 선교사뿐이었으나, 1980년대에는 38명의 선교사가 파송되었다. 즉 1980년에는 1명, 1981년에는 1명, 1982년에는 2명, 1983년에는 3명, 1984년에는 3명, 1985년에는 8명, 1986년에는 8명, 1987년에는 5명, 1988년에는 3명, 1989년에는 4명, 총 38명의 선교사가 1980년대에 파송되었다. 1989년 당시 고신교회는 1,100개 처, 교인은 25만으로 추산해 볼 때, 30개 교회당 1인, 교인 6천 600

명 당 1인의 선교사를 파송하였다. 이 당시의 고신교단 교회의 총 예산 규모는 약 200억으로 추산되는데, 이중 선교비는 3억 41만 원이므로 고신교단은 총 예산액의 1.5%가 선교비로 쓰이고 있음을 알 수 있다.[100]

선교지역은 아시아(20명), 유럽(10), 미주(5), 아프리카(4) 등 지역에 산재해 있었으나, 원주민 선교의 경우 1970년대 말까지 유일한 선교지였던 대만에 이어 1980년대에는 인도네시아, 일본, 필리핀 등 아시아 지역이 중심을 이루고 있었다. 1989년 말 현재 파송된 선교사는 <표 2>와 같다.

이 당시 선교를 후원한 교회 혹은 교회 기관은 145개로서 전체 교회의 약 13%에 해당한다. 1989년 말까지 선교사를 후원했던 후원교회와 기관을 노회별로 보면 <표 3>과 같다.

노회	후원교회 및 기관	후원교회
거창	1	위천교회 선교부
경기	6	서울영동교회, 서울영동교회 제2여전도회, 잠실중앙교회, 등촌교회, 경기여전도회, 서울보은교회
서울	3	북서울교회, 서울시민교회, 서울중앙교회
충청	4	대전신일교회, 대전소망교회, 중촌중앙교회, 빛과소금의교회
경동	4	상사교회, 영천교회, 북면교회, 포항대흥교회
경북	4	개일교회, 남성현교회, 서문로교회 선교부, 경북여전도회
울산	6	울산한빛교회, 미포교회, 동해교회, 신울산교회, 울산교회, 신서귀포교회
동부산	26	대연중앙교회 여전도회, 문현제일교회, 부산동교회, 새순교회, 신흥교회, 연지교회 여호수아선교회, 연지교회 제1청년회, 연지교회 남전도회, 연지교회 여전도회, 연지교회 제2청년회, 주례중앙교회, 초광교회, 구포제일교회, 구포제일교회 제3청년회, 덕천동교회, 백양교회, 백양교회 선교부, 화명중앙교회, 사상교회, 주례제일교회, 학장소망교회, 개금교회, 범천교회 제2청년회, 서면교회, 덕촌교회, 제2성안교회
부산	23	동일교회, 남일교회, 신평교회, 하단교회, 한소망교회, 부민교회, 부민교회 제2청년회, 송도제일교회, 대신동교회 대학부, 성산교회, 항도교회 유,초등부, 항도교회 중등부, 괴정제일교회 겨자씨선교회, 제일영도교회, 제2영도교회, 제3영도교회, 부평교회, 삼일교회, 삼일교회 선교부, 새부산진교회, 수정교회, 무척산기도원, 부민교회, 표지현 전도사
중부산	4	남산교회, 고운교회, 사직동교회, 온천교회

100. 「해외선교」 34(1988, 11/12), 13. 이 자료는 약간의 오차가 있을 수 있음.

남부산	6	수영교회, 장산교회 청년회, 망미제일교회, 안락제일교회, 민락교회, 남부산여전도회연합회
김해	6	대저제일교회, 대저제일교회 백합회, 가락교회, 김해성산교회, 김해남교회, 김해중앙교회
경남	13	담안교회, 귀명교회, 산내제일교회, 안골교회, 고암교회, 마천교회, 이령제일교회, 가음정교회, 가음정교회 한우리, 창원한빛교회, 창원은광교회, 무릉교회, 제일진해교회
마산	4	감천교회, 서마산교회, 중리교회, 군북중앙교회
남마산	7	염광교회, 고현교회, 고현교회 남선교회, 성광교회, 평안교회, 마산교회 제2청년회, 성막교회 주일학교
진주	4	삼천포교회, 지품교회, 고남교회, 동부교회
전라	6	이리선교교회, 야전교회, 칠성대교회, 광양영주교회, 연동은광교회, 아름다운교회
경인	2	광천교회, 연희동교회
대구	2	대구제일교회, 구미남교회
성진	1	남촌교회
기타	12	성진노회연합청년회, 새중앙교회, 카나다토론토한인교회, 좋은소식, 미스바선교회, 고신의료원, 평화회, 에스더회, 한생명후원회, 성경번역선교회, 전국여전도회, 아가페선교후원회
계	144	

<표 3> 노회별 선교후원교회 및 기관

VI. 선교운동 확산(1990-1998)

1980년대에 새롭게 시작된 교단선교운동은 1990년대에 와서 크게 확산되었다. 1970년대까지는 대만에 오직 두 가정의 선교사를 파송하는 정도에 불과했으나, 1980년대 말에는 17개국에 42명의 선교사를 파송하였다. 이 당시 원주민 선교사들은 21명으로서 아시아, 유럽, 남미, 아프리카 등지의 9개 나라에서 활동했다.

교단의 선교사역은 1990년대 이후 더욱 활발하게 추진되었고, 선교운동의 새로운 단계로 접어들었다. 1990년대, 곧 1990년부터 1998년 7월 말까지 파송된 선교사의 수는 74가정의 151명이었다. 이는 1958년부터 1980년대 말까지 32년 동안 파송된 수의 세 배 가까운 선교사가 파송되었음을 알 수 있다. 선교지역은 아시아권 중심이었고, 비아시아 지역은 스페인에 2가정, 파라과이에 한 가정,

<그림 8> 선교사파송예배(1993. 03. 23, 동부삼일교회)

가나에 두 가정, 시에라리온에 한 가정 등 6가정의 원주민 선교사를 파송할 정도에 지니지 않았다. 그러나 1990년대는 선교지역의 확대를 가져왔다. 종전의 아시아 중심의 해외선교가 아시아는 물론, 유럽, 남미, 아프리카, 미주 등지의 40개국으로 확대되었다. 또 그동안 목사 중심의 선교가 절대다수를 차지했으나 1990년 이후 평신도 선교사들의 참여가 두드러졌고, 선교행정과 선교사 관리를 위한 보다 효율적이고 합리적인 선교정책이 입안되었다.

1. 선교정책적 고려

이 시기의 중요한 발전은 행정적인 쇄신이었다. 선교부는 선교사 선발과 훈련, 파송, 선교사의 지원 및 재정관리, 선교훈련, 선교회보 발간, 선교사 기도편지 제작과 배포 등의 통상업무를 수행해 왔다. 그 외에도 선교 달력 제작, 선교 세미나 개최, 후원교회 관리 등이 주요 업무였는데, 이런 일들은 선교부 총무의 관할 하에 있었다. 선교부 총무는 김영진 목사(1987. 02-1990. 09), 곽삼찬 목사(1990.

09-1994. 09)에 이어 이병길 목사가 1994년 9월 총무로 선임되어 3년간 근무하였고, 1997년 9월 25일 선교부 실행위원회에서 연임토록 결정되었다. 선교부 간사들은 총무 휘하에서 실무를 담당하였다. 하민기, 이승직 간사(1995. 02 사임)에 이어 이갑헌(1991. 01-1993. 06), 조동제(1991. 04-1995. 07), 윤호령(1993. 09-1994. 06), 정운교(1994. 01-1995. 02), 유신우(1994. 05-1995. 06), 권오동(1995. 01-1997. 11) 등이 간사로 봉사하였다. 윤호령 강도사는 간사로 헌신적으로 봉사하던 중 1994년 6월 16일 심장마비로 세상을 떠났다. 1996년 6월 이후로는 정용달 강도사가 간사로 활동했다. 1990년대에는 행정의 쇄신이 이루어지고 아래와 같은 제도들이 만들어 지면서 선교사 관리가 더 체계화되었다.

1) 본부 선교사 제도

총회 선교부는 선교행정의 효율화를 위해서 본부 선교사 제도를 두기로 하였다. 이것은 선교훈련을 받았거나 선교사 경험이 있는 인물이 선교행정을 담당케 하기 위한 조치였다. 이 결정에 따라 1992년 7월 30일 선교부 대표 간사로 일하던 하민기 목사를 본부 선교사로 임명했다.[101] 하민기 목사는 고신대학교 신학과와 신학대학원을 거쳐 1988년 3월부터 선교부 간사, 대표간사로 일해 왔고, 영국 하기 언어훈련원(SIL)과 WEC에서 선교 및 행정훈련을 받은 바 있다. 1997년 12월 4일에는 선교훈련원장으로 임명되었고, 1998년 귀국과 함께 대전 훈련원에서 원장으로 사역했다.

2) 비거주선교사 제도

본부 선교사 제도와 함께 비거주선교사 제도를 1994년 채택하였다. 비거주선교사 제도란 이름 그대로 선교지에 상주하지 않고 국내에 거주하면서 필요한 선교지에 가서 일정 기간 활동하거나 선교사를 후원하는 제도를 의미한다. 이 제도에 의해 부산 엄궁교회 이강호 장로(현 목사)를 1994년 4월 비거주선교사로 임명

---

101. 「해외선교」 57(1992. 9/10), 18.

하였다. 이 선교사는 자비량 선교사로 활동했다.

3) 선교사 사역 임기 평가제

1995년 3월 선교부 실행위원회에서는 선교사의 사역 임기를 매 안식년(초임의 경우 4년, 재임의 경우 5년)까지로 제한하고 안식년 1년이 경과할 즈음에 전(前) 사역 기간의 선교사역을 평가한 후 재파송 여부를 결정하기로 하였다. 사역 임기 평가는 총무실이 제정한 평가서를 기준으로 하여 선교사 본인, 현지 선교부장, 현지 동역자 등이 제시한 기본 자료에 근거하되 선교사 본인의 확인 절차를 거쳐 사역 기간의 연장 여부를 결정하는 것으로서 적극적인 선교사역을 유도하기 위한 조치였다. 이는 발전된 선교사 관리 제도라고 볼 수 있다.

4) 선교사 공모제

이병길 총무는 1995년 3월 선교부 실행위원회에서 선교사 인력 충원 방식의 제고를 주장하고 선교사 공모제를 주장하였다. 실행위원회에서는 지금까지의 선교사 선발에 있어서 지원제가 선교사의 질적 수준 향상에 미흡했다는 점에 공감하고, 선교사를 정기적으로 공모하기로 하였다. 이것은 선교사 선발과 파송을 교단 선교부의 정책과 전략에 근거하여 파송하겠다는 의지의 표현이었지만 이 공모제가 정기적으로 실시되지는 않았다.

5) 선교사 순환보직제

1996년 2월 이병길 총무는 선교사의 순환보직제를 제안하였는데, 이 제안은 1995년 2월 9일에 모인 선교부 실행위원회에서 제도화하기로 결의하였다.[102] 이 제도는 선교지에서 일정기간 사역한 경험이 있는 선교사를 선교본부에서 일하게 함으로써 선교본부와 선교지 간의 관계를 원활히 하고 행정상 선교사를 더욱 효과적으로 지원하기 위한 조치였다. 특히 1997년 3월 21일에 회집한 실행위원

---

102. 선교부 45-5회 회의록(1996. 02. 09).

회에서는 본부 선교사는 원주민 선교사역 4년 이상의 경험자로 하기로 결의하였다. 이 결정에 따라 러시아 선교사 이장우 목사가 1998년 1월부로 본부 선교사로 임명되었다.

6) 선교가(宣敎歌) 제정

교단의 선교운동을 고취하고 선교정신을 함양하기 위한 목적에서 '선교가'(宣敎歌) 제정의 필요성이 제기되었다. 그래서 아동문학가이자 교단 총무인 심군식 목사가 가사를 쓰고 고신대학교 종교음악과의 김정일 교수가 작곡한 선교가가 1995년 5월 12일 발표되었다. 이때 발표된 선교가는 다음과 같다.

1. 다시 사신 예수님은 제자들에게 끝날까지 함께 하마 약속하시고
   간곡하게 부탁하신 선교의 명령 이 복음을 온 세상에 널리 전하라.
2. 신학 정통 생활 순결 우리선배들 값진 유산 희생정신 이어받아서
   온 세상에 널리널리 복음 전하며 개혁주의 교회건설 힘써하리라.
3. 우리 비록 선교사로 못간다 해도 기도하고 연보하고 후원자되고
   이복음을 전하는데 동참자 되어 주님 주신 선교사명 힘써행하리.

7) 교포 선교사 제도 폐지

그동안 교단 선교부는 해외의 교포교회 목회자들 중 일부를 교포 선교사로 인준해 왔다. 1980년 12월에 제정된 해외선교업무규정 제3장 선교사, 제10조 자격에서 "선교부의 추천으로 총회의 임명을 받고, 총회에 의하여 총회가 규정하는 선교업무를 위하여 선교지에 파송된 자를 말한다. 단 해외교포를 위한 전도자는 교포 선교사라 칭한다. 교포 선교사는 해외 교포들에게 전도하여 교회를 설립하여 육성한다."고 규정하였다. 그후 교포 선교사 관리는 노회가 하도록 위임하여 왔다. 그러나 교포 선교사 칭호는 항상 논란의 대상이 되었다. 1994년 7월 15일 회집한 선교부 실행위원회(43-7회)에서는 "교포교회를 시무하는 목사에게는 교

포 선교사라는 제도를 폐지키로 결의하고 이를 총회에 건의키로 결의"하였다.[103] 이 결의에도 불구하고 이 안건은 총회에 보고되지 않았다. 이로부터 약 1년이 지난 후 1995년 8월 22일 모인 선교부 임시 전체 회의에서는 1994년 7월 15일의 선교부 실행위원회 회의(43-7) 결의를 재확인하고 이를 총회에 건의키로 다시 결의하였다.[104] 그러나 이 안은 상당한 논란을 불러왔고, 그로부터 다시 1년이 지난 1996년 9월 교포 선교사 제도 폐지안은 총회에 상정되었다. 많은 논란 끝에 이 안이 가결됨으로써 공식적으로 교포 선교사 제도는 폐지되었다.

2. 선교훈련원 활동

1988년에 설치된 선교훈련원은 1990년 10월부터는 부설로 선교성경신학원 과정을 신설했는데, 이것은 평신도로서 선교와 성경을 공부하기 원하는 이들을 위한 과정이었다. 이 교육과정은 매주 화, 목요일 저녁 부산시 연제구 연산 5동에 위치한 고운교회에서 전 10주 과정으로 운영되었다. 제1기 강좌는 1990년 10월 23일부터 12월 중순까지 진행되었고, 12월 27일 제1기생 24명이 수료하였다. 제2기는 1991년 1월 29에서 4월 12일까지 진행되었고 수료자는 21명이었다. 제3기는 1991년 5월 7일부터 8월 18일까지, 제4기는 1991년 9월 17일에서 11월 12일까지 각각 진행되었다. 강의는 김영수, 이상규, 이성구, 이순복 등이 담당하였다. 이 교육과정은 1992년까지 고운교회에서 진행되었으나 제5기 부터는 부산진구 초읍동의 총회선교부 사무실에서 1992년 2월 11일부터 10주간 진행되었다. 제6기는 1992년 9월 15일에서 11월 17일까지 10주간 실시되었다. 그 후 이 과정은 폐지되었다.

선교훈련은 1988년 이래로 연 2회, 매기 3주간씩 약 120시간의 훈련을 실시해 왔으나 일정한 공간이 없었으므로 1993년 1월 말에서 2월에 걸쳐 시행된 제10기 까지는 교회당이나 수련원 등을 이용해왔다. 그러나 1994년에는 대전시 대덕구

---

103. 선교부 실행위원회(43-7) 회의록(1994. 07. 15).
104. 선교부 회의록 (44-3-1), 1995. 08. 22.

중리동에 선교부 건물을 확보하게 됨으로 더욱 효과적인 교육과 훈련이 가능하게 되었다. 그래서 1994년 2월 14일부터 3주간 실시된 제11기 훈련부터는 대전의 선교사 훈련원에서 실시되었다. 1998년 6월 기준으로 20기 훈련을 끝냈는데, 그간 훈련을 받은 총 인원은 약 600명에 이른다.[105] 1998년 당시 선교사로 활동하고 있는 전체 선교사의 90%는 고신선교훈련원의 훈련과정을 수료하였다.

선교훈련원은 1994년 가을부터는 선교지로 떠날 선교사 후보들을 위한 오리엔테이션 과정을 개설하여 선교지에 필요한 실제적인 훈련을 실시하였다. 이 과정은 특히 타문화권의 교회 개척 사역에 대해 중점적인 교육을 실시하였다. 제1기 교육은 1994년 9월 6일- 11월 4일까지(매주 화, 금요일) 9주간 시행되었고, 3가정이 교육에 참여하였다. 그러나 곧 선교지로 떠날 이들에게 장기간의 교육은 큰 의미가 없다는 평가에 따라 2기부터는 교육기간을 최소화하기로 하였다. 그래서 2기는 1994년 12월 5, 6일 양일간 실시되었고 두 가정이 훈련을 받았다. 3기는 1995년 2월 14일에서 16일까지 6명이 훈련을 받았다. 4기는 1995년 7월 18, 19 양일간 실시되었고 한 가정이 훈련이 참가하였다. 5기는 1995년 12월 18-21일까지 곽상호 선교사 가정 등 4가정이 훈련에 참가하였다. 6기는 1996년 6월 3일에서 5일까지 윤지원 선교사 가정 등 4가정이 훈련을 받고 임지로 떠났다. 1997년 말까지는 선교부 총무가 훈련원장을 겸했으나, 하민기 목사가 훈련원장에 임명됨에 따라 1998년 1월 13일 미국 유학에서 귀국한 이래 대전 선교부에 상주하며 훈련원장으로 봉사했다.

---

105. 제4기 이후의 선교사훈련 일정과 수료자는 다음과 같다. 4기(1990. 01. 08-25, 28명 수료), 5기(1990. 06. 23-07. 13, 30명), 6기(1991. 01. 14-02. 01, 31명), 7기(1991. 06. 24-07. 12, 48명), 8기(1992. 01. 13-01. 31), 9기(1992. 06. 22-07. 10, 36명), 10기(1993. 01. 25-02. 12, 30명), 11기(1994. 02. 14-02. 25, 20명), 12기(1994. 06. 20-07. 08, 41명), 13기(1995. 01. 09-27, 30명), 14기(1995. 06. 19-07. 07), 15기(1996. 01. 08-26, 37명), 16기(1996. 06. 17-28, 24명), 17기(1997. 01. 06-24, 31명), 18기(1997. 06. 23-07. 11, 24명), 19기(1998. 01. 05-23, 29명), 20기(1998. 06. 22-07. 10명).

3. 대전 선교부 부지확보와 선교훈련관 건축

1) 미국장로교 부동산 증여

총회 선교부는 1993년 4월 12일 미국장로교(PCA) 한국선교부(대표 James Arley Kobb, 고주영)로부터 대전시 대덕구 중리동 243-17번지에 소재한 대지 5,916m²(약 1,800평)과 건물 4동(연건평 613.153m²) 등의 부동산을 "선교목적으로 사용한다"는 조건으로 인수하였다. 이 건물은 미국장로교 한국선교부 선교사들의 주택으로 사용되어 왔으나, 선교부가 한국에서 철수하게 됨에 따라 이 부동산을 고신총회 선교부에 기증하게 된 것이다. 당시 싯가로 36억원[106]에 달하는 이 부동산을 인수하게 된 것은 고신교단과 미국장로교 한국 선교부 간의 오랜 신뢰관계와 당시 선교부 총무였던 곽삼찬 목사의 끈질긴 접촉의 결과라고 할 수 있다.[107] 당시 실무 책임자는 하민기 간사였다. 이 부동산 증여와 관련하여 미국장로교 한국선교부 고주영 대표와 고신교단 선교부 총무 곽삼찬 목사 간의 부동산 사용에 관한 협약은 다음과 같았다.[108]

---

106. 「기독교보」 178(1993. 10. 30) 1면.

107. 「기독교보」 178(1993. 10. 30). 미국장로교 한국선교부 재산 인수와 관련하여 「기독교보」는 "당시 선교부 총무였던 곽삼찬 목사는 재산처리문제와 관련하여 내한한 미국장로교 선교부 총무와 오주영 선교사, 신내리 선교사 등과 수차례 회합하고, … 끈질긴 설득을 통해 인수하게 되었다."고 쓰고 있다. 또 "신내리 선교사는 한국에 있는 동안 본 교단과 깊은 교제를 갖고 있었으며 특히 개혁주의 신행협회(이사장 오병세목사) 모임을 통하여 본 교단과 가까운 사이였으므로 본 교단 선교부 총무 곽 목사와의 접촉과 대화가 자연스럽게 이루어져 무리없이 기증받게 되었다"고 한다.

108. 미국장로교 한국선교부는 기증한 부동산을 기증협약문과 같이 오직 "선교를 위한 목적으로 사용한다"는 것 외에 어떤 조건도 없었다. 그러나 고주영 선교사가 교단 선교훈련원과 협력하는 일로 한국에 체류하게 됨에 따라, 총회선교부 실행위원회에서는 고주영 선교사에게 선교후원금으로 월 미화 6,500불씩 지급하기로 하고 1994년 3월까지 지급하였다. 그러나 고주영 선교사는 비록 선교후원금이란 명분으로 받아도, 그것이 부동산 기증에 대한 댓가의 의미로 받아드려질 수 있다는 점을 고려하여 선교후원금을 받을 수 없다고 판단하고 1993년 6월부터 1994년 3월분까지 수령했던 8개월분 4천 2백만원 전액을 반납하였다. 그래서 1994년 10월 28일 모인 선교부 실행위원회에서는 고주영 선교사에게 감사의 뜻을 전달하기로 결의하였다.

1. 요청

1) 부동산은 선교사의 주택으로 사용되어야 한다.

2) 부동산은 선교사역을 위하여 사용되어야 한다.

2. 요청

1) 부동산을 해외선교지에서 사역하기 위해 준비하는 이들을 위한 훈련하는 일

2) 안식년을 맞는 선교사들의 재훈련을 제공하는 일

3) 기타 해외선교사역을 위한 방안으로 사용한다.

3. 기증조건

1) 고신총회 선교부는 고주영 선교사가 한국에 체류하는 동안 주택을 제공한다.

2) 고주영 선교사의 거주하는 집 아래의 가옥은 PCA 사무실로 사용한다.

3) 부동산의 법적 소유는 고신 재산이지만 관리 및 재산에 대한 실제적 권한은
   고신선교부에 위임한다.

4) 매각할 경우 그 대금은 전 세계 다른 지역의 선교를 위해 사용한다.

미국장로교 한국 선교부가 기증한 부동산 인수는 1993년 6월 10일 총회선교
부 실행위원회에 보고되었고[109] 그해 총회에 보고되었다. 미국장로교 한국선교부
가 이 부동산을 총회선교부에 기증함으로써 이곳은 교단 선교부의 본부로 활용
하게 되었다. 그동안 일정한 훈련장소 없이 교회당이나 수련원을 이용해 실시되
던 선교훈련원 교육이 1994년 2월 14일부터 시작된 11기부터는 대전 선교부에서
실시되었다. 또 부산시 초읍동에 있던 선교부 사무실도 이곳으로 이전할 수 있게
되었다.

2) 선교훈련관과 선교사관 건축

1993년 6월 10일 선교부 실행위원회는 대전의 선교본부에 연건평 206.6평의

---

109. 회의록, 93-3, 1993. 06. 10.

<그림 9> 대전 선교부 옛 건물

훈련원 건물을 신축하기로 결의하였다. 이 신축계획은 훈련원 강의실과 식당을
겸한 2층 조립식 건물 1동과 4세대가 거주할 수 있는 선교사 주택 1동(2층 조립
식), 그리고 운동장 및 담장, 주차장을 포함하는 공사였다. 1995년 1월 21일 기공
하여 5월 12일 준공하였다. 공사비는 총 2억 4천 3백만 원이 소요되었다. 이 건물
의 신축으로 총회선교부는 명실상부한 선교사 훈련원과 선교사 주택을 확보하게
되었다.

3) 선교부 사무실 이전

그동안 선교부 사무실은 부산시 진구 초읍동 277-7번지에 있었으나 1994년 5
월 14일 대전시 대덕구 중리동 243-17번지로 이전하였다.[110] 선교부의 기본 업무
만이 아니라 총무실, 선교훈련원, 선교연구소 등 선교와 관련된 사무와 모든 행
정업무를 대전 사무실에서 관장하게 되어, 대전은 교단 선교의 중심지가 되었다.
그해 10월 28일 사무실 이전 감사예배를 드렸고, 동시에 곽삼찬 총무의 퇴임과
이병길 총무의 취임식이 거행되었다.

---

110. 「해외선교」 67(1994. 9/10), 20.

교단총회회관이 1993년 9월 17일 준공됨으로써 총회 산하 기관이 총회 사무실로 이전하게 되자1994년 10월 28일 회집한 선교부 실행위원회는 선교부도 본부 사무실을 총회회관으로 이전하기로 결의하였다. 그래서 대전에 있던 선교부 본부 사무실을 이듬해인 1995년 5월 19일 서울시 서초구 반포동 58-10번지에 위치한 총회회관으로 이전하였다. 따라서 대전에는 선교훈련원만 남게 되었다.

4. 평신도 선교사 출현

1990년대의 중요한 발전은 평신도 선교사의 활동이었다. 이미 1980년 12월 해외선교 업무규정을 제정할 때 평신도 선교사의 필요성을 인지하고 평신도 선교사에 대한 조항을 두기도 했다. 즉 위의 문서 22조에서는 "다양한 국제적인 상황을 고려하여 신앙과 신학의 기초지식을 가진 평신도 선교사를 훈련하여 파송할 수 있다."고 규정하였다. 또 평신도 선교사는 "자기의 직업이나 일에 종사하면서 결신자를 얻도록" 사역하는 '간접 선교의 한 방편'으로 이해되었다. 이런 규정에도 불구하고 1980년대 전반기까지는 단 한 사람의 평신도 선교사도 없었다. 1980년대 후반기에 와서 비로서 강화식(1985 인준, 스페인), 김자선(1986, 필리핀), 이경화(1989, 아이보리코스트) 등 세 사람의 선교사를 파송할 수 있었다. 사실 1990년대까지 총회 선교부는 평신도 선교의 필요성을 고취하고 이를 실행해 가는 정책적 시도가 없었다. 아마도 선교지의 요청이 없었기 때문이었을 것이다.

그러나 1990년대 이후 평신도 선교 자원자가 증가했다는 점은 1990년대 교단선교운동의 두드러진 변화였다. 평신도 선교사의 증가는 선교영역의 다양화와 전문화가 요구되고 있음을 의미한다. 1980년대까지의 교단 선교는 주로 목사 선교사들에 의한 전도와 교회개척 사역이었으나, 1990년대에는 사도시대 이후 선교의 3대 영역이라 불리는 교육과 의료활동 등 선교활동의 다양화와 전문화가 요구되었음을 보여주고 있다.

선교역사에서 볼 때 평신도 선교는 19세기 중엽에 와서 비로서 큰 관심을 얻기 시작했는데, 그전까지 선교사는 곧 전도자(evangelist)로 이해되었다. 그래서 선교사들의 절대다수가 목사들이었다. 그러나 19세기 중엽 이후 아아(亞阿)제국에서의 선교사역은 학교의 설립과, 병원과 시약소의 설치 등 의료활동을 요구하게 되었고, 이러한 간접 선교는 아아제국의 필요를 채워주는 효과적인 방책으로 각광을 받기 시작했다. 따라서 19세기 이후 평신도 전문인 선교의 필요성은 점차 증가되었다.

1990년에 파송된 평신도 선교사들의 사역은 교회개척 선교사 9명, 의료선교사 6명, 교육선교사 1명, 체육선교사 2명 등 24명이었다. 이중 16명이 부부 선교사였고 미혼 여선교사는 8명이었다. 이들 중 다수가 1994년 이전에 파송되었는데, 대체적으로 사역 기간이 길지 못했다. 이것은 평신도 전문인 사역자들이 선교지에서 효과적인 사역을 할 수 있는 여건이 마련되어 있지 못했기 때문이라고 볼 수 있다. 전도 및 교회 개척 사역을 위해 파송된 평신도 선교사로는 강정인(1991, 필리핀), 김현숙(1991, 러시아), 김선수(1992, 호주), 황혜경(1993, K국), 박팔하(1995, 인도네시아), 손부원(1995, 프랑스), 김삼용(1997, 튀니지, OM), 박신호(1997, 프랑스), 이풍(1997, 키르키즈스탄) 등 8명이다. 이들은 해당 지역 선교회의 관할하에서 사역하고 있다. 의료선교사로 파송된 7인은 김영숙(1990, 간호사, 필리핀), 김성수(1990, 의사, 브라질), 양승봉(1990, 외과의사, 네팔) 부부, 노정희(1992, 간호사, 필리핀), 최원석(1993, 치과의사, 네팔), 김정아(1994, 약사, 몽고) 등인데, 교단 선교부의 정책적인 사역 기관이 없으므로 이들은 타 기관이나 타선교단체가 설립, 운영하는 의료기관에서 사역했다. 의료선교사 중에서 김영숙, 최원석, 김정아 선교사는 이미 사임하였는데, 이들의 사역기간은 2-4년 정도의 단기 사역이었다. 또 노정희 선교사는 의료활동을 겸하고 있으나 주로 교육활동에 매진했다. 그는 필리핀 세부시에 인접한 바나와(Banawa)에 호산나학교(Hosanna Learning Center)를 설립하여 상당한 호응을 얻고 있다. 고신교단의 첫 의사 선교사인 양승봉 선교사는 김해 복음병원 외과과장으로 재직하던 중 선교단체 인터서브(InterServe)와 연계하여 네팔에 파송되었다. 양승봉 의사는 네팔의 오지인 탄센에 세워진 탄센병원에서 외과의사로 활동했고, 그의 부인 신경희 선교사는 병원사역과 현지인 교육을 위해 봉사했다. 이들 부부의 헌신적인 사역으로 국제선교기구에서 상당한 인정을 얻고 있다. 박경숙 선교사는 1990년 교육선교사로 인도네시아 족자 카르타에서 활동해 왔으나 1997년 6월 사임하였다. 오석재(1990, 축구, 인도네시아), 이정기(1996, 태권도, 러시아)는 체육선교사로 파송되었는데, 오석재 선교사는 1993년 5월 사임하였다.

5. 세계선교대회

해외 각처에 흩어져 있는 고신선교사들의 선교활동을 보고하고 교회의 선교적 사명을 재확인하는 동시에 선교사 상호 간 만남의 장을 마련하는 선교사 대회의 필요성이 제기되기 시작했다.[111] 그리하여 1992년 8월 8일에서 5일까지 미국 시카고 래디슨 호텔에서 선교사, 해외 거주 목회자 및 평신도 등 70여 명이 참석한 가운데 제1차 고신세계선교사대회가 개최되었다. 이 대회는 고신교단 선교의 어제와 오늘을 평가하고 새로운 선교정책을 모색하는 고신교단에 속한 선교사들과 목회자들의 모임이었다. 이 대회에서는 27개국에 흩어져 있는 선교사들과 해외에서 사역하는 목회자들을 대상으로 "세계고신선교협의회"를 구성하였는데, 회장은 홍관표 목사(호주), 부회장은 조병철 목사(일본), 임종수 목사(미국), 김대영 목사(스페인) 그리고 총무는 김용출 목사(캐나다)였다. 이 협의회는 1986년 1월에 발족한 '아시아선교사협의회'를 확대 개편한 것이라고 볼 수 있다. 이 세계고신선교협의회는 매 2년마다 선교대회를 개최하기로 하였다. 이 결정에 따라 제2차 세계선교대회가 1994년 8월 3일에서 9일까지 호주 시드니지역 켐시 오라이온센터와 한인중앙장로교회 (담임목사 홍관표)에서 개최되었다. "성령, 세계, 선교"라는 주제로 열린 이 대회는 "선교사들에게 영적 재충전의 기회를 주고 선교사들 간의 선교정보 교환과 친목을 도모하고, 후원교회와 신자들에게 선교사

---

111. 1988년 7월 미국 휘튼 대학에서는 전 세계에 흩어져 사역하는 한인 선교사와 국내외 목회자 등 약 1,500여 명이 모인 '한인세계선교대회'가 개최되었다. 이 대회는 한인교회의 선교축제로 열려 세계 복음화의 비전을 제시하고 상호협력방안과 선교정책을 논의함으로써 지구촌 선교를 위한 한인교회의 연합과 일치를 나누는 기회가 됐다. 또 4년 후인 1992년 7월 27일에서 8월 1일에는 제2차 한인세계선교대회를 개최하기로 하고 여러 가지 준비가 진행되고 있었다. 이러한 상황에서 고신선교사 대회의 필요성이 제기되었던 것이다. 제1회 세계고선선교사 대회가 개최된 것은 제2회 세계한인선교대회가 개최된 그 다음 주였다.

역을 보고 하는" 기회였다.[112] 이 대회에 참석한 해외선교사와 목회자들은 약 100명이었는데, 선교사들은 자신의 사역지의 전통 복장을 입고 입장하는 등 보다 준비된 대회였다. 제2차 선교대회에는 선교사대회, 선교세미나, 선교활동 보고, 찬양의 밤 등 여러 행사로 진행되었다.

제3차 선교대회는 "21세기를 향한 세계선교"라는 주제로 1996년 7월 8일에서 11일까지 부산남교회당(담임목사 신명구)에서 개최되었다. 제3차 대회는 그간의 대회 중 성황을 이룬 대회로서 120여 명의 해외선교사 및 목회자가 참가하였고, 대회 기간 중 연인원 1만 명이 참석한 대회였다. 특히 선교에 대한 4차례의 주제 강의[113]와 현지 선교사들의 사역 보고가 있었다. 또 선교지역과 선교국, 그리고 선교영역별로 70여 개의 소그룹 토의를 통해 그간의 교단선교역사를 평가하고 선교정책과 방향을 심도 있게 논의하였다. 이 대회 기간 중에 약 40여 명이 선교사로 헌신하기로 자원하였다. 특히 이 대회에서는 세계선교에 대한 교단의 의지를 내외에 선포하는 7개 항으로 된 선언문을 발표하였는데, 그 전문은 다음과 같다.[114]

제3차 세계선교대회 선언문

1996년 7월 10일, 우리는 제3차 세계선교대회를 통하여 새로운 시대를 열어 가시는 하나님의 경이로운 손길을 체험하며 이에 21세기를 맞는 우리에게 맡겨진 위대한 선교사명을 감당하기 위하여 다음과 같이 확인하고 실천할 것을 선언한다.

1. 우리는 복음의 빚진 자로서 이 마지막 때에 끝까지 복음으로 세계를 섬기는 선교의 헌신자들이 될 것을 다짐한다.
2. 우리는 죄와 저주 가운데서 고통당하는 온 세계의 무수한 사람들을 가슴에 품고 이들을 위하여 기도하며 힘쓸 때 하나님께서 세계를 복음으로 섬길 수

---

112. 이 대회에 대한 자세한 보고는 「크리스챤리뷰」 57(1994. 09), 44-48 참고할 것.
113. 4가지의 주제강의는, "세계선교의 흐름"(전호진), "교단 선교운동의 어제와 오늘"(이상규), "세계선교의 전망"(이태웅), "교단 선교의 전망"(임영효)이었다.
114. 제3차 선교대회에 관한 자세한 보고는 「기독교보」 300호(1996. 07. 20)를 참고할 것.

있는 자격과 능력을 주실 것을 확신한다.

3. 우리는 선교야말로 우리의 신앙고백과 표현임을 재확인하고, 신앙의 정통, 생활의 순결, 개혁주의 세계교회 건설을 추구해 온 지금까지의 노력이 다음 세대에도 이어져야 할 우리의 삶의 특징임을 확신한다.

4. 우리는 우리의 모든 선교활동의 방향과 목적을 보다 분명히 하고 새로운 각오로 오직 예수 그리스도를 전파하는 선교에 진력할 것을 다짐한다.

5. 우리는 효과적인 선교를 위하여 무엇보다도 현지인 지도자 훈련에 주력할 것을 다짐한다.

6. 우리는 선교의 전 과정이 성령의 주권적인 역사를 따라 이루어짐을 확신한다.

7. 우리는 우리의 후손들이 역사의 마지막 순간까지 선교사명을 감당하기를 소원하며 이러한 우리의 소원이 이루어 질 수 있도록 교회와 선교사, 선교부가 동역하여 죽도록 충성할 것을 다짐한다.

1996년 7월 10일

제3차 세계선교대회 참가자 일동

이 선언서는 지금까지의 선교사역이나 정책에 대한 자성, 구체적인 선교사역 비전 제시, 또는 교단의 선교운동에 관한 정책적, 신학적 입장을 구체적으로 드러내지 못한 점에서 상당히 아쉬움이 있다. 그러나 교회의 선교적 사명을 강조했다는 점에서는 의미 있는 선언이었다. 선교대회가 끝난 후에는 세계선교협의회 총회가 열려 유환준 선교사(대만)를 회장에, 김용출 목사(캐나다)를 부회장에, 김형규 선교사(필리핀)를 총무로 선출하였다. 제4차 선교대회는 1998년 7월 대만에서 개최될 예정이었으나 국가 경제의 어려움을 고려하여 무기 연기되었다.

6. 선교사의 파송과 선교지역 확대

1990년 4월 당시 우리 교단은 81명의 선교사(38가정, 5명의 독신, 이중 교포 선교사 39명, 원주민 42명이었다)가 17개국에서 활동하고 있었다. 1991년 10월에는 119명(63가정)의 선교사들이 20개국에서 활동했다. 또 1992년 9월에는 선교사 수는 141명(75가정)이었다. 그 해의 교회수는 1,310개처, 교인수는 35만 5천명으로 추산되는데, 이것은 18개교회가 1가정씩, 교인 2,500명당 1사람의 선교사를 파송한 것이다.[115] 이는 1988년의 30개 교회당 1인, 교인 6,600명당 1사람의 선교사,[116] 1990년의 23 교회당 1인, 교인 2,961명당 1사람씩의 선교사를 파송한 것에 비해 선교에 대한 관심과 참여가 점증하고 있음을 보여준다.

선교비 예산액으로 보면 1992년 당시 교단 산하 교회의 총 예산은 370억으로 추산되는데 이중 선교비는 12억 3천만 원이므로 선교비는 전체 예산의 3.4%에 해당한다. 1988년의 1.5%에 비해 약 2배가 증가했으나 여전히 5%에 미치지 못했다. 또 선교운동에 후원을 통해 참가하고 있는 교회는 310개 교회로서 전체 교회수의 23.7%에 달했다.

1993년 당시 활동하고 있던 선교사는 78가정 149명이었다.[117] 또 1996년 4월 당시 교단이 파송한 선교사는 90여 가정 188명이며 이들은 33개국에서 활동하였다. 당시 1,380여 교회 가운데 선교에 직접적으로 참여하는 교회와 단체는 476개 처, 개인 후원자는 115명이었다.

1998년 현재 90여 가정 200명의 선교사들이 37개 국가에서 활동하고 있다. 앞에서 살펴본 바 대로 1990년대는 교단의 선교운동이 확산된 시기로서 이 기간 동안에 파송된 선교사는 74가정 151명에 이른다. 그래서 1958년부터 1989년까지 파송된 (원주민)선교사 24가정에 비해 3배 가까운 74가정의 선교사를 파송하였다. 1990-1998년까지 파송된 선교사수를 연도별로 보면 <표 4>와 같다.

---

115. 「선교회보」 제58호(1992. 11/12), 6.
116. 「선교회보」 제34호(1988. 11/12), 13.
117. 「선교회보」 64(1994. 1/2), 19.

	1990	1991	1992	1993	1994	1995	1996	1997	1998	계
목사, 선교사	6(3)	28(14)	14(7)	8(4)	17(10)	12(6)	15(8)	14(7)	9(5)	123(64)
국내, 비거주			2(1)		2(1)					4(2)
평신도	3(1)	2	2	3(1)		4(1)	4(2)	6(3)		24(8)
계	9(4)	30(14)	18(8)	11(5)	19(11)	16(7)	19(10)	20(10)	9(5)	151(74)

<표 4> 1990년대의 연도별 선교사 파송 현황

* 통계자료는 총회선교부의 선교사 파송 대장에 근거함.
* 범례: 괄호 안의 숫자는 세대수를 의미함, 예컨대, 1993년 평신도 선교사 3(1)에서
2사람은 부부이며 나머지 한 사람은 독신 선교사임.

1990년대에는 선교사 수의 증가와 함께 선교지역도 크게 확대되었다. 1980년대까지의 아시아 중심의 선교는 아시아를 주된 선교지로 하여 중앙아시아, 유럽, 아프리카 남미, 미주, 대양주 등 전 세계로 확산되어 약 40개국에 선교사를 파송하고 있다. 그래서 1990년대에 와서 선교지역의 다변화현상이 나타났다고 볼 수 있다. 40여 개의 선교지역 중 대표적인 선교지로는 인도네시아, 일본, 필리핀, 러시아, 시에라리온, 브라질 등이었다. 이 나라에는 6명 이상 18명의 선교사들을 파송하고 있다. 그래서 이미 1996년에는 일본(김소익), 필리핀(남후수), 인도네시아(최수일), 방글라데시(박현수), 러시아(장태호), 중앙아시아(김영수), 이베리아(강병호), 브라질(윤춘식), 파라과이(최승렬), 시에라리온(이순복) 등지에 현지 선교부가 조직되었다(괄호안은 현지 선교부 대표임). 1990년대에 파송된 선교사들의 사역지는 다음의 <표 5>와 같다.

지역	국가		목사, 선교사	평신도 선교사
아시아 68(31)	대만	2(1)	황병순(배은희)	
	인도네시아	8(3)	홍영화(지선경), 강원준(허경애)	박경숙, 오석재(김혜경), 박팔하
	일본	7(3)	나달식(김경숙), 이신형(김영숙) 임석윤, 조광훈(이유미자)	
	필리핀	14(6)	김재용(윤영숙), 최광석(김말손) 이경근(신경미), 정순성(손은경) 황성곤(홍경미), 김성일(최혜영)	강정인, 노정희

	중국	6(3)	김영수(김란나), 박성봉(강애경) 김영산(정보간)	
	태국	4(2)	손승호(하옥경), 김주만(박경화)	
	방글라데쉬	4(2)	박현수(나문자), 박진섭(임미애)	
	홍콩	2(1)	하영재(손경숙)	
	싱가폴	2(1)	정운교(김명옥)	
	몽고	3(1)	안경갑(한영옥)	김정아
	이스라엘	2(1)	이일호(박혜옥)	
	인도	4(2)	이종전(최영미), 윤지원(임정숙)	
	네팔	4(2)		최원석(정원숙), 양승봉(신경희)
	베트남	2(1)	오 덕(송은주)	
	미얀마	2(1)	신성호(정유진)	
	튀르키예	2(1)	곽동신(윤명희)	
대양주 8(3)	호 주	2	조동제	김선수
	뉴질랜드	2(1)	최성일(손명희)	
	피 지	2(1)	박영일(김순임)	
	괌	2(1)	유신우(조문자)	
중앙아시아 29(13)	러시아	18(8)	황상호(김분옥), 신성주(손선영) 이장우(허영희), 장태호(신경숙) 이영근(박성경), 김성린(정석순) 김유식(허두남), 정리안	김현숙, 이정기(이영수)
	카자흐스탄	9(4)	하 영(정현숙), 김영수(김난기) 정규호(윤혜신),최진규(최에스더)	황혜경
	키르키즈스탄	2(1)		이 풍(정화자)
유럽 10(5)	프 랑 스	4(2)		손부원(신경순),박신호(김정자)
	루마니아	2(1)	이성헌(김정애)	
	포르투갈	4(2)	강병호(이은선), 지성범(엄옥자)	
아프리카 16(8)	시에라리온	6(3)	이순복(조봉숙), 이승옥(박성애) 윤장욱(김선영)	
	가나	2(1)	김창수(이영수)	
	앙골라	2(1)	정명섭(이미영)	
	코트디브와르	2(1)	곽상호(박현숙)	
	튀니지	2(1)		김상용(박순섭)
	남아공화국	2(1)	노록수(김은혜)	

남미 16(8)	파라과이	4(2)	최승열(강은희), 김진호(계숙영)	
	브라질	6(3)	배봉규(최양숙), 배성학(이정옥) 손성수(김수현)	
	아르헨티나	4(2)	윤춘식(박세이), 김혜진(한희숙)	
	페루	2(1)	방도호(허성월)	
기타 4(2)	본부, 비거주	4(2)	하민기(권후남), 이강호(김정혜)	
계		151 (74)	125(65)	24(8)

<표 5> 1990년대 파송 선교사들의 지역별 현황

* 이상의 자료는 총회 선교부 선교사 파송 대장에 근거함.
** 괄호 안의 이름은 부인 선교사, 괄호안의 숫자는 가정(세대)수를 의미함

7. 예기치 못한 어려움

1997년 말 예기치 못한 난제가 발생하였다. 한국경제가 심각한 위기에 처하게 되었고 국제통화기금(IMF)으로부터 구제금융을 요청하지 않으면 안될 상황에 이르렀다. 환율이 폭등하였고, 많은 기업들이 도산하기 시작하자 실업자가 속출하였다. 1998년 6월에는 실업자가 150만 명을 넘었고 1998년말에는 실업자가 200만 명을 상회할 것으로 예측하고 있다. 노사가 심각하게 대립하는 상황에 이르렀고, 국민경제는 심각한 어려움에 처하게 되었다. 이러한 경제적 상황은 교회에도 큰 타격을 주었다. 교회 재정의 타격은 선교에 직접적인 영향을 주었다. 선교후원금은 급격히 줄었다. 예정된 선교비를 보내도 현지에서는 환차손 때문에 기존의 선교비의 50-60%에 지나지 않는 상황이 되었다. 따라서 현지 선교사들이 경제적 어려움에 직면하게 되었다. 그렇다고 선교지에서 철수를 요구할 수도 없는 상황이다.

이런 상황에서 총회선교부는 IMF 경제관리 체제 대처 1단계 지침을 1997년 12월 8일 통신문으로 각 선교사에게 우송하였다. 그 골자는 선교비 절감과 선교사업의 한시적 중단이었다. 이러한 어려운 상황에 대처하기 위해 이병길 총무는 1997년 12월 15일 IMF 체제하에서 선교비 절감 협조를 요청하는 공문을 각 지역

선교부장을 통해 전 선교사들에게 발송하였다.

> … 우리나라가 IMF로부터 550억 달러의 구제금융을 받기로 하였음에도 불구하고 각종 국내 경제지표는 악화 일로를 걷고 있으며, 오늘 현재 미국 달라화당 환율이 1,970원에 이르는 등 선교비 지원 여건이 심각한 위기 상황으로 치닫고 있습니다. 작년 말 환율이 840원이었던 것과 비교하면, 작년의 2배 이상의 선교후원금이 확보되어야만 같은 수준의 선교비를 지급할 수 있는 상황이 된 것입니다. 이와 같은 비상한 상황에 직면한 총회 선교부로서는 이달 말로 예정된 아시아 지역 선교사에 대한 12월분 및 1월분에 대한 송금을 부득이 1-2개월 연기하지 않을 수 없게 되었습니다. 이런 현실을 선교사들에게 잘 설명해 주시기 바라오며 이해와 협조를 부탁드립니다. … 현재 상황이 두 달만 더 지속되더라도 총회선교부는 선교비 지급 불능사태에 빠지고 말 것입니다. … 모든 현지 선교부에서도 자발적으로 생활비를 포함한 선교비 절감, 삭감 계획을 제출해 주시기를 바랍니다.

1998년 7월 대만에서 개최하기로 예정되었던 제4회 선교사대회는 무기 연기되었다. 이것은 경제적 어려움을 감안한 불가피한 선택이었다. 1997년 12월 김대중 대통령이 취임하였고, 국가 경제 회생을 최우선적인 과제로 삼고, 경제회복을 위해 구조조정과 정리해고 등을 통해 경제구조의 변화를 추구했으나 경제적 상황은 여전히 불투명했다. 1998년 1월 22일 선교부(부장 이지영) 실행위원회에서는 제2단계 선교비 비상대책안을 채택하고 이를 후원교회에 다시 설명하기로 하였다.

제2단계 선교비 비상대책의 기본지침은 3가지로 요약되는데, 선교사를 철수시키는 위기상황을 최소화하고, 선교사 파송을 중지하는 상황을 극복하고, 현재의 선교방법을 전략방법으로 전환하는 데 원칙을 두었다. 이 원칙 하에서 행정관리비를 제1단계의 8%에서 5%로 하향 조정하고, 현지인 사역자 인건비의 전면적인 중지와 현지 선교부의 자립선교 추구, 선교사가 개인적으로 직접 수령하는 모

든 선교비의 공개와 공생 공존 추구 등을 포함했다.[118]

이러한 경제적 어려움에도 불구하고 1998년 3월에는 손성수, 김수현 부부를 브라질로, 정리안을 러시아로 각각 파송하였다. 또 5월에는 황병순, 배은희 부부를 대만으로, 곽동신, 윤명희 부부를 튀르키예로, 김주만, 박경화 부부를 태국에 각각 파송하는 예배를 드렸다.

1997년 말부터 시작된 경제 위기는 그동안의 한국교회 선교가 지나치게 물량적이었다는 점을 일깨워 주는 기회가 되었다. 또한 순수하지 못한 동기로 선교를 추구해온 점과 선교라는 이름으로 행해졌던 낭비적 요소들에 대해 자성하게 되었다. 현지 선교사들에게는 상당한 시련의 날들이 될 수 있으나 한국교회의 선교와 선교의 미래를 다시 한번 반성하는 기회가 된 것은 불행 중 다행이었다. 이런 점에서 한국의 경제 위기는 교회와 선교사들에게 자성과 반성의 기회가 되었다.

VII. 해외선교의 새로운 모색(1998-2004)

1990년대 말 IMF로 경제적 어려움을 겪게 되자 한국교회의 선교운동은 일시 위축되는 듯 했으나 이것이 한국교회의 해외선교에 부정적인 영향을 끼치지는 않았다. 이 점은 고신총회의 선교활동에도 동일했다. 처음에는 심리적인 위축이 없지 않았으나 곧 교회의 선교적 관심을 회복하였고, 선교를 위한 새로운 모색을 시도하였다. 이 시기 특히 북한선교에 대한 관심이 크게 증가되었다. 이것은 김대중 정부의 햇볕정책, 금강산 관광, 탈북자 문제 등 일련의 사건들이 한국교회로 하여금 북한과 북한 선교에 대한 관심을 환기시켜 준 것으로 보인다.

2004년 현재 한국교회가 파송한 선교사 수는, '한국세계선교협의회'(KWMA)의 자료에 따르면 6,818가정, 12,519명으로 조사되었다. 2003년의 6,578가정, 11,614명에 비해 240가정 545명이 증가한 것으로 조사됐다.[119] 또 동협의회가 발

---

118. 제2단계 선교비 비상대책 내용은 「선교회보」 89(1998. 3/4), 6-9를 참고할 것.
119. 「기독신문」 2004. 04. 21.

표한 "한국교회 선교통계 현황 및 주요교단 파송현황"에 의하면 2004년 한국 주요 교단이 파송한 선교사 수는 5,622명인 것으로 조사되었다. 주요 교단의 전체 교회수는 39,366개 처, 신자수는 11,539,700명인데, 교회당 0.14명, 곧 7교회 당 1명의 선교사를 파송했고, 신자당 0.0005명, 곧 2,053명 당 1명의 선교사를 파송한 것으로 나타났다.

2004년 고신총회는 1,602개 교회, 406,727명의 신도수를 가진 총회로서 파송 선교사 수는 241명이었고, 선교를 후원하거나 협력하는 교회는 816개 처로 전체 교회의 50.94%에 해당했다. 타 교단에 비해 월등히 높은 비율이었다. 그러나 교회수 대비 선교사 파송율은 0.15명으로 6.7개 교회가 한 사람의 선교사를 파송한 셈이며, 교인 1,688명당 1명의 선교사를 파송한 셈이다. 한국의 주요 교단보다는 약간 높은 수치이지만 선교를 후원하거나 지원하는 교회가 여전히 부족한 상태라고 할 수 있다. 이런 한국교회 현실에서 고신총회의 선교운동에 대해 살펴보자.

1. 선교사 파송

1990년대 교단총회 선교부 곧, KPM 선교사는 급증하였다. 1997년 이후 IMF로 약간의 심리적 위축은 있었으나 곧 안정을 회복하였고 선교사 지원과 파송이 계속되었다. 1990년 4월 당시 고신선교부 선교사 수는 81명이었다(38가정, 5명의 독신 선교사), 이중 교포 선교사가 39명, 원주민 선교사는 42명이었는데 이들은 17개국에서 활동하고 있었다. 그런데, 1991년 10월에는 119명(63가정)으로, 1992년 9월에는 141명(75가정)으로, 1993년에는 149명(78가정)으로, 1996년 4월에는 188명(90가정)으로 증가되었고, 2004년 말 서경노회 파송 선교사들을 포함하여 269명(남 133명, 여 136명)으로 증가되었다. 이들은 46개 나라에서 활동하고 있는데, 대륙별로 보면 아시아에서 활동하고 있는 선교사가 158명으로 전체 선교사의 59%에 달한다. 그 다음이 아프리카(36명), 유럽(30명), 중남미(27명) 순이다.[120]

---

120. 총회선교부의 '선교사 파송 현황'에 근거함.

2. 행정 및 정책적 변화와 쇄신

선교본부의 행정적 쇄신 또한 이 시기의 중요한 발전이었다. 서울 서초구 반포 4동 58-10 총회회관 내에 있던 선교부 사무실은 2000년 9월 5일부로 대전시 대덕구 중리동 243-17번지로 이전함으로써 선교훈련원, 선교사 안식관과 더불어 선교사무실까지 대전으로 이전하여 대전은 교단 선교를 관장하는 본부가 되었다.

1) 선교부 총무

그동안 이병길 목사가 선교부 총무로 봉사했으나 2000년 9월에 소집된 제49회 대한예수교장로회(고신)총회는 인도네시아 선교사로 사역하던 이헌철 선교사를 총무로 선임하였다. 이헌철 선교사는 1984년 6월 15일 인도네시아로 파송된 이래 17년간 현지 선교사로 봉사하였으나 이제 본부 총무로 귀임하게 된 것이다. 그는 2000년 11월부터 이병길 목사에 이어 제4대 총무로 사역하였다. 그는 풍부한 선교 현지에 대한 경험과 원만한 인간관계를 바탕으로 선교부의 일을 추진하였고, 그간 선교부의 축적된 경험을 기초로 교단 선교정책을 입안, 실행함으로써 선교행정을 안정적으로 정착시켰다는 평가를 받고 있다. 그는 다양한 의견을 수립하고 합리적인 방법으로 문제를 해결함으로써 보다 효율적으로 선교사들을 관리하고 있어 새로운 선교운동의 발판을 마련하였다.

2) 고신세계선교위원회(이후 세계선교위원회로 약칭)로 개칭

2002년에는 선교행정상 중요한 변화를 겪게 되었다. 교단 초기 1955년 '총회 선교부'라는 이름으로 선교행정을 관장했으나, 2002년 9월 회집된 52회 총회에서는 총회선교부를 대신하여 '세계선교위원회'로 개칭하며, "세계선교위원회는 해외선교를 연구, 기획, 실행하되, 선교후원교회 및 후원회 회원과 협력하여 해외선교사를 지도 감독한다"라고 규정했다.[121] 그리고 세계선교위원회에 이사제도를

---

121. 『대한예수교장로회 고신총회 중요결정사항요약, 1952-2021』 (대한예수교장로회 고신총회, 2022), 322.

두게 되는데, 정수생 목사가 제1대 이사장으로 선임된다. 2015년에는 김윤하 목사가 이사장직을 계승한다.

3) 선교사 훈련원

2003년 10월에는 남후수 목사가 훈련원장으로 취임했다. 남후수 원장은 1986년 8월 26일 필리핀 선교사로 파송 받은 이래 17년간 시부성경대학(Cebu Bible College)을 설립하는 등 교회개척과 신학교육에 전념해 왔는데, 그는 이런 경험을 바탕으로 교단 선교사 훈련 책임을 맡게 된 것이다. 이와 같은 행정적 변화는 교단 선교 리더십의 변화를 보여주는 것으로서, 2000년대 이후 교단 선교운동의 새로운 모색이라고 할 수 있다. 본부 선교사의 보강도 행정적 쇄신의 일환이었다. 2000년 이후 본부 선교사는 총무를 포함하여 4가정으로 확대되었다. 즉 총무, 훈련원장, 몽골 선교사였던 안경갑 목사, 중국 선교사였던 신정민 목사 가정이 본부 선교사로 활동하게 되었다. 이것은 행정 업무의 효율화를 위한 조치인 동시에 과중한 선교업무를 해소하기 위한 조치였다.

4) 정책적 쇄신

행정적인 쇄신과 함께 정책적인 측면에서도 쇄신이 이루어졌다. 2000년 이후 교단 선교운동에서 한 가지 중요한 결정은 선교 집중 지역을 선정한 일이다. 제한된 인적, 물적 자원으로 전 세계를 대상으로 선교할 수는 없는 형편이므로 2003년 12월 10일에 모인 선교부 실행위원회는 교단의 선교집중 지역으로 인도차이나 반도와 중동지역을 선정하였고, 한 지역을 정책 지역으로 결정했다. 그동안 교단 선교사들은 약 50개 국가에서 활동해 왔으나 앞으로는 보다 효과적인 선교를 위해 위의 두 지역에 집중하기로 결의한 것이다.

선교정책 위원회의 조직 또한 중요한 정책적 고려였다. 2003년 10월 17일에 소집된 실행위원회는 선교운동의 제반 정책적 효율성을 기하기 위해 '선교정책 위원회'를 설치하기로 하고 7인 위원을 선정하였다. 선교에 관심을 가진 목회자와 신학교수들로 구성된 이 위원회는 교단 총무이자 선교학자인 전호진 박사를 위원장으로 강영식 목사(창원가음정교회 담임목사), 김상수 목사(안양 일심교회 담임목사), 남후수 선교사(선교훈련원장), 이신철 교수(고려신학대학원 선교학 교수), 이상규 교수(고신대학교 교회사학 교수), 이헌철 선교사(선교부 총무)를 위원으로 구성하였다.

3. 선교사 훈련 제도 개선

선교사 훈련의 필요성 때문에 1986년 파송될 선교사들이 자체적으로 훈련을 시작하였고, 1988년 교단 선교부에 의해 공식적으로 '고신선교훈련원'(KMTI, Kosin Missionary Training Institute)이 설치되었다. 이렇게 시작된 선교사 훈련원은 2004년 여름까지 32기 훈련을 통해 850여 명의 선교사 후보들을 훈련시켰다. 또 선교사 후보생 오리엔테이션 과정(OTC)은 49기까지 훈련을 실시하였다. 선교사 후보생 오리엔테이션 과정은 제47기까지는 일주일 정도의 훈련을 받게 했으나, 2003년 제48기부터는 3개월 과정으로 변경하여 내실을 기하고 있다. 오리엔테이션 과정을 장기화한 것은 선교사 훈련과정에 대한 다양한 인정에 따른 조치였다.

KMTI는 1988년 이래 2001까지는 연 2회 3주간의 훈련을 실시하였고, 이 훈련만을 본 교단 선교사 후보생의 선교훈련으로 간주했으나, 2002년부터 본 교단 산하 교육기관인 고신대학교 선교언어(국제문화선교)학과, 고신대학교 선교대학원, 고신대학교 신학대학원 선교전공 과정 등에서 선교부가 인정하는 유관된 강좌를 이수한 경우에는 선교사 훈련으로 대체해 주도록 하여 선교사 훈련과정을 다양화하였다. 이것은 이미 대학이나 대학원 과정에서 선교학과 선교사역에 관해 강좌를 이수한 이들에게 중복 교육을 피하게 하는 동시에 교단 선교 관련 학과와 강좌에 대해서 교단기관이 상호 인정해 주어야 한다는 취지에서 발의된 정책이었다. 또 KMTI에서 훈련받지 않았다 할지라도 교단 선교사로 활동할 수 있도록 하기 위해서는 교단 선교에 대해 보다 구체적인 오리엔테이션이 필요하다고 보아 훈련기간을 3개월간의 기간으로 연장하게 되었다. 3개월간의 오리엔테이션 과정(OC)에서 2개월간은 국내에서, 1개월은 선교 현지에서 수습하도록 하여 적응력을 높이도록 한 것도 새로운 조치였다. 2000년 9월 이후 선교부 총무는 이헌철 목사였고 2003년 10월부터 2006년 12월까지 남후수 선교사가 훈련원장으로 재임했다.

4. 선교후원교회협의회 조직

이 시기 선교부의 중요한 발전은 선교후원교회협의회(약칭 선후협)의 조직이었다. 선교는 파송하는 교회, 파송되는 선교사, 이들을 관리하는 선교부의 공동의 노력이 요구된다. 그렇기에 선교를 지원하고 선교사를 돕는 후원교회와의 협력의 중요성을 확인한 총회 세계선교위원회(KPM)은 2000년 5월 선후협 조직을 허락하였고, 2000년 8월 31일 KPM 제4회 선교대회에서 공식 창립되어 그해 9월 제50회 총회에서 인준을 받았다.

그리고 2003년 9월에 소집된 제53회 총회에서는 선후협의 역할을 두 가지로 구체적으로 제시했다. 첫째는 2005년 50주년 고신세계선교대회를 선후협과 협력하여 개최하도록 했고, 둘째는 세계선교협의회 규칙 13조를 "세계선교위원회는 선교후원교회(단체)를 중심으로 구성한 선교후원교회협의회와 선교후원 전반에 관하여 협력을 확대하도록 한다."라고 개정했다.[122] 이에 근거하여 KPM 시행세칙 제23조에 선후협의 목적을 4가지로 규정했다.

1. 후원교회들의 상호교류, 격려, 동원, 정보교환, 연구, 헌금 등을 통하여 총회 선교가 보다 효과적으로 이루어 질 수 있도록 지원한다.
2. 고신세계선교회와 긴밀하게 협력하여 각종 행사나 사역에 동반자로 참여한다.
3. 총회 교회들을 대상으로 선교를 홍보하고 독려하여 총회 선교에 보다 적극적으로 참여하도록 선도한다.
4. 총회 내 각급 기관, 단체, 조직 등에 구성원으로 적극 참여하여 그 기관, 단체, 조직의 고유 사역을 통해 최종 목적이 선교로 이어지도록 노력한다.

---

122. 『대한예수교장로회 고신총회 중요결정사항요약, 1952-2021』, 332.

앞의 KPM 규칙과 시행세칙에 따라 선후협은, 고신선교포럼 개최, 고신세계선교대회 협력, 세계선교센터 건립 협력, 각종 선교사 집회 협력, 그리고 KPM이 사회 참여하는 일을 진행하면서 KPM과 협력하여 교단 선교운동의 활성화에 기여하였다. 제1기(2000. 08-2002. 12) 임원으로는, 회장: 정근두 목사, 부회장, 김상수, 윤현주, 주준태, 오성광, 박상도 목사, 총무: 윤희구 목사, 서기: 김철봉 목사. 회계: 이용기 장로였고, 2기(2002. 12-2005. 07) 임원은, 회장: 정근두 목사, 부회장, 윤희구, 김철봉, 김상수, 오성광, 윤현주 목사, 총무: 안용운 목사, 서기: 이경렬 목사. 회계: 강경필 장로였다.

제2기 선후협은 2003년 3월 3일에서 4일까지 경주 코오롱호텔에서 '21세기 교단선교의 미래'라는 주제로 선교정책개발세미나를 개최했다. 이때 세미나에서는 아래와 같은 5가지 주제 발표가 있었다. '세계선교 어디로 갈 것인가'(전호진), '교단선교 어디로 갈 것인가'(이헌철), '선교사 훈련 어떻게 할 것인가'(이신철), '전문인 선교 어떻게 할 것인가'(김한중), '선교후원 어떻게 할 것인가'(박금철)가 그것이다.

5. 방콕선교대회

세계선교위원회는 고신선교 50주년을 앞두고 있던 2004년 5월 31일부터 6월 4일까지 방콕 리버사이드 호텔에서 제1차 고신 세계선교포럼을 개최했다. '변화와 성숙'이라는 주제로 개최된 이 행사는 고신총회가 총회 내에 해외선교부를 설치하고 선교에 동참한지 50주년을 앞두고 그간의 교단의 선교정책을 평가하고 새로운 선교방향을 정립하기 위한 정책적 고려에서 개최된 행사였다. 이 행사의 중요성만큼이나 교단 내외의 관심을 끌었고, 총회장 곽삼찬 목사, 부총회장 조재태 목사, 총무 전호진 박사, 선교위원장 강규찬 목사, 선교부 총무 이헌철 목사, 선교훈련원장 남후수 목사 등 교단 지도자와 선교부 관계자, 그리고 후원교회를 대표한 정근두 목사(울산교회), 박금철 목사(거제도 염광교회), 조정용 목사(부산 구평제일교회), 박정곤 목사(거제도 고현교회), 선교관련 교수 등 80여 명이 참가하였다.

<그림 10> 제1차 고신 세계선교포럼(2004. 05. 31- 06. 04 방콕)

　　3박 4일간 진행된 이번 행사에서 고신대학교 이상규 교수의 "고신선교 50년
의 회고와 전망"이라는 제목의 발제를 시작으로 12가지 주제에 대한 발제와 논평
이 있었다. 37명의 선교 관련 책임자, 교수, 혹은 목회자가 발제와 논평에 참여하
였다. 이번 행사를 통해 지난 50년의 선교정책을 회고하고 반성하며 21세기 교단
선교의 정책과 전략을 제시하였다. 이 선교포럼을 마감하면서 참석자 일동은 '선
언문'을 발표하기로 하고, 김두식, 김종국, 김한중, 이상규, 이신철, 이복수, 이헌
철(가나다 순) 등을 선언문 기초위원으로 선정하였다. 이들은 회합을 통해 아래
와 같은 선언문을 작성하였고, 참석자의 결의를 거쳐 발표하였다.

　　<2004 고신 세계선교포럼 선언>

　　오늘 우리는 고신선교 50주년을 앞두고 지난 50년을 회고 평가하며, 21세기 새
　　로운 선교방향과 선교정책을 모색해야 하는 중요한 시점에 와 있다. 그래서 교

단 선교지도자, 국내 외 선교 전문가와 목회자, 선교학자, 그리고 경력 선교사 등 76명은 2004년 6월 1일부터 4일까지 태국 방콕에 모여 '변화와 성숙'이라는 주제로,

1. 고신선교50년의 회고와 전망
2. 개혁주의 선교 신학의 정립
3. 세계선교의 동향과 고신선교의 역할
4. 여성 선교사 사역의 활성화
5. 전문인 선교 자원의 개발과 동원
6. 교단 선교훈련의 평가와 전략
7. 선교사 자녀 교육
8. 선교사 돌봄(Care)
9. 현지 선교부 역할 강화
10. 선교 재정의 효과적 운용
11. 해외 한인교회의 선교 역할
12. 선교와 목회 리더십

등의 12개 주제를 진지하게 논의하였다. 이 논의에 근거하여 참석자 일동은 세계선교의 책임과 비전을 공감하며 아래와 같이 선언한다.

선언

1. 세계선교는 시급성과 중요성을 지닌 하나님의 뜻이며 교회에 주신 그리스도의 지상명령임을 재천명한다.
2. 우리는 교회의 설립 목적과 본질이 복음 전파를 통한 하나님의 나라 확장임을 믿는다.
3. 우리는 지난 50년 간 세계선교에 동참하여 하나님의 나라 확장에 기여하게 하신 하나님께 감사하며, 동시에 선교 수행 과정 중에 발생한 시행착오들과 최선을 다하지 못한 우리의 부족함에 대하여 회개한다.

4. 우리는 21세기 선교현장에 필요한 새로운 선교정책들을 연구하고, 선교사의 동원과 훈련, 파송과 관리, 후원과 돌봄(Care)에 총력을 경주한다.

5. 우리는 모든 인적, 물적, 지적 자원을 총동원하여 탁월하고도(Excellent), 열정적으로(Enthusiastic) 세계선교를 수행하는 교회로서 세계선교를 선도할 비전을 가졌음을 확신한다.

6. 우리는 변하지 않는 복음을 변화하는 세상에서 효과적으로 전파하기 위하여 하나님이 주신 도구들을 활용하고, 여성 선교사와 전문인 선교사 양성에도 최선을 다하며, 신학과 이념을 같이 하는 교회 및 국제 선교단체와 협력한다.

7. 우리는 이번 선교포럼에서 다루어진 12개 주제에 대한 진지한 토론의 결과들을 겸허히 수용하고, 이를 실행하기 위해 우리의 최선을 다하며 전 교회적 실천을 위해 노력한다.

2004년 6월 5일 고신세계선교포럼 참가자 일동

이때 발표된 발제문과 논평 등 모든 자료는 『변화와 성숙』이라는 제목으로 2004년 12월 출판되었다. 선교부가 세계선교포럼을 개최하는 등 이러한 일련의 행사는 교단의 해외선교를 정책적인 측면에서 고찰하고 보다 체계화되고 효율적인 선교를 위한 몸부림이었다. 이러한 노력은 고신선교 50주년을 맞는 오늘의 시점에서 깊이 성찰해야 할 과제였다.

6. 선교사와 선교지역

이 시기 선교역사를 정리하면, 1957년부터 1998년까지 우리 총회 파송 선교사의 총수는 228명이었다. 이들은 약 40개국에서 사역하였다. 이 228명의 선교사중 은퇴, 혹은 사임한 선교사들이 28명이므로 현역은 200명이 된다. 이중 교포선교사가 28명, 국내 사역하는 본부 선교사와 비거주선교사는 8명이므로 해외에서 원주민을 상대로 사역하는 선교사는 164명이었다. 164명의 원주민 선교사 중에 평신도 선교사는 22명(남 9, 여 13명)이며 목사 부부는 142명이 된다. 우리 교단은 선교를 시작한지 40년이 지났으나 현역선교사의 3분지 2에 해당하는 선교사들이 1990년대 파송 되었으므로 사역 기간이 짧고, 10년 이상 사역한 선교사는 전체 선교사의 10%에 해당하는 19명에 지나지 않는다.[123] 그러나 1998년 이후 2004년까지 93명의 선교사가 파송 되어, 275명의 선교사들이 약 50여 개국에서 사역하고 있다. 이를 국가별로 보면, 동남아시아 6개국 59명, 동북아시아 5개국 68명, 서남아시아 6개국 36명, 중앙아시아 3개국 19명, 대양주 3개국 7명, 유럽 6개국 25명, 아프리카 10개국 34명, 중남미 5개국 27명 등이다.

그러나 이때까지는 회교권에서 사역하는 선교사는 거의 없는 실정이므로 이들 지역에 대한 정책적 배려는 KPM의 중요한 과제라고 볼 수 있다. 선교부가 인도차이나 반도와 중동지역을 집중선교지역으로 선정한 것은 기존의 다수 선교사가 사역하는 지역을 정책지역으로 확인하는 동시에 회교권 선교를 지향하려는 의도로 해석할 수 있는데, 회교지역 선교는 교단 선교운동의 중요한 과제임을 보여주었다. 이 시기 총회선교부(세계선교위원회)가 세계선교포럼을 개최하는 등 일련의 정책적 행사는 해외선교를 정책적인 측면에서 검토하고 보다 체계화되고 효율적인 선교를 위한 몸부림이었다고 할 수 있다. 또 여기서 구체적으로 언급하지는 못했으나 선교지에서의 선교사들 간의 불화와 갈등, 선교사 후원 및 재정 관리에 대한 적절한 통제, 선교정책의 개발과 시행 등은 고신총회 선교의 건실한 발전을 위한 과제라고 볼 수 있다.

VIII. 선교정책 수립과 선교센터 건립(2005-2015)

1. 선교본부 행정 변화

1) 이헌철 총무(본부장) 선임과 선교부 사무실 이전

고신의 선교운동이 시작된 이후 선교업무를 총괄하는 선교부 총무는 김사엽 장로(1982-1986. 09), 김영진 선교사(1987. 02-1990. 09), 곽삼찬 목사(1990. 09-

---

123. 「선교회보」 89(1998. 3/4), 12.

1994. 08), 이병길 목사(1994. 09-2000. 08)로 이어졌고, 2000년 10월에는 인도네시아 선교사로 사역 중이던 이헌철 선교사가 총무로 선임되었다. 2000년 9월 고려신학대학원 강당에서 개최된 제50회 총회에서 이헌철 목사를 제5대 선교부 총무로 인준하였다. 그래서 그는 인도네시아의 사역은 후배인 홍영화 선교사에게 인계하고 그해 11월 귀국하여 선교부 총무로 일하게 된다. 이때부터 이헌철 목사는 3년 임기의 총무직을 3회 연임하여 2009년 9월까지 9년간 총무로 일했다.

이후 2001년 9월 제51회 총회는 이헌철 선교사의 부임과 함께 현지의 경력 선교사 두 가정을 본부 선교사로 임명하여 총무 사역을 보좌하도록 결정했다.[124] 그래서 앞에서 기술한 바와 같이 몽골의 안경갑 선교사 가정과 신정민 선교사 가정이 본부 사역자로 임명되었다.

2000년 9월 당시 총회 사무실은 서울 서초동 총회회관 3층에 있었다. 당시 선교부장은 부산 엄궁교회 김성천 목사였는데 선교부 사무실을 대전의 선교부훈련원으로 이전을 검토하도록 지시하였고, 실행위원회는 사무실 이전이 선교업무의 효율성에 도움된다고 판단하여 2001년 9월 2일 선교본부를 대전시 대덕구 중리동 243-17번지의 선교훈련원으로 이전하게 되었다. 이렇게 되어 대전은 고신총회의 선교훈련원과 더불어 선교행정의 거점이 되었다. 이헌철 목사가 총무로 있던 2007년에는 선교부 '총무'직이 선교 '본부장'으로 개칭됨에 따라 그의 임기 마지막 2년은 본부장이란 이름으로 봉사했다.

2005년 초에는 선교정책연구위원회의 제안에 따라 선택과 집중 전략으로 선교사의 재배치를 논의하고 인도차이나 지역(곧 베트남, 캄보디아, 라오스, 태국, 미얀마)과 중앙아시아, 북아프리카를 중심으로 한 이슬람권에 집중하여 파송선교사의 60%을 이 지역으로 파송하기로 결정했다.[125]

---

124. 『대한예수교장로회 고신총회 중요결정사항요약, 1952-2021』, 305.
125. 『고신선교60주년 고신선교백서』 (고신총회 세계선교회, 2015), 86.

2) 김한중 본부장

2009년 9월에 모인 제59회 총회는 김한중 목사를 선교본부장으로 임명하여 이헌철 목사를 이어 2012년 9월까지 3년 간 본부장으로 봉사했다. 김한중 선교사는 총회 선교부 간사를 시작으로 오랫동안 대만과 중국에서 사역했던 선교사였는데, 선교본부장으로 선임된 것이다. 그는 임기 중 1천 명의 선교사 확보, 전국교회의 선교동원, 선교연구 및 훈련강화를 골자로 하는 '비전 2020'를 수립하고 고신세계선교대회를 관장하는 등 선교행정을 주관했다. 방콕에서 열린 지역선교부 부장단 회의에서는 아시아, 아프리카, 남미 지역부 체제 개편 및 활성화 방안으로 27개 지역선교부 체제를 확립했다. 또 2010년에는 선교사 훈련 체계를 네 단계, 곧 기초선교훈련(BMTC) - 고신선교훈련 과정(KMTC) - 선교사 오리엔테이션 과정(OTC) - 리더십 훈련과정(LTC)으로 구축하고 훈련원 산하에 연구개발 기능을 강화하여 훈련원을 '연구훈련원'으로 개편했다.[126]

3) 이정건 본부장

2012년 9월에는 파라과이 선교사로 오랜 기간 헌신했던 이정건 선교사가 선교본부장으로 선임되어 2012년 9월에 개최된 제62회 총회에서 인준을 받았다. 그는 이때부터 2015년까지 선교본부장으로 재임하면서 선교사 파송 체계를 정비하고 선교사 훈련 프로그램을 개편했다. 그리고 2012년 당시 50여 개국의 370여 명의 선교사를 25개 지역별로 묶어 지역선교부 체계를 구축하고, 지역선교부의 자율권을 부여하였다. 특히 현지 지역부장의 역할을 강화하고 행정지원을 확대하는 등 선교행정을 쇄신했다. 또 제3차(2014. 8. 25-27) 고신선교포럼을 주관했다.

2. 고신세계선교대회와 고신선교포럼 개최

2004년 5월 말의 방콕에서 열린 제1차 고신선교포럼 이후 2005년의 제5차 고

---

126. 박인규, "KPM 전략사", *KPM R&D*, 2(2021), 28.

신세계선교대회를 비롯하여 여러 차례의 선교 관련 대회가 개최되는데 이는 고신선교 50주년을 기념하면서[127] 지난 역사를 뒤돌아보고 새로운 선교정책 수립을 위한 전체 교회를 아우르는 행사였다고 할 수 있다.

고신세계선교대회는 전 세계에 흩어져 있던 선교사들과 목회자들, 성도들이 한 자리에 모여 선교사들의 활동 보고를 듣고, 선교전략을 수립하고, 선교 설교를 통해 교회의 선교 사명을 재확인하는 자리라고 할 수 있다. 제1차 고신세계선교사대회는 1992년 8월 5-8일까지 미국 시키고 래디슨 호텔에서 개최되었고, 제2차는 1994년 8월 5-8일 호주 시드니 캠시 오라이온 센터에서 개최되었다. 제3차는 1996년 7월 8-11일 부산남교회당에서 "21세기를 향한 세계선교"라는 주제로 개최되었고, 제4차는 2000년 8월 28-31일까지 경주 콩코드호텔에서 "새천년 소망의 주, 예수 그리스도"라는 주제로 개최되었다. 그로부터 5년 후인 2005년 6월 20-23일까지 경주 현대호텔에서 "열정으로 달려온 50년, 하나 되어 도약할 50년"이라는 주제로 제5차 대회를 개최하게 된 것이다.

제5차 대회는 고신선교 50주년기념 세계선교대회로 개최되었는데, 선후협 회장 김상수 목사(안양일심교회)가 준비 위원장을 맡아 준비위원회와 실무준비위원회가 조직하였고, 선교본부장은 이헌철 선교사였다. 이때 24차례의 공식 모임과 수차례의 비공식적인 모임을 통해 선교대회를 기획하고, 준비하고, 점검했다. 또 기독교보를 통해 준비상황을 알리고, 「해외선교」지를 통해 독자들에게 대회를 홍보하는 등 이 행사를 준비했다.

이 5차 대회에는 선교사 수련회(2005. 06. 14-17), 노회별 선교대회(2005. 06. 18-19)에 이어 개최되었는데, 선교사 150명, 해외교회 목회자 50명, 국내교회 목회자 및 성도 800여 명 등 약 1천 명이 참석한 대회로서 고신총회 선교 관련 대회

---

127. 고신총회의 선교는, 1955년 4월 19일 부산남교회당에서 개최된 제4회 총노회에서 해외선교를 관장할 상비부를 조직하면서 시작되었다. 1956년 9월에는 부산남교회당에서 고신총회를 조직하면서 해외에 선교사를 파송하기로 하고 한부선(Bruce F. Hunt) 선교사의 조언에 따라 1957년 9월 20일 부산남교회당에서 모인 제7회 총회시에 김영진/임옥희 목사 부부를 대만으로 파송하는 예배를 드렸다. 이렇게 볼 때 2005년은 고신선교 50년이 된다.

에서 가장 성황을 이룬 대회였다. 세계선교대회는 6월 20일 저녁 개회 예배로 시작되었는데 선교사들이 선교지의 전통 복장을 입고 입장하였고 찬양대의 찬양, 고신대학교 페로스 합창단의 찬양과 함께 첫 순서부터 큰 감동을 주었다. 이어진 선교사들의 선교보고는 선교현장을 생생하게 보여주었다. 2004년의 방콕 선교포럼에서 다루었던 12개의 선교정책이 소개되는 발표시간은 고신교회의 선교정책이 선포되는 시간이었다.[128] 대회 기간 중 한국세계선교협의회(KWMA) 사무총장 강승삼 목사의 '세계선교를 향한 한국교회의 사명' 강의는 세계선교역사에서 고신총회의 선교의 방향을 점검해 볼 수 있는 시간이 되었고, 전주안디옥교회 이동휘 목사의 선교사례 발표는 지역교회의 선교 참여에 대한 도전을 주었다. 이 대회에서는 선교현장의 모습을 대형 사진으로 전시하고, 선교역사와 자료집을 발간하여 지난 50년을 회고하고, 새로운 50년을 향한 선교정책을 제시하였고, 선교 모범사례 발표를 통해 교회의 선교참여를 독려했다. 또 저녁 집회를 통해 선교 대각성의 기회가 되었다. 선교대회가 끝난 후 선후협 회장으로 일했던 안양 일심교회 김상수 목사는 선교대회를 이렇게 평가했다.

> 지난 선교 50주년기념 세계선교대회는 5년 전 세계선교대회와 비교할 때 양적으로 질적으로 많은 발전된 모습을 보여 주었고, 은혜로운 분위기 속에서 선교 사님들에게 큰 위로가 되었습니다. … 현지사역 보고와 간증을 들으며, 선교하는 교회의 선교 보고를 들으며 많은 도전을 받기도 하였습니다. … 한국교회 선교의 앞으로의 과제는 선교사들이 현지에서 '어떤 사역을 하느냐?'보다도 선교사 자신이 '어떤 선교사인가?'에 더 역점을 두어야 할 과제도 안고 있다고 할 것입니다.[129]

제5차 고신세계선교대회 개최 3년 후인 2008년 6월 23일부터 27일까지 태국 치앙마이에서 제2차 고신선교포럼이 개최되었다. 이는 2004년 6월의 방콕의 제

---

128. 『이헌철, 최성숙 문집, 사람이 아름답습니다』 (생명의양식, 2025), 191.
129. 「해외선교」 119(2005, 가을호), 2.

1차 포럼에 이은 두 번째 포럼으로서 "선택과 집중, 남은 과업의 완수"라는 주제로 열렸다. 이때의 포럼에는, 각 지역 선교사와 목회자, 선교학자, 그리고 총회 주요 기관 대표 등 총 129명이 모여 고신선교 발전을 위해 논의하고 토론했다. 이때의 포럼은 12개로 주제로 나누어 진행되었는데, 1. 선교학 이슈: 선교적 교회론 확립, 2. 선교사 재배치와 전략적 파송, 3. 효과적인 팀 사역과 현지 선교부 강화, 4. 선교사 자녀(MK) 교육정책과 지원방안, 5. 전문인 및 자비량 선교사의 동원전략, 6. 바람직한 단기 선교운동의 원리와 실제, 7. 여성 선교사의 동원과 사역 강화 방안, 8. 디아스포라 한인교회와 선교동원, 9. 통일한국 시대와 북한선교전략, 10. 다민족 국가 시대를 준비하는 국내 거주 외국인 선교전략, 11. 지식정보 시대와 선교 Network 개발, 12. 교단 선교 그룹들의 동반자 관계 개발 등이 그것이다.

이때 포럼을 마감하면서 선언문을 채택했는데, 선언문에는 교회는 선교를 위해 존립한다고 전제하고 KPM의 선교목적이 '개혁주의 교회 건설'임을 재확인하면서 아래의 6가지를 실천하기로 다짐했다.

1. 우리의 선교역량을 전략적 선교 집중 지역에 우선 배치하되 기존 선교지도 배제하지 않는다.
2. 선교가 교회의 본질적 사명임을 재천명하고 이의 효율적 수행을 위해 교회에 대한 선교교육과 훈련을 강화하며 인적, 물적 자원의 전 역량을 동원한다.
3. 동반자적 관계 개발의 중요성을 재인식하고 본국교회와 디아스포라 교회들이 상호 협력한다.
4. 전문인과 여성 선교 인력의 중요성을 확인하고 이 분야의 연구, 동원, 현장 배치에 최선의 방법을 강화한다.
5. 선교사 자녀교육을 위해 효율적이고 체계적인 방안을 지속적으로 모색하고 발전시켜 나간다.
6. 통일한국 시대 및 다민족 사회로의 변천을 전망하면서 북한 동포와 국내 외국인 선교에도 최선을 다한다.

2010년 8월 31일부터 9월 2일까지는 경주 현대호텔에서 제6차 고신선교대회가 개최되었다. "참여와 도약"이라는 주제로 열린 대회였다. 또 태국 방콕의 1차와 태국 치앙마이의 제2차 고신선교포럼에 이어 제3차 고신선교포럼은 2014년 8월 25일에서 27일까지 고신총회세계선교회 본부에서 개최되었다. 이때의 주제는 "KPM 60년, 평가와 전망"이었다. 이상의 포럼은 지난 60년의 고신총회 선교부의 선교 실행과 정책에 대해 반성하고 평가하는 포럼이었다.

3. 선교후원교회협의회 활동

2000년 8월 시작된 선교후원교회협의회(선후협)는 이 시기에도 활발하게 활동했다. 2005년 7월부터 2년간의 제3기 선후협은 김철봉 회장, 안용운 총무 체제로 운영되었고, 제4기(2007. 07-2009. 07) 윤희구 목사가 회장으로 안용운 목사가 서기로 봉사했다. 제5기(2009. 07-2011. 06)에는 김철봉 회장, 안용운 총무가, 제6기(2011. 06-2013. 07)에는 조영호 목사가 회장으로, 안용운 목사가 총무로 봉사했다.

이 시기 선후협은 제1회 고신선교후원전략포럼을 열었다. 2011년 10월 17, 18 양일간 개최된 이 포럼에 49명이 참석했는데, 김성운 교수(고려신학대학원)의 특강과 박정곤 목사(거제 고현교회)와 정대숙 목사(거제 성광교회)가 후원사례를 발표했다. 그리고 훈련원장 김영산 선교사와 이정건 선교사회 회장이 선교현황을 발표했다. 제2회 고신선교후원전략포럼은 2012년 3월 22, 23일 양일간 경주 현대호텔에서 개최되었다. 이때에는 "선교사의 안식년과 선교사 선발"이라는 주제로 열렸는데 이신철 교수(고려신학대학원)의 특강과 김성운 선교사, 이성구 교수, 신성주 선교사의 발제로 진행되었다. 제3회 고신선교후원전략포럼은 2013년 4월 2-3일 경주 현대호텔에서 "KPM 선교 재정 현황 및 발전 방안"이라는 주제로 개최되었는데 108명이 참석하였고, 이정건, 김한중 선교사, 김성운 교수, 손승호 목사가 발제하고, 신성호 선교사의 간증으로 진행되었다.

선후협 제7기(2013. 07-2015. 06)는 김상석 목사가 회장이었고, 박정곤 목사가 총무였는데, 제7기 선후협은 2014년 6월 16, 17일 제4회 고신선교후원전략포럼을 거제도 거제호텔에서 개최되었다. 제5회포럼은 2015년 4월 16, 17일 경주 K호텔에서 "보다 집중된 선교 필요, 교단선교 100년을 바라보자"는 주제로 개최되었다. 이 포럼에는 100여 명이 참석하여 이정건, 손승호, 남후수 선교사의 발제 강의를 듣고 토론하는 시간으로 진행되어 선교 관련 기관과 인물들에게 교회에 주어진 선교의 사명을 어떻게 효과적으로 감당할 것인가를 확인하게 기회가 되었다.

4. '비전 2015'와 '비전 2020' 선포

2006년 10월 17일 선교부 집행위원회는 '비전 2015'를 선포했다. 이는 KPM의 선교 비전이자 우리 고신총회의 선교 목표를 설정한 것이라고 할 수 있다. 이런 비전 선포는 1988년 미국 시카고에서 개최된 제1회 한인세계선교대회에서의 도전이 영향을 준 것이라고 할 수 있다. 1988년 당시 한국교회가 해외에 파송한 선교사는 약 600여 명 정도였는데, 이때 한 연사는 "우리 한국교회가 2000년까지 10,000명의 선교사를 파송하자"고 제안했다. 비록 회중은 아멘으로 응답했지만 실제로 이루어질 것으로 여기는 이는 많지 않았다. 그런데 놀랍게도 2000년 말이 되었을 때 한국교회가 파송한 선교사는 10,000명(실제는 10,350명)이 넘었다. 불가능하게만 느껴졌던 이상이 12년 후 현실이 된 것이다. 이런 전례는 한국교회로 하여금 장기적으로 선교 목표를 설정하는 일에 자극을 주었다.[130]

한국세계선교협의회(KWMA)는 2005년 한국교회 선교 21세기 전략으로 전방개척 선교를 제시하면서 이 전략을 이루기 위해서 TARGET 2030을 발표한 일이 있다. 핵심적인 목표는 2030년까지 정규 선교사 10만 명, 평신도 자비량 선교사 100만 명을 파송하자는 제안이었다. 이 제안과 함께 "한국교회여, 일어나 세계선교 선두주자가 되자!"라는 구호를 제시했다.

이런 주변 환경의 영향을 받은 고신세계선교회(KPM)도 지난 50년의 선교역사를 뒤돌아보면서 새로운 선교 비전을 제시하는 것이 필요하다고 보아 2006년 '비전 2015'를 제시하게 된 것이다. 이 비전 2015는 이헌철 본부장이 초안하고 본

---

130. 『이헌철, 최성숙 문집, 사람이 아름답습니다』, 204.

부 총무들과의 협의를 통해 수정 보완한 후 고신세계선교사회 임원단과 일부 시니어 선교사들이 모여 조율하고, 집행위원회의 결의로 최종 결정되었다.[131] '비전 2015'의 주된 내용은 다음의 몇 가지로 정리될 수 있다.

1. 전교인 선교동원을 목표로 2015년까지 교단 전 교회가 선교에 참여하게 하고,
2. 정규 선교사 500명, 자비량 선교사 1000명, 단기선교사 1000명 파송한다.
3. 셋째, 인도차이나 불교권과 중동, 중앙아시아, 북아프리카를 중심한 이슬람권을 전략적 집중 지역으로 선정하여 파송 선교사의 60% 이상을 집중적으로 파송한다.
4. 선교사 케어 시스템 구축하고 현지 선교부 역할을 강화한다.
5. 개혁주의 신앙을 가진 현지지도자 양성을 위한 신학교육 활성화한다.
6. 선교연구활동을 강화하되, 이슬람지역연구소, 불교지역연구소, 소수민족선교연구소 등을 설치하여 선교사역의 효율성을 위한 전략과 자료를 제시한다.
7. 교단의 선교역량을 극대화하기 위한 방안을 모색한다

뒤돌아보면 이때 선포한 '비전 2015'가 만족할 만한 성과를 가져오지는 못했지만 KPM이 향후 선교운동에 대한 이상과 목표를 제시한 점은 의미 있는 일이었다. 이상과 목표를 이루기 위해서는 여론 형성과 홍보, 기획과 실행 등 구성원들의 단합된 자원과 인력, 역량을 총동원하는 끊임없는 노력이 필요한데 이런 노력이 부족했던 것으로 보인다. 그러나 이 선언은 KPM의 선교방향을 제안한 최초의 선언이었다. 2009년에는 '비전 2020'이 발표되었는데, 개혁주의 신앙에 기초하여 세계교회 건설을 목표로 남은 과업의 완수, 성결한 삶, 성령충만한 사역 그리고 동지애를 기본 정신으로 강조하고 있다.[132] 그러면서 2020년까지 달성할 4가지 목표를 다음과 같이 제시했다.

---

131. 『이헌철, 최성숙 문집, 사람이 아름답습니다』, 204.
132. 『고신선교 60주년, 고신선교백서』, 64.

첫째, KPM을 명품 선교기관으로 육성한다.

둘째, 1000명의 선교사를 파송한다(정규 500명, 단기 자비량 선교사 500명),

셋째, 전국교회의 선교 참여를 활성화한다.

넷째, 전략 선교펀드를 조성한다.[133]

'비전 2020'이 제시하는 바는 내용상으로는 '비전 2015'의 연장 선상에 있다고 할 수 있다. 한가지 특징은 국내 거주 외국인에 대한 선교적 관심을 표명한 것이라고 할 수 있다. 이점은 오늘의 한국 현실에 대한 선교적 반영이라고 할 수 있다. 문제는 비전 선포는 KPM의 이상과 목표를 제시했다는 점에서는 의미있는 선포였지만 실제적으로 그 목표를 달성하기 위해 얼마나 노력했는가에 대해서는 반성의 여지가 적지 않다. 우선 선교사 파송에 있어서 정규 500명, 단기 자비량 선교사 500명 등 1000명의 선교사를 파송할 목표를 제시했지만 2010-2020년까지 114가정 218명을 파송한 것으로 나타나 1,000명 목표 중 21.8%를 달성한 것으로 나타났다.[134] 다른 항목의 결과도 목표에 많이 미달했다. '비전 2015'나 '비전 2020'이 제시한 목표를 얼마나 달성했는가를 고려한다면 비전이라는 이름의 일회성 선언은 공허한 기대가 될 수 있다.

5. 고신총회세계선교회 세계선교센터 건립

이 시기 고신총회 선교부의 가장 중요한 일은 세계선교센터를 건립한 일일 것이다. 이 일은 2002년부터 추진되었다. 그해 12월 12일 부산의 제4영도교회에서 모인 제50-2차 총회세계선교부 실행위원회에서 선교본부 사무실 공간 부족과 훈련원 숙소 부족, 안식관 부족 등의 이유로 세계선교센터 건립을 추진하기로 결의하고 총회에 건의안을 제출한 일이 있다. 그러나 총회는 당시 복음병원의 경제적 위급상황을 감안하여 당분간 보류해 줄 것을 요청하여 건립 시도는 중단되었

---

133. 김영수, "총회세계선교위원회(KPM)", 96.
134. 비전 2020에 대한 평가에 대해서는 안진출, "내일의 KPM, 어떻게 할 것인가?" 「기독교보」 1563(2023. 12. 23) 5면을 참고할 것.

<그림 11> 1979년 대전선교관에서 PCA 선교사들

다. 그러다 교단 선교 50주년을 기념하여 세계선교센터를 건립하자는 제안은 호응을 얻게 되었다. 그래서 2005년 6월 20일 경주에서 개최된 고신세계선교대회에서 선교50주년 기념사업으로 대전 선교본부 부지에 세계선교센터를 건립하기로 결의하였다. 이 결의는 총회의 허락을 받아 모금을 시작하게 되었고, 2005년 11월 1일 선교센터건립 추진위원회를 조직했다. 위원장은 안양일심교회 김상수 목사였다. 2006년 4월 3일 회집된 선교센터 위치 설정을 위한 회의에서 미국 PCA로부터 기증받은 대전시 대덕구 중리동 243-17(오정동)에 선교센터를 건립하기로 의견을 모았고, 위원회가 작성한 건립안은 2006년 제56회 총회에서 인준을 받았다. 김상수 목사는 정년 은퇴로 2008년 10월 말로 건축추진위원장직을 사임하고, 울산교회 정근두 목사가 2대 건축위원장으로 선임되었다.

처음에는 기증받은 1,800여 평의 대지에 1,100평 규모로 건축하는 것으로 결정하고 소요 예산은 35억으로 계상했으나 행정동과 훈련원, 안식관으로 구분하여서 건립하자는 의견이 받아들여져서 처음 계획보다 확장되어 건축면적은 1,311평(사무훈련동 747평, 안식관 564평)으로 늘어났고, 공사비용은 58억으로 늘어났다.[135] 건물 형태는 복음과 선교를 상징하는 이미지가 들어가면서 사무 공간, 훈련공간, 안식공간이 명확히 구분됨과 동시에 상호 연결되도록 설계하고, 기능적으로는 외부공간과 내부공간을 상호 유기적으로 자연스럽게 배치하되, 기존의 자연환경을 최대한 유지하고 자연채광, 자연환기에 중점을 둔 친환경적 실내외 자재를 도입하도록 했다. 예배당은 1층 식당, 2층은 예배실로 구성되었고, 본관은 5층으로, 안식관은 12개동(3룸 8동, 2룸 2동, 1룸 1동)으로 구성되었다. 설계상 본관은 성경 2권을 비스듬하게 엎어 놓은 것 같은 형태에 둥근 예배실은 뱃머리와 비슷하여 하나님의 말씀을 싣고 떠나는 선교 이미지를 반영하였고, 안식관은 본관과는 분리하여 남향 건축으로 하여 편안한 안식을 누릴 수 있도록 설계했다.

건축 모금이 쉽지 않았으나 2009년 2월 10일 기공예배 이후 전국의 333개 교회가 건축헌금에 동참하였고, 개인 동참자는 400여 명에 달했다. 건축은 순조롭게 진행되어 2009년 3월 착공 이후 약 15개월 간의 건축이 완료되어 2010년 6월 21일 준공 감사예배를 드렸다. 이날 예배는 세계선교위원회 주준태 목사의 사회로, 총회장 윤희구 목사의 "세계 모든 민족에게 나아가는 고신선교"라는 제목의 설교로 진행되었고, 2부 건축 보고는 김한중 본부장의 사회로 진행되었다. 세계선교센터는 본부는 고신총회의 선교행정의 효율성을 높이고 선교사들에게 최적의 훈련장소와 안식을 제공하는 시설이 되었다.

IX. 내일을 위한 선교(2015-2025)

1. 이사장과 본부장

KPM의 지배구조는 고신총회 선교부 '부장'(1955-2003. 08)에서 세계선교위원회 '위원장'(2003. 09-2014. 08)으로 변경되었고, 2014년 9월 이후 KPM이사

---

135. 『고신선교센터 건축재정 결산서』(총회세계선교위원회, 2010), 1, 2.

회 '이사장'제로 변경되었다. 2014년 9월의 제64회 총회에서 이사들이 선임되었고, 2014년 9월 25일 회집된 이사회에서는 이사회 정관을 설명한 후 정관에 따라 임원을 선출했다. 첫 이사장으로는 창녕제일교회 정수생 목사, 서기는 김기오 목사, 회계는 최연주 장로가 선임되었다. 첫 이사는 강성문, 김기오, 김상석, 김윤하, 남후수, 박광석, 박칠수, 이신철, 이정건, 이종관, 조서구, 정수생, 정진철, 최연주, 한진환 목사 등 15명이었다.

정수생 이사장(2014. 09-2015. 08)에 이어 2015년 9월 16일 회집한 제65-1차 이사 회에서 부천 참빛교회 김윤하 목사(2015. 09-2017. 08)가 제2대 이사장으로 선출되었고, 황은선 목사는 서기로, 최연주 장로는 회계로 선출되었다. 당시 이사는 선출이사 11인(김윤하, 한진환, 박삼우, 황은선, 원대연, 곽수관, 김은성, 최연주, 강성문, 김태환, 전우수), 당연직 이사 4인(김종국, 안용운, 손승호, 이신철), 곧 15인으로 구성되었다. 그러다가 2017년 9월 19일 회집한 제67-1차 KPM 이사회에서는 창원 세광교회 황은선 목사가 제3대 이사장(2017. 09- 2019. 08)으로, 강영구 목사가 서기로 옥부수 장로가 회계로 선출되었다. 이때의 선출이사는 황은선, 강영구, 원대연, 천석길, 이한의, 안영호, 소재운 목사와 옥부수, 김태환, 장성환, 이정만 장로였다. 당연직 이사로는 김종국 본부장, 이성구 선후협 대표, 오병욱 정책위원장, 김성운 선교학 교수였다.

2019년 9월 18일 모인 이사회는 안영호 목사(2019. 09- 2021. 08)를 제4대 이사장으로, 소재운 목사를 서기로, 장상환 장로를 회계로 선출했다. 이때 총회에서 선출된 신임이사는 이국희, 강종안, 허성동, 인진출 목사와 조용국, 김귀영 장로였다.[136] 2021년 9월 29일에 모인 이사회는 안영호 목사 후임으로 경남 김해 안디옥교회의 안진출 목사(2021. 09-2023. 08)를 제5대 이사장으로, 이국희 목사를 서기로, 김귀영 장로를 회계로 선출했다. 2023년 9월에는 창원의 남일우 목사(2023. 09-2025. 08)가 이사장으로 선임되어 2025년 현재까지 봉사하고 있다.

KPM의 본부장은 이헌철 본부장 때까지는 총회선교부에서 결정하고 교단총

---

136. 제69-1차 KPM 이사회 회의록.

회의 인준을 받아 취임했으나 그 이후인 2009년부터는 선교사들의 직선과 선교후원교회협의회의 추천을 거쳐 이사회가 결정하고 총회의 인준을 받는 방식으로 변화되었다. KPM 정관 2장 2절 13조의 '본부장의 임기와 선임절차'는 "본부장은 고신세계선교회에 속한 선교사들의 투표로 최다수 득표자 2명과 고신세계선교회 후원교회협의회에서 선임한 2명을 총회선거관리위원회의 감독하에 이사회에서 3분지 2 이상 득표자로 선임한다. 단 1차 투표시 3분지 2 이상의 득표자가 없을 경우 2차 투표하여 최다득표자로 선임한다"로 규정하였다.[137] 그래서 이헌철 본부장(2000. 09-2009. 09) 이후에는 이런 절차에 따라 김한중(2009. 09-2012. 09), 이정건(2012. 09-2015. 09)에 이어 인도네시아의 김종국 선교사 2015년 9월 본부장으로 선임되었다. 그는 본부장으로 취임하면서 추진할 8가지 사역 방향을 제시했는데, 1. 현장 중심의 선교사역, 2. 단계적 권역장 제도 실시, 3. 노회와 지역선교부와의 협력 강화, 4. 교단내 선교기관들과의 협력 극대화, 5. 선교자원 개발을 통한 차세대 선교지도자 양성, 6. 선교적인 교회로의 변화 지원, 7. 연구를 통한 선교역량의 극대화, 8. KPM은퇴 마을의 단계적 추진이 그것이다. 이 사역 방향에 대해 2015년 11월 9일 회집된 제65-3차 이사회는 승인했다.

그의 뒤를 이어 일본 선교사 박영기 목사(2018. 09-2021. 09)와 인도네시아 선교사 홍영화 목사(2021. 09- 2024. 09)가 각각 3년간 본부장을 역임하였다. 일본 현지교회와 성도들로부터 신뢰를 받으며 사역했던 박영기 본부장은 선교에 있어서 영성을 중시하고 이를 선교행정의 기초로 강조하면서 선교부를 이끌었다. 홍영화 선교사 또한 인도네시아에서 성공적인 사역을 기초로 현지 혹은 지역선교부의 결정을 존중하면서 선교행정을 이끌었다.

2024년 9월에는 조동제 목사가 본부장으로 선임되어 고신교단 제74회 총회로부터 인준을 받았다. 조동제 본부장은 태국과 미얀마에서 선교사로 일했고, 지역장과 고신선교사회 회장을 역임한 바 있고 또 본부에서 사역한 경험도 있다. 그는 선교지에서의 팀 사역을 강화, 선교자원 개발, 그리고 변화된 시대에 맞는

---

137. 제65-6차 KPM 이사회 회의록.

선교행정과 전략을 개발하는 일에 역점을 두면서 현장 중심, 교회 중심, KPM 본부 중심 과제 실행을 위해 노력하겠다고 밝혔다. 그가 고신선교 70주년 기념대회를 관장하였다.

2. 행정 체제 변화

이 시기에도 선교사의 재파송과 재배치가 이루어졌다. 앞장에서 2012년에 선교지에서 사역 중인 370여 명의 선교사를 27개 지역별로 묶어 지역선교부 체계를 구축하고, 지역선교부의 자율권을 부여하고, 현지 지역부장 역할을 강화했다는 점을 지적한 바 있는데, 2017년에는 다시 27개 지역을 12개 지역으로 재편성했다. 이런 지역부 개편은 현장 중심의 선교를 효과적으로 수행하게 하기 위한 조치였다. 이런 개편에 따라 선교사의 재배치가 이루어졌다. 지역선교부 제도는 선교사역 현장과 교단 산하 노회 혹은 교회와 연결해 주기 위한 노력으로 발전했다. 그래서 지역부와 노회 그리고 개 교회 간의 협력 혹은 동역을 가능하게 했다.[138]

2015년 11월에는 KPM을 칭하는 명칭 변화가 있었다. 이전까지 '고신세계선교위원회'라고 불렀으나 2015년 11월 KPM이사회는 '고신총회세계선교회'로 명칭을 변경했다.[139] 이 시기 KPM은 여러 유관단체 혹은 조직과 선교협약(MOU)를 체결했는데, 2014년 8월의 학생신앙운동(SFC)와의 체결 이후, 2019년 5월에는 전국남전도회연합회와, 2020년 1월에는 지구촌선교회와, 2020년 7월에는 선한목자병원과, 2021년 1월 19일에는 중화복음신학원과, 그리고 하나은행과 2021년 8월에는 총회교육원과 업무협약을 체결하고 상호 협력을 위한 양해각서를 교환했다.

KPM의 행정 개편도 이 시기의 변화를 반영하고 있다. 2015년 6월에는 천안의 고려신학대학원에서 "감사와 헌신"이라는 주제로 제7차 고신세계선교대회가

---

138. 박인규, "KPM 전략사", 31.
139. 제64-4차(2015. 12. 10) 이사회록 참고.

개최되었는데 이때 KPM은 선교사 멤버케어 정책을 수립하고 선교사 지원 및 복지 체계를 수립하였다. 그리고 2016년에는 멤버케어원이 설립되었다. KPM에서 멤버케어의 필요성이 제기된 것은 2004년 방콕대회 때부터였다. 이후 효과적인 멤버케어 사역의 필요성이 제기되어 전문적인 기관을 설립을 요구하게 되었는데, 그 결과로 KPM 산하에 멤버케어원을 설립하게 된 것이다. 초대 원장으로는 본부장을 역임한 이정건 선교사가 선임되었다. 그는 2019년 11월 이후 2022년까지 원장으로 수고하면서 행정 제도를 체계화했다. 그의 후임으로 이경근 선교사(2022-2024)가 임명되어 봉사하던 중 2024년 10월 7일 지병으로 하나님의 부르심을 받았다. 그는 1991년 4월 3일 필리핀 선교사 파송된 후 필리핀과 말레이시아에서 34년간 사역했고, KPM 선교사회장을 역임한 바 있다. 그의 후임으로 김을조 선교사(2024. 09)가 멤버케어원 원장으로 일하고 있다.

또 2020년에는 연구훈련국에서 연구영역을 분리하여 연구국(R&D)을 조직하고 선교와 선교정책에 대한 연구를 하게 했는데, 2019년 4월 남아공 선교사인 전성진 목사가 초대 연구국장으로 선임되어 2020년 6월 말까지 봉사했다. 그 후임으로 캄보디아의 권효상 선교사가 임명되었다. 권효상 선교사는 남아공화국 스텔렌보쉬대학교에서 선교학을 전공하여 박사학위를 수득하였고 교수선교사로 활동한 바 있다. 그는 2020년 11월 KPM의 학술연구지 「KPM R&D Journal」을 창간하여 2023년까지 12호를 발간했다. 그의 후임이 최우성 선교사였다. 최우성 선교사는 2016년부터 네팔 선교사로 활동하던 중 2023년 6월 본부 선교사로 귀국하여 그해 8월부터 연구국장으로 활동했고, 2025년 2월부터는 본부 행정국장으로 활동하고 있다.

한편 훈련원은 처음에는 총무가 훈련원장을 겸임했으나(1987-1997), 1998년 9월 하민기 선교사가 훈련원장으로 일했고(1998. 09-2000. 08), 이어 남후수 선교 사, 이순복 목사에 이어 정규호(2016. 05), 홍영화(2019. 07), 신성호(2021. 09)에 이어 서원민 선교사(2024. 01)가 원장으로 일하고 있다. 그는 과거 훈련국장으로 일한 바 있다.

2020년 동원홍보국의 설립도 이 시기의 선교행정의 변화였다. 감소하는 선교사 지원자와 선교후원 확대를 위해 신설한 것이다. 이전의 비전 2015와 비전 2020에 이어 비전 2030이 설정한 목표를 달성하기 위해서는 선교동원이 어느 때보다 중요하다는 인식에서 이를 관장할 부서를 조직한 것이다. 서근석 선교사가 2020년 11월 국장으로 임명되었다. 2025년 2월 현재는 강하동 선교사가 동원 홍보국장으로 봉사하고 있다.

　이 시기에도 독신 선교사의 선교지에서의 성례집행건이 청원되었으나 좌절되었다. 예컨대, 2018년 11월 27-29일 소집된 제68-3차 이사회 및 정책 수련회에서 독신 여선교사의 성례 허락 청원 건이 논의되었고, "오병욱 정책위원장과 김성운, 박신현 전문직 이사 3인에게 위임하여 심도 있게 연구하여 보고토록" 결의하는 등 이를 연구했으나, 독신 선교사의 선교지에서의 성례 집행 건은 허락되지 않았다.

3. 선교대회와 선교포럼 개최

　KPM은 1992년 이래로 선교대회 혹은 선교포럼을 개최해 왔는데 이 시기에도 양 대회가 개최되었다. 즉 1992년의 제1차 고신세계선교대회, 1994년의 제2차, 1996년의 제3차, 2000년의 제4차, 2005년의 제5차, 2010년의 제6차 선교대회에 이어 2015년 6월 17-19일에는 "감사와 헌신"이라는 주제로 제7차 고신세계선교대회가 천안의 고려신학대학원에서 개최되었다. 이때 선교사 맴버케어 정책을 수립하고 선교사 지원 및 복지 체계를 수립하였다. 또 이 대회의 후속 조치로 2016년에는 해외선교전략을 개편하고 전략적 선교지를 재배치하는 작업을 수행했다.

　고신선교포럼은 2004년의 제1차 방콕포럼 이후 제2차 치앙마이 포럼(2008), 제3차 대전 포럼(2014)에 이어 2019년 6월에는 경주 코오롱 호텔에서 제4차 고신선교포럼(경주포럼)을 개최했다. "변혁의 시대와 선교"라는 주제로 열린 이 포럼에서 교단 선교의 방향과 전략을 모색했다. 이 포럼을 통해 선교사 재교육 프로그램을 강화하였다. 또 포럼 이후 다루어진 선교주제들을 보다 구체화하기 위한 후속 회의가 개최되었는데, 그것이 해외 신학교육 네트워크를 위한 KPMTEN(2016)과, 이슬람 사역을 위한 이슬람 포럼(2019)이었다. 2021년에는 이 시대의 조류를 반영하여 디지털선교플랫폼을 구축하고, 온라인 선교사 훈련 제도를 도입했다. 특히 이때 '비전 2030'을 승인했다. 2022년에는 고신총회세계 선교회 법인설립을 허가했는데, 이를 위해 준비위원회를 구성하였고 이를 심도 있게 연구하고 있다.

그리고 2024년 4월 29일부터 5월 3일까지 대만 신죽 갈망리조트에서 "복음, 함께, 그리고 미래"라는 주제로 제5차 고신선교포럼을 개최했다. 대만 선교포럼에는 고신총회 협력 기관장들과 KPM 12개 지역부 지역장, 35개 노회 선교부장과 선교부 총무를 비롯하여 100여 명이 한자리에 모여 KPM "비전 2030 평가와 전망"이라는 기조 발제를 통해 미래 선교를 준비하는 기회가 되었고, 현지지도자 양성, 이주민과 난민, 지역부의 팀 사역 이론과 모델, 매칭 노회와 현지 선교부 협력, 교회의 선교 동력화, 총회기관과의 협력, 차세대 동원, 출구전략 KPM 매뉴얼, 이양 완료와 진행, 제4차 산업혁명 등과 같은 다양한 주제에 대한 발표와 토의를 통해 고신총회와 KPM의 향후 선교 방향을 모색했다. 대회에 참석한 대표들은, KPM 제1호 선교사인 김영진/임옥희 선교사, 2호 선교사인 유환준/윤춘재 선교사가 뿌린 선교의 열매인 객가신학원을 비롯하여 운암교회, 신죽교회, 산지화원교회, 죽동교회, 개혁종신학원, 충효교회, 남항교회 등 선교현장을 방문했다.

4 '비전 2030' 선포

선교부 집행위원회는 2006년 10월에는 '비전 2015'를 선포한 바 있고, 2009년에는 비전 2020을 선포한 바 있는데, 2020년에는 다시 '비전 2030'을 선포했다. '비전 2030'의 요지는 3가지로 정리될 수 있는데, 첫째는 선교 현지에 500개 교회를 개척하고, 둘째는 고신교회의 70% 선교 동참과 1만 KPMers 확보하고, 셋째는 선교사 100유닛을 파송한다(목사 70, 전문인 30)는 비전이다.

첫 번째 과제를 위해서는 현재 12개 현지 지역선교부를 강화하여 현지 중심의 선교가 되도록 활성화하고, 본부가 현지 지역선교부에 권한을 대폭 이양하여 지역선교부 중심의 선교가 되도록 한다는 입장이다. 또 현지 교회와 협력하여 교회를 개척하고, 디아스포라 선교를 강화한다는 방침이다. 즉 난민을 통한 이슬람 선

<그림 12> 총회산하기관장 회의(2017. 01. 12 대전 본부)

교, 한국에 체류하는 이주민을 위한 네트워크를 조성하여 선교사들의 재배치 및 디아스포라 교회 개척에 주력한다는 내용이 포함되어 있다.

두 번째 목표를 위해서는 여러 홍보자료를 이용하여 교회와 소통하고 개 교회 상황에 맞는 맞춤형 선교 축제와 본부 방문 기회를 확대하여 현재의 50% 정도의 교회가 KPM에 동참하고 있는데 2030년까지 70% 교회가 동참할 수 있게 한다는 전략이다. 2020년 현재 KPM 페밀리 멤버가 6,812명인데, 2030년까지 1만 명의 KPM패밀리 멤버가 되도록 노력한다는 목표이다.

세 번째 목표는 선교본부의 중점 과제라고 할 수 있다. 이는 총회 산하 각 기관과 기능별 네트워크를 구성하여 선교 후보생을 개발한다는 제안이다. 이런 협력을 통해 100유닛의 선교사를 파송한다는 것이 비전 2030의 핵심이다. KPM의 신임 파송 선교사는 2020년과 2021년에는 각각 7유닛, 2022년에는 5유닛, 2023년에는 11유닛이었고 2024년에는 6유닛이었음[140]을 고려해 볼 때 제시한 비전을 달성하기 위해서는 전 교회적 지원이 필요할 것이다. '비전 2023'은 이전의 비전

---

140. 안진출, "내일의 KPM, 어떻게 할 것인가?" 「기독교보」 1563호(2023. 12. 23), 5.

제시에 비해 보다 현실적이지만 목표에 크게 밑돌았던 전례를 고려한다면 비전 2030은 고신총회와 기관, 노회와 개 교회가 일체가 되어 노력해야 할 과제라고 할 수 있다.

5. 연구와 출판, 학술지 발간

1) 『현지지도자 양성』 출판

KPM는 2016년의 전략적 선교지 재배치, 2017년의 12개 지역부 체제로의 개편과 더불어 현장 중심의 선교를 강조하여 왔는데, 각 지역부에 속한 선교사들이 선교현지에서 개혁주의교회 건설에 도움을 줄 수 있는 지침서를 발간했는데, 그것이 『현지지도자 양성』이라는 단행본이었다. 440여 쪽에 달하는 이 지침서는 선교지에 자립교회를 세우고 일정 기간이 지난 후 이양하고 철수하려면 어떻게 신실한 현지지도자를 세워야 하는 가에 대한 방향을 제공하고 있다.

이 책은 2016년부터 준비되었는데 이때 이사회(이사장 황은선 목사)는 선교지 현지지도자 양성을 논의하기 위한 특별소위원회를 구성하였다. 이 위원회가 약 1년간 연구한 결과를 바탕으로 2017년 8월 6일 제66-7차 모임에서 선교 현지지도자 양성을 위한 매뉴얼을 작성하고 그다음 단계를 준비하기 위해 2018년 8월 말까지 일할 TF팀을 구성하였다. 위원은 이신철 교수를 팀장으로 연구국장 전성진 선교사를 간사로 하여 곽수관, 권효상, 김해진, 문장환, 이성구, 이재찬, 임영효, 현유광으로 구성하였다. 이 TF팀은 이 책에 포함될 원고를 작성하고 다섯 차례의 모임을 통해 이를 검토 수정하였고, 권효상 선교사를 비롯한 현장 선교사들은 4주간 합숙하면서 다시 이 원고를 수정 보완하여 지침서가 되도록 작업했다. 이 책의 완성도를 높이기 위해 TF팀은 2018년 2월에는 김성운, 유해무, 이상규 교수 등을 초청하여 "개혁주의 교회 건설과 선교적 적용"이라는 주제로 포럼을 열어 원고를 보완하였다. 또 그해 3월에는 총회교회교육원을, 5월에는 고려신학대학원을 방문하여 원고에 대한 자문을 받았고, 6월과 8월에는 선교부 공청회를 열어 피드백을 받고 8월 10일에는 이사회, 정책위원회, 그리고 본부 선교사들의 의견을 청취하고 수합된 의견을 최종원고에 반영하였다. 이런 과정을 거쳐 2018년 출판된 이 책은 현지지도자 양성과 이양, 그리고 선교사들의 철수로 이어지는 일련의 과정에서 선교 현지 교회가 건실하게 발전할 수 있는 방안을 모색한 도서이다. 선교사의 현재의 사역만이 아니라 선교사의 은퇴를 준비하고 이양과 그 이후 문제에 대해 관심을 표명한 것은 다른 교회나 다른 선교단체보다 앞선 정책적 고려라고 할 수 있다.

2) 계간지 「KPM R&D Journal」 발행

KPM은 본부장 휘하에 2009년 연구훈련원를 두었는데, 2016년에는 연구영역을 분리하여 연구국으로 독립하였고, 초대 연구국장으로 남아공 선교사인 전성진 목사가 임명되었다. 그는 2016년부터 2020년까지 봉사하고, 그의 뒤를 이어 캄보디아 선교사로 일한 권효상 선교사가 연구국장으로 임명되었다. 권효상 국장은 선교 전반에 대한 연구 기획과 더불어 이전의 연구를 토대로 선교 저널을 정기적으로 발간하기로 하고 2020년 11월에는 계간지 「KPM R&D Journal」을 창간했다.

창간호는 18x26cm 크기의 165면으로 제작되었는데, 고신교회와 외국선교부 연구, 고신선교사 연구, 개혁교회의 선교원리, 그리고 Covid 상황에서의 선교 문제를 특집으로 다루었는데, 매호마다 1천 부가 발행되었다. 'KPM 선교영성'을 특집으로 다룬 제2호는 2021년 2월에 발간되었다. 제3호부터는 4x6배판 크기로 판형을 조정하였는데 'KPM의 선교신학'을 특집으로 엮은 제3호는 2021년 5월 발간되었다. 제4호는 2021년 8월에, 5호는 2021년 11월에 발간되었는데, KPM의 "선교방법론으로서의 개혁주의 건설의 의미"를 두 차례 특집으로 꾸몄다. 2022년 2월에 발간된 제6호는 '난민과 이슬람 선교'를 특집으로, 2022년 5월에 발간된 제7호는, '선교지에서 개혁교회 개척원리'를 특집으로 엮었다. 제8호는 2022년 8월에 발간되었는데, '국내 이주민선교'를 특집으로, 9호는 '우상숭배권 선교'를, 10호는 '선교사 은퇴'문제를, 11호는 '불교권 선교'를 특집으로 엮었다. 제12호는 2023년 8월 출간되었고 'KPM 전문인 자비량 선교 사례'를 특집으로 소개하고 있다. 그런데 12호까지 발간되고 잠시 중단되었으나 2025년 7월에 제13호가 발간될 예정이다.

6. 선교사후원교회협의회 활동

2000년 8월 시작된 선교후원교회협의회(선후협)은 이 시기에도 활발하게 활동하며 연례적으로 선교포럼을 개최하였다. 2014년 12월 2일 개최된 제64-3차 KPM이사회는 KPM 시행세칙 10조를 변경하여 선후협의 목적을 분명하게 규정했다. 그 내용은 아래와 같다.

1. 후원교회들의 상호 교류, 격려, 동원, 정보교환, 연구, 헌금 등을 통해 교단 선교가 보다 효과적으로 이루어질 수 있도록 지원한다.
2. 고신총회세계선교회와 긴밀하게 협력하여 각종 행사나 사역에 동반자로 참여한다.
3. 교단 교회들을 대상으로 선교를 홍보하고 독려하여 교단 선교에 보다 적극적으로 참여하도록 선도한다.
4. 교단 내 각급기관 단체, 조직 등에 구성원으로 적극적으로 참여하여 그 기관, 단체, 조직의 고유 사역을 통해 최종목적이 선교로 이어지도록 노력한다.

선후협은 이런 취지와 목적에 따라 활동하면서 매년 선교포럼을 개최했다. 선후협 제8기(2015. 06- 2017. 06) 회장은 안용운 목사, 총무는 박정곤 목사, 서기는 노상규 목사였다. 8기 선후협은 2016년 4월 4-5일 경주현대호텔에서 "지역선교부와 팀 사역"이라는 주제로 제6회 선후협 전략포럼, 2017년 4월 4-5일에는 "선택과 집중"이라는 주제로 제7회 포럼을 개최했다.

선후협 제9기(2017. 06- 2019. 07)는 회장 이성구, 총무 박정곤, 서기 신지균 목사였는데, 2018년 11월 8일 부산 시온성 교회에서 제9회 선교포럼을 개최했다. '한국교회의 세계선교 현황분석과 새로운 선교방향 모색'이라는 주제로 열린 이 포럼에는 선교관계자와 개 교회 선교 담당자 등 140여 명이 참석하였다. 2019년 4월

01-02일에는 경주 현대호텔에서 "우리 시대 마지막 과제인 이슬람 선교의 현재와 미래"라는 주제로 제10회 선후협 선교포럼을 개최했다. 이때는 180명이 참석하여 해가 지날수록 교회의 관심이 높아졌음을 알 수 있다. 선후협의 선교포럼은 고신 총회의 공개강좌로 자리 잡았고, 선교후원과 선교동원에도 영향을 주었다.

선후협 제10기(2019. 07- 2021. 07) 회장은 대전 한밭교회의 곽창대 목사, 총무는 거제 고현교회 박정곤 목사, 서기는 부산 늘빛교회 황성표 목사였다. 제11회 선교포럼은 2021년 5월 3-4일 경주 켄싱톤호텔에서 개최되었는데, 주제는 "코로나 시대 하나님이 원하는 선교"였다. 인터서브 대표인 조샘 선교사와 KPM의 박영기 선교사, 선후협의 정책전문위원인 손승호 선교사가 주제 발표를 했다. 이때는 238명이 참석하여 성황을 이루었다.

거제도 고현교회 박정곤 목사가 회장으로, 상내백교회 노상규 목사가 총무로 봉사한 선후협 제11기(2021. 08- 2023. 08)는 2022년 4월 4-5일 "급변하는 선교 환경에 대한 세계선교 방향"이라는 주제로 제12회 선후협 포럼이 경주 켄신톤호텔에서 개최되었는데, 이때는 336명이 참석하여 선교관련 포럼으로 자리 잡았다. 주제 발표자는 문창선(위디국제선교회 대표), 전철영(GMS 총회세계선교회), 홍영화 목사(KPM본부장)였다. 제13회 포럼은 2023년 3월 27-28일 경주 코모도호텔에서 개최되었는데, 미국남침례교 국제선교위원회 부총재인 토드 라퍼티(Todd Lafferty) 박사와 남침례교 한인총회 선교부 이사인 고석진 목사가 주제 발표를 담당했다. 선후협 제12기(2023. 08- 2025. 07) 회장은 함양 상내백교회 노상규 목사, 총무는 황성표 목사였는데, 2024년 4월 1-2일 경주 켄싱턴리조트에서 제14회 선후협 포럼을 개최했다. 이때의 주제는 "선교로 5代를 이어온 한국사랑 린튼가 사람들"이었는데, 이상규 교수가 "Linton家 선교사들이 한국 선교에 미친 영향",에 대하여, 다윗(David Y. Linton) 선교사가 두 번째 강의 "한국 초기 선교사들의 삶과 사역"이라는 주제로 발표했다. 세 번째 강의는 린튼 가의 5대 선교사인 한동대학교 인대위(David J. Linton) 교수가 "MK로서의 성장 과정과 삶 그리고 미래"라는 제목으로 발표했다. 참석 인원은 제13회 포럼 이후 계속해서 300명이 넘었다.

<그림 13> 선교사 은퇴감사예배(2021. 11. 11, KPM 본부)

7. 선교사들 은퇴

KPM의 초기 선교사였던 김영진, 유환준, 이병길, 김형규, 유영기 선교사 이후 고신의 선교운동을 주도하였던 2세대 선교사들이 2020년대 은퇴하기 시작하여 KPM도 지도력에도 인적 변화가 일고 있다. 2021년 11월 11일에는 30여 년이 넘는 기간동안 헌신했던 선교사들의 은퇴 감사예배가 대전 KPM 강당에서 개최되었다. 이날 네 선교사 가정이 정년을 맞아 은퇴했는데, 첫째는 강원준/허경애 선교사였다. 이들은 1993년 3월 23일 대양말인 지역부인 인도네시아에 파송되어 28년간 사역하고 은퇴하게 되었다. 김한중/김란 선교사 가정은 1991년 7월 16일 동북아지역부에 속한 중국 선교사로 30년간 사역하고 이날 은퇴하게 되었다. 셋째, 남후수/이성희 선교사 가정은 1987년 8월 26일 필리핀에 파송되어 34년간 사역하고 은퇴하게 되었다. 네 번째 이헌철/최성숙 선교사 가정은 1984년 6월 16일에 인도네시아, 본부사역, 그리고 러시에서 총 37년간 사역하고 은퇴하게 되었다.

이날 홍영화 KPM 본부장의 사회로 진행된 1부 예배에서 총회장 강학근 목사는 "잊을 수 없는 동역자들"이라는 제목으로 설교하고, 류영기 선교사, 이용호 전 총회장, 김철봉 전 총회장, 이상규 고신대 명예교수가 강원준/허경애, 김한중/김란, 남후수/이성희, 이헌철/최성숙 선교사 가정에 대해 차례로 축사의 인사를 했다. 이어 KPM 이사장인 안진출 목사는 이들 네 선교사 가정에 공로패를, 선교사회 회장인 조동재 선교사는 감사패를, 선후협 대표회장인 박정곤 목사는 격려금을 전달했다.

이듬해 2022년 12월 15일에는 전국여전도회연합회 후원으로 1986년 8월 15일 필리핀에 파송되어 35년간 사역했던 김자선 선교사의 은퇴감사 예배가 개최되었다. 홍영화 KPM 본부장의 사회로 시작된 이날 은퇴 예배에서 권오헌 총회장은 "하나님을 기쁘시게 하는 이"라는 제목으로 설교하고, 손봉호 박사와 강순자 권사, 그리고 김순성 교수가 애정어린 축사를 했다. 이어 은퇴하는 김자선 선교사에게 KPM 이사장인 안진출 목사는 공로패를, 선교사회 부회장 김영산 선교사와 고신KPM 독신여선교사 회장인 강정인 선교사는 감사패를, 선후협 대표회장 박정곤 목사와 전국여전도회 회장 홍순복 권사는 격려금을 전달했다.

2024년 11월 7일에는 김종국/최춘영(인도네시아), 이상룡/이혜련(네팔), 하민기/권후남(대만), 김광선/송영애(인도), 정양호/김명애(우간다), 양승봉/신경희(베트남), 김영산/정보간(대한민국), 박의범/오미정(T국) 선교사 가정의 16명의 은퇴식이 거행되었다. 이날 은퇴감사예배는 KPM 이사장인 남일우 목사의 사회로 진행되었고, 총회장 정태진 목사의 설교로 진행되었고 은퇴 선교사들에게 공로패와 감사패, 그리고 격려금이 전달되었다. 정년을 맞아 은퇴하게된 선교사들은 "만세 반석되신 하나님께서 여기까지 인도하셨다. 모든 어려움을 극복하고 오늘에 이른 것은 하나님의 은혜였다"라고 고백했다. 이로서 1990년대까지 파송되었던 다수의 선교사들이 은퇴하게 되었다.

8. 선교사 파송현황

고신총회는 1952년 9월 총노회라는 이름으로 출범하여 1955년 선교부를 조직하였고, 1958년 첫 선교사를 대만에 파송한 이후 1970년대까지는 선교활동이 미미했으나 1980년대 이후 해외선교에 대한 자각과 함께 선교사 파송을 시작한다. 그래서 1989년 말, 고신총회가 파송한 선교사는 원주민 선교사 21명, 교포 선교사 21명 등 42명에 불과했으나 1990년 4월 파송 선교사 수는 81명(38가정, 5명의 독신, 원주민 선교사 42명, 교포 선교사 39명)으로 증가되었다. 이들은 17개국에서 활동하고 있었다.[141] 그러다가 1991년 10월에는 63가정 119명의 선교사가 20개국에서 활동했고, 1992년 10월에는 75가정 141명의 선교사로, 1993년에는 78가정 149명으로, 1996년 4월에는 90가정 188명으로 증가되었고 사역 지역은 33개국에 달했다. 그해에 교포 선교사 제도를 폐지키로 하였다,

반고소측 서경노회가 고신총회로 편입된 이후인 2004년에는 269명의 선교사(남133명, 여136명, 서경노회 파송 선교사 포함)가 46개 국에서 활동했다. 이 중 아시아에서 활동하는 선교사가 158명으로 전체 선교사의 59%에 달하고, 그다음이 아프리카(36명), 유럽(30명), 중남미(27명) 순이었다.

2007년 말 당시에는 292명(남143, 여149명)의 선교사가 44개국에서 활동했고, 2012년 4월에는 369명(195 세대)이 50개국에서 사역했다.[142] 그러다가 2018년 7월 당시에는 475명(251세대)의 장단기 선교사를 53개국에 파송하기에 이르렀다.

고신선교 70주년이 되는 2025년 2월 현재 496명의 KPM 선교사들이 56개국에서 복음을 전하고 있다(선교사 파송 명단, 사역지별 현황 참조). 지난 70년의 역사는 고신총회와 KPM을 통해 일하신 하나님의 역사와 사랑의 결실이었고, 복음전도의 사명을 안고 등섭지로(登涉之勞)의 길을 걸어갔던 헌신된 고신총회지도자들과 성도들의 땀과 눈물의 결실이었다.

---

141. 김영수, "총회세계선교위원회(KPM)", 95.
142. 김영수, "총회세계선교위원회(KPM)", 101.

X. 나가는 말

　이상에서 우리는 고신총회의 형성에서부터 1955년 총회 해외선교부의 조직, 1958년의 첫 선교사의 파송, 그리고 그로부터 오늘에 이르기까지 70년 간의 고신총회의 해외선교역사를 개관하여 보았다. 고신총회는 1956년 총회의 조직을 기념하여 선교사 파송을 결의하는 선교지향적 교회로 출발하였으나 선교에 대한 지속적인 관심을 전 교회적으로 확산시키지 못하여 1970년대 말까지는 선교에 대한 교회적 관심이 크게 미약하였다.

　1958년 김영진 선교사를 대만에 파송한 후 1960년대와 1970년대에도 해외선교를 위해 매진했더라면 고신교회의 위상이 달라지고 개혁주의 교회의 세계건설이라는 교회적 이상을 성취하고 고신교단의 외연과 영향력 확대에도 크게 기여하였을 것이다. 뒤돌아보면 1960년대의 승동측과의 합동(1960)과 환원(1963) 그리고 조직의 정비, 1974년을 전후한 교단 내분과 대립, 분열은 등 내적 요인들이 해외선교를 보다 적극적으로 추진하지 못하게 만들었던 이유였다.

　1980년대에는 선교에 대한 한국교회의 각성과 함께 고신총회도 선교에 대한 새로운 관심을 갖기 시작하였다. 선교에 대한 교회적 사명을 인식하게 되자 교단 선교부는 이를 뒷받침하기 시작하였고, 선교정책의 수립, 선교기구의 정비, 행정의 쇄신을 통해 1980년대에는 해외선교운동이 시작되었고, 그 결과 1990년 이후 선교운동이 크게 확산되었다.

　1957년부터 1998년까지 고신총회, 곧 KPM이 파송했던 선교사의 총 인원은 228명으로 알려져 있다. 이 선교사들은 약 40개국에서 사역하였다. 이 228명의 선교사 중 은퇴, 혹은 사임한 선교사들이 28명이므로 1990년대 말 현역은 200여 명이었다. 이중 교포 선교사가 28명, 국내 사역하는 본부 선교사와 비거주선교사는 8명이므로 해외에서 원주민을 상대로 사역하는 선교사는 164명이었다.[143] 이

---

143. 이 통계는 1957-1997년 말까지의 통계에 1998년도에 파송된 선교사 5가정, 9명을 합한 숫자임. 「해외선교」 89 (1998), 11.

들은 약 50개국에서 활동했다. 그러다가 2000년 이후 KPM선교사들이 크게 증가하였고 선교정책, 선교교육과 훈련제도도 정착하였다.

고신선교 70주년이 되는 2025년 2월 현재 496명의 KPM 선교사들이 56개국에서 복음을 전하고 있다. 고신총회는 1958년 김영진 선교사를 대만에 파송한 이래 현재까지 연인원 757명의 선교사를 파송하였는데 이들은 58개국에서 활동했다. 지역적으로 보면, 아시아지역(39%)이 가장 많고, 유럽(5%), 아프리카(4%), 남미(2.6%), 오세아니아(0.6%), 북미(0.4%) 순으로 이어진다.

뒤돌아보면 고신선교 70년의 역사는 하나님의 은혜의 역사였고, 그 결실은 교회지도자들과 성도들, 특히 보내는 선교사와 보냄 받은 선교사들의 수고와 헌신의 열매라고 할 수 있을 것이다. 고신선교 70주년을 맞으면서 우리에게 미진했던 부분들, 선교정책의 개발, 선교동원과 교회적 지원의 확대, 그리고 선교영역에 있어서는 선교의 자유가 허용되지 않는 공산권과 회교권 선교에 대한 연구와 정책적 고려가 향후 고신선교의 중요한 과제라고 볼 수 있다. 과거 KPM이 인도차이나 반도와 중동지역을 집중선교지역으로 선정한 것은 회교권 선교를 지향하려는 의도로 해석될 수 있는데. 회교지역 선교는 교단 선교운동의 중요한 과제임이 분명하다. 또 역사가 오랜 서구교회의 선교의 역사, 예컨대, BMS(1793), LMS(1795), CMS(1799), CIM(1865) 등이나 SIM, OMF 등의 선교역사를 헤아려 보는 계속적인 노력이 필요할 것이다. 과거 김영진 선교사가 지적했던 고신총회 선교의 3가지 문제점, 곧 산하 각 노회와 각 지교회의 사명의식의 결핍으로 인한 비협조, 전문직 부재로 인한 비능율적인 업무수행, 예산 부족으로 인해 제한된 재원[144]은 오늘 우리 시대에도 동일한 문제라고 할 수 있다. 선교 70주년을 기념하면서 교회의 본질에 충실하고 교회의 사명에 신실한 교회가 되기를 기도하고 기대한다. 전도와 선교, 곧 증거의 사명은 교회에 주어진 가장 주요한 사명이기 때문이다.

---

144. 김영진, 『선교지 대만에서 역사하신 하나님』 (총회선교부, 1992), 30; 「1974년도 총회록」, 18.

고신선교 70년史

제2부

고신선교 70년
정책발전

고신선교 70년史

제2부
고신선교 70년 정책발전

권효상(고려신학대학원 교수)

I. 들어가는 말

KPM(Kosin Presbyterian Mission)의 선교신학은 성육신 신학에 그 기초를 두고 있다.[1] 그리고 성육신 신학 위에 세워진 KPM의 선교목적은 개혁주의 교회의 세계교회 건설이다. 고신은 그 태동부터 개혁교회를 표방했고, 지속적으로 개혁주의 교회의 세계교회 건설이라는 교단의 존재 목적 선언을 되뇌어 왔다. KPM의 선교정책 또한 마땅히 고신교회의 고백적 신앙과 결을 같이 한다. 선교의 목적을 달성하기 위해서 선교단체마다 독특한 정책들이 있겠지만, KPM은 개혁주의 교회 건설을 통한 하나님 나라 확장이라는 목표를 분명히 한다. 다른 통전적인 선교의 방법들이 많지만, 그것은 교회 건설을 위한 수단이다. 또한 KPM 선교의 목적은 가능한 모든 수단을 동원하여 선교지에 개혁교회를 건설하는 것과, 또한 현장에 세워진 제자들의 전 포괄적인 삶의 영역에서 변혁이라는 고신 신학의 문화관을 반영하고 있다. 선교의 정책인 세계교회 건설의 대의를 수행하기 위해

---

1. 2004년 제1회 고신선교포럼에서 50주년 대회를 준비하면서 다음과 같은 질문이 있었다. 그동안 KPM이 많은 정책들을 구사했는데, 그 정책들을 뒷받침할 우리의 선교 신학이 무엇인지에 대한 질문이었다. 60주년 대회에서 이 부분을 일부 다루었지만, 다소 부족함이 있었다. 2021년 본부에서는 포럼을 통해 '성육신 신학'이 우리의 선교 신학임을 천명했다. 「KPM R&D Journal」, 3(2021)을 참조하라.

KPM은 고신 전교회들과 더불어 본부 차원에서 선교의 수단으로써 선교전략들을 세우고 있다. 선교신학과 선교정책, 그리고 선교전략은 KPM 전체 선교사뿐 아니라 전 고신교회가 공유하고 한 방향으로 나아가야 하는 공통의 직무이다. 그리고 이러한 신학과 정책과 전략들을 토대로 자신의 지역과 현장에 맞추어서 선교전술을 세우는 것은 선교사와 지역부의 직무라고 할 수 있다.

KPM은 이미 40주년, 50주년, 그리고 60주년을 맞이하여 선교역사를 정리한 바 있다. 그러나 정책을 중심으로 정책의 역사를 정리한 것은 이번이 처음이다. 40년史에서 전호진 교수는 초기 고신교단의 선교정책은 '행동이 먼저였고, 전략은 차후'였다고 평가했다. 또한 1957년 김영진 선교사의 대만 파송지 선정과 이후 일본 선교지 선정 역시 전략적이지 못했으며, 선교방침이 전무하였다는 것을 지적했다.[2] 이상규 교수는 1970년도 말까지 고신교단의 선교를 평가하면서 "선교에 대한 이상이 전 교회적으로 확산되거나 주지되지 못한 상태였고, 교회의 사명에 대한 인식이 여전히 성숙한 단계에 이르지 못했음을" 지적했다.[3] 1974년 총회에서 당시 국내 전도 업무와 해외선교 업무를 함께 담당했던 선교부는 당시 해외선교의 문제점을 세 가지로 지적했다. 산하 각 노회와 각 지교회의 사명의식의 결핍으로 인한 비 협조, 전문직 부재로 인한 비능률적인 업무수행, 그리고 예산 부족으로 인해 제한받는 기동성이다.[4] 고신선교 초창기는 어려운 시기에 선교사를 파송했다는 것 자체에 의의를 둘 수 있지만, 정책적으로 선교가 시행되거나 현장 선교를 정책적으로 뒷받침하기에는 시기상조였다고 평가된다. 그럼에도 김한중 선교사는 고신선교 시작의 의의를 세가지로 정리하고 있다. 첫째는 신앙의 정통과 생활의 순결을 지향하는 자발적인 선교 정신이며, 둘째는 한국장로교회의 산동성 선교의 계승으로써 대만으로 선교지를 결정한 것과, 셋째는 미국정

---

2. 전호진, "고신선교 40년의 전략적 고찰", 고신선교 40년 편찬 위원회, 『고신선교 40년』 (서울: 총회출판국, 1998), 121.

3. 이상규, "고신선교 40년 개관", 고신선교 40년 편찬 위원회, 『고신선교 40년』 (서울: 총회출판국, 1998), 52.

4. 이상규, "고신선교 40년 개관", 『고신선교 40년』, 54-55.

통장로교회(OPC)와의 전략적 협력으로서의 연합선교라는 정책적 선택이었음을 강조하고 있다.[5]

　　한국교회의 양적 성장과 더불어 선교를 위한 새로운 시도가 있었던 1980년 이후, 한국교회는 교회의 본질적 사명으로서 해외선교를 생각하게 되었다. 고신 교단도 1980년대부터 초기 형태의 선교정책들을 만들어갔다. 먼저, 선교부의 조직이 정비되었다. 1980년 9월 총회에서는 교단의 해외선교 업무를 더 효과적으로 관장할 수 있도록 하기 위해 총회선교부 산하에 선교국을 설치하고 전임 사역자들을 상주시켰다. 1981년부터는 해외선교단체들과 듀얼(Dual) 파송을 시작했고, 해외 교포 선교사 제도 또한 1996년까지 한시적으로 시행되었다. 1982년에는 선교부 산하에 선교개발 연구원을 설치하여 지역별로 연구위원을 두었다. 총회선교부는 선교개발연구원 명의로 「선교회보」를 발간하였고 오늘의 「KPM 땅끝까지」와 「KPM R&D Journal」로 발전하게 된다. 1982년부터는 선교지도자세미나 및 선교대회가 5년 동안 매회 개최되었다. 1956년 제6회 총회는 선교부를 전도부와 선교부로 분리하여 선교부는 해외선교 업무를 전담하게 되었다. 또한 '해외선교업무규정'과 '해외선교후원협의회 규정'도 채택되어 시행되었다. 1987년부터는 전임 총무제가 시행되었고, 1988년에는 고신선교훈련원(KMTI)이 설립되었다. 1990년대 선교사의 숫자가 많아진 시기이다. 1993(93-2차. 1월 11일)년에는 실행위원회를 설치하였으며, 인도차이나 반도와 중동을 일차 선교 집중 지역으로 선정하였다. 정책적으로는 1992년부터 본부 선교사 제도를 실시하였고, 1994년에는 비거주선교사 제도를 시작하였다. 1995년부터는 선교사 사역 임기 평가제를 실시하였으며, 1995년부터는 선교사 모집을 공모제로 전환하였다. 1997년부터는 선교사 순환보직 제도가 실행되었다. 1990년대에는 평신도 선교사들이 파송되기 시작했다. 1992년부터는 고신세계선교대회가 정기적으로 개최되었다. 그러나 1997년부터 닥쳐온 IMF는 고신선교에도 영향을 주어서 많은 부분을 정체되게 했다.

---

5. "김영진 선교사 파송과 선교사역", 「KPM R&D Journal」, 1(2021), 36-37.

2000년대는 본격적인 정책 선교의 시대라고 할 수 있다.[6] 2000년에는 행정적으로 총무제도에서 본부장 제도로 바뀌었다. 제1회 고신선교포럼(2004년, 방콕대회)에서는 12개 항목으로 구성된 '21세기 교단 선교정책과 전략'이 발표되었다. 2006년부터는 권역별 선교협력 강화를 위해 지역선교대회를 시작하였다. 2009년에는 'KPM비전 2020'이 발표되었다. 2015년에는 교단총회 해외선교부의 공식 명칭을 "세계선교위원회"에서 "고신총회세계선교회"(Korea Presbyterian Mission)으로 변경하였다.[7] 그리고 기존의 7인 선교정책위원회를 21인 체재로 확대 강화하였다. 2003년도(53-01차. 9월23일) 실행위원회에서 집행위원회로 명칭을 변경했다. 2014년(64-1차. 9월 25일)부터는 그동안 집행위원회 체제에서 준법인 이사회 체제로 바뀌었다. 이상으로 고신선교 60년史까지 다루어진 대략적인 KPM 정책을 살펴보았다.

선교단체의 정책은 역사성을 가지는 것이 중요하기에, KPM 안에서도 주요한 선교의 주제들이 반복적으로 다뤄져 왔다. 해 아래 새것이 없다는 성경의 가르침은 KPM이 선교전략을 만들어 갈 때도 상기되어야 한다. 그러다 보니 때로는 이전에 본부에서 이미 논의된 것을 후대에서 알지 못한 채 다시 재논의를 하는 경우도 있었다. 이번 70년史에서는 고신선교 일반사와 정책사를 구분하였다. 그 이유는 산발적으로 연구되고 사용된 선교전략들이 세월이 지나도 사장되지 않도록 일목요연하게 각각의 정책들을 정리하는 데 있다. 이 작업은 지난 40주년, 50주년, 그리고 60주년을 기념하면서 KPM이 정리한 선교역사를 연속선상에서 업데이트하는 목적도 있다. 그럼에도 불구하고, 이번 70년 정책사는 이전의 40년史, 50년史, 그리고 60년史와는 다른 방식으로 접근한다. KPM의 정책들을 주요 정책과 세부 정책으로 나누어서 각각의 주제를 연대기적으로 살펴보고자 한다. 이

---

6. 2015년에 실시한 "대한 예수교 장로회 고신의 선교지수 분석에 대한 실증적 진단 및 실태 분석" 보고서에서 2004 년 제1회 고신선교포럼(준비기획단: 총회선교부서기 윤현주, 본부총무 이헌철, 선교사회서기 김한중, 선교후원협총무 안용운) 이후에 비로소 KPM은 "열정만으로 달려오던 시대를 지나 정책이나 전략적인 선교를 하게 되었다."고 평가했다. 이 평가는 어느정도 정당하다.

7. 다만, KPM 정관에 의거, 외부로 명칭을 사용할 때는 총회라는 명칭을 빼고 "고신세계선교회((Korea Presbyterian Mission)"를 사용한다.

는 KPM 정책들의 역사성을 고양하고, 해당 주제와 관련된 가능한 많은 문헌 정보를 제공하여 차후 연구를 위한 사료로 활용될 수 있도록 하는 것을 목적으로 한다. 이런 의미에서 본고는 '선교정책사' 라기보다는 '선교정책 발전사'라고 할 수 있다. 본고에서는 KPM의 정책들을 중요도에 따라 1부와 2부로 나누었지만, 기실(其實) 모든 정책을 경중으로 따질 수는 없을 것이다. 다만, 어떤 정책들은 시대의 변화와 상관없이 지속적으로 연구되고 업데이트되어야 한다는 의미에서 중요도를 따져본 것이다. 2부에서도 지면상 다루지 못한 정책들이 많다. 디아스포라 선교, 선교사 자녀 케어와 동원, 동역노회 제도, 동반자 선교, 통일 선교, 총체적 선교, NGO(Non-governmental organization)와 BAM(Business as Mission) 사역, 보안 지역 정책, 현지지도자 양성 등이 그것으로, 이 정책들은 현재 진행형으로 발전 중이다.

II. 연대기별 주요 정책 발전사

1. 현장 중심 선교: 12지역부 제도를 넘어서

현장 중심 선교는 KPM에서 가장 초기부터 그리고, 무게를 가지고 다루어 온 전략적 과제이다. 이 주제는 몇 가지 KPM 선교의 고질적인 문제점을 해결하는 방안으로 늘 지목되어 왔다. 예를 들어, 현장 중심 선교는 행정적으로 선교지역의 효과적인 구분과 행정권한의 지역 이양과 관련되어 있다. 멤버케어의 현장성을 강화하는 것과도 선이 닿아 있다. 무엇보다 KPM의 고질적인 문제점으로 꼽히는 팀 사역을 돌파할 수 있는 방안으로도 늘 주목받아 왔다. 본고에서는 현장 중심 선교라는 주제의 역사적 배경 속에 의도된 관련 주제들을 연대기적으로 살펴보면서, 발전되어 가는 상황을 살펴보고자 한다. 각 시대 상황에 따라 변화되는 현장 중심 선교에 관련한 요구들이 어떠한 것이었는지 살펴보면, 현장 중심 선교를 통해 궁극적으로 얻고자 하는 KPM 현장 선교의 필요성이 결론적으로 대두되리라 생각된다.

1) 현지 선교부 강화가 필요한 요인들

먼저는 당위적인 요인이 있었다. 2004년 제1차 고신세계선교포럼(방콕)에서 이신철 교수는 발제를 통해 KPM의 존재 목적을 달성하기 위해 우선적으로 필요한 조치가 현지 지역부를 강화하는 전략이라고 주장하였다.[8] 또 하나의 주장은 선교사가 교회의 공적 파송을 받으면 단독적으로 일해서는 안 된다는 것이다. "성령께서 선교사를 인도하실 때에 선교공동체와 함께 일하도록 하신다. 예수님께서도 제자들을 파송하실 때 혼자 보내시지 않고 둘씩 짝을 지어 보내셨으며 (막6:7), 바울도 선교팀과 함께 사역하였다. (행13:2, 15:39-40, 16:3, 16:10, 19:22, 21:1, 27:1, 28:16, 등)"[9] 김영산 선교사는 현지 선교부가 존재해야 하는 당위성을 선교사역적 책무의 관점에서 해석한다. "현지 선교부는 현장에서 선교사역을 담당하는 기구요, 선교 본부의 파트너로서 현장의 사역 기구이다. (중략) 이 기구는 선교사를 초빙하고, 사역을 잘 감당하도록 훈련하고, 사역을 배치하며, 선교사와 사역을 감독하며, 그리고 선교사를 돌아보는 선교현장의 행정 조직이다."[10]

현지 선교부를 강화해야 하는 당위적 요인 이외에 다양한 전략적인 필요와 요인들이 있다고 주장되어 왔다. 이신철 교수는 우선, '현지 선교부의 영세성을 지적한다. 이것은 선교의 전략적인 지역 배치를 생각하지 않고 구멍가게식으로 이곳저곳에 심어 놓은 결과 때문에',[11] '선교사 단독으로 사역하며 고립되어 있고, 현지 지역부를 가진 곳 중 몇 군데를 제외하고 대부분 효율적으로 운영되고 있지 못한 실정이다.'[12] 라고 지적한다. 이외에도 현지 지역부는 사명공동체로서 서로 돌봄, 격려, 지원, 권면을 포함하는 교제 공동체,[13] 공동 목표를 가진 사역 공동

---

8. 이신철, "현지선교부를 새롭게하자", 편집위원회, 『제1차 고신세계선교포럼; 변화와 성숙』 (서울: 총회출판국, 2008), 351.

9. 이신철, "현지선교부를 새롭게하자", 『제1차 고신세계선교포럼; 변화와 성숙』, 351.

10. 김영산, "현장 중심 선교를 위한 선교 시스템 개발; 현지 선교부 팀과 리더십 개발을 중심으로", 『제1차 고신세계선교포럼; 변화와 성숙』, 291-92.

11. 이정건, "현지지역부 역할 강화", 『제1차 고신세계선교포럼; 변화와 성숙』, 358.

12. 이정건, "현지지역부 역할 강화", 『제1차 고신세계선교포럼; 변화와 성숙』, 384.

13. 이신철, "현지선교부를 새롭게하자", 『제1차 고신세계선교포럼; 변화와 성숙』, 357.

체 및 재정 공동체[14]로서 존재한다. 당시 발제자로 나선 이정건 선교사는 현지 지역부의 유익은 "선교사들이 함께 만남으로 서로 의지가 되고 현지인 교회나 타 선교단체로부터 고신교단 선교사로서의 정체성을 인정받을 수 있으며 함께 사역의 방향을 의논하고 각자의 선교의 정보들을 나눌 수 있다."[15]고 주장한다. 즉, 당시만 해도 현지 지역부 강화의 목적은 행정적으로 서로 묶이는 것의 당위성을 강조하는데 있었다. 2008년 2차 고신세계선교포럼에서 김영산 선교사는 "현장중심 선교의 당위성을 성공적인 팀 사역을 위한 것"임에 방점을 둔다.[16] 이때부터 KPM에서 있었던 현지 지역부 중심에 관한 모든 논의의 당위성은 모두 팀 사역과 결부된 것이었다고 해도 과언이 아니다. 대표적으로 2012년 방콕에서 개최된 '지역선교부 부장단회의 및 지도력세미나'의 주요 목적도 팀 사역의 구조를 최초로 완비한 후의 22개 지역부 리더훈련의 성격이었다. 2019년 제4차 고신세계선교포럼에서 김종국 선교사는 현장 중심 선교의 당위성을 다음과 같이 말하고 있다. "현장중심 선교는 현장에서 올라온 상향식(Bottom-up) 요구, 힘의 누수 방지를 위한 대안, 거룩한 사각관계의 중심에 서있는 현장중심 선교, 탈중앙집중식(분권식) 전략 구조로서의 지역선교부"가 그것이다.[17]

2) 현지 선교부 강화를 위한 논의

2004년 포럼에서 이신철 교수는 현지 선교부 강화를 위한 여러가지 제안을 하였다. 우선, 현재의 현지 선교부를 세 단계로 재조정하자는 안을 제시했다.[18] 둘째, 고신의 현지 선교부는 국가 단위로 조직되어 있는데, 여러 면에서 편리한 점이 많은 것이 사실이다. 그러나 선교 공동체로서 기능을 고려하고, 세워질 자립

---

14. 이신철, "현지선교부를 새롭게하자", 『제1차 고신세계선교포럼; 변화와 성숙』, 358-59.

15. 이정건, "현지지역부 역할 강화", 『제1차 고신세계선교포럼; 변화와 성숙』, 384.

16. 김영산, "현장 중심 선교를 위한 선교 시스템 개발; 현지 선교부 팀과 리더십 개발을 중심으로", 『제1차 고신세계선교포럼; 변화와 성숙』, 314-15.

17. 김종국, "KPM 현장중심 선교를 위한 12지역선교부의 역할", 『제1차 고신세계선교포럼; 변화와 성숙』, 394-95.

18. 이신철, "현지선교부를 새롭게하자", 『제1차 고신세계선교포럼; 변화와 성숙』, 364.

교회 또는 교단의 형성을 염두에 두어 가장 적절한 지역범위를 설정할 필요가 있다. 셋째, 선교사의 사역 및 임지를 재조정해야 한다. 넷째, 현지 선교부의 리더십을 강화할 것을 제안했다. 다섯째, 조직의 안정을 위해 현지 선교부 정관을 만드는 것이 바람직하다. 그리고, 필요하다면 현지 선교부가 현지 상황에 맞게 시행세칙을 만들 수 있다. 여섯째, 평신도와 목사의 동역 구조를 더 개발해야 한다. 일곱째, 선교지를 전략적으로 집중하게 될 때 현지 선교부의 새로운 기준에 이르지 못하게 되는 기존의 선교부에 대한 대안이 있어야 한다. 대안으로 이신철 교수는 연대(co-operation)를 제시한다. 선교지에서 고신선교사들만으로 구성된 선교 공동체만이 합법적인 형태는 아니다. 다른 교단 선교부와 연합할 수 있고, 다른 선교사들을 영입하거나, 고신선교사를 다른 선교부로 위탁할 수도 있다. 김한중 선교사는 2010년 재미총회에서의 선교특강을 통해 중남미 고신선교사들의 재미총회 남미노회의 준회원 자격의 참여와 선교협력을 제안하였다. 또한 재미총회의 선교포럼 개최를 제안하고, 2011년에는 재미총회가 개최한 선교포럼에서 재미총회 파송선교사들의 고신지역선교부와의 교류협력을 적극 제안하기도 하였다.

이정건 선교사도 우리 교단과 자매교단을 맺고 있는 재미총회, 유럽 총노회, 대양주 총회와 협력하여 사역의 폭을 넓힐 것을 제안했다.[19] 또한 그는 이듬해인 2005년 50주년 기념 세계선교대회에서 이러한 논의가 구체적으로 적용되어야 함을 강조하였다. 또한 개혁교회의 세계교회 건설의 목적을 가장 잘 이룰 수 있는 방법이 현지선교의 역량 강화에 있음을 말하면서 몇 가지 실천적 과제를 제안했다. "현지 선교부의 조직 정족수를 10명으로 높이자는 것과 선교사를 파송할 때에 두 단위로 함께 파송하자는 제안을 하는 것이다. 또한 고립선교사들에 대한 대책과 선교사 10명 미만의 선교지를 어떻게 현지 선교부로 육성시켜 갈 것인가, 현재 10명 이상의 현지 선교부의 구조를 어떻게 개선해 나갈 것인가를 하는 것도 아울러 생각해야 한다."[20] 이제 현지 선교부 구조를 실제로 어떻게 개선해 나갈

---

19. 이정건, "현지지역부 역할 강화", 『제1차 고신세계선교포럼; 변화와 성숙』, 386.
20. 이정건, "현지 선교부 강화 정책", 『고신선교50주년 기념 세계선교대회 자료집』, (서울: 디자인 원, 2005), 107.

<그림 14> 고신선교 50주년 기념 세계선교대회(2005. 06. 20-23 경주)

것인가에 대한 과제가 주어진 것이다.

이 현장 선교 강화를 위한 발 빠른 시도는 본부에서 보다 선교사회 주도로 먼저 시도되었다. 이헌철 본부장 당시 2005년 교단 50주년 기념대회로 열린 제5차 세계선교대회에 앞서서 고신선교사회의 총회가 있었다. 당시 회장이었던 류영기 선교사 주도로 선교사회에서 7개로 지역을 나누어 지역 선교대회를 치르기로 한 것이다.[21] 당시 7개 지역으로 나누어 선교대회를 치른 목적은 행정적으로 권역 조직을 만들자는 의도는 아니었고 선교사 멤버케어와 기도 네트워크 형성 등의 목적으로 현지 선교부를 더욱 강화하자는 목적이었다. 권역별 행정 조직으로써의 지역선교부 조직을 여러 차례 선교본부를 통해 집행위원회에 건의하였으나 여러 이유로 거부 또는 보류되었다. 때문에 선교사들 스스로 7개 권역으로 나누어 교제와 전략회의를 한 것이다. 이는 장래에 지역선교부 조직을 위한 교두보를 만들고자 하는 의도였다.[22]

---

21. 류영기, "5개지역 선교대회를 섬겨오면서", 「해외선교」 (2007 summer): 29.
22. 한 예로 2007년 5월 동북아지역선교대회(6개국가, 지역장 김영수 선교사)를 동경에서 모일 때에 공

2008년 제2차 고신 세계선교포럼에서도 현장중심 선교 강화에 대한 정책 논의가 있었다. 이때에는 좀 더 구체적으로 현지 선교부의 효과적인 팀 사역 강화가 주된 의제였다. 발제로 나선 김영산 선교사는 현지 선교부의 강화를 위해서는 현장중심 선교를 위한 행정시스템을 구축하기 위한 강도 높은 구조조정이 필요하다고 역설한다.[23] 2009년 김한중 본부장은 'KPM비전 2020'을 위한 전략회의(2009. 11, 홍콩)에서 3대 전략 중점사항을 제안하면서 선교 필더의 목표를 '팀 사역 구조확립'으로 설정하였다.

본부 리더십이 김종국 본부장으로 바뀌면서 현지 지역부를 권역화하기 위한 논의가 진행되었다. 그의 8대 공약에는 단계적 권역장 제도가 있었다. 이 공약은 정책이사회에서 논의되었고, 2016년 2월 18일 홍콩에서 열린 정책위원회의 동의가 있었다. 정책위는 구체적인 준비를 위해 5인위원회를 두어 권역장제도에 대한 매뉴얼을 연구해서 정책위를 거쳐 이사회에 보고하기로 했다. 2016년 5월 6일 제65-6차 이사회에서 결의한 '권역장 제도 시행에 대한 계획안'에 따라 6개 권역으로 묶을 것을 결의했다.

하지만 이후 '권역장 제도 시행에 대한 계획안'이 재논의 과정을 거친 이유가 있다. 우선, 위에서 언급한 것처럼 2017년 5월 11일-15일에 KPM 선교사들을 대상으로 실시한 설문조사에서 '6개 권역 제도와 12개 지역부로의 개편에 대한 선호 설문에서 전체 선교사들은 각각 31%와 69%로 12개 지역부 제도를 선호한다'는 결과 때문이다. 그러나 이 설문 조사 방식은 의도를 가진 조작적 통계 방식이라고 볼 수도 있다. 보통 통계를 낼 때, 선호하는 답을 중간 값에 두고, 첫 번째와 세 번째의 값을 터무니없이 크게 줄 때, 설문 응답자들은 중간을 선호할 가능성

<hr>

식 명칭을 '2007동경포럼'으로 명명했다. 이때 교단 임원, 총회 선교 대표, 7개 필더 지역장, 미주 고신 대표 등 고신선교 리더십들을 모두 초청하여 선교현황을 점검하고 미래 선교전략을 제안하여 자료집도 발간하였다. 그후 2007년 8월 남아공의 아프리카선교대회도 명칭을 '케이프타운 포럼'이라 명명하고 동일한 형태의 선교전략모임을 개최하였다. 이는 고신선교사회의 의도된 전략적 모임이었다.

23. 김영산, "현장 중심 선교를 위한 선교 시스템 개발; 현지 선교부 팀과 리더십 개발을 중심으로", 『제1차 고신세계선교포럼; 변화와 성숙』, 291-93.

이 많다. 그럼에도 제66-6차 KPM 이사회(2017.6.27)에서의 '권역제도 재심의 청원 건'은 현 27개 지역선교부를 12개 지역선교부로 재조정하는 것을 허락하고 빠른 시일 내 본부에서 구체적인 지역선교부 시행 매뉴얼을 작성하여 먼저 이사들에게 회람하도록 하였다. 이 결정은 현장 선교사들의 의견을 따른 것이라고 볼 수 있다.

2017년 10월 19일에는 12개 지역선교부로 바뀐 이후에 처음으로 지역선교부 운영팀원들과 함께 KPM 미래전략포럼을 개최하였다. 이곳에서 "KPM의 내일을 향한 준비"와 "KPM의 건강한 미래를 대비하는 현장 조직"의 글을 통해 기존의 27개 지역선교부 제도와 6개의 권역제도의 중간 정도에 위치한 단계별 권역제도 제도인 12개 지역선교부 제도를 중심으로 현장 중심 선교가 논의되었다. 발제자로 나선 정규호 선교사는 2000년대 이후 KPM이 현장 중심 선교의 필요성을 인지한 것과 관련하여 현장 중심 선교의 강화를 위해 KPM이 사용한 전략이 선택과 집중 전략과 지역부 제도라고 강조했다.[24] 특히 그는 국가별 현지 지역부 제도와 12지역부로의 개편의 중요한 이유를 팀 사역에 두고 있다.[25] 당시 27개 현지 지역부에서 12개의 지역부로 전환한 데는 다음과 같이 7가지 기대목적을 가지고 시행한 것이다. 행정 중심에서 사역 중심으로, 불편한 행정에서 효율적 행정으로, 의존적 운영에서 자율적 운영으로, 낮은 재정 자립도에서 높은 재정 자립도로, 임원회 체제에서 운영팀 체제로, 소통의 부재에서 긴밀한 소통으로, 지역장의 권한과 책무의 증대가 그것이다. 12개 현지 지역부 제도로의 전환을 통해 과연 처음에 세웠던 위의 7가지 효과를 극대화할 수 있었을까?

2019년 6월에 개최된 제4차 고신세계선교포럼에서 이제 12지역부 제도를 시작한 지 2년이 지난 지점에서 당시 이 변화를 주도한 김종국 선교사는 다음과 같이 평가한다. "2017년과 2018년에 각 3주간씩 선교본부에서 가진 지역장 연수 및 현장 보고 등, 실무 훈련을 통해 해를 거듭하면서 더 성숙한 지역선교부로 자리

---

24. 정규호, "KPM의 건강한 미래를 대비하는 현장 조직", 『2017년 KPM 미래전략포럼 자료집』, 45.
25. 정규호, "KPM의 건강한 미래를 대비하는 현장 조직." 『2017년 KPM 미래전략포럼 자료집』, 48.

<그림 15> 현지지도자 양성 교재

잡아갈 수 있으리라 기대한다."[26] 여기서 강조된 것은 고신교단 산하 다른 공동체들과의 선교를 위한 연대이다. 특히 동역노회 제도를 통한 현지 지역부 강화 정책이 새로운 전략으로 등장했다. 그리고 이제는 지역부 내에서의 선택과 집중, 자발적 재배치, 그리고 팀 사역이 요청되었다. KPM이 현장 중심 선교로 가기 위한 매뉴얼로써 2018년에는 현지지도자를 세우기 위한 '현지지도자양성 매뉴얼' 책자가 1년 이상의 산고를 통해 2018년 11월에 출간되었다. KPM의 현장 경험이 많은 시니어 선교사로 하여금 현장의 시스템과 KPM이 지향하는 목표를 이루어 가기 위해 정기적인 점검과 필요에 따라 현장을 방문하여, 사역의 지속성과 효율성을 높이기 위한 도움을 줄 KPM 전략 코디네이터에 대한 필요성이 주장되었다. 지역선교부 역할 극대화를 위한 평가지원 시스템(사역관리행정시스템)의 구축 필요성도 요청되었다.

그리고 12지역부 제도가 시행된 지 3년이 되었던 2020년 7월 지역 운영팀 연수와, 그리고 시행 4년째인 2021년 지역장 연수에서 다시 한번 12지역부 제도의 목적 수행이 잘 되고 있는지 선교사 자체 평가가 있었다. 이 평가는 처음 이 제도를 시작할 때 2년간의 정착기, 1년간의 개선기 그리고 10년 동안 실행해 보자는 복안을 가지고 시작되었다. 지역부 개편 목적 성취도, 현 지역부 시스템 수행 평가 점수는 두 차례 평균 60점 밑으로 낮게 평가되었다. 결국 지난 초기 12지역부 제도에 대한 현장 선교사들의 생각은 부정적이라고 볼 수밖에 없다.

---

26. 김종국, "KPM 현장중심 선교를 위한 12지역선교부의 역할", 『제1차 고신세계선교포럼; 변화와 성숙』, 395.

3) 12지역부 제도를 넘어서

우리는 지금까지 연대기적으로 현지 선교부의 강화를 위한 논의가 어떻게 진행되었는지 그 흐름을 살펴보았다. 크게 보자면 현장 중심의 선교라는 큰 주제가 논의되기 시작한 초기에는 흩어져 있는 KPM 선교사들의 최소한의 행정과 교제의 필요가 요청되었다. 그리고 이 주제는 점차 현장 선교사들의 팀 사역으로 중점이 모아지는 것을 볼 수 있다. 팀 사역이 중요한 주제로 떠오르고 그것을 해결할 수 있는 대안으로 지목된 것이 현지 지역부 강화이기 때문에 자연스럽게 팀 사역 쪽으로 무게가 실린 것이다. 그러나 이 논의가 팀 사역이라는 한 방향으로 힘이 집중된 것에는 아쉬움이 있다.

김종국 당시 본부장의 공약 중 하나는 현지 지역부의 권역화였다. 이사회에 통과한 초안대로 한다면 20개의 지역부를 6개의 권역으로 묶는 방안이었다. 권역화한다는 의미는 이렇듯 우선, 행정적으로는 본부가 가지고 있는 기존의 통제와 감독 기능을 현지 지역부에 이관하여 보다 자율성을 가진 현지 지역부를 만드는데 중점이 있다. 그래서 김종국 전 본부장은 6개 권역장을 부본부장 정도의 역할과 권한을 가지도록 하고, 차후에 이들 가운데 차기 본부장이 나오는 것으로 기안했다. 권역장 제도에서 또 하나 강조되는 것은 현지 지역부를 사역과 사역대상 중심의 구도로 만들겠다는 의미였다. 이 말은 친교 중심의 지역부 제도와 반대되는 말이다. 즉, 지역 중심이라는 말은 속지주의에 한정된 현장 사역의 구조를 의미한다. 사역 중심의 구도 형성은 KPM이 현재 활용하는 행정적 속지주의와 사역적 속인주의를 유지하면서, 권역 내에서 자체적으로 사역팀을 구성하고 사역에 필요한 인적, 물적 자원을 효율적으로 동원할 수 있음을 의미한다. 이러한 체계는 상당한 성숙도를 요구한다.

이사회가 정책위원회의 논의를 거쳐 권역장 제도를 시행하도록 통과시켰지만 실제로는 시행되지 않았다. 그 이유는 막상 실행하려고 하니 본부와 선교사들 안에서 과연 이 제도를 실행할 만한 준비가 되어 있는지에 대한 의문들이 제기되었기 때문이다. 그 의문은 우선, 권역장을 맡을 만한 6명의 선교사가 준비되어 있지 않다는 것이었다. 그리고 이들이 부본부장의 역할을 맡은 다음 그중 한 사람이 본부장으로 선출되도록 기안한 것도 문제가 되었다. 연공서열주의가 강한 우리의 정서에 각 권역에서 가장 나이가 많은 시니어가 권역장으로 선출될 것인데, 시행세칙에 본부장의 나이가 그 아래로 명시되어 있기 때문에 시행이 불가하다는 것이다. 또 하나의 문제는 사역의 전문성을 가지고 있느냐는 것이다. 우선은 각 권역에 멤버케어나 연구 코디를 감당할 전문성을 갖추었는지에 대한 의문이 있었다. 그리고 권역에서 성숙하게 사역팀을 일으키고 감독할 수 있는 전문성에 대한 의문도 제기되었다. 그다음 의문은 KPM 선교사의 숫자와 재정을 가지고 그 넓은 지역을 커버할 수 있느냐는 것이었다. 마지막 의문으로는 권역장이 자신의 사역을 내려놓고 이 일에 전념할 수 있느냐는 것이었다.

2017-2018년의 논의의 결과를 참고하여 우리가 권역제도로 가기를 주저하면서 우려했던 부분들을 이제는 구체적으로 준비해야 한다. 우리에게 6명의 권역장이 없다고 생각한다면, 우리는 지금 시니어가 되기 이전의 사람들에게 권역장의 모습이 어떠해야 한다는 샘플을 보여주며, 그러한 미래의 모습을 꿈꾸며 성장하도록 리더십 교육을 지원해야 한다. 현장의 지역부를 운영할 재정이 부족하다면, 현장의 권역이 함께 사역할 수 있는 재정 구조를 미리 만들어 두어야 한다. 지금의 장학 제도를 고쳐서 각 권역에서 행정, 연구, 멤버케어, 그리고 재정을 볼 수 있는 세대별 전문가를 키워내는 일에 사용해야 한다. 권역장 가운데 차기 본부장을 생각한다면, 법규를 고치는 준비를 해야 한다. 위에서 보듯이 역사적으로 KPM은 지속적으로 지역부를 광역화하려는 시도를 해왔다. 만일 그 일이 지금도 필요하다면 본부 리더십은 매년 역사의식을 가지고 이 일이 발전적인 방향으로 나아갈 수 있도록 구체적인 변화를 가져오는 추진력이 필요하다. 더불어 우리는 급속히 변하는 4세대 선교 시대[27]를 접하고 있다. 때문에 보다 창의적이고 혁신적인 현장 선교 강화를 위한 접근이 필요하다는 숙제도 남아 있다.

---

27. 전통적으로 1세대 선교를 해안선교시대, 2세대 선교를 내지선교시대, 3세개 선교를 미전도종족선교시대로 구분한다. 최근 수십년 간 전방위 선교의 특징을 나타내는 새로운 선교시대를 4세대 선교 시대로 특징한다. 땅 중심의 선교에서 사람, 영역, 주제 중심의 선교시대라는 특징을 가진다.

2. 팀 사역: 기능별 팀 사역을 향하여

KPM이 현장중심 선교를 통해 얻고자 했던 것 중에 가장 큰 과제는 팀 사역의 활성화였다. 초기에 KPM이 현장중심 선교 구호를 외칠 때는 선교사들 간의 친교나 멤버케어의 필요성이 요청되었다. 그러나 행정의 발전과 각종 선교대회 등을 통해 점차 이 부분들이 해소가 되면서, 이후로는 대체로 팀 사역에 초점이 맞춰져 왔다. KPM이 공식적으로 생산한 문건들 가운데 가장 많은 숫자의 문건이 바로 팀 사역에 관한 것이다. 그만큼 팀 사역은 현장 사역에서 그 중요성이 점차 증대되고 있다는 방증이며, 또한 실제로 팀 사역이 현장 선교사들에게 어려운 부분이라는 뜻이다. 실제로 12지역부로 전환한 지 2년과 3년째 되는 해에 통계 조사한 바에 의하면 현장 선교에서 가장 약한 점수를 받은 것이 바로 팀 사역이었다. 본고는 KPM 안에서 팀 사역에 관한 논의를 연대기적으로 추적하여 역사성을 축적하고, 이를 통해 팀 사역의 방향이 어떻게 미래 지향적으로 발전해야 하는지에 대한 답을 얻는데 목적을 둔다.

1) 효율적인 팀 사역을 위한 논의들

1994년 총회선교부 간사였던 이승직 목사는 「선교사 훈련에 관하여」라는 글을 통해 한국 선교사들이 팀 사역을 하는 일에 어려움을 겪고 있으며, 현대 선교가 점차로 팀 사역으로 나아가고 있음을 주지하고 사람 중심, 체면 중심의 문화를 탈피하는 훈련을 해야 한다고 주장했다.[28] 당시 KPM은 팀 사역에 대한 중요성과 필요성을 선교사들에게 주지시키는 정도의 단계였고, 팀 사역에 대한 구체적인 연구와 실행은 선교사 개인의 몫으로 두고 있을 때였다.

2004년 제1차 고신세계선교포럼의 주요 의제 중 하나는 현지 선교부 강화에 대한 논의였다. 이신철 교수는 「현지 선교부를 새롭게 하자」라는 주제 강연을 통해 "선교 열매를 현장에서 거두기 위해서는 선교사들의 개인적인 산만한 사역들

---

28. 이승직, "선교사 훈련에 관하여", 「해외선교」 66(1994): 5-6.

보다는 현지 선교부로 결집된 사역이 필요하다."[29]고 주장했다. 즉, 현지 지역부로 결집하는 것을 하나의 팀 사역으로 인식한 것이다. 이때의 팀 사역이라는 것은 현지 지역부의 선교사들이 서로의 가족을 함께 케어하고, 공동의 선교목적과 전략을 세워 공동사역을 하며, 초임 선교사를 오리엔테이션하고, 선교사들 간의 갈등을 조정하고, 선교사역을 위한 홍보와 자원 확보를 함께 하는 것으로 인지했다.[30] 실제로 현지 지역부 강화를 팀 사역 강화로 보는 사고의 기조는 이후에도 지속되고 있다.

2008년 제2차 고신세계선교포럼에서 김영산 선교사는 매트릭스 조직으로써의 팀 사역을 소개하는데 이는 이전과 다른 차원의 팀 사역에 대한 개념을 소개하였다. 그는 이전의 '팀=현지 지역부'라는 구조에서 팀과 현지 지역부를 동일시하지 않고, 팀을 현지 지역부 안에서 일어나는 프로젝트를 위한 조직으로 이해한다. 그래서 그에게 팀이라는 것은 여러 사람이 모였다고 해서 팀이 되는 것이 아니며, 팀워크가 그 자체의 목적이 될 수 없다고 말한다. 팀은 분명한 과업, 즉 그룹의 사명이 있어야 한다. 또한 팀은 주어진 사명과 비전을 구체화하는 방법을 가지고 있어야 한다.[31] 그의 제안은 이전의 '팀 사역=현지 지역부 사역'이라는 공식을 대신하는 대안을 제시했다는 데 큰 의의가 있다.[32]

2010년 제1회 LTC에서는 '팀 리더십 계발'이라는 주제로 4일간 팀 사역 훈련을 했다. 이것은 KPM이 팀 사역을 가장 진지하게 다룬 시간이다. 당시 훈련원장이었던 김영산 선교사는 삼위 하나님의 내적 관계인 페리코레시스(perichoresis)의 선교 신학적 분석을 통해 팀 사역의 신학적 당위성을 주장했다.[33] 여수새중앙

29. 이신철, "현지선교부를 새롭게하자", 편집위원회, 『제1차 고신세계선교포럼; 변화와 성숙』, 351.
30. 이신철, "현지선교부를 새롭게하자", 『제1차 고신세계선교포럼; 변화와 성숙』, 357.
31. 김영산, "현장 중심 선교를 위한 선교 시스템 개발", 편집위원회, 『제2차 고신세계선교포럼; 남은 과업의 완수』, 297-99; 최종태, 『현대조직론』 (서울: 경제사, 1977), 545. 재인용.
32. 실제로 고신중국 선교부는 '고중선2002년전략회의'(북경)에서 이 매트릭스 구조를 반영한 팀 사역 구조를 확정하고 이를 시행하였다. 교제 중심의 지역별 부서(동북, 서북, 서남, 동남지역부)와 사역 중심의 사역팀 구조(신학훈련팀, 교회개척팀, 지역개발팀, 한인교회와 북한선교팀)로 조직을 이원화한 구조로 지역선교부를 운영하였다. 그리고 팀 사역 6대 원칙도 결의하였다.
33. 김영산, "삼위 하나님은 팀으로 일하신다", KPM 연구훈련원 편, 『제1차 LTC; 팀리더십 계발』, 2-5.

교회 서석만 목사는 '사람은 관계적인 존재입니다' 라는 강의를 통해 사람은 하나님 중심의 관계적 존재이며, 하나님과의 관계가 다른 사람과의 관계를 결정한다는 것을 강조했다. 또한 예수 그리스도와의 관계 발전이 다른 사람과의 관계 발전으로 확장되어야 하는 원리를 설명했다. 그리고 하나님을 중심으로 한 관계 원리와 삶의 원리를 품성이라는 주제어를 통해 설명함으로써, 선교사들의 팀 사역을 위한 품성 계발의 중요성을 주지시켰다.[34] 부원장 신성주 선교사는 '팀 리더십'이라는 강의를 통해 팀의 정의, 팀 사역의 어려움과 장단점, 이상적인 팀 사역, 팀 구성의 요소들 등 팀 사역에 관한 세부적인 내용들을 강의했다.[35]

2011년 김영수 본부장은 "팀 사역의 강화를 위해 5가정을 한 팀으로 하여 25개의 지역선교부를 조직하였다. 그해 12월 방콕에서 지역선교부 부장단 회의를 개최하여 KPM VISION 2020을 설명하고 지역선교부의 역할과 책임을 소개, 토론하면서 팀 리더십 교육도 병행하였다. 팀 리더의 행정, 사역, 케어의 책임과 역할에 관한 매뉴얼을 만드는 작업도 함께 하였다. 2012년 2월에는 제1차 팀 리더십 훈련세미나도 개최하여 리더를 세우는 노력을 했다. 효과적인 팀 사역이 자리잡아가는 일을 위해 재정도 확보하여 적은 액수라도 지원했다. "팀 사역이 잘 되는 모델 지역선교부를 5개 정도 먼저 만드는 것을 목표하고 노력하였다"[36]고 했다. 2012년부터 본부장을 맡은 이정건 선교사는 다음과 같이 팀 사역의 강화를 위한 노력을 했다고 기록하고 있다. "개인 생활비는 본부에서 각 선교사의 개인 계정으로 송금하지만, 사역비는 현지 선교부로 보내어 지출하도록 했다. 그렇게 함으로써 팀 사역을 더 강화하도록 유도한 것이다. 선교사 각개전투를 지양하고, 팀으로 사역하도록 권고하였다. 우수리스크에 2가정, 방글라데시에 3가정, 타지키스탄에 2가정의 선교사를 OTC때부터 함께 훈련시켜서 팀으로 파송했다."[37]

---

34. 서석만, "사람은 관계적인 존재입니다", KPM 연구훈련원 편, 『제1차 LTC; 팀리더십 계발』, 7-15.
35. 신성주, "팀 리더십", 「해외선교」 136(2010): 12-17; KPM 연구훈련원 편, 『제1차 LTC; 팀리더십 계발』, 18-32.
36. 『KPM VISION 2020평가 & 2030』 미 출간 책자 참조.
37. 『KPM VISION 2020평가 & 2030』 미 출간 책자 참조.

<그림 16> 60주년 기념 세계선교대회(2015. 06. 17-19 고려신학대학원)

　2012년 곽성 선교사는 자신의 팀 사역이 실패한 경험을 토대로 팀 사역에서 중요한 3가지 원리를 나누었다. 첫째, 팀 사역은 협의체여야 한다는 것이다. 이 말은 한국의 담임목사와 부교역자 관계와 같은 수직적 구조도 아니고, 공동목회에서 볼 수 있는 절반씩 책임지는 구조도 아닌 논의를 통해 집행되는 협의체여야 한다는 것이다. 둘째는 자발성, 세 번째로는 비전 공유의 원리를 제시했다.[38]

　2015년 60주년 기념대회를 준비하면서 열린 2014년 8월 개최된 제3차 고신선교포럼의 대주제 중의 하나는 '현지 선교부의 효과적인 팀 사역 강화'였다. 이렇듯 팀 사역은 KPM이 역사적으로 다루어 온 대주제임에도 불구하고 2015년에까지 현지 선교부 강화의 문제와 팀 사역이 같이 취급이 되는 것에 아쉬움이 있었다. 오히려 이 구조는 김영산 선교사가 이전에 제시했던 매트릭스 구조 내 팀 개념보다 후퇴한 것으로 보인다. 60주년 전략대회에서 팀 사역은 KPM이 가장 잘 안되는 부분임에도 불구하고, 김종국 선교사의 "고신선교 60년을 돌아보며"라는 글에서는 팀 사역은 평가 항목 자체에서 빠져 있다.[39] 다만, 손승호 목사는

38. 곽성, "팀 사역에 대한 소고", 「해외선교」 143(2012): 32-33.
39. 김종국, "고신선교 60년을 돌아보며", 『제3차 고신선교포럼; KPM60년, 평가와 전망』, 25-44.

"KPM 선교사 평가" 라는 제목의 발제에서 선교사 평가의 전제 조건 중의 하나로 선교지에서 건강한 팀 사역을 하는 것을 꼽았다. 그는 팀 사역이란 같은 지역부에 속해 있다고 해서 팀이 아니라, 공통된 목적의 실현을 위해 함께 일할 때 팀이라는 이름을 붙일 수 있으며, 이러한 의미에서 볼 때, KPM 안에서 진정한 팀이라고 불릴 수 있는 곳은 많지 않음을 지적했다.[40]

제3차 고신선교포럼 이전인 2014년 연구훈련원장이던 남후수 선교사는 "지역선교부 팀 사역의 선교학적 기초" 라는 제목의 글을 기고했다. 그는 여기서 팀 사역의 선교 신학적 기초, 지역선교부의 비전과 단계별 목표들과 그것을 이루기 위한 전략들을 소개하였다. 그리고 이것을 이루기 위해 지역선교부(지역팀)의 유형을 소개했다. 남후수 선교사가 4개의 다양한 팀 성격을 본부에서 공식화한 것은 KPM의 팀 사역이 진일보하는 계기가 된 것으로 평가된다. 특히, 현재 사용되고 있는 팀 사역 구분과 비견될 만큼 다양한 팀 사역의 형태를 인정한 것은 높이 평가되어야 할 것이다.[41]

'버츄얼 팀'(virtual team): 현재의 KPM 지역선교부는 대부분 이 형태에 속한다. 서로 다른 지역(도시 혹은 나라)에 거주하면서도 공동의 비전과 목표를 가지고 일하는 팀이다. 자주 만나 서로 돌보며 공동 사역하는 것은 한계가 있지만, 정기적 만남(meeting)과 온라인 소통을 통해 공동의 비전과 목표를 위하여 전략적으로 협력하는 사역팀이다. 이 형태에서 팀 사역이란 지역선교부의 감독 아래에서 개인이나 가정 단위로 '위임'해 준 사역이다. 그러므로 사안에 따라 중요한 결정은 모두 지역선교부와 상의해야 하며, 지역선교부가 공동의 책임을 진다.

'필드 팀'(field team) 혹은 '트랙 팀'(track team): KPM이 권장하는 팀 유형이다. 동일지역(도시) 거주형인데, 가까이 살면서 공동의 사역을 위해 늘 만나며 서로 돌보며 함께 사역하는 팀이다. '지역교회 개척 팀', '신학교 운영 팀', '전방개척/부족사역 팀', '캠퍼스사역 팀', '의료선교 팀', '학교설립운영 팀', '지역개발사

40. 손승호, "KPM 선교사 평가", 『제3차 고신선교포럼; KPM60년, 평가와 전망』, 90-91.
41. 남후수, "지역선교부 팀 사역의 선교학적 기초", 「해외선교」 149(2014): 5-7.

역 팀' 등을 말한다. 사역비를 공동 모금하여 공동운영(Pooling System)할 수 있고, 본국사역(안식년) 시에 사역적 공백을 막을 수 있는 장점이 있다.

'기능적 팀'(functional team): KPM은 특별한 사역영역에서의 효과성 극대화를 위하여 비록 다른 지역선교부에 소속되어 있더라도 새로운 '기능적 팀'을 조직하여 사역하는 것을 권장한다. 성경번역사역 팀, 신학교사역 팀, BAM 팀 등이 이에 속한다.

'다기능 연합 팀'(cross-functional/multi-functional team): KPM이 권장하는 이상적 팀 구성이다. 자기 자신의 고유한 기능들을 가진 부원들로 구성된 팀이다. 예: 목사, 교사, 태권도 유단자, 컴퓨터 전문가, 찬양사역자 등으로 구성된 교회개척팀. 선교현장의 다양한 도전과 필요들에 대해 효과적으로 대처할 수 있다. 선교인력의 중복으로 인해 생길 수 있는 역할 갈등이나 리더십 충돌을 피할 수 있다.

2014년 「해외선교」 봄호에서는 팀 사역을 특집으로 다루었는데, 남후수 선교사의 위의 글에 이어서 필드에서 팀 사역을 하고 있던 안명수 선교사와 신성호 선교사의 팀 사역에 대한 소고를 담았다. 안 선교사는 먼저, 교회론에 대한 인식을 언급한다. 전문인 선교사들의 사역은 교회를 위한 사역일 뿐이고 주된 사역이 될 수 없다고 주장한다. 둘째, 현지 사역자들과의 관계가 중요하다. 셋째, (협력하는)모든 선교사를 이끌고 갈 수 있는 훌륭한 리더십이 필요하다. 넷째, 사역을 은사별로 적절하게 분배해야 한다.[42] 하지만 이 소고는 KPM이 추구하는 리더십의 방향과 맞지 않아서 아쉬움이 많다. 전문인 선교사들은 총체적인 선교를 추구하는 KPM의 선교신학 안에서 그 정당성을 인정받아야 한다. KPM 리더십의 형태는 이미 여러 차례의 앞선 글에서 언급했는데, 보스형이 아닌 성육신적 리더십을 추구한다. 신성호 선교사는 선임 선교사가 후임 선교사를 동역자로 대해야 하며, 사역비를 투명하게 해야 하고, 사역보다는 관계에 우선을 두며, 반드시 연수 기간을 두어서 팀에 적합한지를 서로 판단하게 하는 원칙들을 피력했다.[43]

42. 안명수, "전문인 선교사와의 팀 사역에 대한 소고", 「해외선교」 149(2014): 8-9.
43. 신성호, "팀M의 효율성을 높이기 위한 협력 자세에 관한 소고", 「해외선교」 149(2014): 10-11.

2015년 무주 태권도원에서 열린 제3차 고신선교사대회의 주된 관심사는 세미풀링제도 폐지였다. 이러한 배경으로 인해 당시 선교사회 회장 이상룡이 발표한 '기능별 팀 사역' 발제는 선교사들에게 충분한 주목을 받지 못했을 것이다. 이 글은 2012년 방콕에서 열린 지역선교부장 회의 때 발표된 것을 수정한 것이다. 이상룡 선교사는 다음과 같이 팀 사역에 대한 의견을 피력했다. "이 유형은 고신선교부에서는 생소한 팀 사역인데 기능적으로 전 선교부에 걸쳐 영향을 미칠 수 있는 사역이다. 쉽게 말해 같은 기능의 사역을 하는 사람들끼리 모여 사역을 공유하고 서로의 문제점들을 보완하며 전체의 사역을 업그레이드해 나가는 것이다. 기능적으로 전문화된 선교사들이 보다 더 전문화를 하고 또 교육을 시켜 세계적인 전문화를 이루어 나가는 것이다.

　　(1) 좋은 점: 같은 기능을 가지고 사역을 하는 팀 사역이기 때문에 상당히 전문적이고 서로의 노하우를 통해 좀 더 전문화를 시키는 장점이 있다. 예를 들어, 신학교 사역을 하는 팀들이 모여 서로의 노하우를 공유하고 좀 더 나은 목표를 위해 필요한 전문인력들을 양성함으로 전체적인 팀의 레벨을 높일 수 있는 장점이 있다. 동시에 이제 사역을 계획할 초기 단계에 있는 사람들에게는 이러한 팀 사역을 통해 다른 사람들이 겪은 문제점들을 보면서 가능한 문제점들을 피할 수 있는 장점이 있다. 이 팀 사역은 어느 한 지역에 한정되지 않고 전 선교부의 영역에서 팀을 선정할 수 있기 때문에 전체 선교부 안에 있는 기능들의 전문화를 상황화 할 수 있다. (2) 문제점: 각 기능을 가진 선교사들의 전문화가 교단 선교부가 원하는 수준에 이르지 못할 경우 소정의 목표를 이루지 못할 수도 있다. 이런 점을 고려한다면 어느 수준에 이른 기능부터 출발하여 다른 기능에까지 전문화된 팀 사역을 이룰 수 있을 것이다. 전문화된 인력을 많이 가져야만 성공률이 높기 때문에 교단 선교부의 전적인 투자가 필요해 재정적인 뒷받침이 많이 있어야 하는 단점이 있다."[44]

---

44. 이상룡, "기능별 팀 사역", 『제3회고신세계선교사대회: 새로운 도약을 위하여』, 38-40. KPM은 이미 1996년 제3차 세계선교대회에서 기능별 그룹 통의를 한 경험을 가지고 있다.

이상룡 선교사의 글은 남후수 선교사의 글과 맥을 같이 하는 것이라고 볼 수 있다. 이에 더하여 이상룡 선교사는 여러 팀 사역의 형태 중 KPM이 앞으로 지향해야 할 팀 사역의 방향이 바로 기능별 팀 사역이라고 주장한다. 이 선교사는 국제 선교단체에서 오랫동안 리더십으로 사역한 경험이 있기 때문에 팀 사역에 대한 국제적인 흐름을 빨리 감지한 것으로 여겨진다.

그는 다음과 같이 제안한다. "지역선교부에 한정된 팀 사역을 정리하고 미래적인 상황에서 기능적인 팀 사역으로 나가기 위해서, 이번 선교사대회 기간 중에 기능적인 팀들이 한 번 모여 보는 기회를 가져야 한다. 이번 대회(제3차 고신선교사대회) 중 각 기능별로 한 번 모임을 가지기를 바란다. 각 회원은 꼭 한 가지 기능에만 속해야 할 필요는 없다. 하지만 이번 모임에서는 가장 주체적으로 사역하는 기능을 중심으로 사역을 시작할 수 있을 것이다. 예를 들어, 신학교 사역 팀, 학원 사역 팀, 병원 사역팀, NGO 사역 팀, 성경번역 사역 팀이다."[45] 실제로 이 제안을 계기로 하여 신학교 기능별 네트워크 모임이 대회 기간 동안 있었고, 차후에 KPMTEN(KPM 신학교육 네트워크)이 결정되었다.

2016년 조동제 선교사는 "KPM선교현장의 현주소"라는 글을 통해 60주년을 지나면서 KPM이 여러 면에서 성장하고 있지만, 현장에서의 성장은 그에 비해 아직도 미비하다고 지적하면서 그 중에서 팀 사역에 대한 점검이 필요하다고 지적했다. 그는 팀 사역을 잘하기 위해 현지 지역부를 세웠고 수정 재편까지 했지만, 여전히 팀 사역은 가장 어려운 부분으로 남아있는 것이 현실이라면서 그 이유를 세 가지로 지적했다. 먼저, 생태적인 한계이다. KPM선교사들은 대부분 처음부터 단독으로 선교를 시작하기 때문이다. 둘째, 제도적인 한계이다. 후원교회가 주도적으로 사역을 원하는 경우가 많다. 마지막으로 선임과 후임 선교사들의 팀 스피릿(결속력) 등을 원인으로 꼽았다.[46]

2018년 발간된 『KPM 사역지침: 현지지도자양성』 교재 5장에서 '팀 사역'을

45. 이상룡, "기능별 팀 사역", 『제3회고신세계선교사대회: 새로운 도약을 위하여』, 41-42.
46. 조동제, "KPM 선교현장의 현주소", 「해외선교」 155(2016): 9-10.

<그림 17> 3차 KPMMNET 기능별네트워크 포럼(2021. 07. 05-07 대전 본부)

다루고 있는데, 이는 KPM의 팀 사역에 대한 그동안의 논의를 집대성하였다. 여기에는 KPM이 지향하는 팀 사역의 원리, 팀의 구성, 팀의 유형, 발달 과정에 따른 지역부의 역할, 현지인의 참여, 그리고 보안 지역의 팀 사역 등이 담겨 있다. 여기서 몇 가지 주목해야 할 사항은 우선, 이전의 팀 사역에 관한 글에는 종종 '팀=현지 지역부'라는 인식이 바탕에 깔려 있는 경우가 있었지만, 이제는 팀의 개념을 현지 지역부와 동일시하는 것이 아니라는 것을 분명히 명문화했다는 것이다. "팀은 해체되기까지 존재한다… 팀은 목표의 달성과 해체를 위해 존재한다. 구성원의 기능에 따라서 정한 기간 동안 함께 일하고 목적이 달성되면 다른 팀으로 옮기거나 철수할 수 있다."[47] 이전의 팀 사역에 관한 글에는 종종 '팀=현지 지역부'라는 인식이 바탕에 깔려 있는 경우가 있었다.

다음은 사역 팀의 유형에 관한 구분이다. 이 구분에 의하면, KPM의 팀은 거리별로 구분되는 팀들인 로컬 팀, 내셔널 팀, 국가나 지역부의 경계를 넘어가는 글로컬 팀이 있으며, 사역별로 구분되는 기능 팀, 팀 구성에 따라서 KPM 팀과 확장 팀으로 나누어져 있다. 팀의 유형은 크게 세 가지 축으로 구분된다. 첫째는 구성

47. 고신총회세계선교부 편, 『KPM 사역지침; 현지지도자양성』, (서울: 고신총회출판국, 2018), 93.

원 중심축으로 KPM 선교사들로만 구성한 KPM 팀과 타교단과 타 단체 선교사들과 연합하여 구성한 확장 팀이다. 가급적 KPM 팀으로 구성하면 좋으나 261 유닛이 53개국으로 너무 넓게 분산된 현 상황에서는 그동안의 사역과 경험을 엮는 네트워크를 활용하는 것이 현실적인 대안으로 제안되기도 하지만 현지의 사역 팀의 기능을 대체할 수 없다. 그래서 현지 팀 사역을 위해 확장 팀이 필요하다. 확장 팀은 타 선교단체의 선교사와의 동질감이나 현지인 참여의 정도나 수준이 고려되어야 한다. 확장 팀은 구성원의 차이점을 역할 구분으로 생각하면 쉽게 접근할 수 있다. 둘째는 사역 종류 기능 중심축으로 간접 전도(의료, 문화, 교육, 구제, 성경번역 등), 직접전도(제자 양성, 교회개척/설립, 신학교육, 목회자 계속교육) 등 다양하고 창의적인 사역들이 있다. 셋째는 거리 중심축인데 구성원이나 사역의 범위, 네트워크의 범위에 따라 로컬 팀, 내셔널 팀, 국가나 지역부의 경계를 넘어가는 글로컬 팀 등으로 구분될 수 있다.[48] 2018년 지역부 리더십 회의에서 위의 논의를 "현지 팀 사역 활성화"라는 제목으로 KPM의 팀 사역의 방법과 유형에 대해서 설명하는 시간을 가졌다. 그리고 이후 KPM은 매년 연말에 실시하는 '연말 연시 보고서'에 정기적으로 각 지역부의 기능팀과 확장 팀 사역을 상시 질문 카테고리로 넣어서 데이터를 축적하고 있다.

2) 미래 팀 사역을 향하여

위의 팀 사역의 담론들에서 우리는 이 주제가 역사성을 가지고 지속적으로 발전되어 나가고 있음을 볼 수 있다. KPM초기의 팀 사역 이해는 '현지 지역부=팀 사역'이라는 다분히 지리적인 이해로부터 출발했다. 3차 산업 혁명의 마지막 시대였던 1980년-2000년 초반까지의 우리 선교가 지리적인 것에 고착될 수밖에 없었기 때문에 팀 사역에 대한 이해도 역시 현지 지역부=팀 사역이라는 공식이 옳은 것으로 당연히 받아 들여지던 시기였다. 그러나 이제 팀 사역도 지리적인 개념으로 이해하는 방식에서 기능 중심의 선교를 할 수 있는 거대 담론 이해 안

---

48. 고신총회세계선교부 편, 『KPM 사역지침; 현지지도자양성』, 94.

에서 이해되어야 한다. "KPM은 지속적으로 기능별 팀 사역을 추구하려고 한다. 이전의 우리 KPM의 사역은 땅 중심의 사역이었다. 이와 같은 기존의 사역과 더불어 사역과 기능 중심의 네트워크 사역을 한다면 본인의 로컬 사역과 글로벌한 사역이 네트워킹되는 선순환이 이루어질 것이다. 특히, 이미 자신의 사역을 한 번이상 돌파해 본 시니어 선교사들은 네트워킹 사역에 구심적 역할을 할 필요가 있다. KPM이 항상 '팀 사역'을 비전의 상위 순위에 두어 왔지만, 결실 면에서는 늘초라하기만 했다. 어쩌면 우리 팀 사역의 매뉴얼이 지역 중심이라는 시대에 맞지않는 옷을 입고 있어서 인지도 모르겠다. 1, 2차원의 팀 사역이 로컬 차원에서 여전히 중요하지만,[49] 이제는 주제별 기능별로 대규모 팀 사역을 할 수 있는 시대가되었다. 그리고 이미 KPMMNET을 통해 그 가능성을 충분히 보고 있고, 앞으로계속해서 전문인/자비량 네트워크, 한국어 사역자 네트워크 등으로 묶여서 서로시너지 효과를 내는 사역이 활발히 일어나기를 기대해 본다."[50]

이를 위해서 본 고는 팀 사역을 위해 몇 가지를 제안 하고자 한다. 첫째로, 위에서 보는 바와 같이 이전의 KPM의 팀 사역은 주로 1차원적이거나 혹은 느슨한공동 사역의 형태인 2차원적 팀 사역 위주였다. 하지만 미래 선교 트렌드를 생각한다면 3차원적 팀 사역에 집중하는 것이 바람직하다. 또한 이것은 독특한 한국적 정서에 기인하여 팀 사역이 어렵다고 하는 선교사들의 변명을 어느 정도 해소할 수 있는 장점들을 가지고 있다. 두 번째, KPM 사역 지침서에 명문화된 것처럼 KPM은 네트워크의 범위에 따라 로컬 팀, 내셔널 팀, 국가나 지역부의 경계를넘어가는 글로컬 팀 등으로 팀을 구분할 수 있다. 그래서 이러한 팀 사역을 위해KPM은 이미 사역적 속인적인, 행정적 속지주의 정책을 채택하여 실행하고 있다. 2022년 이사회에서 중국에서 추방당한 선교사들이 말레이시아 지역부에 행정적으로는 소속되었지만, 사역적으로는 여전히 중화권을 대상으로 선교하도록 허락되었다. 여러 지역부의 선교사들이 지역부의 범위를 넘어서 연합하여 사역하는

---

49. 1차원적 팀 사역: 자기 사역에 다른 사람을 끼워서 사역한 형태, 2차원적 팀 사역: 공동의 사역에 함께 참여하는 사역 형태, 3차원적 팀 사역: 기능별로 네트워킹하는 사역의 형태로 볼 수 있다.
50. 권효상, "엔데믹 시대의 KPM 전략", 본 논고는 2022년 4월 'KPM 지역장 연수'에서 발표된 내용이다.

팀을 글로컬 팀이라고 부르지 말고 광역 팀이라고 부를 것을 제안한다. 이러한 팀의 형태는 앞으로 미래 팀 사역에 중요한 형태가 될 것이다. "예를 들어, KPM에서는 현재 난민 사역의 중요성을 인식하고 경력 선교사들을 광역 팀이라는 이름으로 느슨한 형태로 재배치하였다. 이는 지역을 중심으로 재배치하는 측면도 있지만, 난민이라는 주제를 중심으로 여러 선교사가 여러 나라에 걸쳐서 느슨하게 팀 사역을 하고 있다. 이는 선교의 대상이 한 지역이 아니라 난민 루트를 따라 이동하는 새로운 선교의 트렌드에 맞는 대안 전략이라고 할 수 있겠다."[51] 세 번째, 타 선교 기관과 함께 사역하는 형태를 KPM 사역지침서에서는 확장 팀의 개념을 사용했다. 그러나 이것은 팀으로 분류하기보다는 이미 KPM 안에 듀얼 멤버십 선교사라는 명칭이 있으므로 그대로 사용하면 좋을 것 같다.

3. 동역노회와 현지 지역선교부 협력

현지 지역선교부를 통한 현장중심 선교의 강화는 고신총회세계선교회(KPM)의 가장 오래되고 주요한 화두였다. 이 과제를 위해 오랜 논의 과정을 거쳐 현재의 12지역부 제도로 정착했다.[52] 현재 현지 지역부의 가장 큰 과제 또한 비전 2030에서 천명한 대로 차후에 행정적인 광역화를 염두에 둔[53] 여러 의미를 가진 현장 중심 선교의 강화이다. KPM 선교 초기에는 선교사들이 각개 전투하듯이 혹은 단순한 교제와 상호 보호의 목적으로 선교를 했다면, 현재 KPM은 행정, 사역, 그리고 멤버케어 등 모든 면에서 현지 지역선교를 통한 현장 중심 선교를 지향하고 있다.[54] 그러나 2017년 시행된 12지역부 제도를 시행한 지 7년이 지난 현재 시점에서 KPM 선교사들 스스로 그리 좋은 점수를 주지 못하고 있는 것이 사실이다.[55] 이 문제를 해결하기 위해 동역노회라는 담론이 2010년 중반부터 KPM

51. 권효상, 『개혁교회 선교방법론』, (서울: 고신총회출판국, 2023), 228.
52. 권효상, 『개혁교회 선교방법론』(서울: SFC, 2023), 334-60. 이 논의의 자세한 과정은 "현장중심 선교; 신지역부 제도를 넘어서"을 참조하라.
53. 권효상, 『개혁교회 선교방법론』, 353ff.
54. 권효상, 『개혁교회 선교방법론』, 245.
55. 권효상, 『개혁교회 선교방법론』, 350-52.

안에서 자연스럽게 연구되고, 적용되기 시작했다. 선교를 위한 모든 인적, 물적 자원을 가진 동역노회와의 협력은 이 과제를 돌파할 수 있는 당연한 선택지라고 할 수 있다.

1) 동역노회 제도의 신학적 근거

노회중심의 선교를 해야 하는 그 당위성과 원리들을 생각할 때, 우선 교회는 노회라는 선이해가 필요하다. 예를 들어 갈라디아 교회는 한 교회의 이름이 아니라 갈라디아 지역에 흩어진 가정교회 공동체를 통칭한 것이다. 개혁교회로서 장로교회는 이 원리에 근거하여 교회 장로들의 연합체인 노회를 각 지역마다 세워서 공교회적 교회를 추구했다. 그리고 이 노회들의 지리적으로 멀리 떨어진 타노회들과 거룩한 교제를 위해 비 상설 회의체인 총회로 모였다. 총회는 노회들의 비 상설 회의체이므로 개혁교회에서 교회란 일차적으로 노회를 의미한다. 작금 개인주의화 된 시조를 따라 각각의 지역교회들이 자신들의 교회만을 강조하는 풍조는 비 성경적이므로 지양되어야 한다. 또한 이러한 의미에서 교회의 사역적 본질인 선교 또한 기본적으로 노회의 직무이다. 작금을 교회의 선교 시대라고 부르는데 이는 공교회의 선교 시대여야 한다. 교회 선교 시대라는 것은 공교회로서 교회가 하나님의 부르심을 받은 선교사 교회(missionary churches)라는 의미이다. 개 교회의 선교라는 말은 공교회의 선교와 반대되는 의미로서, 선교의 인적 물적 자원을 가지고 있는 지역의 개 교회들이 교회 독자적으로 선교를 주도하는 부정적인 의미를 내포한다.[56] 즉, 교회 선교 시대를 살고 있는 우리는 개혁교회의 원리에 맞게 공교회 선교를 하고 있는지 늘 점검하면서 우리의 선교를 감당해야 한다.

---

56. 이순복, "노회의역할이 중요합니다", 「해외선교」 156(2016), 3; 이신철, "노회의 선교책무의 재편방향", 「해외선교」 156(2016), 6.

2) KPM의 동역노회 제도에 대한 실제적인 필요

고신 공동체는 동역노회 제도를 통해 어떤 시너지 효과를 기대할 수 있을까? 이 제도를 통해 어떤 형태로든지 지역부의 필요를 채움 받는 일을 기대할 수 있다. 그러나 KPM은 보다 중요하고 시급한 문제들을 돌파하고자 동역노회 제도를 시작했다. 최근 KPM이 노회중심 선교, 공교회 선교, 동역노회 제도를 제시하는 데는 두 가지의 실제적인 절박함 곧 인적, 물적 자원 동원의 위기의식 때문이다.

3) 노회중심 선교 논의의 역사적 배경

가장 먼저 눈에 띄는 고신교회 선교의 특징은 총회 초기부터 노회중심 선교를 시행했다는 것이다. 고신총회는 장로교회 원리에 입각하여 총회 설립 초기부터 선교부를 조직하고 선교를 주관하게 하였다. 총회 이념인 개혁주의 신앙의 세계교회 건설과 복음화에 대한 의지로 제4회 총노회에서는 1955년 4월 19일 선교부를 조직했다. 1956년 제6회 총회는 해외선교 실현을 위한 구체적인 결의를 했다. 선교지는 대만으로 하고, 선교사는 김영진 목사로, 선교비는 각 교회에서 매월 월정으로 하기로 했다. 두 번째 선교사인 유환준 선교사 가정을 파송할 때도 부산노회가 헌금하여 파송했는데, 그 후 부산노회가 동부산과 중부산 노회로 분립되었다. 그럼에도 세 노회가 공동으로 선교비를 부담하였다. 이와 같이 고신총회는 처음부터 교회의 선교적 본질에 대한 분명한 이해를 가졌고, 또한 처음부터 노회를 중심으로 선교하는 것에 대한 바른 이해를 가지고 실천했다.

고신총회는 70년대까지는 여러 면에서 초창기의 노회중심 선교를 실행하기에는 제약이 많았던 것이 사실이다.[57] 그럼에도 불구하고 76년 총회 연구보고서에는 여전히 공교회적 선교를 위해 고민한 흔적이 있다. 총회가 성장하고 선교사의 숫자 또한 늘어나면서 안정적인 선교 재정의 동원의 필요성이 제기되었고, 선교후원교회협의회(이하 선후협)가 2000년에 발족되었다. 선후협의 발족은 고신

---

57. 전호진, "선교정책", 『고신선교 40년』 (서울: 총회출판국, 1988), 123; 이상규, "고신교단 선교 60년 역사", 『고신교단 60주년 고신선교백서』 (서울: 총회출판국, 2015), 23-24.

교회와 KPM의 협력 선교를 위한 초기 모델이라고 볼 수 있으며, 그 협력의 적어도 초기에는 재정 지원과 관련한 것에 국한되었다.[58]

2004년 KPM선교정책포럼(세계선교포럼)에서는 아직 노회중심 선교(동역노회)에 대한 언급이 없다. 실제적인 노회중심의 동역선교를 위한 준비는 2010년 초반부터 KPM이 노회 선교부장들을 매년 정기적으로 초청하여 간담회를 가지면서 기초를 다졌다. 제59-4차 집행위원회 결의(2009. 12)로 확정된 KPM 비전2020에서는 3대 전략방향에서 '지상명령에 올인하는 교회(노회; 역자 주) 중심 선교'를 명문화했다. KPM비전 2015에서는 노회선교부의 활성화를 세부 전략으로 명문화했는데, 당시 현지 선교부 활성화 정책의 돌파를 위해 노회를 동역의 파트너로 생각하기 시작한 흔적을 발견한다. 2015년 노회중심 선교 좌담회에서는 지금과 비교해도 손색이 없는 노회중심 선교의 필요성과 세부 전략에 대한 이해를 도출했다.[59] 그리고 2015년 노회선교대회를 통해 노회중심 선교가 본격적으로 시행되었다고 볼 수 있다.[60] 이 대회를 위해 36개 노회를 각각 하나의 지역 혹은 나라에 매칭했다.[61] 제65-3차 KPM 이사회 및 정책수련회(2015. 11. 19)에서 당시 김종국 본부장이 제시한 8가지 추진사역 중 하나는 노회와 지역선교부와의 협력 강화였다. 또한 '노회장, 선교부장 및 지역선교부장단 전략 컨퍼런스' 개최가 청원 되었다. 당시 이 개최 청원은 정책위원회에 위임하여 연구토록 한 후 보고받기로 하였고, 최종적으로 65-4차 KPM 이사회에서 개최하기로 결의되었다. 2015년 노회선교대회를 지역선교부와 매칭하여서 실시하였다. 2015세계선교대회를 마친 후 토요일에 선교사들이 매칭 노회들이 정한 곳으로 가서 교제를 가졌고, 주일에는 매칭된 노회 중 한 교회에 모여 노회 공동 예배를 드렸다. 이 모임

---

58. 1차 모임의 안건은 '지역 선교세미나/지역 선교대회 개최 지원 건, 선교사 현지 수련회 지원 건, 선교사 주 후원교회 제도 도입' 건이었다. "선교후원교회 협의회 전체 모임 안내" 공문 (2001년 8월 29일). 제3회 고신선교후원전략포럼의 주제는 KPM의 재정현황과 발전방향, 그리고 적자해결 방안 등이었다.

59. 편집부, "노회중심선교 좌담회", 「해외선교」 156(2016), 10-13.

60. 김종국, "손잡고 오르는 내일의 고신선교", 「해외선교」 156(2016), 4.

61. 『노회선교대회 준비회의 최종 수정안』 (2015. 03. 17). 미 출간 보고서.

에서는 지역부나 매칭된 노회가 서로 어떻게 협력해야 하는지에 두 당사자의 실제적인 논의가 있었다. 대회 직후 남부산노회 권종오 목사는 2015년 「해외선교」에 기고한 "노회선교부와 KPM지역선교부의 협력을 위한 제언"[62]이라는 글에서 2013년과 2015년 두 차례의 KPM과의 선교포럼을 통해 노회선교부가 KPM과 협력하여 주력 선교지를 정해서 전 노회가 함께 선교하는 것의 중요성과 개 교회 선교가 아닌 노회가 선교의 중심이 되어 노회 산하 전교회가 선교에 참여하도록 하는 것의 중요성을 역설했다.

노회선교리더십 지역선교부장단 연석회의(2016. 02. 18)에서는 당시 21개 지역을 33개 노회와 매칭했다. 당시 각 지역부 보고서를 통해 한층 구체적으로 노회와의 동역에 대한 논의가 있었음을 알 수 있다. 2016년 해외선교지는 연석회의 이후 '노회와 지역선교부의 동역'이라는 주제를 특집으로 다루었다.[63] "노회의 역할이 중요합니다"(이순복), "손잡고 오르는 내일의 고신선교"(김종국), "노회의 선교 책무의 재편방향"(이신철), "노회와의 만남을 준비하면서"(서원민), "노회 중심 선교 좌담회(편집부)",라는 제목으로 글을 기고했다. 제65-7차 KPM 이사회(2016. 11. 12)에서는 '노회선교부 상임총무 신설을 위한 총회 상정안 청원 건'은 차기 노회 때 노회를 통해 안건을 올리기로 하였다. 그러나 이 건은 71회 총회에서 부결되었다.[64]

이신철 교수는 노회 선교리더십 미팅(2016. 11. 22) 발제에서 "장로교의 특징에 맞게 총회와 개체교회들의 중간 역할을 하는 노회의 선교적 책무와 역할을 새롭게 규명하고 조정하는 과제를 안고 있다"고 전제하여 노회의 선교 책무를 15가지로 재편할 것을 주문하였다.[65] '노회선교부는 일반 상임위원회가 아닌, 특별부서가 되도록 하고, 노회 산하 각 교회의 선교위원회 대표들이 실제로 참여하도

62. 권종오, "노회선교부와 KPM지역선교부의 협력을 위한 제언", 「해외선교」 155(2016), 18-19.
63. 「해외선교」 156(2016).
64. 71회 총회(2021년 9월 28-30)에서 "각 노회안에 KPM과의 연속성을 위한 상임 선교 총무 제도 도입 건'(보고서 65-66쪽)은 현행대로 하기로 가결하다."
65. 이신철, "노회의 선교책무의 재편방향", 「해외선교」 155(2016), 7.

록 하면 좋겠다. 노회선교부의 재정은 획기적으로 증액되어야 하는데, 각 교회의 선교위원회가 분담함으로써 확보해 나가는 것이 좋겠다. 노회선교부의 전문성을 제고하기 위하여 일정한 교육프로그램이 필요하다. 노회선교부는 적어도 매년 1회 이상 노회선교대회를 주관할 수 있을 것이다. 고신총회는 고신총회세계선교회의 조직을 보완하여 노회의 고신총회세계선교회에의 참여를 신장해야 한다. 고신총회세계선교회의 이사들은 노회선교부와의 연관성 속에서 공천되는 것이 좋겠다. 노회선교부는 노회 산하의 모든 교회가 고신총회세계선교회의 후원교회들이 되도록 독려하는 일을 맡아 주어야 한다. 매년 노회 산하 개체교회들의 고신총회세계선교회 가입율을 높이기 위한 구체적인 계획이 필요하다. 노회가 고신총회세계선교회를 거치지 않고 직접 선교사를 파송하고 관리하지 않도록 하는 것이 좋겠다. 노회가 목사후보생을 입학 추천, 계속 허락 등을 통하여 고려신학대학원에 위탁해서 교육을 받게 하듯이, 선교사 후보도 노회가 고신총회세계선교회에 허입 추천하여 훈련과 선발과정을 밟을 수 있도록 한 후에 허입 된 목사 선교사의 일차 파송은 노회가 맡도록 하는 것이 좋겠다. 목사 선교사의 최종 파송은 고신총회세계선교회에 위탁함으로써 고신총회세계선교회의 관할을 받게 하면 될 것이다. (전문인 선교사의 일차 파송은 개체교회가 맡고, 최종 파송은 위와 같이 하면 될 것이다) 노회는 목사 선교사를 파송하기 전에 노회 산하의 교회들 가운데 주 후원교회들을 선정하여 후원하게 할 뿐 아니라, 노회 산하 모든 교회가 선교 후원에 참여할 수 있도록 독려해야 한다. 이미 노회가 직접 파송한 선교사들에 대해서는 일정한 기간을 거쳐 고신총회세계선교회를 통하여 재파송을 받게 하든지, 아니면 다른 방법으로 조정되도록 하는 것이 필요하다. 각 노회가 고신총회세계선교회 산하의 한 지역선교부와 자매결연을 맺도록 독려하고 있는데 지속적인 단기선교봉사, 지역선교부 산하의 신학교육과정에 대한 집중 강의 지원, 지역선교부 지원을 위한 노회선교대회 등을 통하여 상호 관계에 있어서 실효성이 있는 결실을 이루도록 쌍방이 노력해야 할 것이다. 노회선교부는 산하의 교회들이 파송/후원 선교사와 약정을 맺고 쌍방의 의무를 지켜 나가도록 선도하는 일을 맡았으면 좋겠다.' 지금까지는 고신총회세계선교회 본부의 운영비를 교회들이 개인 선교사에게 보내는 후원금에 행정비를 부과하는 방식으로 주로 충당해 왔으나, 앞으로 노회선교부의 재정이 넉넉해지면 일부를 본부운영비로 충당할 수 있을 것이다. 앞으로 고신총회세계선교회 책무 구조 내에서 노회선교부의 역할이 정립되면, 고신총회세계선교회 후원교회협의회는 후원협의회로 자리매김을 하고, 노회선교부와 역할이 중복되지 않도록 역할분담이 이루어질 것으로 본다.

제67-1차 정책위 (2017. 01. 20)에서는 이사회에서 위임한 '노회 및 지역선교부 매칭을 통한 현장선교 강화 정책에 대한 연구 건'에 대해서 원칙적인 문제들을 중심으로 다양한 의견들을 나누었으나 구체적인 논의가 필요하므로 본부에서 기초자료를 작성하여 차기 정책위 모임에서 다시 다루기로 했다. 2017년 10월 26일 연석회의 후 확정된 34개 노회와 12지역부 매칭 명단을 노회에 공문 발송했다.[66] 2017년 초기 김종국 본부장 서신에는 재정 동원의 필요를 위한 동역노회를 강조했다면, 이후 박영기 본부장의 3호와 7호 서신에서는 단순한 재정 동원에서 동반자 선교로 점차로 바뀌어 갔다. 제67-2차 KPM 이사회(2017. 11. 08) '노회 및 지역선교부 매칭을 통한 현장선교강화 논의 건'은 정책위원회에 위임하여 연구하도록 하고 차기 이사회에서 재논의하도록 했다. 67회기 본부 8대 중점 사항 중 하나는 노회와 지역부의 협력 강화했다.[67]

KPM 정책위원회 제67-4차(2018. 06. 11) 회의에서는 12지역선교부와 노회 매칭에 관해 긍정적으로 보고 현안을 검토했다. 토의 내용은 다음과 같다. '대체로 노회의 선교부가 약하여 활성화되지 않으나 노회와 지역선교부와의 매칭을 통해 할 일이 주어지면서 활력을 일으킬 수 있다. 정책위원들도 이사들처럼 지역선교부 선교대회에 참석했으면 좋겠다. 재정지원 외에는 노회의 역할이 뚜렷하게 주어지지 않음으로 인해 애매한 점이 많았으므로 앞으로는 구체적인 안내를 위한 가이드 라인(매뉴얼) 작업이 필요하다. 지역선교부 소속 선교사를 매칭된 노

---

66. "34 노회·12개지역부 매칭명단" 2017년 10월 자 KPM 노회발송 공문(KPM67-훈련03).
67. 68회기 제4차 본부 리더십 팀빌딩 처리결과. KPM 미 출간 보고서.

회에 인위적으로 배치하는 것은 현실적으로 어려움이 있으나 점차 전략적 배치가 이루어진다면 좋겠다. 노회의 재정지원은 무리하지 않고 큰 부담을 주지 않는 것이 바람직하며 지역선교부의 지역대회를 지원하는 정도면 적절하겠다. 선교사 개인과 노회와의 협력은 지양하고 지역선교부의 팀 사역 활성화를 위한 지원이 좋다. 선교사들의 개인적 후원개발은 매칭노회와 상관없이 자율에 맡기고, 노회와 지역선교부가 연계된 사역적 협력을 발전시키는 것이 좋겠다. 노회의 선교적 활력을 일으키기 위해 노회마다 조직되어 있는 현재의 선교부를 특별위원회로(최소 5년 임기) 조직하도록 이번 총회에 건의하는 것이 좋겠다. 개인 선교사의 기존 후원 체계에 영향을 주지 않는 범위 내에서 지역선교부와 노회 매칭을 장려하는 것이 좋겠다. 노회와의 사역 협력 범위는 지역선교부 대회를 위한 협조와 공동 사역에 우선 협조하고 여건에 따라 자유롭게 하는 것이 좋겠다.'

제67-6차 KPM 이사회(2018. 07. 10)에서 결의하여 총회에 상정하였다. 정책위원회에서 보고한 "12개 지역선교부와 노회 매칭에 대한 검토 결과 보고 및 제안"은 그대로 받고, 2020년 "고신세계선교대회"의 개최와 그에 따른 12개 지역선교부와 노회와의 매칭 허락 청원 건을 제68차 총회에 안건으로 상정하기로 하다."[68] 제68회 KPM 임시이사회(2018. 10. 11)에서는 2019년 포럼과 2020년 선교대회 준비를 위해서 노회의 대표(지역선교부 매칭위원) 2-3명을 선정해서 알려주도록 금번 노회에 요청하기로 하였다. 또한 노회장 연석회의(2011. 19-20)를 허락하기로 하며, 이 회의에는 노회 파송 협력위원(지역선교부 매칭위원) 2-3인을 함께 참석시켜서 진행하는 것으로 결정하다. 제68 -2차 이사회 및 정책 수련회(2018. 11. 27-29)는 지역선교부와 노회와의 협력 방안은 받기로 하다. "2018년도 지역선교부 활동 경과보고 및 2019년도 신년계획" 노회 발송 공문에서 다음과 같이 평가하였다. "작년(역자 주: 2017) 11월 12지역선교부 제도가 시행된 이후 지역선교부 선교대회를 개최할 때 노회에서 기도와 헌금으로 지원할 뿐 아니라 현장을 방문하여 선교사들의 사역 보고를 듣고 삶을 가까이서 확인하는 시간을 가

---

68. 총회 상정안(KPM67-행정137).

졌습니다. 이런 만남을 통해 선교사와 함께하는 노회, 노회와 함께하는 지역선교부의 첫 발걸음을 떼었다고 할 수 있습니다.”

2019년 지역장 연수(2018. 10. 08-19)에서는 '노회와의 관련 사업과 차후 효과적인 협력을 위해 노회에 제안'에 관한 두 질의서를 작성하게 하였다.[69] 2020대회를 위한 노회지도자 간담회(2019. 10. 22)를 가졌다. 2020년 6월 25일 무주 태권도원에서 개최될 예정이었던 2020 매칭노회 선교대회는 코로나19 사태로 인해 취소되었다. 2020년 노회지도자 연석회의(10. 22)의 목적은 노회중심의 선교를 위한 의견 교환, 2021노회선교대회 준비를 위한 의견 교환, 그리고 매칭노회와 지역부의 선교협력을 위한 의견 교환이었다. 제70-1차 정책회의(2020. 10. 29)에서는 매칭노회와 함께 하는 선교사 선발부터 파송까지의 건을 다루었다. 제70-2차 KPM 정책이사회(2020. 11. 16)에서는 매칭노회라는 명칭을 동역노회로 변경하기로 하였다. 제70-2차 정책위원회(2020. 12. 14-15)에서 다룬 '동역노회 협력 강화 방안'은 다음과 같다. '각 동역노회에 이사회의 이름으로 협조요청을 하기로 하다. 내용은 KPM의 노회 카운트파트가 될 수 있는 선교부장 3년 이상 혹은 선교총무를 뽑아달라. 혹은 매칭 세 개의 노회 선교부를 대표하는 한 명의 상임선교총무를 뽑는다. 신임선교사를 뽑을 때에 동역노회와 함께 추천부터 노회 선교사 발굴과 후원까지 함께 하다. 결정: 위의 안을 다음 모임에 다루기로 하다.' 2020년 제70-2차 정책이사회(2020. 12. 18)에서는 정책위원에서 다룬 '동역노회 협력 강화 방안'에 대해서 심의했다. 2021년 6월 개최된 비대면 노회선교대회를 위한 협조공문[70]에서 밝힌 노회선교의 목적은 노회중심의 선교를 회복함, 노회 교회들의 선교 참여, 선교 헌신자 발굴, 그리고 노회 교회들과 지역부와 교제였다. 노회장·선교부장 초청 좌담회(노회 지도자 연석회의)가 2021년 11월 25일에 있었다. 제72-1차 정책위원회(2022. 10. 13)에서는 동역노회와 관련하여 두 가지 사항을 논의하였다. 첫째, 지역부 대회를 통해서 나온 좋은 샘플들은 공유하

---

69. 2019년 지역장(운영팀) 연수 이후부터는 각 지역부 보고서에 매칭 노회와의 협력 부분이 첨가되었다.
70. 2021 노회선교대회 준비 보고 및 성숙한 KPM 선교를 위한 협조 요청 건. KPM70-행정1 (2020. 09. 07)

기로 하였다. 둘째, 노회와 함께 선교사 파송 제도를 활성화하기로 하였다.[71]

KPM 비전 2020평가(2021. 06)에서 3대 전략방향 중 하나였던 '지상명령에 올인하는 교회 중심 선교 활성화'에 대한 질적 평가는 다음과 같다. '교회가 선교의 주요한 축이라는 개념이 선명했다. 이것을 위해 본부는 교회에 BMTC등의 선교 교육을 제공했고, 선교 축제와 기관장 모임 등을 통해 다가갔고, 동역노회 제도를 실시했다. 동역노회 제도를 활성화하기 위한 전략과 적극적인 실행이 부족했다. 모든 교회가 선교 중심적 교회가 될 수 있도록 적극적으로 노력해야 한다. 특히, 교회학교부터 선교 교육을 지원하고, 선교자원자를 발굴, 관리하는 시스템이 필요하다.'[72]

KPM비전 2030에서 '교회 중점사항' 중 하나가 '동역노회와의 사역 안정화 전략'이다. 이를 위해 본부의 각 부서는 10년과 3년 단위의 전략을 세웠다. 10년 단위 계획은 '총회기관 선교포럼, 노회 산하 신학원 선교 과정 개설, 노회 선교지도자 포럼, 교회 선교 실무자 네트워크 형성, 동역노회에서 선교사 위로 프로젝트 구상, 지역부와 동역노회와 후원 이사회 설립하여 협력, 동역노회 활성화 방안 연구 결과 샘플링, 동역노회 세부 동역 방안 연구, 동역노회와의 선교대회 방안 연구이다.' 3년 단위 중점 전략은 다음과 같이 세워졌다. 연구국; 동역노회 활성화 방안 연구 결과 샘플링, 동역노회 세부 매칭 방안 연구, 동역노회와의 선교대회 방안 연구이다. 훈련원; 노회 산하 신학원에 선교 과정 발굴 및 개설, 노회 선교지도자 포럼, 교회 선교 실무자 네트워크 형성이다. 사역지원국; 각 노회 선교부와 정기적인 기도회 및 전략 모임, 동역노회가 원할 시 한 노회(사역)와 한 나라를 매

---

71. 지역부 대회를 통해서 나온 좋은 샘플들은 공유하기로 하다. 1) 선교사가 가능하면 동역노회에 이명하도록 안내하도록 한다. 2) 각 노회에 선교총무 제도를 마련할 수 있도록 노회별로 안내하도록 한다. 3) 동역노회에서 해당 지역부의 공동 사역비 풀을 마련하도록 안내하도록 한다. 3. 노회와 함께 선교사 파송 제도를 활성화하기로 하다. 1) 금번 전라노회가 노회와 함께하는 선교사 파송 제도를 샘플링하는데 성공하였다. 전라노회 교회들 가운데 매달 200만원을 모금하고, 주파송인 광주은광 교회가 100만원 지원하기로 하였다. 2) 본부가 노회와 함께 선교사 파송 제도를 활성화해야 한다. 이를 위해서 (1) 노회지도자 연석회의 때 적극적으로 다른 노회에도 할 수 있도록 홍보한다. (2) 정책위원회의 결의와 이사회를 통해서 본부를 독려하여 전라노회 샘플을 알리고 각 노회들을 동역 하도록 한다.

72. 『KPM VISION 2030』, 48. 미 출간 인쇄본.

칭, 지역부와 동역노회와 후원 이사회를 설립하여 협력한다. 멤버케어원; 동역노회에서 지역대회 시 선교사의 위로 프로그램 운영, 각 지역부와 연결된 기존의 동역노회에 변화를 주어 새롭게 선교사들을 만나서 협력하는 방안, 지역선교부에 소속된 선교사와 동역노회에 소속된 교회와의 매칭 프로그램 운영이다.[73]

2022년 10월 27일 개최된 노회지도자연석회의는 동역노회와 관련하여 큰 전략적인 진전 없이 간소하게 진행되었다. 2023 지역부 선교대회 시 동역노회와 관련된 보고가 있었다. '제73회기 노회장, 선교부장, 노회 선교총무 초청 좌담회'가 2023년 10월 17일 본부에서 개최되었다. 이 좌담회에서는 각 노회에 선교전담 총무를 선출하여 함께 참석하도록 공식적으로 요청한 것이 특색이었다. 비전 2030 소개 및 KPM 재정정책, 동역노회와 지역부와 협력 사례 발표, 교회중심 기초선교훈련 교재 설명 이후 동역노회별 시간의 순서로 진행되었다.

4) 연대기적 연구를 통해 살펴본 동역노회 제도에 대한 비평적 평가

(1) 고신교회는 첫 선교사 파송 때부터 개혁교회의 원리에 맞게 노회중심 선교를 구현했다. (2) 초기 KPM의 고신교회와 관계는 선후협을 통한 물적 자원을 지원받는 것에 집중되었다. (3) 2010년도에 들어서면서 KPM은 몇 년간 노회선교 지도자 초청을 통해 노회중심 선교의 기초를 놓은 후, 2015년 노회선교대회를 기점으로 본격적으로 노회중심의 동역 사역을 시작했다. (4) 동역노회 제도의 실행 초기에는 물적 자원을 동원하기 위한 것으로 동역노회 제도를 이해하는 뉘앙스가 있었지만, 점차 동반자 선교에 대한 이해도가 생기는 것으로 판단된다. (5) 아직 KPM의 정관, 시행 세칙, 그리고 지역부 시행세칙에 동역노회 제도에 대한 언급이 없다. (6) KPM 지역선교부와 노회선교부가 더불어 본부와 현장 교회 지도자들과 거룩한 4각 관계를 천명했다.[74] (7) 노회와 지역부 매칭은 몇 차례 변화가 있었다. 2015년 첫 매칭 때 노회의 의견이 수렴되지 않은 것에 대한 잡음이 있었

---

73. 『KPM VISION 2030』, 6-46.
74. 김종국, "손잡고 오르는 내일의 고신선교", 5.

으며, 여전히 일부 노회들은 동역 지역부를 변경해 줄 것을 요청하고 있다. (8) 동역노회 제도로 인해 초기부터 노회가 호소하는 어려움은 다음과 같다. ① 노회 선교부 자체의 선교 예산이 적다는 것, ② 노회 선교부원의 임기가 짧아서 연속성과 전문성이 없다는 것, ③ 각 지교회와 노회에서 이미 파송하여 관계를 맺고 있는 선교사들이 있는데 여기에 더해서 동역노회를 섬겨야 한다는 것, ④ 노회와 논의 없이 지역부가 매칭되었다는 것, ⑤ 지역부 형편을 잘 알지 못하는 것, ⑥ 매칭 지역부의 거리가 너무 멀어서 방문이 힘들다. ⑦ 노회선교부와 총회선교부가 별 관계없이 선교를 해 왔는데, 효과적으로 실행할 수 있기 위한 구체적인 설명과 안내가 필요하다. (9) 본부, 이사회, 정책위원회, 지역부, 지역부와 동역노회 모임 등에서 같은 주제들이 반복되어 논의되고 있으나, 논의만 될 뿐 실행되지 못하고 있는 주제들이 여전히 있다. (10) 동역노회와 관련하여 가장 많이 발의된 내용은 다음과 같다. ① 노회 선교부 임원의 전문성과 지속성 확보를 위한 선교부 총무 제도의 필요성이다. ② 지역부와 동역노회의 동질감 형성의 필요성이다. 이를 위한 방안으로 시행한 것은 기도서신 보내기, 사역 보고, 간담회, 지역부 선교대회 참석, 노회 선교주일, 노회 BMTC 기간에 지역부 소개 과목 개설, (목사) 선교사 동역노회로 이명 등이다. ③ 재정 동원의 필요성이다. 적자 선교사 후원 매칭, 지역부 팀 사역 재정 지원, 지역부를 위한 노회 바자회, 지역선교대회 재정 지원 등이다. ④ 노회와 함께하는 선교사 인적 자원 발굴이다. ⑤ 노회 선교 활성화와 전문성 개발의 필요성이다. 노회(교회) 선교 관련 행사에 동역노회 선교사 강사 초청, 단기팀 방문, 지역선교부대회 때 방문자 평신도로 확대 등이다. ⑥ 지역부 팀 사역에 동역노회의 직접 협력이다. 목회자 훈련 강의 참여, 훈련 프로그램 제공 등이다. (11) 지역부가 동역노회와 상호 호혜적 관계가 되려는 관심과 노력이 더 필요하다. (12) 동역노회 제도에 대한 관심과 전략을 개발하는 데 있어서 지역부별 편차가 심하다. 특히 본국과 먼 거리에 있는 지역부가 어려움이 많다. (13) 본부는 좋은 샘플링을 통해 본 제도를 확산시키는 전략을 가지고 시행 중인데, 현재까지 동역노회 샘플은 다음과 같다. ① 남부산노회; 지역부 현장방문, 현지사역자 재교육 프로그램 지원, 젊은이 동원을 위한 네스토리안 순례길 프로젝트 지원, 지역선교대회 개최, 구소련권 내 디아스포라 사역 지원 등 현장에 필요한 사역을 동역하였다. ② 중부산노회; 선교지를 전략적으로 선택하여 집중지원, 노회 소속 전체 선교사들 재정 지원과 주 파송 선교사 제도 시행했다. ③ 본부; 동역노회가 참여하는 본부의 선교기도회, 동역노회의 후원으로 모든 지역부 선교사가 참여하는 지역연구 책자 발간과 동역노회 교회에 보급, 지역선교부 활동 경과보고 및 신년 계획을 노회에 보고하고 있다. ④ 베캄 지역부; 캄보디아 분기별 기도 제목과 사역을 책자로 만들어 동역노회 산하교회 보내서 공유, 노회 촬요에 지역부 보고서 첨부, 선교총무제 실시, 노회가 동역 지역부의 팀 사역을 위한 재정 풀 마련하다. ⑤ 전라노회; 노회 산하 시찰별 선교헌신 예배를 통한 동역 지역에 대한 관심 확산, 시찰별로 국가들을 배정하고 선교사를 강사로 초청하여 헌신 예배, 동역노회와 함께하 선교 인적자원 발굴, 훈련, 파송했다. ⑥ 충청서부노회; 성령강림주일에 아프리카 지역부 주간으로 지정했다. ⑦ 유럽지중해; 본국 사역 기간 중 가능하면 동역노회의 안식관을 사용하도록 했다.

5) 미래 과제

(1) 노회선교부장 제도를 상설 선교총무제로 변경하는 것이 가능한가? (2) KPM 본부 행정의 플랫폼화를 통해 동역노회 활성화가 필요하다. 빠른 홍보와 정보 공유를 위해 본부 홈페이지의 플랫폼화를 통한 쌍방향 실시간 소통이 필요하다. (3) 국내지역부 동역노회 매칭 요청이 지속되고 있다. 국내지역부는 모든 노회와 매칭이 되어 있다는 개념으로 시작하였으나, 재정 동원 등에서 불이익을 받고 있다. (4) (목사)선교사의 동역노회로 이명이 가능한가? 매칭된 노회에 일시적으로 이명하는 것은 현실적으로 어려움이 있으나 점차 전략적 배치가 가능하다. (5) 동역노회의 활성화를 위해 지역부 선교대회를 매년 개최하는 것이 효과적임이 각 지역부를 비교할 때 입증되었다. 매년 지역부 선교대회를 개최할 수 있는 재정 동원의 방법을 강구해야 한다. (6) 동역노회 시스템 안에서 평신도 자원을 참여시키고 동원하는 방법을 강구해야 한다. (7) 노회중심선교 체제에서 선후협의 역할을 어떻게 규정할 것인가? (8) 고신총회세계선교회의 이사를 선임할 때

노회선교부와의 연관성을 가지고 공천될 수 있을까? (9) 매칭된 동역노회와 지역부를 다시 재조정의 필요성과 가능성을 따져 보아야 한다. (10) KPM과 함께 노회 안의 선교사 선발, 훈련, 모금과 파송을 함께 하는 인적 자원 동원을 지향해야 한다. (11) 노회 선교 역량과 전문성 강화를 위한 방안이 마련되고 실행되어야 한다. (12) 동역노회 제도를 위해 노회 선교부는 필요한 재정을 어떻게 확보할 것인가? (13) 노회 산하 교회 전체의 선교 전문성을 향상시키기 위하여 노회 주도의 선교교육 프로그램이 필요하다. 노회 안의 중대형교회가 BMTC 등의 프로그램을 운영하고 노회의 소형 교회들이 참여하도록 하는 방안은 소형 교회들에게는 부담이 되는 것이 사실이다. 노회 선교부 주도로 상설 프로그램을 개설하는 것이 바람직하다. (14) 노회선교부는 노회 산하에 아직 KPM과 동역이 되고 있지 않은 교회들을 동력화 할 수 있는 방안을 강구해야 한다. (15) 노회 직접 파송 선교사의 문제를 어떻게 해결할 것인가? KPM과 동역을 집중하기 위해 노회 직접 파송의 비율을 줄여가기 위한 노력이 필요하다. 이미 노회가 직접 파송한 선교사들에 대해서는 일정한 기간을 거쳐 고신총회세계선교회를 통하여 재파송을 받게 하든지, 아니면 다른 방법으로 조정되도록 하는 것이 필요하다. (16) 지속성을 위해 동역노회 제도를 위한 매뉴얼이 필요하다. 재정지원 외에는 노회의 역할이 뚜렷하게 주어지지 않음으로 인해 애매한 점이 많았으므로 앞으로는 구체적인 안내를 위한 가이드 라인(매뉴얼) 작업이 필요하다. 본부에는 2020 노회 선교대회에 만든 노회대회 관련 행동 지침서만 있다.

4. KPM의 전략적 재배치 & 순환배치

'선교사는 한 선교지에서 뼈를 묻어야 한다'는 것은 선교의 고전적인 명제였다. 이 명제는 선교사에게는 충성심을 자극하여서 많은 선교사로 하여금 한 사역지에서 평생을 헌신하도록 하였다. 그리고 재정을 투자하여 후원한 교회들은 많은 재정이 투자된 선교지가 해당 선교사에 의해 지속적으로 지켜지기를 바랐다. 이 오래된 명제를 깨고 선교단체들이 선교사를 전략적으로 재배치한다는 개념이 실제적으로 작동한 것은 그리 오래 되지 않았다. 최근 들어 선교사의 재배치가

<그림 18> KPM 이슬람세미나(2015. 06. 29-07. 01 대전 본부)

급격히 늘고 있는데, KPM에서도 실제로 급격히 늘어나고 있다. 재배치라는 주제는 선교사 개인의 요청에 의해 진행된 부분도 있지만, 시대적으로 선교학적인 지형도가 변하면서 자연스럽게 요청되고 있다.

1) 선교사 재배치에 대한 동향과 가속화 요인

2차 세계대전 이후 지금까지 크게 두 번의 세계적인 선교사 재배치 동향이 나타났다. 첫 번째는 2차 세계대전 이후 식민지국가들이 독립을 하면서 자민족, 자문화, 자기종교로의 회기로 가면서 선교적 자유가 박탈된 곳이 많아졌다. 이에 따라 선교사들이 선교 자유지역으로 쏠리는 현상이 나타났다. 두 번째 일어난 변화는 1989년 제2차 로잔대회 중에 US Center for World Mission의 루이스 부시(Luis Bush)가 10/40창 개념을 발표하면서 촉발되었다. 이 발표는 미전도 종족 선교운동, 창의적 접근 지역 선교가 전 세계적 선교운동으로 확산되게 했다. 1995년과 1997년의 GCOWE는 이 운동을 적극적으로 지지했다. 90년대 초까지 주로 선교 자유지역으로 선교사를 파송한 한국교회는 위 대회와 구공산권의 붕괴, 1992년 중국과의 수교 등으로 선교의 방향을 전격적으로 소위 '창의적 접근 지역'과 '10/40 창문 지역'으로 선회했다. 구체적으로 이슬람권, 힌두교권, 불교권, 구공산권 등이다. 2003년 KWMA가 발표한 건강한 한국선교를 위한 한인선교사의 전략적 재배치 방안을 통해 위의 가이드라인을 충실하게 실행하고자 하는 의지를 표명했고 산하 단체들은 이것을 선교사 파송과 재배치의 우선 순위로 삼았다. 한국 선교에 대규모의 재배치 압박을 가해 온 지난 10년간의 세계적인 변화는 다음과 같다. 아랍의 봄의 실패와 대규모 난민 발생 등으로 인한 인구이동, 보안지역 선교사 비자발/자발적 출국, 코로나 팬데믹이다.

2) 공동체성을 가진 팀 사역을 위한 재배치 필요

KPM의 비전 2020과 2030의 중요한 과제 중 하나는 공동체성을 살리는 '팀 사역을 통한 현장 선교 강화'였다. 2011년부터 시행된 지역선교부 제도와 2017년 11월부터 시행된 12지역부제도 역시 동일한 과제를 안고 시작한 것이었다. 선교 활동은 개인의 일이라기 보다는 팀의 사역이라는 것을 매뉴얼로 만들어 교육하고 실천을 독려하고 있다. 현대 선교에서 팀 사역의 필요성은 가중되어가고 있으며, 선교사가 혼자 선교할 때 여러 가지 부작용을 낳은 것도 사실이다. 선교현장에서 선교사가 이양 사역 공동체가 되기 위해 팀을 구성하기 위해서는 경력 선교사와 신임 선교사들의 효율적, 전략적 배치와 재배치가 필요하다. 이것은 오랜 기간 동안 KPM의 숙제였다. KPM은 2016년 이후 현장 선교 강화의 목적으로 지금까지 지속적으로 효율적인 배치와 재배치에 대하여 거론해 왔다. 이것은 대부분 팀 사역을 위한 효율적인 배치와 전략적인 재배치에 관한 것이었다. 즉, 이전의 KPM의 재배치 전략은 주로 팀 사역을 위한 목적에 그 필요성을 두고 있다.

3) KPM의 재배치 현황과 재배치에 대한 의식 및 예측

KPM에서는 자발적/비자발적(추방, 비자 거절) 등의 이유로 1999-2020년까지 81명의 경력 선교사를 재배치했다. 이제는 앞으로 변화하는 선교 상황에 효율적인 재배치를 적극 검토해야 할 때가 왔다.

지금까지 KPM선교사들 중에서 재배치가 일어나게 된 요인들은 종합하면 다음과 같다. 보안 지역 출국; 전체 81건 중 38%에 해당하는 31건은 보안 지역들(특히, C국, I국, 이슬람권 등)에서 발생했다. 개인 사유; 선교사가 사역의 이양, 본인의 적성, 사역의 효율성, 선교사의 자질 함양 등 긍정적인 요인들과, 관계 문제나 자녀 교육 문제, 탈진 등의 부정적인 이유로 인해 재배치 한 경우이다. 51%에 해당하는 41유닛이 개인적인 사유로 인해 재배치되었다. 본부 사역으로 인한 재배치; 11%에 해당하는 9유닛의 본부 사역 선교사들은 임기 후에 새로운 선교지로 재배치되었다.

KPM 선교사들의 재배치에 관한 의식조사의 응답 결과를 분석하면 다음과 같다.[75] (1) 40% 정도의 선교사는 재배치의 필요성에 대하여 긍정적인 표시를 했다. (2) 60%의 선교사들이 재배치의 주안점은 개인의 의향보다는 전략적 방향에 더 큰 초점을 두어야 한다는 의견이다. (3) 재배치되어 팀에 합류할 때 가장 중요하게 여기는 것은 사역 환경이나 사역 종류보다도 팀 구성원이 누구인가에 더 큰 관심이 나타났다. 이는 전략적 방향에 초점을 두어야 한다는 측면과 함께 비교해 보면 논리적으로는 사역 종류를 선택할 것 같으나, 현실적으로는 함께 사역할 사람이 더 중요한 것으로 보인다. (4) 현지의 주요 사역이 효율적인 이유는 현지 상황의 필요와 선교사의 적성에 맞는 것의 순으로 나타났다. 반면 효율성이 떨어지는 가장 큰 요인은 좋은 인적자원이 없다는 점이다. 이는 현장의 상황과 필요에 따라 인적자원의 이동을 적절히 하면 효율성을 극대화할 수 있다. (5) 재배치 시에 선교사가 가장 부담을 느끼는 점은 새로운 언어와 문화의 적응이다. 따라서 재배치는 가능한 동질 문화와 언어권을 일차적으로 고려해야 하는 것이 기정사실이다. 새로운 지역에 배치되어서 새로운 언어를 배워야 할 때를 대비하여 이미 지역부별로 체계적인 언어 케어 시스템이 마련되어 있다. (6) 제3국에서의 특정 국민(민족) 대상 사역에 대하여 전체 선교사의 82%가 응답을 했다는 것은 선교사들이 현대 세계의 이동성의 극대화로 특히 제3국의 보안 지역 인구들에 대한 선교적 기회와 효율성에 대하여 긍정적으로 생각하고 있다고 평가할 수 있다.

---

75. 2018년 6월 8일-14일까지 총 436명(남성: 164명 68%, 여성: 77명 32%)에게 실시했다.

(7) 자신이 재배치를 원한다면 가장 합리적인 시기를 묻는 질문에 총 35%의 선교사들이 3년 이내에 재배치하는 것이 가장 합리적이라고 응답했다. 이것은 재배치의 필요성에 대하여 공감할 뿐만 아니라, 단기간 내에 스스로 재배치 과정에 헌신하겠다는 의지이다. 한편 6%의 선교사들(14명)이 가능한 한 즉시 재배치를 희망하고 있다는 점은 KPM 본부의 특별한 케어가 필요한 부분이다. 자신의 재배치는 필요 없다고 대답한 선교사들을 연령별로 분석해 볼 때 30대와 40대의 71%가, 50대는 39%, 60대는 95%가 자신의 재배치는 필요 없다고 대답하였다. 50대가 재배치의 필요를 가장 많이 가지는 것은 30-40대에 파송되어 한 지역에서 두 텀(한 텀은 6년 사역 기간과 1년의 안식년이다)에서 세 텀 정도 사역을 하여 기존의 사역 이양이 가능한 지점까지 갔기 때문에 다른 지역으로의 재배치를 원하고 있는 것으로 보인다. 한편으로 한 지역에서 선교사들이 오랜 기간 동안 사역해서 탈진한 것으로 해석될 수도 있다.

4) KPM의 재배치 전략

(1) 지역 중심 + 주제 중심의 선택과 집중 전략 이해의 변화 요청

지난 15년의 선택과 집중 전략은 아쉬운 결과를 가져왔다. 지금까지 선택과 집중 전략은 주로 지역 중심에 포커스를 두었다. 이 전략의 결과는 선택과 집중지역 중 일부를 제외하고 대부분의 지역에서 선교적 실효는 떨어지고 자발적/비자발적 출국은 가속되었다. 또한 비선택과 집중지역에는 선교사의 증원이 잘 이루어지지 않아 선교사의 고령화가 가속화되고 선교의 역동성이 떨어져 갔다. 따라서 두 종류의 지역들이 다 선교적 지속성에 위협을 받고 있다. 세계정세와 시대적 변화에 따라 이제는 선택과 집중 전략을 수정해야 한다. 재배치를 할 때, 2015 비전에서 제시한 새로운 선택과 집중 지역으로의 집중적 재배치도 반드시 필요하다. 이와 더불어 지역을 넘어서 사역의 주제, 대상, 종류에 중점을 두는 새로운 재배치 전략이 필요하다. 예를 들어, KPM에서는 현재 난민 사역의 중요성을 인식하고 경력 선교사들을 광역팀이라는 이름으로 느슨한 형태로 재배치하였다.

이는 지역을 중심으로 재배치하는 측면도 있지만, 난민이라는 주제를 중심으로 여러 선교사가 여러 나라에 걸쳐서 느슨하게 팀 사역을 하고 있다. 이는 선교의 대상이 한 지역이 아니라 난민 루트를 따라 이동하는 새로운 선교의 트렌드에 맞는 대안 전략이라고 할 수 있겠다. KPM은 원심적인 선교와 구심적인 선교가 공존하는 시대의 선교 현상에 맞는 지역 중심 + 주제 중심의 재배치라는 폭넓은 전략을 가지고 미래 선교에 선제적으로 대응하고 있다.

(2) 제3국 사역 개념과 속인/속지주의 사역 개념

제3국 사역이란 선교사와 피선교지 국민의 나라를 제외한 타국에서 타깃 선교지 종족을 대상으로 사역을 하는 것을 의미한다. KPM 선교사들 가운데 중국에서 자발적/비자발적 출국한 선교사들이 현재 말레이시아와 대만 등지에 전략적으로 재파송되어 중국인을 타깃으로 사역하고 있다. 제3국 사역을 위해서는 행정적인 속지주의와 사역적인 속인주의 정책이 필요하다. 고전적인 의미에서 선교사역은 무조건 선교 지역 중심의 속지주의 선교였다. 지속적으로 강조하지만 구심적 선교의 중요성이 증대되는 현대 선교에서 지역 중심의 사역과 사람 중심의 사역이 공존해야만 가능한 전략적 사역이 많아지고 있다. 예를 들어, 중국에서 추방되어 말레이시아에서 중국인을 대상으로 재파송되어 사역할 때, 그 대상이 때로는 말레이시아를 넘어서 싱가포르, 대만 혹은 중국 본토가 될 수 있다. 이때 선교사는 행정적으로는 말레이시아가 속한 대양말인 지역부에 속해서 지도를 받지만, 사역적으로는 중국인 선교라는 대상 중심의 좀 더 자유롭게 선교가 가능하다.

(3) 순환배치 모델

특정 국가의 언어와 문화를 충분히 익히면서 정상적으로 이양의 단계에까지 이른 선교사가 있다. 고전적인 개념을 따른다면 그 선교사는 그 지역에 은퇴 때까지 그대로 머물러 있어야 한다. 실제로 많은 선교사들이 이미 이양의 단계에 이르렀음에도 불구하고 다른 대안이 없어 처음처럼 열정적으로 선교에 임하지 못하고, 현지 사역자에게 일을 맡기고 자리만 지키고 있기도 한다. 이런 선교사들 가운데는 스스로 다른 전방 지역을 찾아서 재개척을 하러 가는 경우도 있다. 이런 재배치는 좋은 케이스이다. 그러나 우리는 여기서 점증하는 인구의 대이동을 대비한 디아스포라 사역을 염두에 둔 재배치 전략을 논의하고 있다. 이것을 염두에 두면서 한 번 이양 단계에 있는 선교사들에게 순환 배치라는 다른 대안을 제시한다. 순환 배치는 선교사가 일정 기간 선교현장에서 사역 후 국내지역부에 소속되어 해당 언어권 사역을 하고, 필요시 다시 선교지로 나갈 수 있도록 만든 제도이다. 순환 배치 모델 이해와 장점들은 다음과 같다.

① 선교사는 파송 후 특별한 일이 없으면 주로 네 텀의 사역을 할 수 있다. 선교사들이 한 지역에서 평생을 지내야 한다는 것은 마음에 큰 부담을 줄 수 있다. 그래서 본부는 처음부터 순환 배치의 모델을 신임 선교사들에게 교육하여, 그들이 열심히 두 텀 정도의 사역을 하고 이양을 한 이후에 국내에 들어와 국내 지역부에 소속되어 사역할 수 있는 길이 열려 있음을 주지시킨다. 이러한 제도가 존재하는 자체만으로도 선교사들에게 장기사역에 대한 심리적 압박감을 경감시키고 역동적인 사역을 지속적으로 할 수 있도록 한다. 그래서 선교사의 중도 탈락이라는 사고율을 많이 안정시킬 수 있을 것으로 예상한다.

② 또한 순환 배치 제도는 국내 이주민 사역과 한국교회의 이주민 사역, 그리고 선교현장에 있는 교회가 연계성을 가지고 실제적인 팀 사역을 할 수 있는 계기가 될 수 있다. 우리는 이미 국내 이주민 사역이 얼마나 효과적인지 모두 인지하고 있다. 그러나 해당 국가의 언어나 문화권에서 사역을 해 본 전문가가 없기 때문에 교회들이 제대로 된 국내 이주민 사역을 하지 못하고 있는 실정이다. 만일, 순환 배치된 베테랑 선교사들이 이미 국내 교회에 구축이 되어 있는 이주민 사역에 함께 참여하여 사역한다면 좋은 열매를 기대할 수 있을 것이다.

③ 이때, 순환 배치된 선교사는 한 가지 전제를 가지고 이 사역을 시작해야 한다. 그것은, 처음부터 국내에서 양성한 제자들을 앞세워 선교지에 전방 개척을 할 것이라는 분명한 목적이다. 순환배치를 통해 결과적으로 선교지에 전방개척을 강화한다는 것은 KPM 2030비전인 현지인 제자를 통한 전방개척 전략과도 결을

같이한다.

④ 특히 순환배치 모델은 보안 지역 선교사들을 위한 선제적인 대응 모델이 될 수 있다. 대부분의 보안 지역 선교사들은 장기간 보안 지역에서 사역하기가 불가능하여 중도에 재배치가 불가피하기 때문에, 순환배치 모델은 좋은 대안이 될 수 있다.

⑤ 마지막 텀을 한국에서 사역할 경우 은퇴 준비가 용이하다는 장점도 가지게 된다.

5. 개혁교회적 선교 재정 전략

본고에서는 KPM 재정에 대한 개괄적인 이해를 위해 고신교단의 후원 상황과 KPM의 재정 상황에 대한 추이를 연대기적으로 살펴보려고 한다. 그리고 KPM 선교 재정을 역시 연대기적으로 다루면서 각 시대별로 선교 재정에 관한 중요한 이슈들이 어떻게 다루어졌는지 살펴보려고 한다. 이러한 작업의 과정을 통해 KPM이 추구하고 있는 재정 행정 정책이 개혁교회적인지 자연스럽게 드러나게 될 것이다. 결론적으로 이러한 문제 제기 위에서 개혁교회가 지향하는 공동체성을 충분히 담지한 재정 행정을 위해 앞으로 KPM이 추구해야 할 재정 정책의 방향을 논해보고자 한다.

1) KPM 선교 규모와 재정 관련 변화 추이

KPM은 1952년 총회가 조직되고 나서 곧이어 대만으로 김영진 선교사를 파송할 정도로 처음부터 선교적이었다. 그럼에도 불구하고 김영진 선교사를 파송한 고신교단은 한 명의 선교사의 선교비를 감당하기도 어려웠다.[76] 결국 김영진 선

---

76. 제4회 총회 회의록에는 당시 첫 선교사 파송을 앞두고 선교비 마련을 위해 다음과 같이 기록하고 있다. "선교비 염출을 각 교회에서 매월 염출 하되 10월부터 실시하여 주실 것을 일이오며…" 「대한예수교장로회총회 제4회총회록」, 45. 전호진은 당시 총회가 선교사 파송은 결정하였으나, 교단 차원에서 선교비 모금이 여의치 않았다고 증언한다. 전호진, "선교정책", 『고신선교 40년』, 고신선교40년 편찬위원회 편 (서울: 총회출판국, 1988), 123.

교사와 이후 유환준 선교사의 선교비 송금이 몇 달씩 지체되는 사태까지 벌어졌는데, 이상규 교수는 당시 총회의 해외선교사에 대한 무관심을 '극심한 소홀'이라고 표현했다.[77] "당시 선교부에서는 선교재정 안정화를 위해 거의 매년 재정 청원 관련 안건을 총회에 상정했다(6, 8, 9, 10, 14, 20, 21, 22, 23, 24, 27회). 그러다가 28회 총회 때 선교부가 선교 달력을 발행하여 수익 사업을 할 수 있도록 허락했다. 그만큼 재정 문제로 인해 선교가 활성화되지 못한 면이 있었던 시기였음을 짐작하게 한다. 1974년 총회록을 보면, 선교부의 문제점을 세 가지로 지적했는데, 각 산하 노회와 지교회의 사명 의식 결핍으로 인한 비협조, 전문직 부재로 인한 비능률적인 업무 수행, 예산의 부족이 그것이었다. 이렇듯 1960-70년대는 고신교단이 개혁주의 신앙의 파수라는 현안에 집중하는 시기였으므로, 고신교단이 해외선교에 힘을 쏟을 준비와 역량이 부족하였고 선교부도 전문성을 갖추지 못하던 때였다."[78]

"1980년대는 한국교회가 그동안 쌓아 온 영적, 물질적 역량을 해외선교로 돌리기 시작한 때였다. 고신교단도 본격적인 해외선교를 위해 새로운 일들을 준비하던 시기였다",[79] "1989년 말까지 선교사 수는 원주민 선교사와 교포 선교사 수가 각각 21명으로 총 선교사 수는 42명으로 늘어났다. 전체 교회의 13%에 해당하는 145개 교회가 후원하고 있었다. 1989년 당시 고신교회는 1,100개 처, 교인은 25만 명으로 추산해 볼 때, 30개 교회당 1인, 교인 6천 600명당 1인의 선교사를 파송한 것이다. 이 당시 고신교단의 총 예산 규모는 약 200억으로 추산되는데, 이중 선교비는 3억 41만 원이므로 고신교단 총 예산액의 1.5%가 선교비로 쓰이고 있음을 알 수 있다."[80] 1993년 미국장로교(PCA)로부터 현재 KPM이 소유한 동산과 부동산을 기증받아, 1995년 고신총회선교센터를 건립한 것은 KPM의

77. 이상규, "고신교단 선교 50주년 개관", 편집위원회 편, 『50주년 기념 고신선교백서』 (서울: 총회출판국, 2005), 29; 김영진, 『선교지 대만에서 역사하신 하나님』 (서울: 총회출판국, 1992), 67-70.

78. 권효상, "고신총회세계선교회", 고신70년사 편찬위원회 편, 『고신 70년史』 (서울: 총회출판국, 2022), 682.

79. 권효상, "고신총회세계선교회", 『고신 70년史』, 682-83.

80. 권효상, "고신총회세계선교회", 『고신 70년史』, 683.

재정과 관련해서 가장 큰 변화이다. 1996년 4월 당시 고신교단이 파송한 선교사는 90여 가정 188명이며 이들은 33개국에서 활동하였다. 당시 1,380여 교회 가운데 선교에 직접적으로 참여하는 교회와 단체는 476개 처, 개인 후원자는 115명이었다. 선교비 예산액으로 보면 1992년 당시 고신교단 산하 교회의 총 예산은 370억으로 추산되는데 이 중 선교비는 12억 3천만 원이므로 선교비는 전체 예산의 3.4%에 해당한다. 1988년의 1.5%에 비해 약 2배가 증가했다. 후원교회는 310개 교회로서 전체 교회 수의 23.7%에 달했다.

2005년까지 KPM에서는 275명의 선교사가 파송되었는데, 이는 교회별 선교사 파송은 0.15명, 곧 20개 교회당 1명의 선교사를 파송했음을 의미한다. 또한 당시 고신교단 가운데 824개 교회, 50.9%의 교회들이 재정에 동참하고 있었다. 개인과 단체 후원을 합친 선교비는 40억 3천만 원이었다. 2007년에는 300명의 선교사가 파송되었으며, 72억 8천만 원의 선교비가 모금되었다. 교회의 참여율은 50%였다.[81] 2013년에는 1,043개 교회(전체 1,833)가 선교에 참여하여 57%로 늘어났다. 2014년에 사용된 선교부 총액은 약 90억 2천만 원으로 급속히 늘어났다. 이중 85억이 지역선교부 별로 지원되었다. 교회의 참여도 또한 2014년에는 1,042개로 늘었다(2012년 1,278교회). 선교사는 221유닛이었다. "2020년에는 고신교단의 전체 성도 수(401,538/2021년)의 약 0.11%를 KPM을 통해 파송하였다. 이는 442명당 한 명의 선교사를 파송하고 있는 것이며, 유닛(unit)으로 계산하면 약 870명당 한 유닛의 선교사를 파송하고 있다. 현재 KPM과 협력하여 선교사를 파송하는 교회는 약 50%이므로 실제로 약 870명당 1명의 선교사를 파송하는 셈이다. 제70회기(2020년 9월-2021년 8월)에 본부의 수입은 약 167억이며, 지출은 약 169억이다. 현장 선교사 한 유닛을 위해 사용된 일 년 평균 재정은 약 6,900만 원이다. 이 재정은 선교사들에게 직접 보내는 선교비와 본부와 지역부 행정비, 비상금, 장학금 등 간접적인 부대비용을 포함한 것이다. 선교사 한 유닛의 평

---

81. 윤희구, "KPM의 선교재정 동원전략", 편집위원회 편, 『남은 과업의 완수』 (서울: 총회출판국, 2008), 115, 120.

균 모금액이 350만 원이라는 것을 감안하면, 개인 선교사들의 모금 이외의 재정이 많이 투입된다는 것을 의미한다. 또한 선교사에게 두 달마다 지급되는 직접비용(평균 520만 원/unit) 보다, 목적헌금(34억, 1,365만 원/unit), 그리고 본부 비용, 장학금, 비상금 등의 기타 부대비용이 크다는 것을 의미하기도 한다. 2020년 한 해 동안 한국 선교단체 중 42.0%는 재정이 감소했고, 34.8%는 변화가 없었고, 23.2%만 증가했다고 밝혔다. KPM은 코로나의 어려운 상황 가운데서도 교단 교회들의 헌신으로 재정이 증가했다."[82] 2022년 잔고는 23억으로 늘어났다.

2) 2000년도 이후 선교재정 이슈; 본부 선교비

2000년도 고신교단의 선교 참여도와 선교부의 선교사 숫자와 재정이 급속히 늘어갈 즈음에 선교부 재정에 대해 내, 외부에서 문제가 제기된다. KPM은 58회기(2008. 09-2009. 08)와 62회기(2012. 09-2013. 08), 68회기(2018. 09-2019. 08), 70회기(2020. 09-2021. 08/코로나 상황) 재정 적자를 보게 된다. 적자가 난 회기의 마이너스 수준은 2-3억 정도이다. 2010년 60회기에는 본부의 전체 잔고가 1억 2천까지 떨어지기도 했다. 재정 악화의 가장 큰 원인은 국가 부도사태(1997. 12. 03- 2001. 08. 23)로 인해 환율이 급등한 데 기인한 것이다. 환율이 급등했지만 본부에서는 기준 금리대로 선교비를 보냈고 그 이유로 재정이 급속히 악화되었다. 다른 외부 요인들도 생각해 볼 수 있는 것은 복음병원의 부도 사태(2003-2008)로 인해 선교부 재정을 인출하여 사용한 것과[83] 선교센터 건축(2009) 때의 빚이다.[84] 그러나 이 두 부분은 일반 재정에서 분리되어 해결하였기

---

82. 권효상, "2021년 선교사 연말보고서 기반 KPM 통계", 「KPM R&D Journal」 6(2022): 146-47, 157-58.

83. 제56-02차 집행위원회(세계선교센터 건립추진 위원회와 연석회의, 2006. 12. 18)에서 고려학원 정상화를 위한 총회 세계선교위원회 기금 차용 청원에 관한 건에 대해서는 고려학원 정상화 위원(참석자: 김성수, 김국호, 우병주)들로부터 고려학원 정상화를 위한 교육인적자원부의 요구에 대한 설명을 청취한 후 세계선교위원회가 총회 산하 부서로서 협력해야 한다는 취지하에 세계선교센타 건립 기금 중 5억 원을 총회에 빌려주되 기간을 1년으로 하기로 가결한다.

84. 이정건 선교사가 본부장으로 취임 후 부딪힌 난제는 선교센터를 지으면서 진 빚이었다. 이미 작정한 헌금을 낼 것으로 믿고 은행에서 빚을 내어 건축했는데, 많은 교회가 선교센터 건축이 마무리된 후

<그림 19> 제주노회 선교축제(2013. 11. 23-24 서광교회)

때문에 KPM의 재정 지출 마이너스 요인으로 보기 어렵다.

당시 선교 재정의 악화를 줄이기 위해 몇 가지 조치를 했다. 제47-2차 실행위원회(1997. 12. 04)에서 환율 문제에 대한 방어 조치를 하였고, 제47-2차 실행위원회에서는 제2단계 선교비 비상대책 지침을 승인하였다. 48회 예산심의위원회(1998. 11. 06)에서는 제48회기 총회선교부 예산을 삭감 조정했다.[85] 제50-04차 세계선교부 임원회(2001. 01. 10)에서는 환율고정제도를 실시하기로 한다. 위의 비상 단계 조치들을 통해 볼 때, 실제로 재정이 건전해지기 시작한 요인을 몇 가지로 꼽을 수 있다. 먼저, 실행위원회가 결정한 지속적인 비상조치 1, 2단계 계획을 실제로 시행한 이후 재정이 일정 부분 회복되었다. 두 번째, 김영수 본부장 당시 전체 재정에 35%를 차지하는 선교사의 생활비를 수개월간 삭감하는 조치와 기도 운동을 전개하면서 재정이 반등되었다. 세 번째, 이정건 본부장이 선교후원

작정헌금을 내지 않은 것이다. 그래서 본부 재정의 적자 폭이 컸고, 그에 대한 이자만 한달에 수 백만 원씩 지출되었다. 결국 본부장이 발로 뛰어 받아 냄으로써 재정난을 해결하는 데 도움을 주었다.

85. (1) 인건비 25% 삭감(제47회기 대비, 본봉 12개월, 상여금 2개월, 특별 상여금), (2) 행정비 15% 삭감.

협의회포럼 글에서 표현한 것과 같이 '종이도 이면지를 사용하는 각오로 선교본부의 재정 지출을 절감하는 소극적인 노력과 더불어 1만 KPMer 운동'[86]과 선교축제를 통해 패밀리 기금의 마련과 같은 적극적인 재정 반등의 요인이 있었다.

재정이 반등되었다는 징후들이 이후에 속속 나타났다. 제49-3차 실행 위원회(1999. 10. 21)에서는 그동안의 비상조치들을 대신한 정상적인 선교비 기준표를 작성하여 사용하기로 결의했다.[87] 제53-06차 집행위원회(2004. 06. 21)에서는 선교비 송금 시 미화 1$를 한화 1,100원 기준으로 송금하던 제도를 미화 환율에 따라 송금하기로 다시 가결했다. 이는 IMF 이후 다시 재정이 안정화되었음을 의미한다. 제55-07차 집행위원회(2006. 07. 24)에서는 전체적인 선교비 상향 조정이 단행되었다. 2007년 제56-04차 집행위원회에서는 총회센터 건축에 대한 구상을 승인했다. 제57-02차 집행위원회(2008. 01. 10)에서는 선교사 자녀 교육비와 독신 여성 선교사 주택비, 활동비의 상향 조정(안)의 건에 대해서는 조정(안)대로 허락하기로 가결하였다. 제59-04차 집행위원회(2010. 01. 18)에서는 선교비 부족 대책안은 중장기 계획안을 만든 후 다음 집행위원회에서 논의하도록 하였는데 이는 이전 회기의 선교비 인상으로 발생한 것이다. 2012년 재정적자가 난 제61-7차 집행위원회(2012. 07. 09)에서 '선교사지원 재정 창구 일원화'를 총회에 헌의하였는데, 재정적자의 원인을 '선교사의 수적 증가 등으로 교회의 선교헌금 지출이 힘겨운 상황'이라고 밝히고 있다.

즉, 2000년대 첫 10년간 재정 부족 혹은 적자의 외적 요인 가운데 가장 크게 비중을 차지한 것은 외환위기였다. 더불어 내적 원인도 있었다. 그것은 다름 아닌 선교사 숫자의 폭발적인 증가이다. 이로 인해 매달 지출하는 고정 선교비뿐 아니라, 선교사의 재정 청원이 월등히 늘어났다. 총회의 직접적인 지도를 받는 체제에

---

86. 제59-05차 집행위원회(2010. 01. 28)에서 이 모금 운동이 허락되었다.
87. 1997년 12월부터 지금까지 적용해 온 환차손 대책지침(비상대책 지침, 제1단계, 47-02, 실위, 1997. 12. 04 제2단계, 47-03실위, 1998. 01. 22)은 제48-02차 실행위원회 1999. 01. 22)의 결의를 재확인하며, 현실에 맞는 선교비 기준표를 마련하기로 하고, 3인 위원(문동주, 김진호, 최병현)과 총무에게 맡겨 조정하기로 가결하다.

서 준법인 체제의 이사회 체제가 된 이후 본부의 청원 승인율이 높아진 것도 하나의 원인이다. 또 하나의 원인은 개인 계정 적자 선교사들이 늘어났기 때문이다.[88] 2000년 초반 KPM은 IMF를 겪으면서 재정 상황이 매우 힘든 시기였다. 그런 가운데서 총회센터를 건축하는 등 본부의 하드웨어를 갖추는데 많은 재정을 쏟아 부었다. 선교사의 수 또한 급속히 늘어 갔다. 이러한 양적인 팽창 상황이 고신교회로 하여금 KPM의 현재와 미래 재정에 대해 우려하도록 만들었다.

2013년 4월에 개최된 제3회 선후협포럼에서는 "KPM의 선교재정 현황 및 발전방안" 이라는 주제로 전략포럼을 가졌다. 이정건 본부장은 발제에서 "이 부분을 다루는 목적은… 어떻게 하면 부족한 선교재정을 확보하고 마음껏 선교를 잘할 수 있을까 하는 점을 더 집중적으로 다루려고 하는 것"이라고 서두에 적었다. 손승호 목사의 발제 제목은 "KPM 재정 적자 해결방안"이었다. 그러나 기실(其實) 이 포럼이 열리기 바로 직전인 2013년 2월의 KPM의 잔고는 5억 5천5백만 원이었다. 그때는 이미 어느 정도 재정 회복세에 있었다. 포럼에서 이정건 본부장은 '4단계 선교비 조정방안'[89]을 발표했는데, 임기 마지막 해에 잔고가 10억이 넘어서(행정비를 1% 삭감하여 5%로 하는 것은 제외하고) 예정된 대로 4단계를 모두 실행했다. 그만큼 재정 상황이 건전해진 것이다. 2014. 02. 17-2014. 04. 20까지한 국선교평가원 선교기관평가단이 실시한 외부 평가에서 KPM의 재정 분야 평가지표에 대한 총점(정량 점수)은 35점 만점 기준 33점(94.29%)으로 최우수(S)에 해당한다고 평가되었다.[90]

외환 위기 이후 2000년대 초중반의 선교부 재정에 대한 불안은 선교부 자체

---

88. 2011년의 개인계정 적자는 172가정 중 83가정으로 48%였다. 이는 외환위기가 누적된 영향이었다.

89. 이정건, "KPM 선교재정 현황과 발전방안", 『제3회 고신선교후원 전략포럼 자료집』, 10.

90. 1. 재정분야를 평가한 결과 다음과 같은 사항이 우수함. ① 2015년은 피평가기관의 선교사역 60주년으로 그동안 많은 인적 물적 정보 자원계획을 세우고 성취하였고, 많은 선교사역을 감당할 수 있는 인프라를 갖추었음. ② 선교비 후원 그룹이 다양하고 숫자가 많아 후원금 규모가 크고 안정적임. ③ 재정지출의 절차, 감사 등 투명성 측면에서 내부적인 시스템이 잘 구축되어 있음. ④ 선교사 복지 후생 제도를 잘 갖추고 있었으며 연금지급, 의료보험 등 잘 이루어지고 있음. 2. 반면에 다음과 같은 사항의 보완이 필요함. ① 전체 선교비에서 복리후생비로 지출하는 비율이 상대적으로 낮음.

가 미래적 대비를 위해 교회에게 보여준 '엄살'의 뉘앙스와 고신교단의 자연스럽지만 지나친 대응이었다고 평가된다. 선교본부의 재정 상황이 분명 건전하게 호전되고 있음에도 불구하고, 2013년 연말에 개최된 제63-5차 집행위원회에서는 오랜 기간 동안 정책위원회에서 논의되어 왔던 사항인 '2017년 1월부터 KPM의 세미풀링 시스템을 폐지한다'는 논의가 재론되었다. 이 안건은 찬반 논쟁 이후 다음 회기에서 처리하기로 하였다. 첫 준법인 이사 체제에서 열린 64회기 동안 '세미풀링 시스템의 폐지 건'에 대한 논의가 있었다. 선교본부의 반대에도 불구하고 '2017년부터 재정의 공동 운용 시스템을 폐지하기로 하고 그동안 선교사의 적자 계정을 해소하도록 이사회, 후원교회, 선교사가 다 함께 노력하도록 한다'고 결정했다.[91]

2015년 60주년 선교대회를 앞두고 당시 본부에서는 선교사 전체에게 의견을 묻기 위해 설문조사를 했으며, 선교사들의 의견은 세미풀링제를 유지하는 것이었다. 2015년 무주 태권도원에서 열린 선교사대회에서 본부장 이정건 선교사는 "세미풀링 시스템의 폐지에 대한 선교본부의 입장'이라는 발제에서 세미풀링제 폐지를 반대하는 선교사들의 의견을 대변했으며, 결국 KPM은 재정 정상화를 위한 유예기간을 얻었다. 이후 2017년까지의 유예기간은 유야무야되고 2022년 현재까지 세미풀링제가 지속되고 있다. 이후 본부장들은 마이너스 계정을 가진 선교사들에게 'KPM 재정 건전성을 위한 단계별 조치'를 일부 실시했다.[92] 그러나

---

91. 이정건, "세미풀링 시스템의 폐지에 대한 선교본부의 입장", 『제3차 고신세계선교사 대회자료집』, 29-34.
92. 조치(시행세칙10장 44조 2항)
 1. 적자 계정 1500만 원 이상, 수입/지출 비교하여 20만 원 이상 적자이신 선교사 – 경고
 2. 적자 계정 2000만 원 이상, 수입/지출 비교하여 20만 원 이상 적자이신 선교사 – 상여금 중단
 3. 적자 계정 2000만 원 이상, 수입/지출 비교하여 40만 원 이상 적자이신 선교사 – 상여금 중단, 생활비의 70%
 4. 은퇴를 2년 앞둔 선교사 중 재정 적자 1500만 원 이상인 선교사에 대한 단계별 재정 운영 – 재정 상황이 좋아질 때까지 상여금 중단(1단계), 상여금/재정 70%(2단계) 실시한다.
 5. 재정 마이너스 선교사들의 생활비를 통한 사역 문제를 해결하기 위한 본부의 노력. 1) 본부장의 추천서. 2) 한시적인 일시 귀국을 통한 모금 허락(예를 들면 내년 1월 한 달간). 3) 본부의 특별 노력으로 재정 마이너스 사역자들을 위한 모금. 6. 본부장님의 서신을 통하여 먼저 상황을 인식하게 한

기실(其實) 당시 KPM 재정에 대한 의제들은 선교부 전체의 재정 악화 때문에 내려진 조치들이 아니라, 많게는 50%까지 늘어나는 적자 계정 선교사들 문제 때문이었다.

3) 2010년대 재정에 대한 새로운 문제의식; 적자 계정 선교사

KWMA가 주관하여 2017년에 개최된 제16회 한국선교지도자포럼의 주제는 '한국선교의 변곡점'이었다. KWMA 안에서 한국 선교의 성장이 변곡점을 지났다는 분석과 함께 선교의 모판인 교회 성장의 뚜렷한 감소에 대한 예측은 선교에도 큰 위기감을 몰고 왔다. 이러한 우려들이 한국교회와 선교현장 안에 팽배한 가운데 2020년 65주년 선교대회를 일 년 앞두고 2019년 제4차 고신선교포럼이 열렸다. 당시 안영호 이사장이 "선교재정의 위기와 제안"이라는 제목의 글을 발표하여 KPM의 미래 재정 위기에 대한 경종을 울렸다. 안 이사장은 한국교회의 세 가지 위기 요인이 선교에 영향을 미칠 것을 우려하면서 본부와 교회와 현장의 선교사들이 잘 대비해야 할 것을 주문했다.

그러나 현재 KPM의 재정과 관련한 이슈는 선교부의 재정 부족이 아니다. 선교본부는 교회들부터 받는 부정기 목적헌금들, 총회로부터 받는 지원금, 각 선교사로부터 받는 7%의 행정비, 선교 달력 판매 수익, 그리고 2012년부터 시행해 온 선교 축제를 통해 만들어진 패밀리 기금으로 충분한 흑자 재정을 가지고 있다. 2020년부터 불어 닥친 예기치 못한 코로나 펜데믹 상황 가운데서도 선교비는 23억의 흑자 상태였다. 본부는 이 기금들을 운용하여 필요한 본부 주도의 사업들을 하고 있다. 문제는 현장 선교사들의 재정 적자이다.

외환 위기의 직격탄을 맞으면서 2011년 172가정 중 48%인 83가정이 마이너스 계정을 가지고 있었다. 이후 여러 차례의 필사적인 재정 감소 정책을 취하여서 2015년에는 217가정 중 28%인 61가정만 마이너스 계정을 가지게 된다. 김종국 선교사 때 생활비를 일괄적으로 상향 조정한 이유로 인해 2019년에는 240가

후 실시한다.

정 중 49%인 117가정 마이너스가 되었다. 2021년에는 246가정 중 50%에 해당하는 113가정이 마이너스이다. 2022년에는 245가정 중 44%에 해당하는 108가정이 마이너스 계정을 가지고 있다.

재정적자 선교사에 대한 조치들은 여러 번 있어 왔다. 1997년 제46-3차 실행위원회에서는 "제46-1차 실행위원회(1996. 10. 25)가 1997년 회계연도의 선교사의 선교비 일부 인상 조정에 관하여는, 계좌가 여유 있는 선교사에게는 인상 적용 집행하고, 적자 선교사는 보류하며, 적자 내역서를 작성하여 다음 실행위원회에 보고하기로 가결" 하였다. 위에서 언급한 바와 같이 적자 계정 선교사들을 줄이기 위해 본부장들은 지속적으로 규정에 따른 절차를 진행해 오고 있다. 그럼에도 불구하고 개인 계정 적자 문제는 해결되지 않고 있으며, 이는 KPM 재정 문제의 핵심으로 지적되어 오고 있다.

제64-2차 KPM 이사회(2014. 10. 22)에서는 세미풀링 시스템 운용 건에 대한 결의가 있었다. (1) 2017년부터 선교비 공동운영제도(세미풀링 시스템)를 폐지하도록 한다. (2) 현재 적자계정 선교사들의 적자를 2016년 말까지 선교사, KPM 이사회, 후원교회가 해결하도록 한다는 결정이었다. 제64-4차 KPM 이사회(2014. 12. 10)에서는 세미풀링 시스템 폐지는 2017년까지 모든 재정적자가 채워지도록 선교사, 이사회, 후원교회가 최선을 다해 노력하고 2017년부터 적자 상황에 관계없이 폐지하되 구체적인 방안을 손승호, 오병욱, 이신철 이사에게 위임하여 다음 이사회 때 구체적인 안을 내기로 했다(2015. 06. 24). 60주년 선교사대회에서 가장 큰 이슈는 '세미풀링제도를 계속 유지하는가'에 대한 문제였다. 이사회, 선후협 그리고 정책위원회의 입장은 폐지 쪽이었다. 이사회의 입장을 대변한 이사장 정수생 목사는 "세미풀링 폐지안은 갑자기 나온 것은 아니다. 상당히 오랜 기간 동안 정책위원회에서 논의가 되었던 것이고 어쩔 수 없이 결정한 사항이다. 아마 시행해 보지 않고 안을 폐기하는 일은 없을 것이다. 그러나 그동안 적자 계정을 해소하기 위해 노력한 것은 인정한다. 본부장이 많은 수고를 하였다. 그리고 아직은 시간이 있다."라고 말해 여운을 남겼다. 후원교회 안용운 대표회장은 "적자 선교사는 자신이 KPM 선교사로서 다시 생각해 보아야 한다. 적자를 줄이지 못하는 선교사는 스스로 왜 적자 계정이 되는지 그것을 줄이지 못하는 이유가 무엇인지를 깊이 생각해야 한다. 물론 아무런 대안 없이 이사회가 밀어붙이는 것이 아니라는 것을 알아야 한다"라고 말했고, 이성구 공동회장은 "선교사는 누가 평가하는가? 라는 말이 있음을 상기해야 한다. 요즘 같이 SNS가 발달되어 있는 시대에 여러 경로를 통하여 어느 곳에 있든지 선교사들의 상황이 알려지고 사실을 알아야 한다. 적자계정의 선교사가 불필요한 여행 등이 잦은 경우들을 보면서 안타까워하고 있다. 물론 우리는 먼저 적자계정의 사유를 알아볼 필요가 있을 것이다. 비자문제로 많은 경비가 필요할 수도 있고, 자녀 교육비, 사역비 등의 문제들이 있을 것이다. 건전한 사역을 하는데도 적자계정에 있는 선교사가 있다면 그것을 해소해 주는 것이 옳을 것이다"라고 말했다. 김상석 전 대표회장도 "후원교회는 전적으로 여러분들을 돕기 위해 존재한다. 그리고 앞으로 그럴 것이다. 후원교회와 잘 소통하여서 원활한 선교사역이 이루어져야 할 것이다"라고 말했다. 정책위원회의 오병욱 정책위원장은 "많은 논의와 고민 끝에 이사회가 결정한 것으로 안다. 선교회 전체를 위한 결정이다."[93]

본부나 선교사협의회의 입장은 세미풀링제의 단점을 보완한 강화된 세미풀링제를 실행하는 것이었다. 선교사회의 입장은 각 지역별 논의를 통해 올라온 안건들을 이상룡 회장이 발표했는데, "이해한다.", "강화된 세미풀링을 유지하는 것이 좋겠다.", "현재의 세미풀링을 시행하는 것에 어떤 불이익도 감수하겠다.", "좀 더 연구 조사가 필요하지 않은가?", "유보하는 것이 좋다."는 등 대체로 세미풀링 폐지에 반대하는 입장이었다. 현장에서 김영수 선교사는 발언을 통해 "그동안 우리 선교사들은 세미풀링 제도 안에서 동지애를 가지고 지내왔다. 물질보다는 동지애가 더 큰 자산이라고 믿는다."라고 의견을 표명해 공감을 이끌어냈고, 당시 참석한 선교사들은 대체로 세미풀링 폐지 건에 대해 부정적이었다. 선교본부의 입장: "강화된 세미풀링을 통해 적자계정을 많이 해소하고 있기에 폐지보다는 강

93. "고신선교사회, 세미풀링 시스템 폐지에 대해 진지한 토의", https://www.kscoramdeo.com/news/articleView.html?idxno=8629, 2022년 07월 16일 검색.

화된 세미풀링의 유지가 더 바람직하다고 본다. 적자 계정의 몇몇 선교사들에 대해서만 특별한 관심을 가지는 것이 좋을 것이다."[94] 그러나 당시 강화된 세미풀링 제도에 대한 안은 나왔지만 과연 그것이 어떤 식으로 운영이 되어야 하는지에 대해서는 후속 연구가 진행되지 않았다.

고신교회의 목회자들 가운데도 풀링 제도를 선호하여 주장하는 이들이 있었다. 김홍석 목사는 기독교보에 "선교사는 선교에만 집중하게 하자"는 시론을 통해 KPM이 풀링 제도로 가야 한다고 역설했다.[95] 2010년 후반부에 들어서 이사회에서도 풀링 제도에 대한 주장이 있었다. 2019년 제4차 고신선교포럼에서 당시 이사장이었던 안영호 목사는 "현재 본부가 시행하고 있는 재정 세미풀링 시스템을 장기적인 안목으로 볼 때 풀링 시스템으로 가기 위한 준비를 미리해야 한다. 미국 남침례교에서 실시하는 풀링 시스템을 단번에 도입하는 것은 현재 무리가 있지만 언젠가는 우리가 가야 할 방향으로 정해 놓으면 좋겠다"라고 주장했다.[96]

가장 좋은 방안은 선교사들의 행정비를 총회에서 감당해 주는 것이다. 현행은 선교사 개인 선교비에서 행정비 7%를 공제하고 지원하고 있다. 제53-06차 집행위원회(2004. 06. 21)에서는 이것을 총회 지원금으로 전환해 주실 것을 총회에 청원하기로 가결했으나, 총회에서 받아들여지지 않았다. 총회의 재정 규모를 볼 때 쉬운 일은 아니었다. 제56-01차 집행위원회(2006. 10. 17)에서는 고신세계선교사회에서 건의한 선교행정비 6% 중 1%를 선교의 발전을 위해 필요하다고 인정되어 고신세계선교사회가 사용할 수 있도록 허락하기로 가결한다.

2020년 6월 16일 열린 정책위원회 정기모임에서 "KPM 선교 재정모금 시스

---

94. "고신선교사회, 세미풀링 시스템 폐지에 대해 진지한 토의."

95. 총회 산하 교회는 총회세계선교회에 선교비를 보내고, 총회세계선교회는 이를 모아서 힘차게 선교를 추진해 나가는 풀링 시스템을 도입해야 선교사들이 선교에만 전념할 수 있다. 지금보다 규모가 좀 더 커진다면 풀링 시스템 도입에 어려움을 겪을 수 있으므로 10년 정도 앞을 내다보면서 이를 검토해야 할 적기라고 본다. 또한 당장 시행하는 것은 무리가 있으므로 10년을 목표로 하되 3년 주기로 30%, 50%, 70% 정도의 풀링 시스템으로 전환할 것을 제안하고 싶다. "선교사는 선교에만 집중하게 하자" https://www.kscoramdeo.com/news/articleView.html?idxno=8629, 2022년 07월 15일 검색.

96. 안영호, "선교재정의 위기와 대안", 『제4차 고신선교포럼; 변혁의 시대와 선교』, 187.

템 혁신 방안"에 대해 논의했다. 여기서 논의된 것은 KPM이 적자 계정 선교사의 문제를 해결할 수 있는 방안으로 풀링 시스템으로 전환할 수 있는지에 대한 연구였다. 연구국에서 연구한 문건에 대한 1차 논의가 있었다. 그러나 정책위원회에서도 한국교회의 어려운 현실을 반영해야 한다는 의견이 많았다. KPM도 이를 직시하여 모든 선교 재정의 모금 책임을 총회에 지우려는 원안은 재고해야 하며, 또한 완전한 풀링 시스템의 단점들(선교사 개인의 무책임한 모금으로 인한 적자의 확대)을 모두 감당하기에는 선교사들의 인간적 약점 또한 반영해야 한다고 의견이 많았다.

그러나 기본적으로 1997년 외환위기 이후에 본부 선교재정 부족 현상과 이후 개인 적자 계정 문제를 해결하기 위한 대안으로 서서히 대두되어 온 세미풀링 제도의 폐지와 모금을 선교사 개인의 역량에 모두 맡기는 YGWYG system(You get what you get) 시스템 도입에 대한 압박은 KPM이 추구하는 공동체성, 공교회성을 살리는 선교의 정신과는 배치되는 것이라는 것을 분명히 인식해야 한다. 작금 우리는 유신진화론적 적자생존의 방식이 우리 교회 안에까지 들어와 교회끼리 무한 경쟁하는 비 성경적인 현상을 보고 있다. 이와 비슷한 사고를 가지고 교회가 KPM과 개개의 선교사에게 자신의 역량에 따라 선교사들끼리 경쟁하면서 모금을 하도록 요구하는 것은 결코 공교회적인 선교 재정 행정 방식이 아니다. KPM 초기의 재정 모금에 대한 사고는 상당히 공교회적이었다는 것을 후대는 기억해야 한다. 교단의 기류와 상관없이 KPM은 자체적으로 흑자 계정 선교사가 동료애를 발휘하여 적자 계정 선교사에게 자기 계정의 선교비를 자발적으로 계정 이동하는 전통을 만들어 왔다. 이러한 예는 한국 어느 교단과 선교단체에도 없는 것으로써, KPM이 공교회적, 성육신적 선교의 본질을 재정 정책에서 추구하고 있다는 반증이다.

"남후수 선교사가 1987년 필리핀 선교사로 파송 받을 때까지 만해도 교단 선교부 총무였던 김영진 선교사의 선교후원 정책은 모든 선교사는 총회선교부 소속 선교사로서 총회선교부가 후원한다는 정책이었다. 다시 말하면 선교비는 각 선교사가 모금하는 것이 아니고, 총회선교부가 모금하여 각 선교사에게 송금한다는 정책이었다. 아마 그것은 김영진 선교사 자신이 파송 받을 때의 정책이었기에 그 정책을 적용한 것으로 생각된다. 물론 파송 이전에 선교사 본인도 모금을 하지만, 그것은 어디까지나 선교부의 대리인 자격으로 선교부를 위하여 모금하는 것이지 본인의 선교비를 모금하는 것이 아니었다. 김영진 선교사가 선교부 총무를 더 이상 오래 담당하지 못하고 한 목회자가 총무를 맡으면서 이런 정책도 폐기되고 필리핀 이후로는 선교비 모금도 선교사 개인의 각개 활동으로 바뀌어 졌다. 이것은 참 아쉬운 점으로 남는다."[97]

6. 선교사 은퇴

KPM 선교사들은 2020년부터 2035년까지 115유닛이 은퇴한다. 이는 매년 평균 8유닛이 은퇴한다는 것을 의미한다. 그리고 이는 최근 평균 250유닛 중 45%에 해당하는 수치이다. 이와는 반대로 신임 선교사의 숫자는 갈수록 줄어들고 있다. 선교사의 중간 탈락과 본부가 전략 지역으로 파송해야 하는 선교사의 숫자를 고려하면, 이전과 같이 은퇴하는 선교사를 대신하여 그들의 사역지로 보낼 후임자를 기대하기 어렵다는 의미이다. 이것이 KPM이 은퇴 전략을 새롭게 고려해봐야 할 시급한 이유이다. 한국선교연구원의 자료에 의하면 은퇴를 준비하고 있는가? 라는 질문에 선교사의 3%만 준비를 하고 있다고 답했다. 50%의 선교사들은 전혀 준비를 하고 있지 않다는 답을 했다.[98] 이 또한 은퇴에 대한 고민을 더 깊이 해야 할 이유이기도 하다. 본고에서는 먼저 KPM의 은퇴에 대한 지금까지의 논의를 살펴보면서 전반적인 은퇴 선교전략에 대한 흐름을 살펴보려고 한다. 이와 더불어 외국 선교단체들의 사례와 KPM 안에서 은퇴한 선교사들의 현재를 살펴보면서 은퇴 전략의 미래 방향을 그려보려고 한다. 특히, 한 가지 사실을 고려하려고 하는데, 지금까지 KPM 안에서 은퇴에 관한 논의는 현지 이양에 너무 편

---

97. 남후수 선교사 증언(2025. 04. 19)
98. "선교사에게 은빛 날개를" http://news.kmib.co.kr/article/view.asp?arcid=0008765889, 2021년 04월 14일 검색.

중되어 왔다. 이것은 지금까지 선교현장에서 재정과·행정 이양이 제대로 이루어지지 않고 있다는 부정적인 뉘앙스를 전제한다. 본고에서는 이양에 대한 강조와 더불어 보다 긍정적으로 은퇴 선교사들의 은퇴 이후 설계에 대해서 집중하려고 한다.

1) KPM 은퇴 규정과 이사회 결의사항

KPM 선교사 은퇴에 관한 규정은 KPM의 공식 문서인 정관과 시행세칙에 담겨있다. 이 외에 본부에서 만든 규정들(가칭)과 KPM 비전을 통해 은퇴에 관한 정책이 운영되고 있다. 정관 제5장 선교사 제26조(정년)에는 '선교사의 정년은 만 70세로 한다. 단 20년 이상 사역한 60세 이상인 자는 조기 은퇴할 수 있다.'고 규정하고 있다. 시행세칙 제2장 11조 멤버케어원 임무에서 '(9) 선교사의 은퇴 이후의 삶을 위한 디자인과 실제적인 도움을 제공한다' 고 명시한다. 이는 선교사 은퇴에 관한 업무가 멤버케어원 소관이라는 것을 의미한다. 제9장 44조 은퇴에서 '1. 선교사의 정년은 70세로 한다. 단 20년 이상 사역한 60세 이상인 자는 조기 은퇴가 가능하다. 2. 은퇴 선교사가 현지에서 계속 사역을 원할 경우 지역선교부의 동의와 이사회의 승인으로 지역선교부의 언권 회원이 될 수 있다. 3. 부부가 함께 선교사로 사역할 경우 같이 은퇴한다.'라고 규정한다. 제13장은 은퇴(퇴직) 선교사의 재정에 관한 부분이다.

제57-04차 집행위원회(2008. 03. 27)에서는 김 모 선교사가 청원한 본인 계정의 남은 재정을 본인에게 주는 문제를 다루었다. 김 선교사는 은퇴 후 경제적인 어려움을 당하게 되므로 본인 계정에 남은 일부를 지급해 주기를 청원했다. 이에 집행위원회에서는 개인 선교계정은 개인의 소유가 아니고 공적인 선교비라는 제49-04차 실행위원회(1999. 11. 18)의 결정을 근거로 김 선교사의 형편과 상황을 고려해 볼 때 안타까우나, 향후 모든 선교사의 은퇴 시 남은 재정 처리 문제를 고려할 때 혼란이 예상되므로 청원을 기각했다. 제57-06차 집행위원회(2008. 07. 22)에서는 '은퇴 선교사의 복음병원 진료비 50% 혜택을 위해 학교법인 이사회에 청원키로 가결하였고 이것은 현재 시행되어 은퇴한 선교사도 고신대 복음병원에서 50%의 혜택을 받을 수 있다. 제59-03차 집행위원회(2009. 12. 15)에서는 황 모 선교사의 은퇴 시 격려금으로 일천만 원을 지급할 것을 가결하였다. 이후 선교사들은 동일하게 이 규정을 적용 받을 수 있는 법안이 마련되었는데, 아마도 이전 결정 사항을 기억하지 못해서 제66-6차 KPM 이사회(2017. 06. 27)에서는 '은퇴 선교사 격려금 논의 건'은 은퇴 시 1천만 원을 지원하기로 하다' 라고 재차 결정하였다. 이 격려금의 재정은 매년 패밀리 계정에서 일억 원씩 적립한 것에서 지급된다. 제64-7차 KPM 이사회(2015. 08. 10)에서는 'KPM 은퇴마을 조성기금' 조성을 위한 청원에 대해 청원 건은 제64-4차 KPM(2015. 02. 10)에서 전략펀드 용처에 대한 규정 결의 내용(1. MK들을 위한 장학사업 2. 선교 인재 양성 3. 전문인 선교사 육성 및 지원 4. 선교 R&D를 위한 기금 5. KPM 패밀리를 위한 관리비) 중 결의된 용처에 6번으로 'KPM 은퇴마을 조성기금'을 추가하도록 허락하였다. 그러므로 만일 은퇴 선교사를 위한 주택 정책을 편다면 재원은 패밀리 기금에서 조성할 수 있다. 제67-5차 KPM 이사회(2018. 05. 08)에서는 은퇴 선교사 복지에 관하여 정책위원회에서 연구하기로 하였다. 그러나 이후 결과 보고는 없었다. 제67-7차 KPM 이사회(2018. 08. 10)는 은퇴 선교사 격려금 청원 건은 지불한 은퇴 격려금에는 항공료가 포함되었으며, 소급 적용하지 않기로 결정하였다. 2018년에는 KPM 이양 및 은퇴 매뉴얼이 만들어져서 제68-2차 이사회 및 정책 수련회(2018.11.27-29)에서 통과되었다. 제68-6차 이사회(2019. 07. 16)에서 이 안이 잠시 시행 보류되었다. 제69-3차 KPM 정책이사회(2019. 11. 19-21)에서는 은퇴 청원을 할 때에는 마이너스 계정 상환 계획서와 사역 및 재산 이양 계획서를 반드시 은퇴 청원서에 첨부하여 제출하는 것으로 결정하였다. 제71-2차 정책위원회(2022. 05. 23-25)에서는 파송 기간에 따라 은퇴금을 차등 지급하기로 논의했다(20년 이상: 일천만 원, 10년-19년; 칠백만 원, 6년 이상-9년; 오백만 원). 제70-3차 정책위원회(2021. 06. 15)에서는 선교사의 정년 적용에 관한 세부 규정(70-2 이사회 요청 안건)에 대해서 다루었다. 의제의 내용은 KPM 선교사의 정년 연한을 정하는 데 있어서 모호한 상황이 발생하여, 은퇴의 기준을 명확히 하고자 하자는 것이었다. KPM 선교사의 은퇴 기준은 각 선교사 유닛(가정)의 대표의 은퇴일에 맞추어 은퇴를 하도록 한다고 결정하였다. 즉, 최초로 파송 받은 주체 선교사가 누구인지에 맞추어 은퇴일을 결정하는 것이다.

2) 선교사 은퇴를 위한 논의들

KPM의 선교행정에서 선교사 개개인의 은퇴에 대해서 공식적으로 논의한 것은 그리 오래 전 일이 아니다. 이는 90년대 이전에 파송된 선교사의 수가 그리 많지 않았고, 당시에는 선교사 사역이양과 은퇴라는 출구전략 보다는 선교사를 파송하는 것 자체에 치중하는 시대였기 때문이다. 80년대 중후반에 파송된 선교사들이 최근 들어 대규모로 은퇴를 하고 있기 때문에 선교사 은퇴 문제는 한국교회 전체에 큰 관심사가 되기 시작했다. 2024년 기준으로 60명의 선교사가 은퇴를 했으며, 그중 49명이 정규 선교사이다.

선교사 은퇴와 관련하여 문서상으로 언급된 것은 1990년 김영진 선교사의 정년은퇴 시 1990년 총회선교부가 공로선교사 추대를 결의하고, 그해 9월 총회에서 은퇴기념예배를 드리고 총회의 공로패를 수여하게 된 것이다. 2001년 유환준 선교사가 은퇴를 할 때, 제50-08차 세계선교부 전체회의(2001. 08. 13)에서 유환준 선교사의 은퇴와 관련해서 총회가 금메달(10돈)을 만들어 선물한 기록이다. 이때부터 KPM은 비로소 은퇴에 관한 논의를 시작했다. 2014년 「해외선교」지는 특집으로 선교사 은퇴에 관해서 다루었다. 류영기 선교사는 '선교사 은퇴 문제를 위해 본부가 두 가지를 준비할 것을 주문했는데, 은퇴 후 생활비와 귀국 후 살아갈 집에 관한 부분이다. 이전에는 은퇴관에 관한 이야기를 많았지만 선교사들의 취향에 따라 선호도가 다르기 때문에 면밀하게 조사를 할 것을 주문했다. 그리고 본부는 선교사들에게 세 가지 은퇴 준비를 할 것을 요청했다. 먼저는 귀국을 위한 준비이다. 선교 현지에서 자신의 삶에 영향을 미친 사람들과의 작별을 위한 준비와 사역(이양)을 정리하는 시간을 가져야 한다. 두 번째, 육체의 돌봄을 위한 실제적인 준비를 해야 한다. 우리 선교부는 은급 제단에 가입을 하도록 하기 때문에 격려가 되지만, 은퇴 후에 본부와 후원교회들이 선교사들의 생활을 위해 좋은 것으로 섬겨 선교지에서의 고생을 위로하는 것이 필요하다. 세 번째는 영적 추구를 위한 준비가 필요하다. 나이가 들면서 주변의 변화에 새롭게 적응해야 하는데, 특별히 이 시기는 하나님과의 깊은 관계를 통해서 안정되고 평안한 노년의 삶을 누릴 수 있다. 자연스럽고 자유로운 영적인 세계가 주위 사람들에게 영향을 미칠 수 있다면 성공적인 영적 은퇴 준비를 했다고 볼 수 있다.'[99]

2015년 KPM선교 60주년 선교사대회 때에 시니어 선교사들이 늦은 밤 매일 따로 모여 이양과 은퇴 문제를 토론하다가, 2016년 5월 처음으로 'KPM S-60수련회' 모임을 가지게 되었다. '행복한 은퇴, 건강한 사역 이양' 이란 주제로 한 주간 진지한 배움과 논의의 시간을 가졌고 관련 자료집도 남기게 되었다.[100] 본부장이었던 김종국 선교사가 "건강한 사역의 이양"에 관하여 발제하였고, 신성주 선교사는 "시니어 리더십의 효과적인 리더십 이양"에 관해 발표했다. 멤버케어위원회 코디네이터였던 류영기 선교사가 "시니어 선교사들의 은퇴 준비"라는 제목으로 발표했는데 여기서는 선교사들의 정신적인 은퇴의 준비에 관하여 나누었다. 김영산 선교사는 "리더십과 자기관리", "익어가는 선교사 부부관계"라는 제목으로 강의했고 남후수 선교사는 "실버 선교사 시대를 만들자"는 제목으로 강의했다. 남 선교사는 실버 선교사의 성경적 당위성을 제시하면서 실버선교훈련원을 설립할 것을 제안하였다. 그는 실버 선교사의 역할을 단기 선교사, 지역 교회의 중보기도팀 운영, 선교동원가, 국내 이주민 사역 등 각자의 환경에 따라 달리 할 수 있다고 보았다.[101] 2016년 S-60 전략 수련회에서의 결의와 요청으로 본부에서 여러 논의를 거쳐서[102] 'S-60 은퇴 및 이양계획서'를 만들었다. 정년을 10년 남겨둔 선교사들을 대상으로 S-60모임을 열어서 이 계획서를 쓰게 하고, 차후에 5년을 남겨둔 시점에서 S-65를 열어서 이 계획서를 다시 쓰도록 기안되었다. 여기에는 이양에 관한 세부 사항, 즉 이양 공동체, 사역 이양, 권한 이양, 인적자

99. 류영기, "선교사의 은퇴와 그 이후의 삶", 「해외선교」 148(2014): 5-6.

100. 김영수, "선교사역의 이양과 철수", 『제4차 선교포럼: 변혁의 시대와 선교』, 376.

101. KPM S-60 수련회 자료집 『행복한 Retire 건강한 사역이양』. 이 글들의 일부는 2016년 해외선교지 봄호에 특집으로 실렸다.

102. 이 문서는 제6회기 2차 정책위원회(2016.12.19-20)에서 검토되어 확정되었다.

원 이양, 법인체 이양, 자산 이양 등을 기록하게 되어있다. 그리고 자기계발 계획과 은퇴 후 삶을 위한 준비에 대해서 기록한다.

2017년 미래전략포럼에서 김해진 선교사는 "고령화 시대; 선교현장을 섬기는 교회, 교회를 섬기는 선교현장"이라는 제하의 발제에서 실버 세대 동원을 주장했다.[103] 2018년 8월에는 KPM본부 주관으로 'S-65 전략회의'를 제주도에서 개최하여 향후 5년 이내에 정년 은퇴를 앞둔 12가정의 선교사를 초청하여 개별적인 은퇴 준비를 점검하고, 각자의 이양과 은퇴 계획서도 함께 검토하였다. 그 후 이어서 'KPM 이양과 은퇴 매뉴얼'을 만드는 작업도 완료하게 되었다. 'S-65전략 회의'의 목표는 세 가지였다. 1) S-65시니어들의 개별적 출구전략인 '이양과 은퇴 계획서'를 만든다. 2) 이양의 다양한 사례연구를 통해 'KPM 사역 이양 매뉴얼'을 만든다. 3) 은퇴준비를 위한 개별적 프로세스를 예측하고 행정적 지원 방법을 준비한다.[104] 김종국 본부장은 '사역 이양'이라는 주제 강의를 통해 선교사 은퇴를 이양에 초점을 맞추어 이양 프로세스를 반드시 가질 것을 주문했다. 이정건 멤버케어원장은 '은퇴 준비' 라는 제목의 강의를 통해 정확한 선교지 이양에 대한 강조에 이어서 은퇴를 위해 7가지를 준비하도록 권고했다. 먼저 은퇴 후 주택과 생활을 위해 은급금 이외에 국민연금을 들어 두는 것과 생활비의 일부(10%)를 저축하도록 권장한다. 두 번째는 이양을 위한 은퇴 매뉴얼을 만들 것을 권고했다. 세 번째는 은퇴 전에 전문적인 자기 개발을 통해 은퇴 후 개인 자격으로 선교동원, 훈련사역, 상담과 컨설팅, 돌봄 사역, 기도 사역 등에 지속적으로 참여할 것을 권고했다. 네 번째, 선교사들은 자신의 사역을 정리하여 회고록을 집필하는 것이 KPM 선교에 크게 기여하는 것이므로 이를 준비하도록 한다. 다섯 번째, 은퇴 후 거주할 주택 문제에 대한 고민은 개인보다는 본부와 교회의 고민이라는 것을 언급했다. 마지막으로 은퇴 후 선교사들이 한국교회와 사회에 적응할 수 있는 기회가 마련되어야 한다. 기독교 업체 등에서 경제 활동을 할 수 있는 기회를 제공해

---

103. 김해진, "고령화 시대; 선교현장을 섬기는 교회, 교회를 섬기는 선교현장", 『2017 KPM 미래전략포럼』.
104. 김영수, "선교사역의 이양과 철수", 『제4차 선교포럼: 변혁의 시대와 선교』, 376.

주거나, 후배들을 위해 선교의 노하우를 전수해 줄 수 있는 장을 마련할 것을 지적했다.[105]

안용운 목사는 "선교사의 은퇴"라는 제목의 논찬을 통해 본부가 가지고 있는 은퇴와 관련된 정책이 실제로 어떻게 추진될 수 있을 지에 대해 다음과 같이 제안했다. 1) 은퇴 선교사 주거 마련을 위한 지원기금 운용제도 도입에 관한 건에 대해서 은퇴하는 선교사 1가정에 대해 5천만 원 한도 내에서 3년간 무이자로 대출하려고 하면 상당한 기금이 적립되어야 하는데 패밀리 기금에서 매월 일정액을 적립하는 안을 제안한다. 2) 은퇴준비위원회 구성에 관한 건에 관해서는 은퇴하는 선교사의 후원교회, 소속노회의 대표와 지역선교부와 본부 대표 등으로 구성하는 '은퇴준비위원회'를 본부의 지원으로 1년 전에 구성하여 구체적인 은퇴 준비를 하도록 해야 하는 안을 제안했다. 3) 은퇴 후 주택 마련을 돕기 위해서 해당 선교사의 후원교회가 그동안 지원한 후원비를 1년 분 추가로 지원하는 방안을 제안했다. 4) 주택보증금 확보를 위해 선교사들은 60세가 되는 해부터 은퇴 후 주거에 대한 준비로 주택임대 보증금(약 3천만 원) 확보를 위해 매월 일정액을 적립하도록 허용할 것을 제안했다. 5) 그리고 지역별 선교사 은퇴관을 확보하는 방안을 제안했다.

2021년 4가정의 은퇴 선교사가 은퇴 준비 리트릿에서 선교사 은퇴를 위해 몇 가지 발전적인 제안을 했다. (1) 복음병원은 은퇴한 선교사들에게도 진료비 50% 감면을 계속해 주기를 바란다. 세계로 병원에서는 초교파적 선교사들에게 전액을 지원하는데 복음병원은 교단 선교사들만이라도 지원해 주기를 바란다. (2) KPM에서 이미 작성한 "KPM 은퇴 매뉴얼"을 KPM 본부, 선교사회, 교회, 후원교회 협의회, 선교사 개인들과 공유하고 숙지하도록 하여 실제로 적용하기를 바란다. (3) 은퇴하는 선교사들에게 격려금을 줄 때도 타 단체(온누리 TIM선교회)처럼 기준을 정하면 더 좋을 것 같다. (예; 30년 이상 사역자 – 3천만 원, 20년 이상 사역자 – 2천만 원, 10년 이상 사역자 - 1천만 원) (4) 매뉴얼에 있는 대로, 매년

---

105. 이정건, "은퇴준비", 『KPM S-65 전략회의』, 11-13. 미출간 자료집.

<그림 20> 제13회 선교후원협의회 포럼(2023. 03. 27-28 경주)

'은퇴위원회'를 상시 가동하는 것을 제안한다. (5) 은퇴 선교사 격려금, 은퇴식 경비 혹은 기타 은퇴목적을 위하여 은퇴 적립금을 은퇴 5년 전부터 적립하는 것을 제안한다. (예: 매달 20만 원씩 x 12개월 x 5년 = 1,200만 원) (6) KPM 은퇴 선교 사회를 조직하여 은퇴 선교사 상호 친목과 관심사를 나누며 필요 시나 요청 시에는 현장사역을 지원한다. (7) S-60 수련회(1차 2016년 6월)와 S-65 전략회의(1차 2018년 8월)는 꼭 필요한 모임으로 지속하도록 제안한다.

2022년에 선교사 은퇴 문제를 담당하는 주무 부서의 멤버케어원장인 이정건 선교사는 그동안 은퇴 선교사 마을 조성에 관한 일관된 정책을 수정할 것을 제안하였다. 우선 그동안 사용하던 '은퇴 선교사 마을' 조성 개념을 바꾸어, 은퇴 선교가 한데 모여서 살도록 주거공간을 제공하는 전통적인 생각에서 좀 더 느슨하고 확대된 개념인 '은퇴 선교사를 위한 선교관'으로 변경할 것을 제안했다. "그래서 은퇴 마을의 개념보다는 1) 은퇴하고 귀국한 후 정착을 위한 정거장으로서의 선교관 개념, 2) 지치고 피곤하여 쉼이 필요한 선교사들에게 일정 기간 동안 쉴 수 있도록 거처를 제공하는 형태의 선교관 개념, 3) 심신의 치유가 필요한 분들이 일시적으로 머물 수 있는 공간인 선교관 개념 등 다양한 목적으로 특색을 가진 선교관을 준비한다. 어떤 개인이나 기관이 부지를 헌납할 때 여러 가지 형편을 살펴서 위의 3가지 정도로 분류하여 준비하면 될 것이다. 은퇴 및 안식년으로 들어

온 선교사들을 제외한 80% 이상의 선교사들이 선교지에 있다. 이들이 사역하는 가운데 지치고 힘들면 굳이 한국으로 나오지 않아도 좀 쉬고 사역지로 복귀할 수 있는 중간 쉼터를 12지역부에서 지역부원들을 위해 준비하면 더 좋으리라 생각한다. 왜냐하면 지역선교부가 일차적인 선교사 케어의 책임을 가지고 있기 때문이다."[106]

KPM의 문서에 나타난 은퇴에 관한 주제들은 주로 세 가지로 정리된다. 첫째는 정확한 이양에 초점을 두고 있다. 두 번째, 은퇴 후 노후 대책에 관한 것으로서 이는 주로 은퇴마을 조성과 관련된 것이다. 세 번째 은퇴 후 선교사들의 생활과 의료 대책에 관한 것이다.

3) KPM 선교사의 은퇴 절차

KPM은 만65세가 되는 선교사들을 위해 매년 S-65모임을 가지도록 한다. S-65 모임은 매년 만 65세가 되는 선교사의 은퇴를 잘 준비할 수 있도록 안내하기 위해 기획된 프로그램이다. 이 모임에서는 선교사들은 행정적으로 이양에 대한 준비, 은퇴를 위한 행정적, 정서적, 영적, 경제적 준비, 그리고 은퇴 후의 삶에 대한 계획 등에 대해서 안내 받게 된다. 은퇴 1년 전에는 지역부, 후원교회 그리고 본부가 은퇴준비위원회를 발족하여 선교사 은퇴를 본격적으로 돕게 된다.

은퇴 전 선교사는 사역 기간 동안 만들어진 연구, 서적, 중보기도, 행정문서 등을 포함한 자서전을 쓸 것을 격려한다. 이는 KPM 선교에 역사성을 덧입히는 일이고, 이것이 쌓이면 KPM에 선교 노하우가 늘어가는 일이기에 적극 장려된다. 은퇴 감사 예배는 보통 11월 하순이나 12월 평일에 열린다. 그전에 멤버케어원 주관으로 은퇴자 리트릿을 가지면서 행정적인 처리에 대한 부분과 은퇴 후 삶에 대해서 나누는 것이 필요하다. 선교사의 은퇴 시한은 은퇴 감사예배가 아닌 해당 연도의 12월 31일부로 은퇴한다. 은퇴 후 선교사들은 은퇴 선교사라는 이름을 가지게 된다. 은퇴 시에 본부의 위로금과 후원교회의 선물이 전달된다. 은퇴 후에 1

---

106. 이정건, "KPM은퇴 선교사를 위한 선교관." 미출간 인쇄물.

년 동안은 후원금을 그대로 받을 수 있도록 행정적으로 배려된다.

은퇴 후 본인이 사역하던 선교지로 다시 돌아가고자 할 때, 지역부와 협의를 거쳐 지역부 언권회원으로 받아들여질 수 있다. 만일 지역부에서 허락하지 않는다면 다시 협력부원으로서는 해당 지역으로 돌아갈 수 없다. 이때 은퇴 선교사는 행정 이양 중 재정 이양을 더욱 분명히 해야 한다. 은퇴 선교사의 재산은 현지인이나 현지 법인에 이양되거나, 아직 이양의 단계가 아니라면 모든 재산은 현지 지역부에 귀속된다.

4) 제2의 사역을 향하여

KPM 은퇴 선교사들의 은퇴 이후의 삶은 어떠할까? 지금까지 은퇴한 KPM 선교사들 가운데 절반 이상은 다시 선교지로 돌아가서 사역하고 있다. 지금까지 사례들을 보면 공식적인 은퇴 이후 건강이 허락하지 않은 선교사들은 대부분 한국으로 귀국하여 지내고 있다. 그러나 건강이 허락하지 않거나, 사역 이양을 마친 선교사들은 대부분 다시 본인이 사역하던 선교현장으로 가거나 선교와 관련된 사역을 한 것을 볼 수 있다. 2021년 60세 이상의 선교사 조사에서 절반가량의 선교사들은 은퇴 후 선교지로 다시 돌아가고 싶어 한다. 지금까지는 선교사가 은퇴 이후에 다시 자신의 선교지에서 계속 사역하는 것은 원칙적으로 권장되지 않았다. 그러나 은퇴 선교사들이 효과적인 사역이양의 부진, 후임 선교사가 오지 않아 사역의 현지이양을 위해 좀 더 사역할 시간적 필요가 있거나, 현지 선교부의 판단으로 사역의 조력과 지속이 유익한 경우 본인의 청원으로 일정기간 사역 연장을 이사회의 결의로 허가할 수 있게 되었다. 그러므로 미래 KPM의 은퇴 전략은 조기은퇴를 원하는 이들, 은퇴 후 한국에서 정착하고 싶어 하는 이들, 그리고 은퇴 후 사역지로 다시 돌아가고 싶어 하는 이들의 세 트랙으로 나누어서 생각해야 한다. 특히, 앞으로 신임 선교사 절벽 시대를 맞아 은퇴 후 선교사들이 다시 자신의 선교지로 돌아가서 사역하는 것에 대해서 조건부로 문을 열어주는 것이 필요하다고 판단된다.

III. KPM의 세부 정책

1. 비전 선언문에 나타난 KPM 선교정책 추이

KPM 초기의 정책 입안과 최근의 차이점은, 현재 KPM의 모든 정책들이 비전 선언문을 통해 일관성과 목표 지향성을 갖추고 있다는 점이다. 이 비전에 따라서 각 정책들은 고신선교포럼과 세계선교대회에서 다루어 졌으며, 중요성이 인정 될 경우 따로 모임을 가져 정책 입안을 하는 방식을 취하고 있다. 2005년 50주년 기념대회에서 발표된 "21세기 교단선교정책과 전략"을 위해 2004년 정책포럼을 가져 25개의 주제를 발제 했다. 최종적으로는 다음의 12개 정책들이 중점적으로 다뤄졌다. 1) 고신선교 50주년 회고와 평가 2) 개혁주의 선교신학 정립 3) 세계선교 동향과 고신선교의 역할 4) 여성 선교사 사역 활성화 5) 전문인 선교 자원의 개발과 동원 6) 교단선교훈련의 평가와 전략 7) 선교사 자녀교육 8) 선교사 케어 9) 현지 선교부 역할 강화 10) 선교재정의 효율적 운용 11) 해외 한인교회의 선교역할 12) 선교와 목회 리더십이 그것이다.

비전 2015에서는 1) 교단 선교 동원 2) 정규선교사 500명, 자비량선교사 1,000명, 단기 선교사 1,000명 파송 3) 전략적 선교지역 집중 4) 선교센터 건립 5) 개혁주의 신앙을 가진 현지지도자 양성을 위한 신학교육 활성화 6) 전문인 선교사/자비량선교사 양성 강화 7) 현지 선교부 역할 강화 8) 선교연구 활동 강화 9) 선교사 케어 시스템 구축 10) 교단선교 역량 극대화를 위한 방향모색이 그것이다.

비전 2020에서는 2020목표를 KPM을 톱브랜드 세계선교기관으로 육성, 1,000명 선교사 파송, 전국교회 선교동원, 1만 KPMer 동원을 통한 전략선교펀드 조성으로 잡았다. 이를 위한 3대 전략 방향으로는 (본부)연구훈련의 극대화로 글로벌 선교인재양성, (필드)현지 선교부 조직을 통한 팀 사역 강화, 그리고 (교회)지상명령에 올인하는 교회 중심 선교 활성화이다. 비전과 목표 달성을 위한 중점 추진 과제로는 KPM본부 사역의 전문화와 멀티리더십 운용, 선택과 집중전략으로 미전도지역 교회개척 극대화, 20개 지역 현지 선교부 조직과 역할 강화, 전문인선교 동원·훈련·파송 체재 구축, 교육과 훈련지원으로 국내외 선교교회 육성, 국내거주 이주민 선교의 전략적 지원이다.

비전 2030에서는 500개 교회 개척, 고단교회 70% 이상 KPM 선교에 동참, 선교사 100 유닛 파송(목회자 70, 전문인 30), 1만 KPM 패밀리 동참을 목표로 정했다. 그리고 구체적으로 어떻게 이 목표를 달성할 것인지 현장-교회-본부가 추진해야 할 중점과제도 정했다. 현장의 과제는 현지 지역부의 강화, 현지 교회 자립도 향상, 현지 교회와 파트너십 갖기, 현지지도자 양성 및 이양, 현지 교회와 전방 개척 선교, 디아스포라 선교, 통일선교를 중심과제로 정했다. 교회 부분에서는 전 교회가 KPM 선교에 적극 참여하는 방안, 교회 중심의 선교훈련, 동역노회와의 사역 안정화를 중심과제로 정했다. 본부 부분에서는 총회기관과의 협력강화, 인적/물적/영적 자원 동원 강화, 비대면 플랫폼 사역 강화, 교회 선교 역량 지원, 선교사 영성과 연구 역량 강화, 선교사 은퇴 대비, KPM 선교 기념관 건립을 중심과제로 정했다.

2. 전문인/자비량 선교정책

KPM의 사역은 정관에 명시된 대로 교회 개척을 위해 '모든 방법을 동원하는' 것을 포함하므로 전문인 사역을 전제로 하고 있으며, 개혁교회 문화관의 관점에서의 교회 개척 이후 이양의 조건은 근본적으로 선교지의 많은 영역을 하나님 나라로 변혁시키는 삶을 보여주는 전문인 선교사들을 필요로 한다. KPM 비전2020에서는 목회자 선교사 500명, 단기/전문인/협력 선교사 500명의 파송 목표를 세웠다. 비전 2030에서는 선교사 100유닛 파송(목회자 70, 전문인 30)으로 파송 전략을 세웠다. KPM은 전문인/자비량 비전 달성을 위해 여러 가지 전략적 시도를 해왔다. 고신복음병원에 '의료선교훈련원'이 2011년부터 시작되어 활발히 발전돼 왔다. 고신대학교 선교대학원 부설 '전문인선교훈련원'도 2003년에 시작되어 현재 29기 800여 명의 수료자가 나오고 그들 중 50여 명이 전문인 선교사로 파송되어 사역하고 있다. KPM이 시대의 열망에 부응하여 전문인 선교사를 더 늘여가야 하는 과제를 안고 전문인 선교사 파송을 위해 본부 훈련원 실무를 담당할 총무를 전문인 선교사 출신으로 세우고, 전문인 선교훈련(PMTC)프로그램을 만들어 실행하고, 전문인 선교포럼도 개최하였다. 선교축제를 위해 교회를 방문하면서 그들 안에 있는 무한한 전문인선교 자원을 발굴하기 위해 노력했다. 2013년 4월 22일-25일까지 치앙마이에서 열린 제1회 KPM 전문인 선교전략회의는 전문인 선교사의 정체성, KPM 전문인 선교사 사역 현황과 전망, 전문인 선교사 동원과 훈련, 효과적인 현장 팀 사역에 관한 4가지 주제를 다루었으며, 이후 1년 동안 KPM 전문인 선교 연구팀을 가동하기로 했다.

그럼에도 불구하고, 비전 2020 시행 이후(2010-2019) 전문인 선교전략 평가(2021년 비전 2020 평가 자료)에서 그리 좋은 점수를 받지 못했다. 이때의 평가 내용은 다음과 같다. '비전 2020이 마칠 때까지 전체 유닛 수의 6.5%가 전문인/자비량 선교사였다. 실질적으로 현장에서 전문인 신분(비자)으로 사역하는 선교사들은 32.7%이다. 이는 많은 목사 선교사(62유닛, 25.3%)가 보안 지역에서 전문인의 신분으로 비자를 해결하고 있기 때문이다. 그러나 엄밀하게 '전문적인 전문인 사역'이 아니라 '신분위장용 전문인 사역'을 하고 있다. 그 외의 대부분은 목사

<그림 21> 2013 KPM 전문인 선교전략회의(2013. 04. 22-25 치앙마이)

로서 전문인 사역을 하는 선교사들은 '전문인 사역의 비전문성'으로 인하여 신분 유지 정도의 차원에 머무르고 있다. 보안지역에서의 신분노출 위험으로 인해 전문인 사역을 신분유지를 위한 수단으로 보려는 경향 때문이다. 그러나 이런 분석은 현장의 다양한 상황과 내부자료에 의한 심층 분석이 결여된 평가일 수도 있다. 비전 2020을 따라 전문인 동원 정책을 실행했으나, 그 결과로 단 4명의 전문인만이 파송되었다. 자체적으로 전문인 동원훈련도 몇 차례 시도했지만, KPM의 선교사 자격 기준이 높아서(특히 나이 제한-55세 이하) 많은 선교사를 배출하지 못했다. 전문인 선교사 지원자가 적다. 전문인 선교의 영역이 개발되지 않았다. 조직적이고 전문적인 훈련이 부족했다. 지역선교부가 전인적인 팀 사역을 감당할 준비가 되어 있지 않았다. 현지 지역부에서 필요한 전문인 선교사를 본부에 청원하는 형태의 파송 체제가 고려되어야 한다.

2024년 말 기준으로 전문인은 48명, 자비량은 4명으로 전체 선교사의 약 10.5%로 상향되었다. 목사 선교사들과 비교해서 전문인 선교사들의 재정 모금 현황은 조금 더 나은 편이다. 전문인 선교사들의 일부(39%)는 자신의 전문성을 활용하여 사역하지 않고 목회적 사역을 하고 있다. 목사로서 창의적 접근 지역에서 전문인 사역을 하는 것을 허용하지만, 권장 사항은 아니다. 만일 전문인 사역을 준비한다면 좀 더 구체적이이고 실제적인 준비와 훈련의 과정을 필요로 한다. 반대로, 전문인 선교사가 독자적으로 교회 사역만을 하는 것도 바람직하지 않다.

3. 여성 선교사 정책

1980년 KPM이 처음 상설 기구인 해외선교국을 만들고 '해외선교업무규정'을 만들었다. 이 문서에는 "선교사의 아내는 선교사로 지명되지 않는다. 그의 제일의 의무는 남편과 자녀들을 위한 기독교 가정을 유지하는 것과 선교사의 사역을 돕는 것이다."고 규정하고 있다.[107] 이 규정은 1988년 9월 총회에서 수정하고, 선교사의 자격을 "선교부에서 추천하는 남녀 선교사 후보로서"로 수정하고, 선

---

107. 총회선교부, 「해외선교업무교규정」(총회선교부 해외선교국, 1980). 21조 1항.

교사 부인도 선교사로 간주하기로 규정하였다.[108] 이후부터 여성 선교사들도 동일하게 선교훈련을 받도록 했다.

2004년 1차 고신세계선교포럼과 2005년 세계선교대회에서 12가지의 주요 주제들 가운데 여성 선교사 사역의 활성화가 포함된다. 여기에서는 여성 선교사 스스로의 소명과 정체성 확립의 문제, 부인 선교사의 언어, 잠재력 개발과 사역 참여, 여성부 설립, 독신 여성 선교사의 장점을 살리는 활용 방안 등에 대해 논의했다. 2008년 2차 고신세계선교포럼에서는 여성 선교사의 동원과 사역개발 방안에 대해 보다 더 심도 있게 다뤘다. 부인 선교사라는 호칭을 '선교사'로 통일하자는 제안과, 여성 선교사의 사역 보고를 따로 하자는 제안, 여성 사역자 전문가 풀을 만들자는 제안, 여성 선교사들의 모임을 정례화하자는 제안, 여성부 신설을 제안, 여성 선교사를 위한 매뉴얼 제작, 파송 전 부인 선교사의 소명과 헌신을 확인하는 절차의 필요성 등이었다. 2014년 3차 고신선교포럼에서는 여성 선교사에 대해서 다루지 못했지만, 2015년 60주년 기념대회에서는 여성 선교사와 독신 여성 선교사의 역할과 이해에 대해서 각각 다루었다. 그러나 여성 선교사의 고충에 대해서는 다뤘지만, 정책적인 측면에서는 큰 진전을 이루지 못했다. 2019년 4차 고신선교포럼에는 여성 목사 안수 문제로의 접근이 아닌 여성 선교사의 성례권 문제를 본격적으로 다루었다.[109] 2024년 5차 고신선교포럼에서는 여성 선교사의 주제를 포함하지 않았다.

지금까지 도출된 제안 가운데 실행 중인 정책은 여성부 신설, 부인 선교사 역시 남편에게 속한 것이 아니라 하나의 선교사 개체로 보게 된 시각의 변화, 그리고 독립적이고 정기적인 여성 선교사 대회의 개최이다. 고신선교사회 주관으로 열리는 여성 선교사 대회는 2013년 홍콩대회를 시작으로, 스페인(2015), 러시아

---

108. 이상규, "고신선교 40년 개관", 『고신선교 40년』, 85.

109. 제57회 총회에 세계선교위원장 이용호 목사가 발의한 '특정지역 여선교사 한시적 세례권'에 관한 질의건은 부결되었다. 제65회 총회임원회 보고(2015년)에서도 다시 한 번 57회 결정 사항을 확인했다. KPM은 71회 총회에 다시 상정하려고 준비를 했으나 가능성이 희박하여 실제 상정되지는 못했다.

(2017), 일본(2019), 호치민(2023)에서 열렸는데, 쉼과 공감을 통해 여성 선교사들의 영육 간 회복을 도모하고 여성 선교사로서 정체성 재확인 및 역량 강화를 위해 격년으로 개최되고 있다.

4. 해외 디아스포라 교회 동원 정책

1980년 제정된 '해외선교업무규정'에는 선교사를 두 종류로 구분했다. 선교지의 토착민을 대상으로 하는 '선교사'와 해외의 교포전도를 위한 전도자는 '교포선교사'로 칭하기로 하고 이들의 팀 사역을 선교사 파송의 기본 정책으로 정했다. 총회선교부는 1981년 총회에 '해외교포 선교와 교단 확장을 고려하여 교포 선교사 명칭, 임면권을 금년만 선교부에 일임하여 주기를 청원했다. 이때 선교부의 생각은 세계 각국에 산재해 있는 교포들에게 적극적으로 선교활동을 전개하고, 이 지역에 인재를 양성하여 선교자원으로 사용하는 것이었다.[110] 1990년 40회 총회에서는 해외선교사의 노회원 자격문제를 다루면서 해외 총노회에 이명해주고, 전 소속 노회에서는 언권 위원으로 남게 하기로 결의했다. 그러나 해외 교민 목회자 중 교포 선교사와 선교사 칭호가 없는 목회자들 간의 정신적 균열을 이유로 교포 선교사 제도는 상당한 논란의 여지를 남긴 채 1996년 46회 총회에서 폐지되었다.

그러나 점증하는 교포교회의 필요성에 따라, 특수한 경우 교포교회를 개척할 때 선교사를 파송하도록 해외 업무 규정을 수정하였다. 그리고 2004년에는 (교포)선교사들이 해외 교단 노회에 협력이나 준회원으로만 참여하여 사역 협력을 하도록 KPM본부에서 결의했다. 이 정책으로 인해 혼란이 생겨, 2007년에는 선교사들이 자매 교단으로 이명해도 국내에서와 같이 선교사의 신분을 유지할 수 있도록 했다. 해외 디아스포라 교회의 동원 정책에 대한 필요성을 본격적으로 다시 논의하기 시작한 것은 2004년 1차 고신선교포럼에서이다. 여기서는 해외 동포교회와의 선교협력 방안이 제시되었고, 더불어 그동안 교단 해외동포 교회를 통한 선교가 미흡했던 이유에 대한 반성이 있었다. 선교를 화두로 본국 고신교단

---

110. 「1981년도 총회록」, 58.

과 해외교단 간의 관계 문제 정립에 대한 건의와 더불어 선교사 동원과 훈련, 관리 체계, 안식년 후원에서의 협력을 넘어서 동반자로 갈 수 있는 방안과 협력의 범위가 제안되었다. 2차 고신선교포럼에서는 교포교회가 "세계고신 동반자 관계 개발"이라는 메인주제로 격상되어 보다 심도 있게 논의되었다. 3회-5회 고신선교포럼에서는 이 주제가 다루어지지 않았다. 그럼에도 불구하고 미주총회와 유럽총회는 적극적이고 지속적으로 KPM과 관계를 맺고 선교를 하려는 의지를 표했다. KPM은 비전 2020 속에 한인 디아스포라 사역 선교사 파송 전략을 명시하였으며, 비전 2030에서도 디아스포라 선교를 지속적으로 지향하고 있다. 2024년 KPM은 32명의 사역자를 파송하여 전략도시에 디아스포라 교회를 직접 개척하거나, 교포교회에 선교사를 담임목사 혹은 부목사로 사역하게 하고 있다. 1986년 36회 총회에서 결의한 이후 교포 평신도 선교사의 파송은 이루어지지 않고 있다.

5. 국내 이주민 정책

KPM 국내 이주민 선교는 2005년 국내 체류 외국인을 대상으로 하는 선교사를 국내 외국인사역 선교사로 정의하는 것으로 시작되었다. 부산 외국인근로자 선교회에서 사역하던 정노화 선교사가 2007년 2월 28일 KPM 선교사로 허입되면서 KPM 국내 이주민 선교가 시작되었다. 당시 국내 거주 외국인은 100만이었다. 2008년 2차 고신선교포럼에서 다민족 시대의 국내거주 외국인 선교전략에 대해서 처음으로 논의되었다. 초창기라서 선교전략이나 샘플이 없는 고충이 토로되었다. 그럼에도 불구하고, 세계화 진행에 따른 이주시대의 도래에 대한 정확한 진단을 하였으며, 관문 도시 이주자 선교의 필요성, 비거주선교의 적극적인 활용과 한인교회의 역할의 중요성이 강조되었다. 또한 전문가 양성, 이주자교회 자립, 세계선교와의 네트워킹을 통한 제자 양육의 연계성 등의 제안이 있었다. 2011년과 2012년에는 KPM본부 훈련원이 주도하여, 2회에 걸쳐 고신교단 산하 교회들의 이주민 사역 현황을 조사하고 "국내 이주민선교대회"를 개최하였다. 초청된 약 60여 개의 교회 실무자가 현황을 보고하고 정보를 공유하는 사역을 추진하였다. 2019년 4차 고신선교포럼에서는 국내 이주민의 목표를 교회가 이주민 사역을 하도록 돕는 것, 이주민 선교를 목회의 관점이 아닌 선교의 영역으로 보고 KPM에서 주관하는 것, 교회의 사역 방향을 이주민 전문가를 양성하는 일에 두는 것, 해외선교사로 파송 전과 중간, 그리고 은퇴 후 이주민 선교에 관련시키는 것 등 진일보한 이주민 선교정책이 제안되었다. 「해외선교」 2016-4에서는 KPM 이주민 선교를 특집으로 다루었다. 2022년 6월 14일에 경주교회에서 고신총회 다문화선교위원회와 국내 이주민지역부와 연석회의를 가졌다. 국내 이주민지역부가 가진 전략을 교회와 소통하는 것의 중요성과 노회에 이주민 사역을 위한 네트워킹의 필요성이 제기되었다. 정규호 선교사는 KPM 이주민선교의 미래전략 현재 약 1% 정도의 고신교회가 이주민 사역에 참여하고 있다는 것을 가장 큰 문제점으로 지적하면서 사역모델 만들기, 글로컬(Glocal) 연계사역, 이주민사역의 표준화 작업, 연합 훈련과정의 운영을 제안했다.[111] 2024년 5차 고신선교포럼에서는 한국의 이주민 선교 상황이 변하여 교회와 센터가 접촉점으로 삼았던 부분을 정부가 담당하는 있다고 지적하면서 정부의 정책 흐름에 주시할 것을 주문하였다. 교회의 이주민 사역이 신뢰 관계를 통해 시작된다는 점이 강조되었고, 접촉점을 만들기 위한 교회의 전문적인 투자가 요청되었다. 또한 장기 체류자들이 늘어감에 따라 이주민이 교회의 일원이 될 수 있도록 하는 정책들이 주문되었다.

국내 이주민 지역부가 중점적으로 계획하는 것은 신임 및 재배치 경력 선교사 확대, 단기선교사 확대, 전문인 선교사 협력, 이주민 초청 행사, 사역자 훈련, 지역 거점교회를 통한 지역교회 사역 동원, 교단의 이주민 선교 플랫폼 역할을 할 교단의 이주민 선교 종합센터 추진, 이주민 선교 모델 개발 등이다. 이를 통해 2030년까지 설립교회는 교단 소속 노회에 등록교회가 되도록 노력하며, 지역교회가 세운 이주민교회들과 함께 이주민 노회를 구성하는 것을 목표로 삼고 있다. 2024년도 국내 이주민 사역자는 15유닛이다.

---

111. 정규호, "KPM 국내 이주민 선교의 미래전략에 대한 제언", 「KPM R&D Journal」 8(2022), 11—25.

6. 멤버케어 정책

현재 KPM 이사회 정관 7장 36조는 멤버케어원 내에 3년 임기로 20명 이내의 멤버케어위원회를 둘 수 있도록 정하고 있다. KPM의 멤버케어의 시작은 2004년 1회 고신선교포럼으로 거슬러 올라간다. 당시 "멤버케어"를 발제한 류영기 선교사가 멤버케어의 필요성을 강조하였고, 김영수 본부장에 의해 세계선교위원회 집행위원회에 상정되어 멤버케어 순회 선교사 제도가 도입되었다. 목회자 1명, 선교사 1명으로 팀을 구성하고, 전체 선교지역을 세 지역으로 나누어 각 권역별로 멤버케어를 시작하였다. 그러나 지리적인 제약과 목회자들이 각자의 사역에 바쁨으로 인해 효율적으로 운영되지 못했고, 국내에서 이 모임을 코디해야 할 필요성이 제기되었다. 2011년에는 보다 전문적인 기관의 설립에 대한 요구가 제기되어 순회 선교사 제도는 폐지되었다. 2012년 총회에서 멤버케어위원회 구성에 관한 안건이 허락되어서 내규 수정 및 첫 모임을 가지고, 정근두 목사를 위원장으로 멤버케어위원회가 발족하였다. 2013년에는 '멤버케어와 위기관리 세미나'를 개최하였다. 2015년에는 이정건 본부장의 건의로 이사회에 안식년 선교사의 재파송 심사에 멤버케어위원회의 평가서를 첨부하여 재파송 심사를 받도록 하였다. 2016년에는 KPM 이사회에서 멤버케어위원회의 사역을 행정화하는 멤버케어원 설립을 추진하여 총회에서 인준받았다. 이정건 선교사가 초대원장으로 부임하여 2017-2022년 9월까지 초대 멤버케어원장 직무를 수행했다. 1차 고신선교포럼에서 류영기 선교사는 멤버케어에 대한 필요성, 정의, 범위 그리고 실제 적용까지 광범위한 제안을 했다. 4차와 5차 고신선교포럼에서는 멤버케어의 한 부분인 선교사 이양과 은퇴에 관한 발제가 있었다.

현재 멤버케어원의 업무는 본국 사역을 마친 선교사들이 재파송 심사를 받기 전 사전 면담을 하고 소견서를 이사회에 제출, 본국사역 선교사 회복 프로그램(R&R)을 봄(4월)과 가을(10월)에 연 2회 실시, 매년 연말에 군 복무 중인 선교사 자녀들에게 성탄 선물을 보내는 일, 매년 어버이날을 앞두고 전체 선교사들의 부모님에게 선물을 보내는 일, 선교사 상담업무, 환자대상 케어 업무, 장례 업무, 혼례 업무, 군 입대 및 군복무 MK 지원 업무, 선교현장 방문 케어 업무, 멤버케어 교육 및 R&D 업무, MK 관련 지원 업무, 선교사들을 위한 정기 구독 도서 발송 및 우편물 관리 업무, 위기 관리 업무, S-65 프로그램을 통한 선교사의 은퇴와 이후의 삶을 돕는 업무, 추모공원 조성하는 등 은퇴 선교사 소천 시 장례 등 방대한 지원을 하고 있다. 선교사 은퇴 마을을 오랫동안 추진했으나, 현재 은퇴 마을 조성보다는 각 교회들이 은퇴 선교사관을 만들도록 유도하는 쪽으로 방향을 선회했다. 이후의 과제는 각 지역부에 지역장을 지낸 부원을 중심으로 멤버케어 코디 제도를 신설하여 협업하는 것이다.

7. 연구역량 강화

1970년대까지 우리의 선교는 연구를 통한 정책을 펴는 역량을 가지지는 못했다.[112] 1978년 전호진 박사가 유학 후 귀국하여 1982년 총회선교부 산하 선교개발연구원 원장으로 임명되었다. 당시 선교개발연구원은 전국적인 연구 조직을 1기와 2기로 나누어 만들었으나, 아직 전략적인 선교를 구상하기에는 역량이 부족했다.[113] 이후 선교사로서 첫 총무가 된 김영진 선교사 때에도 단순하지만 교회와 시대 상황을 반영한 선교정책을 가지고 선교를 했다. 1982년 고려신학대학원 내에 선교학회가 조직되어 30여명의 학회원들이 매주 모여 선교연구활동을 하였고, 총회선교부의 선교지도력세미나, 해외선교업무규정 제정 협력 등등 여러 활동을 지원하였다. 80년대 90년대에 파송된 선교사 대부분이 선교학회 출신들이다.[114] 1983년부터 선교개발연구원에서는 「선교회보」를 발행하였으며, 1984년 5호부터 「해외선교회보」로 개칭되었다. 1988년에는 「해외선교」로 다시 한 번 개칭되었다. 2020년부터는 선교사들의 기도 제목을 담은 「땅끝까지」와 구별하여 연구 전문지인 「KPM R&D Journal」을 계간지로 발행하여 KPM 선교의 전략들

---

112. 이상규, "고신선교 40년 개관", 『고신선교40년』, 57.

113. 2기 연구원이었던 남후수 선교사와의 대담 녹취.

114. 1. 12,000여 개 미전도 종족(unreached)에게 우선적으로 복음을 전한다. 2. 선교의 목표는 원주민 교회 개척사역; 원주민 지도자를 통한 '딸 교회' 설립(daughter church or younger church); 원주민 교회와 동반자 선교, 3. 선교가 금지된 지역을 위해 평신도 선교사 파송, 4. 선교부 강화; 선교행정의 연속성, 전문성, 기동성, 5. 타 선교 기관과의 연합, 6. 타문화 선교전략의 수립.

을 체계적으로 발표했다. 영자 「KPM R&D Journal」이 기획되기는 했으나 실행은 되지 못했다.

2003년에는 선교운동의 제반 정책적 효율성을 기하기 위해 선교정책위원회를 설치하기로 하고, 7인 위원을 선정하였다. 이상규 교수가 40년史 마무리 부분에서 밝힌 바와 같이 KPM은 아직 일관된 선교정책을 펴지 못하고 있었다.[115] 즉, 선교 연구를 전담할 기구가 KPM 안에 존재하지 않았다. 이런 의미에서 선교연구 역량 강화를 위한 구체적인 행정적 조치는 2009년 선교훈련원을 선교연구훈련원으로 개칭하고 R&D 담당 부원장직이 신설되면서부터이다. 그리고 선교정책위원회 인원을 7인에서 21인으로 증원하여, 선교후원교회 목회자들이 대거 선교정책위원(4년임기제)으로 참여하게 하였다. 이는 "KPM비전 2020"의 3대 중점전략 중 하나인 교회중심선교의 활성화를 위한 전략적 포석이었다.

2014년부터는 연구 역량 강화를 위해 연구국으로 분리하였다. KPM비전 2015부터는 선교 연구 활동 강화를 명시하기 시작했으며, 비전 2020에는 연구훈련의 극대화는 3대 전략 방안으로 명시되면서 그 중요성이 강화되었다. 비전 2030에도 연구 역량 강화가 명시되어 있다.

연구국은 연구 전문성 극대화와 KPM 선교의 역사성을 보존이라는 두 축을 기반으로 사역하고 있다. 「KPM R&D Journal」 발간, 지역부별 연구 서적 발간 등의 연구물을 발행하는 일뿐 아니라, 각종 세미나를 통해 현장에 필요한 교육과 정보를 전달한다. 또한 중요 정책의 변화를 요구할 경우 이사회에 속한 정책위원회와 함께 안건을 논의한다. 이후 안건은 본부 행정국을 통해 이사회에 상정되며, 이사회의 마지막 심의 과정을 거치게 된다. 2008년에 개편된 각 지역부에는 연구 코디가 선임되어 각 지역에 맞는 연구 전술들을 연구한다. KPM은 4년마다 개최되는 선교포럼을 통해 그동안의 선교사역을 평가하고, 향후 교단 선교의 방향 설정 및 전략을 모색해 왔다. 2004년 제1차 방콕 포럼 이후 2008년 제2차 치앙마이 포럼, 2014년 제3차 대전 포럼, 2019년 제4차 경주 포럼, 2024년 제5차 대만

---

115. 이상규, "고신선교 40년 개관", 『고신선교40년』, 116.

포럼을 지속적으로 개최하고 있다. 또한 포럼 이후 다루어진 선교 주제들을 보다 구체화시키기 위한 회의들이 연이어 개최되었다. 은퇴 선교사들을 위한 S-65전략회의, 해외 신학교육 네트워크인 KPMTEN(2016), 이슬람 사역을 위한 네트워크인 KPMMNET(2019), 현지지도자양성 위원회의 설립과 『현지지도자양성 매뉴얼』 발간, KPM 선교신학인 성육신 신학을 공식화한 KPM 선교신학 세미나, 언택트 선교를 위한 언택트 선교 세미나 등이 그 결과물이다.

8. 선교사 인적자원 동원 정책

　1988년 선교훈련원의 설립 이후 인적 자원의 동원은 선교훈련원의 몫이었다. 21세기 초반까지 인적자원에 대한 논의는 인적 자원의 효율적 배치에 관한 것이었지 동원에 있지 않았다.[116] 2004년 1차 고신세계선교포럼에서도 전문인 선교사와 여성 선교사의 전략적 동원에 대해서는 다루어 졌으나, 이때는 선교사 자원의 부족으로 인한 양적 동원에 초점이 맞추어 있지 않은 때였다. 인적 자원 활용이 아니라, 양적 동원에 무게를 둔 것은 2008년 2차 고신세계선교포럼부터이다. 이 포럼에서는 세 가지가 요청되었다. 먼저는 선교가 교회의 본질이라는 의식 전환 요청과 더불어, KPM이 고신 산하 기관들과의 네트워크를 통해 총체적인 선교 자원을 발굴해야 한다고 촉구했다. 둘째, 무작정 선교사를 파송하던 전략을 바꾸어 선택과 집중 전략지역으로 선교사를 파송하도록 요청했다. 셋째, 선교동원을 위한 시스템 구축과 선교 동원가의 필요성에 대한 요청도 있었다. 3차 포럼에서는 2차 포럼에 이어 보다 구체적으로 선택과 집중 지역에 대한 논의와 더불어 복음병원과 고신대, 그리고 SFC의 선교 동원에 대한 논의가 있었다. 2010년 후반부터 한국선교의 변곡점을 지나면서, KPM도 2019년 4차 포럼부터는 다음 세대 인적 자원의 동원에 대한 위기에 대해서 다루기 시작했다. 사회적으로는 인구 감소와 교회의 영적 헌신이 감소하는 등의 인적자원 감소에 대한 진단과 더불어,

---

116. 이상규, "고신교단 선교50년 개관", 편집위원회, 『교단선교 50주년 기념 고신선교백서』 (서울: 총회출판국, 2005), 79.

<그림 22> 2023 KUM 캠프(2023. 07. 06-08, 대전 헬몬수양관)

훈련원에서 실행 중인 232 차세대청년선교자원자운동에 대해서 소개했다. 발제에 대한 논찬으로 나선 최한규 목사는 232운동의 중요성을 감안하여 본부 실무자의 연속성을 강조했다. 그리하여 동원홍보국이 2022년에 신설되었으나 결국 이 운동은 한동안 사장되었다. 2023년에는 KUM(Kosin Youth Mission)이라는 이름으로 232 운동을 대체했다. 2022년 전라노회와 함께 동역노회 제도 안에서 차세대 자원을 노회와 더불어 개발, 훈련, 파송하는 제도를 샘플링 했다.

KPM 비전 2030 초안 작업을 위한 예비모임(2020. 11. 06-07)에서 제안된 인적 자원 동원을 위한 안들은 선교 헌신자 동원 및 훈련, KPM 예비 선교사 등록 및 관리, 신대원 선교학 전공자 관리, 노회에서의 선교 지원자 발굴, MK 헌신자를 글로벌 지도자로 양육, 범 고신교단교회에서도 인재 동원, SFC에서 선교 헌신자 관리 및 양육, 232 운동에서 선교 헌신자 관리 및 양육 전문인 사역자 동원, 외국인 유학생 관리 및 양육, 여성 헌신자 동원, 단기 선교사 동원이었다.

9. 4차 산업 혁명의 문명의 이기들을 이용한 선교적 대응

코로나로 인해 선교의 많은 부분이 비대면으로 진행되기 시작했고, 우리는 이전에 보지 못한 선교 패러다임의 변화를 통한 유익을 경험하기 시작했다. 과거에도 하나님께서는 바울의 선교팀을 위해 로마의 통일된 화폐와 코이네 언어, 안전한 도로망 등을 준비해 주셨다. 이제 4세대 선교라고 불리는 새로운 시대를 가능하게 만드는 4차 산업 혁명의 문명의 이기들이 우리의 선교 지형을 바꾸어 나갈 것으로 예상된다. 그 중에서 KPM이 선제적으로 대응해야 할 몇 가지를 키워드를 통해 살펴보고자 한다. 앞에서 언급한 언택트 사역, 플랫폼 사역, AI를 이용한 사역이 그것이다.

1) 인터넷 영토: 언택트 선교

코로나가 우리 삶의 가장 기본적인 조건 가운데 하나인 공간에 대한 개념을 바꾸어 놓았다. 이제 인터넷이 새로운 영토로 자리 잡고 있다는 것은 선교의 새로운 도전이자, 기회이며, 이미 현실이다. 인터넷 영토 안에서 다양한 창의적인 선교사역들이 일어나고 있다. 그 중에서 언택트 선교는 우리가 반드시 눈여겨봐야 할 새 술을 위한 새 부대이다. KPM은 2021년과 2022년 연구국 주관으로 다섯 차례의 언택트 선교 세미나를 개최하였고, 언택트 선교를 현장에서 구현하는 단계로 나아가고 있다. 예전과는 다르게 실시간 쌍방향 소통이 가능한 인터넷 공간에서 복음을 광고하고, 반응하는 이들에게 개별적으로 복음전도, 제자훈련, 인터넷 상에서 세례, 가상공간 교회, 가상공간 신학교를 운영할 수 있게 되었다. 어쩌면 우리 시대에는 영적으로 씨 뿌리는 방법에 대한 발상의 전환이 필요한 것 같다. "더러는 좋은 땅에 떨어지매 어떤 것은 백 배, 어떤 것은 육십 배, 어떤 것은 삼십 배의 결실을 하였느니라"(마 13:8) 전통적인 방식은 씨 뿌리는 자가 땅을 찾아다니면서 뿌리는 방식이었다. 그러나 인터넷 안에서는 뿌려 놓은 복음 광고를 보고 구도자들이 찾아오는 방식이다. 언택트 선교는 보안 지역에 대한 새로운 도전이 될 것으로 예측되며, KPM은 현재 일부 이슬람권에서 언택트 선교를 하고 있다.

2) 플랫폼 사역으로의 전환[117]

플랫폼과 관련한 4차 산업 시대의 특징을 초연결성, 초지능성, 예측 가능성, 빅데이터와 쉽고 빠른 정보의 유통 등으로 들 수 있다. AI 기반의 인터넷은(초연결성) 막대한 데이터를 분석하여 일정한 패턴을 파악하여 (초지능성), 그 분석 결과를 토대로 인간의 행동을 예측하는 것이 가능해진다. 이 데이터들이 기하급수적으로 빅데이터가 되고 있다. 그래서 예측된 수요자 중심의 작업이 가능해진다. 이것이 의미하는 바는 선교에서도 빅데이터를 바탕으로 현장의 필요에 대한 민감도와 반응의 속도가 획기적으로 빨라질 수 있다. 2021년 KPM본부도 위에서 언급한 대로 구글 클라우드 기반의 플랫폼을 구축하여 빅데이터를 구축하고 있다. 본부의 클라우드 안에 세워진 플랫폼은 손쉽고 빠른 정보의 유통을 위한 역할을 하게 된다. 플랫폼 선교의 관건은 사용자인 선교사들과 교회가 매력을 느낄 만한 내용(contents)으로 플랫폼을 무장하느냐에 달려있다. 사용자인 현장의 선교사들이나 교회들이 고신의 공식적인 선교 주관 단체인 KPM 본부를 통해 독점되는 구조를 가지고 있다는 장점을 살려서 클라우드 기반 디지털 도서관, 사이버대학, 구글 클라우드/MTAS를 활용한 양방향 선교행정, 언택트 선교 강화, 사역 기능별 네트워크(KPMTEN 등), 원격진료 등의 무궁무진한 사역을 진행할 수 있다. KPM은 지난 2차 고신세계선교포럼에서 이미 IT를 이용한 선교 클러스터 구축이 제안되었고, 5차 포럼에서는 AI(Artificial Intelligence)를 KPM 선교에 접목한 구체적인 로드맵이 제안되었다.

IV. 나가는 말

선교단체가 정책을 연구함에 있어 고려해야 할 중요한 세 가지 요소는 역사성, 통일성, 그리고 전문성이라고 할 수 있다. 역사성은 연구를 위한 일정한 매트

---

117. 권효상, "4차산업혁명 시대 KPM 선교 플랫폼구축을 위한 제언", 「KPM R&D Journal」 2(2021): 93-101.

릭스(matrix)가 유지되는 것을 전제로 한다. KPM의 정책은 개혁교회를 건설함으로써 하나님 나라를 이루어 가는 방식이다. 70년 KPM 정관 가운데 이 선교정책 진술은 한 번도 변한 적이 없다는 것 자체가 전체적으로 보면 각각의 세부 정책들이 긍정적인 변화와 발전을 거듭하게 하는 원동력이었다고 볼 수 있다. 특히 2000년대에 들어오면서 KPM은 10년 단위의 비전 제시를 통해 전체적인 정책을 세우고 있다. 제시된 비전은 선교대회 일년 전에 열리는 고신선교포럼을 통해 구체적으로 점검되고 있으며, 필요에 따라 특정 주제들은 포럼이나 세미나를 통해 좀 더 깊이 연구되고 있다. 이러한 정책 연구의 매트릭스가 KPM 안에 잘 정착되어 있다는 것은 고무적인 일이다. 그리고 선교 연구를 알리는(output) 매트릭스를 잘 유지하는 것도 중요하다. 선교 연구의 주된 주체가 되는 연구국과 연구 코디들, 그리고 선교사들의 연구를 발표하는 장이었던 「KPM R&D Journal」이 단절된 것은 연구의 역사성을 단절시킨다는 의미에서 심각하게 받아들여야 한다.

선교신학, 선교정책, 그리고 선교전략은 KPM 전체 선교사가 공유하고 한 방향으로 나아가야 하는 공통의 직무이다. 그리고 이것을 자신의 지역과 현장에 맞추어서 선교 전술을 세우는 것은 각각의 선교사와 지역부의 직무이다. KPM 선교 중반부터 우리가 가진 정책들을 시행하는 근거가 될 수 있는 선교신학이 무엇인지에 대한 질문들이 제기되었다. 2021년 KPM은 이 땅의 첫 선교사이신 예수님께서 보여주신 성육신의 방법만이 성경적인 선교의 방식임을 인정하면서, 성육신 신학이 KPM의 공식적인 선교신학임을 공표했다. 앞으로 70년 동안 KPM이 연구해 갈 선교정책의 주제들 또한 성육신 신학의 빛 아래에서 통일성을 가져야 한다. 그렇게 할 때 선교현장이 통일성을 가지고 원활한 선교를 해 나갈 수 있다. 지역부가 구사하는 전술은 본부가 가진 전략과 비전 선언과 일치되어야 하고, 전략과 비전은 우리의 선교신학인 성육신 신학에 부합하여야 한다.

과학에 그 시대를 선도하는 '범용기술'이 있듯이, 선교에도 범용기술들이 있어왔고 현재에도 중요한 범용기술에 해당하는 주제들이 많다. 난민 선교, 이주민 선교, 전문인 선교, 플랫폼 선교, 시니어(선교사) 동원, 언택트 선교, 보안지역 선교 지속성, 속인주의 선교, 재배치와 순환배치, 영역 선교, 인적 물적 선교 동원 등이 선교의 범용기술에 해당한다. 이러한 선교의 중요한 범용 이슈들이 우리가 처한 불확실한 미래 선교 상황의 필요와 코드가 일치한다면 반드시 산업혁명과 같은 파급효과를 가질 수 있다. 지금까지 KPM의 전략들은 각 시대가 요청하는 선교의 전문성을 어느 정도는 KPM 비전들 안에 녹여 냈을 뿐 아니라, 현장에 반영하였다고 자평할 수 있겠다. 한국 선교의 고질병인 물량 선교, 돈 선교, 프로젝트 선교를 지양하기 위해서는 KPM이 지속적으로 우리 선교의 목표인 개혁교회의 건설의 의미를 명확히 하고, KPM의 선교신학인 성육신적 선교(사랑의 선교)가 KPM형 선교 플랫폼 속에서 어떻게 구현되어야 하는지 그 정책들을 구체적으로 궁구해야 할 책임을 가진다.

고신선교 70년史

제3부

고신선교 70년 행정사

고신선교 70년史

고신선교 70년 행정사

하민기(KPM은퇴 선교사, 대만객가선교신학원 교수)

I. 들어가는 말

기독교 신앙은 기본적으로 역사적 종교며, 신앙이다. 과거의 역사를 알아야 현재 우리의 상황을 알 수 있다는 것이 역사가들의 주장이다. 역사적 사실을 과거를 통해 공(功)과 실(失)을 배우므로 현재 우리가 직면한 문제의 해결책을 도출할 수 있다. 따라서 역사는 과거와 현재의 대화이다.[1] 이러한 대화를 통해 과거를 이해할 뿐 아니라 현재 우리가 어느 방향으로 가야할 지를 가늠할 수 있다. 기독교를 역사적 종교라고 할 때 모든 역사는 하나님의 역사(His Story)이다. 다시 말해서 하나님이 자기 백성을 통해서 일하신 기록이 역사이다. 2025년 4월 29일은 교단 선교부가 시작된 지 70주년이 된다. 성경신학적 관점에 따르면 70년은 7년의 안식년의 열 배에 해당하는 완전 수이고, 바벨론 포로에서 해방되어 예루살렘으로 귀환하는 해로 하나님이 그의 백성을 긍휼히 여기시는 해를 상징하기도 한다. 고신교단 선교가 변화무쌍했던 한국 근현대사의 눈물과 질곡, 탄식과 감격의 씨줄과 날줄 사이에 70주년을 맞는다. 이에 대한 역사적 기록은 단순히 사실의 나열을 서술하는 것이 아니라, 일어난 사건에 대한 설명을 통해 그 사실을 해석해

---

1. 에드워드 카(E. H. Carr), 『역사란 무엇인가』, 권오석 역 (서울: 홍신문화사, 2007). 7.

야 하는 중차대한 사명을 가지고 있다.

역사적 사실을 해석함에 있어서 두 가지의 관점으로 해석할 수 있다. 즉 내부자적 관점(emic view)과 외부자적 관점(etic view)이다. 70년의 고신선교역사 속에 필자는 후반부 38년을 교단 선교에 참여해 왔다. 이로 인해 필자의 관점은 내부자적 시각에 치우친 해석을 할 가능성이 있다. 동시에 외부자적 관점으로 내가 속한 교단 즉 "우리 가족의 이야기"를 보다 객관화시켜 기술하려 한다. 본고는 "교단선교 70년 행정사"라는 제목으로 전개하며, 특히 교단의 선교목적, 조직과 행정, 해외단체와의 협력, 선교훈련, 그리고 재정을 중심으로 살펴볼 것이다. 먼저 II장에서는 KPM[2]의 조직과 행정의 발전사를 개괄해 볼 것이다. KPM의 조직과 행정이 KPM 선교의 목적을 이루는 데 적합한지 여부를 살피고 이에 대한 평가를 내릴 것이다. 제 III장에서는 해외선교단체와의 협력 관계를 살펴볼 것이다. KPM의 선교목적 진술인 개혁주의 신앙의 세계교회 건설을 위해 고신총회세계선교회와 해외선교단체와 어떻게 관계를 맺어 왔고, 맺어야 할지에 대한 주제를 다룬다. 제 IV장에서는 선교훈련 역사를 다룬다. 이 장에서는 교단선교목적을 이루는데 필요한 국제적인 인재들을 어떻게 양성해 왔으며, 어떤 방향으로 나아가야 하는 지를 논하려 한다. 마지막으로 제 V장에서는 현재 KPM이 한국에서 보유하고 있는 재산과 관련하여 간략히 소개하므로 본고를 마치려 한다. "역사는 과거와 현재와의 대화다"는 말은 이후 세대에도 변치 않는 명제이다. 필자의 소견으로는 "역사는 과거와 현재와의 대화를 통해서 미래를 예견하는 예언자적 통찰"이라고 정의를 내리고 싶다.

II. KPM의 조직과 행정 발전사

행정에 대한 일반 사전전인 의미는 두 가지로 정의된다. 넓은 의미의 행정은

---

2. KPM(Kosin Presbyterian Mission)이란 명칭은 1994년 KPM이 처음 홈 페이지를 구축할 당시, 도메인을 Korea Presbyterian Mission으로 등록한 것에 기인한다. 이 영문 명칭은 차후에 교단 전체의 영문 명칭을 통일하는 과정에서 KPM(Kosin Presbyterian Mission)으로 변경하게 되었다.

고도의 합리성을 수반한 인간 노력의 한 형태로 보고, 좁은 의미의 행정은 정부 관료제 중심으로 이루어지는 제반 활동을 지칭한다. 하지만 KPM 안에서 행정이란, 하나님의 활동에 걸림돌이 되는 것을 제거하므로 하나님이 막힘없이 역사하실 수 있도록 여건을 조성하고 무대를 만들어 가는 노력이다. KPM의 행정은 일반 세속사회에서 말하는 행정과는 차이가 있을 수밖에 없다. 성경의 용어를 중심으로 행정의 의미는 다음과 같다.

1) διακονία/diakonia: "섬기는 일, 직분, 봉사, 직무, 섬김"등의 의미
2) ὑπηρέτης/huperetes: "아래에서 노를 젓는다" 라는 뜻, "관예(官隷), 일군이 된자, 하속, 맡은 자, 종, 수종자" 등으로 번역된다.
3) κυβέρνησις/kubernesis: "키를 잡다"는 말에서 유래. "다스리는 것, 선장"등으로 번역된다.

영어에서 행정을 의미하는 말 administration은 라틴어 *administrare*에서 온 말로 "섬기다, 봉사하다"는 뜻이다. 진정한 행정은 "봉사와 섬김"의 정신으로 소속된 공동체 즉 KPM의 멤버들을 섬기는 것이다. 이러한 정의에 근거하여 본 장에서는 KPM 이사회 조직의 발전사와 KPM의 실제적인 행정 사역을 담당하고 있는 총무/본부장 및 훈련원, 연구국, 그리고 멤버케어원을 포함한 실무진의 선교행정 사역과 역할이 어떻게 발전해 왔으며, 그 사역이 KPM의 목적인 개혁주의 세계교회 건설을 달성하는데 적합했는지 여부를 평가해 보려고 한다.

1. 총로회[3] 조직부터 총회상비부 내 선교국 조직 전(1952년-1980년)

이상규 교수에 의하면 고신교단이 시작된 1952년 총로회가 조직될 당시 임사부, 전도부, 신학부, 종교교육부, 학무부, 현의부, 구제부, 면려부, 규칙부, 재정부 등 10개의 상비부가 설치 되었지만 해외선교와 관련된 부서는 없었다.[4] 해외선

---

3. '총노회'를 '총로회'로 표기한 것은 당시의 한글 표기법을 따른 것이다.
4. 이상규, "고신교단 선교50년개관", 『교단선교 50주년 기념 고신선교백서』 (서울: 총회출판국, 2005),

교를 위한 상비부 조직은 1955년 4월 19일 부산남교회에서 소집된 제4회 총노회에서는 해외선교를 관장할 상비부[5]의 필요성을 절감하고 "선교부를 조직하기로 가결하고 부원은 12명으로 하기로" 결의하였다.[6] 이 결의에 따라 교단 제7회 총회 회기 중이던 1957년 9월 20일 부산남교회당에서 최초의 대만 선교사 파송식이 거행되었다.[7] 김영진 선교사는 총회의 파송을 받아 선교지에 도착하기까지 당시로서는 상당히 복잡한 여권 발급 및 비자 수속 과정을 거쳐 1958년 5월 16일에 대만에 도착하였다. 그는 1990년 은퇴하기까지 32년 간을 대만 선교사로서 사역하였다.[8] 1957년 당시 총회가 선교사를 파송할 당시의 상황을 전호진 교수는 이렇게 묘사한다. "선교정책을 어떻게 세워야 할지도 몰랐으며, 훈련할 장소도 없었다. 선교 방법 연구나 선교사 교육은 받지 못하였어도 다만 선교지에 나가 열심히 일하여 열매를 맺어야 한다는 생각뿐이었다."[9]

유환준 선교사는 김영진 선교사 파송 15년 후인 1972년 9월 부산 부민교회에서 회집된 제22회 총회에서 대만에 선교사로 파송되었다.[10] 유환준 선교사 역시 한국에서의 목회사역 정리와 복잡한 수속 과정을 거쳐 1974년 1월 18일에 한국을 떠나 대만에서 2001년 은퇴할 때까지 27년간 선교사역을 하였다. 김영진 선교사는 초기 선교사의 상황을 다음과 같이 술회하고 있다. "그 당시에는 선교사를 파송하는 총회선교부 역시 사람만 선교지에 보내면 선교가 되는 줄 알았고, 선교사를 훈련하는 곳도 선교를 배울 곳도 없었다. 또 선교지를 미리 답사하여 정보를 얻을 수

18.

5. 상비부 조직은 총회에서 총대들 중에서 매년 10명씩 선교부원을 선출하여, 1년조, 2년조, 3년조로 나누어 3년이 지나면 선교부원들이 모두 바뀌는 제도이다. 30명 이상이 모여 회의를 하는 데 효율성이 떨어지고, 회의 진행에 어려움이 많기 때문에, 그들 중에 또 부장, 서기, 회계를 포함한 실행 위원 9명을 선정한 후 실행위원회를 통해 선교부의 업무를 집행하는 조직이다.

6. 이상규, "고신교단 선교50년개관", 18.

7. 이상규, "고신교단 선교50년개관", 21.

8. 이상규, "고신교단 선교50년개관", 22.

9. 전호진, "고신선교 40년의 전략적 고찰", 『고신선교 40년』 (서울: 총회출판국, 1998), 121.

10. 전호진, "고신선교 40년의 전략적 고찰", 24-25. 유환준 선교사의 생애와 사역에 관해서도 두 권의 책이 출간되었다. 김영산, 『웨이요 예수: 유환준 선교사의 사역과 리더십이야기』 (서울: 생명의 양식, 2012); 유환준, 『예수께서 살리셨다』 (부산: 자유의 숲을 거닐다, 2023).

<그림 5> 대만선교50주년 기념방문

있는 것도 아니고 선교정책이나 방향을 논의해 볼 수도 없는 상황이었다."[11]

　이 시기의 선교부의 행정은 상비부 조직은 있지만 전담 총무가 없었고, 해외의 선교사를 관리할 노하우가 전혀 구축되지 않은 시기였다. 교단적으로 순교자적 신앙의 열심으로 선교사를 파송하였지만, 선교사를 구체적으로 케어하고, 행정적인 지원을 할 역량과 실력이 부족한 시기였다. 무엇보다 선교정책을 수립하고 이를 효과적으로 추진할 수 있는 전문 인력이나 행정적 뒷받침이 전무했다. 국내 목회가 힘든 시기에 선교사에게 많은 경비를 지원하기가 힘들었고, 정기적인 선교비를 모금하고 송금하는 방안이 구축되지 않은 시기였다. 이 시기의 선교부 조직과 행정의 중요한 변화를 정리하면 다음과 같다.

---

11. 김영수, 『선교지 대만에서 역사하신 하나님』, 30.

선교부 조직	1955년 4월 19일 제4차 고신총회
전도부에서 독립된 선교부	1983년 제33회 고신총회
총회선교부	1999년 제49회 고신총회
세계선교위원회	2002년 제52회 고신총회
고신총회세계선교회	2015년 제65회 고신총회

<표 6> KPM 선교부 조직의 변화와 총회의 결의[12]

2. 선교국 조직부터 전담총무제(1980년-1987년)

1980년 9월 총회 이후로 교단의 해외선교 업무를 보다 효과적으로 관장할 수 있도록 하기 위하여 총회 선교부 산하에 '선교국'을 설치하도록 하였고, 그 사무실을 부산남교회에 두었다. 부산남교회 신명구 목사가 선교국장에, 1982년에는 서울중앙교회 김사엽 장로가 총무로 임명되었다. 김사엽 총무는 "동남아 10명의 선교사 파송 운동"이라는 비전을 가지고 인도네시아 선교와 필리핀 선교를 하는 데 큰 역할을 감당하였지만, 1986년 9월 11일 개인 사정으로 사임하였다. 이 시기 부산 거제교회 이우성 장로가 무보수 간사로 봉사하였다. 1984년 2월 1일자로 신대원을 졸업한 김영수 강도사(1984. 02. 01-11 30까지 10개월 근무)가 간사로 일하면서 선교부의 행정업무가 조금씩 정비되어 갔다. 후에 그는 부산고운교회를 개척하여 섬기다가 1991년 중국으로 파송되었다(1991. 07. 16 파송). 김영수 목사를 이어 남후수 목사 (1984. 12. 01-1987. 02. 28까지 2년 3개월 근무)가 간사로 근무하였고, 후에 필리핀 선교사로 선정되어 파송되었다(1987. 08. 26 파송).

---

12. 김영산, "KPM선교 본질과 미래-고신선교 KPM비전 2020 전후를 중심으로", 『제4차 고신선교포럼』 (대전: 고신총회세계선교회, 2019), 61.

3. 전담 총무제부터 본부장 제도(1987년-2024년)

1) 전담총무제 시기(1987년-2007년)

1986년 9월 교단총회는 선교행정 특히 재정 문제를 책임 있게 관장할 전담 총무가 필요하게 되었다. 선교부는 선교현장 경험이 있고, 재정과 행정에 밝은 전담 총무를 요청하게 되었고, 선교사 은퇴를 3년 남겨둔 김영진 선교사를 연중 절반씩 한국과 대만에 근무하도록 결의하였다.[13] 그는 각각 매 3개월씩 일년에 4차례 한국과 대만을 오가면서 대만 선교와 한국 본부 사역을 감당했다. 김영진 선교사는 1987년 2월 9일부터 1990년 9월 17일까지 대만의 선교사와 본부 총무의 이중직을 감당하면서 은퇴하는 시기까지 사역하게 되었다. 김영진 선교사가 일년에 6개월씩 자리를 비움에 따라 선교부 행정을 담당할 전임간사가 필요했다. 이에 이순복 강도사가 1991년에 시에라리온에 선교사로 파송되기까지 4년 간(1987. 03. 01-1991. 07. 31) 본부 간사와 대표 간사로 사역했다.[14] 선교부의 행정 업무가 가중됨에 따라, 1988년부터 고신선교훈련원이 총회의 결의로 시작됨에 따라 행정 특히 훈련을 담당할 간사가 필요하게 되었다. 국제적인 단체와의 협약 업무와 선교 훈련시 외국 강사 통역 업무가 가능한 하민기 강도사가 1987년 8월 1일부터 본부 사역을 사임하고 중국 선교사로 나가기까지(2000. 12. 31) 13년 6개월을 선교부 대표간사, 본부 선교사, 훈련원장으로 일하게 되었다.

이 시기의 특징은 교단선교 특히 행정과 훈련, 또 선교센터 확보에 있어서 진일보 했다는 점이다. 부산남교회, 부산삼일교회 교육관을 빌려 쓰던 보따리 선교부 사무실이 1988년 3월 9일에 다시 부산시 부산진구 초읍동 277-7번지으로 이전하게 되어 자체적인 사무실을 확보하게 되었다. 이 시기에 1988년부터 시작된 제1기 고신선교훈련원(Kosin Missionary Trainning Institute)은 명실상부한 고신 선교사 배출의 산실로 자리매김하게 되었다. 1990년 9월 23일 제40회 총회

---

13. 김영진, 앞의 책, 181.

14. 고신선교 40년 편찬 위원회, "총회선교부 간사 및 직원 임면표", 『고신선교 40년』 (서울: 총회출판국, 1998), 435-36.

에서 김영진 선교사가 32년의 사역을 마치고 은퇴함에 따라 선교사 가운데 전담 총무를 인선하지 못하였다. 마산동광교회 담임목사로 시무 중이던 곽삼찬 목사가 목회를 겸하면서 선교부 겸임총무로 4년간(1990. 09. 24-1994. 09. 27) 무보수로 봉사하였다. 당시 곽삼찬 목사는 목회로 바쁜 와중에도 특별한 경우를 제외하고는 매주 월요일 부산 초읍에 있는 선교부에 출근하여, 일주일 동안 발생한 선교부의 업무보고를 받고, 행정적인 처리를 지시한 후 마산으로 귀가하였다. 이 시기에 유의미한 일로는 대전시 대덕구 중리동 243-17번지에 소재한 미국장로교(PCA) 한국선교부 토지 5,916 평방미터(약1800평)과 건물 4동을 기증 받게 된 것이다. 이에 따라 1994년 5월 14일부터 부산 초읍에서 대전으로 본부가 이전하게 되어, 선교사역이 진일보하게 되었다.

곽삼찬 목사 후임으로 이병길 목사가 선교부 전임 총무로 봉사하였다. 그는 대만 선교사로 9년간 봉사 후(1985-1994)에 제44회 총회에서 총회선교부 전임 총무로 임명되었다. 이후 실행위원회에서 연임되어 총 6년간 전임 총무(1994. 09-2000. 09)로 수고하였다. 이병길 총무 재임 시절에는 대전에 소재했던 본부가 서울 총회회관으로 이전하는 일이 발생했다. 상술한대로 대전 선교본부는 PCA 한국선교부가 고신선교훈련과 선교의 목적으로 KPM에 기증한 것이었다. 하지만 교단총회회관이 1993년 9월 17일 준공되어 총회 산하 기관들이 총회 사무실로 이전하게 되자, 1994년 10월 28일 회집한 선교부 실행위원회는 선교부도 본부 사무실을 총회회관으로 이전하기로 결의하였다. 이에 따라 대전에는 선교훈련원만 남고, 본부 행정 사무실은 서울 서초구 반포4동 58-10 총회회관 내로 선교부 본부 사무실을 옮기게 되었다.[15] 6년 후 총회선교본부 사무실은 2000년 9월 5일부로 다시 대전으로 재차 이전하였다. 이때부터 대전 선교본부는 교단 선교를 관장하고 총 지휘하는 명실상부한 본부가 되었다.[16] 이로 인해 이병길 총무의 임기 6년 동안 대부분의 선교 본부 행정이 서울 총회회관에서, 선교훈련은 대

---

15. 이상규, "고신선교40년개관", 『고신선교 40년』, 102.
16. 이상규, "고신교단 선교50년개관", 『교단선교 50주년 기념 고신선교백서』 (서울: 총회출판국, 2005), 73-74.

전 선교본부 두 군데에서 부득불 분산되어 실행하게 되었다. 이병길 목사는 전담 총무로서 교단 선교의 기본 행정 틀을 정착시켰다. 이 기간에 『고신선교 40년』 (1958-1998)이 출판되었고, 고신선교 40년의 역사적 기록물이 후대의 유산으로 남게 되었다.

구분	선교 리더십	사역기간	비고
선교 부장시대	박손혁 목사 이인재 목사 한명동 목사 신명구 목사 최일영 목사 박창환 목사	1955. 04. 19 1956 1960. 09-1971. 08 1974. 09-1983. 08 1983. 1984 1985	제4회 고신총회 1958.5.13 1호 선교사 대만으로 파송 *선교사무실: 부산남교회 사무실 *선교달력(1975년시작) *선교업무규정(1981년)초량삼일교회 별관
총무시대	김사엽 장로 김영진 선교사 이병길 선교사	1986 1987. 02. 09-90. 09. 19 1994. 09-2000. 09	대만 선교와 총무겸직 사무실/1988.3.9 초읍동277(초광교회) 전담총무-6년간
전담총무에서 본부장	이헌철 선교사	2000. 09-2007. 09 전담총무	2007-2009 1대 본부장
본부장	김영수 선교사 이정건 선교사 김종국 선교사 박영기 선교사 홍영화 선교사 조동제 선교사	2009. 09-2012. 09 2012. 09-2015. 09 2015. 09-2018. 09 2018. 09-2021. 09 2021. 09-2024. 09 2024. 09-현재	2대 본부장 3대 본부장 4대 본부장 5대 본부장 6대 본부장 7대 본부장
이사장	제1대 이사장 정수생 제2대 이사장 김윤하 제3대 이사장 황은선 제4대 이사장 안영호 제5대 이사장 안진출 제6대 이사장 남일우	2014. 09-2015. 09 2015. 09-2017. 09 2017. 09-2019. 09 2019. 09-2021. 09 2021. 09-2023. 09 2023. 09-현재	.

<표 7> KPM 고신선교본부 조직과 부장/이사장, 총무/본부장의 변화[17]

---

17. 김영산, "KPM선교 본질과 미래", 62.

2) 전담총무제에서 본부장으로 변환(2007-2024년)

이병길 목사 이후 이헌철 선교사가 전임 총무로 수고했다. 이헌철 선교사는 1984년 6월 10일 인도네시아로 파송 받아 16년간 인도네시아 선교사로 사역하다가, 2000년 9월 총회에서 전임 총무로 인선되었다. 이후 그는 실행위원회에서 두 번 연임되어 9년 동안 선교본부의 전임 총무로 봉사하였다(2000-2009). 본부 사역을 마친 후 이헌철 목사는 모스크바 한인교회 담임 목사로 근무하다가 일신상의 이유로 65세의 나이로 조기 은퇴하였다. 이헌철 본부장 재임 시절 주목할만한 일은 "제1차 고신선교포럼"(2004년) 과 "제2차 고신선교포럼"(2009년)을 개최하여 자료집을 남긴 점이다.[18] 이헌철 총무의 임기말에 선교부 정책 중 큰 변화가 있었는데, 이는 전임 총무에서 본부장 제도로 전환하게 되었다. 2007년 9월 제57회 고신총회에서 "세계선교회의 총무의 직명을 본부장으로 개칭 청원 건은 허락하기로 가결"되었다.[19] 이에 따라 이헌철 선교사의 직위 칭호는 초기 7년간은 '총무'로 후기 2년 간은 '본부장'으로 명명되었다. 이헌철 선교사는 2006년에는 '비전 2015'를 선포하고 전략 선교를 모색하였다.

2009년 9월 총회에서 차기 본부장으로 김영수 목사가 선임되었다. 제 2대 본부장 김영수 선교사는 짧은 3년간의 임기에 많은 전략적인 변화를 이끌어냈다. 그는 대전 교단 선교센터를 완공하고, '비전 2020'을 발표하였다. 또한 연구와 훈련에 강조점을 두어 선교훈련원을 선교연구훈련원으로 업그레이드시켜 연구 개발에 중점을 두기 시작했다. 특히 27개 지역선교부를 체재를 확립시키고, 현장 중심의 선교행정이 되도록 노력하였다.

제7대 본부장인 이정건 선교사는 본부의 적자계정을 해결하는 일과 적자계정 선교사를 돕기 위하여 노력하였다. 특히 교단 선교센터 건립 이후 쌓였던 부채

---

18. 위 두차례 포럼에서 논의되었던 자세한 주제와 내용은 아래의 두권의 자료집을 참조하라. 편집위원회, 『변화와 성숙』 (서울: 총회출판국, 2004); 편집위원회, 『남은 과업 완수』 (서울: 총회출판국, 2008).

19. 이재술, "역대총회결정사항", 『제3차고신선교포럼자료집: 60년 평가와 전망』 (대전: 세계선교위원회, 2014), 19.

를 갚기 위해 'KPM 1만 패밀리 펀드' 조성, '선교 축제' 등을 통해 KPM의 재정적 안정에 크게 기여를 하였다. 제8대 본부장 김종국 선교사는 이전에 확립된 27개 지역선교부를 12개의 지역선교부로 통합하여, 보다 내실 있는 팀 사역이 되도록 힘을 다하여 섬겼다. 제9대 본부장 박영기 선교사 시절에는 코로나 사태로 전세계선교활동이 움츠러들거나 퇴보하는 시기였다. 하지만 이 시기 박영기 본부장은 R&D에 대해 박차를 가해 연구국(R&D)을 신설하고 2020년에 「KPM R&D Journal」 창간호가 발행되는 데 산파 역할을 했다. 이 시기에 역대에 수고한 총무와 본부장은 다음과 같다.

번호	성명	생년월일	성별	직책	임용일	임면일	비고
1	김사엽		남	총무(무임)	1981년 7월	1986년 11월	5년 근무/장로
2	김영진	20.02.16	남	전담총무	1986년 12월	1990년 9월	4년 근무/목사
3	곽삼찬	35.02.28	남	겸임총무	1990년 9월	1994년 9월	4년 근무/목사
4	이병길	42.01.28	남	전담총무	1994년 9월	2000년 9월	6년 근무/목사
5	이헌철	55.06.25	남	전담총무: 7년 본부장: 2년	2000년 9월	2009년 9월	9년 근무/목사
6	김영수	51.11.10	남	본부장	2009년 9월	2012년 9월	3년 근무/목사
7	이정건	55.04.12	남	본부장	2012년 9월	2015년 9월	3년 근무/목사
8	김종국	54.12.23	남	본부장	2015년 9월	2018년 9월	3년 근무/목사
9	박영기	58.08.16	남	본부장	2018년 9월	2021년 9월	3년 근무/목사
10	홍영화	59.12.08	남	본부장	2021년 9월	2024년 9월	3년 근무/목사
11	조동제	65.11.01	남	본부장	2024년 9월	현재	현직본부장

<표 8> 역대 총무 및 본부장 임면표

3) KPM 행정 간사 제도

전술한 바와 같이 제1대 전임 총무인 김영진 선교사도 선교 현지와 본부 총무의 임무를 3개월씩 오가며 섬겨야 했다. 곽삼찬 목사 역시 목회를 주 사역으로 하고 선교부 총무를 부사역으로 겸임할 수밖에 없는 형편이었다. 이에 따라 선교본부로서는 실제적으로 총무가 부재하는 기간 동안에 늘어 가는 선교사들을 행정적으로 뒷바라지하고, 교단 내의 후원교회의 필요를 채워야 했고, 선교훈련을 실제적으로 운영하여야 하고, 외국 선교단체와의 관계 등의 다양한 사역을 감당하고 있었기 때문에, 부득불 본부 사역 인원을 충원하여 늘어가는 사역을 감당해야만 했다. 이 시기는 본부 직원들 특히 신학대학원을 졸업한 간사들의 수고가 크게 필요했던 시절이었다. 당시 선교부는 총회 본부와 관계, 선교사의 선발과 파송, 선교훈련, 선교사의 지원 및 재정관리, 선교회보 발간, 후원교회 개발과 선교사에게 연결, 선교사의 기도편지 제작과 발송, 선교부 재산의 등기 이전과 관리, 국내외 선교단체와의 협약과 관계 개선 등의 업무를 감당했다. 이에 따라 총무가 부재하는 기간 동안에 행정 실무를 맡을 행정 간사 제도가 도입되었다. 이상규 교수는 이 시기의 중요한 발전이 행정적인 쇄신이라 밝힌 것은 옳은 지적이다.[20]

이상규 교수는 선교행정과 관련하여 이 시기에 7가지의 주목할 만한 제도들을 통해서 선교사 관리가 체계화되었다고 진술한다.[21] 본부 선교사 제도, 비거주 선교사제도, 선교사 사역임기 평가제, 선교사 공모제, 선교사 순환보직제, 고신선교가(宣敎歌) 제정, 교포 선교사 제도 폐지가 그것이다. 이 시기에 KPM 본부에서 수고한 본부 간사들과 그들의 역할은 다음과 같다.

번호	성 명	성별	직책	임용일	임면일	비고
1	김영수	남	간사	84. 02. 01	84. 11. 30	사임 후 91년 선교사 파송 2021년 선교사 은퇴
2	남후수	남	간사	84. 12. 01	87. 02. 28	사임 후 87년 선교사 파송 2021년 선교사 은퇴
3	이순복	남	간사 대표간사	87. 03. 01	91. 07. 31	사임 후 91년 선교사 파송 현, 시에라에온 선교사
4	하민기	남	간사, 대표간사, 본부 선교사, 훈련원장	87. 08. 01	00. 12. 31	간사, 대표간사, 92년 본부 선교사로 파송, 훈련원장, 중국 선교사 은퇴(2024.11.7)
5	이장우	남	협동간사	88. 02. 01	90. 01. 31	사임 후 91년 러시아 파송

---

20. 이상규, "고신선교40년개관", 93-94.
21. 이상규, "고신선교40년개관", 『고신선교 40년』, 93-97; 이상규, "고신교단 선교50년개관", 『교단선교 50주년 기념 고신선교백서』, 57-59를 참고하라.

6	이승직	남	간사	90. 03. 01	95. 01. 31	사임 후 산북교회 목회
7	이갑헌	남	간사	90. 03. 01	94. 09. 27	사임 후 목회
8	조동제	남	간사	91. 04. 01	94. 07. 31	사임 후 호주 목회, 96년 미얀마로 파송, 현 본부장
9	윤호령	남	간사	94. 01. 04	94. 06. 16	소천
10	권오동	남	간사	95. 01. 04	97. 11. 24	사임
11	정용달	남	간사	96. 06. 03	97. 12. 31	사임
12	정운교	남	협동간사	93. 10. 04	94. 12. 31	사임

<표 9> 총회선교부 간사 임면표

4. KPM의 이사회 체제와 본부장 제도(2007년부터 현재)

이 시기의 본부의 조직과 행정의 특징은 "전문성과 내실화"였다. 본부 행정과 조직과 관련한 중요한 변화는 다음과 같다.

1) 전문성을 위한 조직 변화

전담 훈련원장 제도는 1998년부터 시행되었다. 분과별 총무제는 선교사의 순환보직제의 일환으로 홍보동원, 연구, 사역지원, 행정, 재정 분야에 현장 경험이 있는 선교사를 배치하여 본부 직원들을 지휘하고, 감독 관리하는 시스템으로 점차적으로 변화하게 되었다. 이 시기 조직과 행정 발전에 기여한 중요 사항들을 다음과 같이 간략히 살펴보려 한다: (1) KPM 조직 구조의 전환 (2) 상비부에서 준법인 이사회 체제로 변환 (3) 선교후원교회 협의회 조직 (4) 선교정책위원회의 설립 (5) 멤버케어원의 설립 (6) 현지지도자 양성 위원회의 설립 (7) 행정 시스템의 개선 (8) 현장 중심선교를 위한 지역부 조직 구조의 전환 (9) 선교훈련원의 발전 및 구체화 (10) 연구국의 신설.

(1) 본부장 체제로 전환

2007년 교단 제57회 총회에서 KPM 조직 구조를 총무 중심에서 본부장 중심(2009)으로 전환하게 되었다. 본부장 중심의 조직 구조는 선교활동의 효율성과 효과성을 높이게 되었고, 보다 전략적이고 체계적인 선교행정에 기여했다고 평가한다. 하지만 몇 가지 개선점을 가진다. 먼저, 현재의 본부장이 3년 만에 임기가 바뀌는 경우 업무의 연속성과 전문성을 보장하기 어렵다는 문제점이 지적된다. 또한 작금의 본부장 선거 제도는 선출 방식이 상당히 복잡하게 되어 있다. 그리고 본부장으로 피선되더라도 일생을 드려 일해 온 현장을 2-3개월 만에 정리하고 본부로 귀임해야 하는 어려움이 있다. 그리고 사역을 마친 후 늦은 나이에 다시 사역지로 귀임하는 문제 또한 지적된다.

(2) 총회상비부에서 준법인 이사회(KPM 이사회) 체제로 변환

총회선교부는 제39회기 교단총회부터 52회기 총회까지는 '총회상비부'로 조직되어 운영되었다. 제53회기 총회부터 제64회기까지는 '세계선교위원회'로 운영되었으며, 제65회기부터 현재까지는 '고신총회세계선교회' 이사회 구조로 운영되고 있다. 총회상비부 구조에서 업무의 원활화를 위해 '실행위원회'를 구성하여 선교부장을 중심으로 1년 조에서 3년 조로 운영하였다. 세계선교위원회 구조에서는 '집행위원회'를 조직하여 위원장을 중심으로 선교업무 지도, 감독, 지휘의 효율성과 원활화를 위해 노력하였다. 2014년 교단 제64차 총회 이후로 총회의 세계선교위원회와 집행위원회의 이중 조직을 하나로 통합하여 이사회 체제로 출범하게 되어, 이사장을 중심으로 KPM 선교사업을 총괄하는 조직으로 변화되었다.[22]

KPM 이사회는 선교에 적극적으로 참여하는 교회의 목사와 장로들로 구성하여 운영되었다.[23] 선교행정, 관리 감독 그리고 선교활동의 원활한 지원을 위해 이사장의 임기를 2년으로 하고, 총회상비부 집행위원회로 구성되었던 KPM을 이사회 체제로 전환하였다. 총회 상비부 조직에서 이사회 체제로로 전환하는 원래의

---

22. 역대 상비부, 세계선교위원회, 고신총회세계선교회의 임원 명단은 고신선교후원협의회, "코로나 시대 하나님이 원하시는 선교", 『제11회 선후협선교포럼 자료집』, 미출간 자료집 (2021년12월)을 참조하라.

23. 홍영화, "KPM선교 70년과 비전 2030 평가와 전망", 『제5차고신선교포럼』 (대전: 고신총회세계선교회, 2024), 16.

의도는 선교에 적극적으로 동참하는 교회의 목사와 장로들로 구성된 이사회 조직이 었다. 고신총회세계선교회 정관(제20판 2022. 11. 14 개정) 제3장 10조에 따르면 이사회의 임무[24]를 15가지로 정리하고 있다. KPM 이사회의 조직과 행정은 교단의 선교목적을 효과적으로 이루기 위해, 또 현장에서 사역하고 있는 선교사를 더 잘 감독하고, 지원하고 돌보도록 하기 위함이다. 고신총회세계선교회 정관(제20판 2022. 11. 14 개정) 제2장 5조에 따르면 이사회의 구성을 다음과 같이 서술하고 있다.

제5조(임원) 임원이라 함은 본 선교회의 이사회를 의미한다. 본 선교회의 원활한 운영을 위하여 다음의 임원을 둔다. 이사장 1인, 이사는 17인(이사장 포함)으로 하되 총회선출이사 12인(목사 8인, 장로 4인)과 당연직 이사 5인으로 한다. 당연직 이사는 본부장, 고신총회세계선교후원교회 협의회 1명, 정책위원장, 이사회가 추천한 전문직 2명으로 한다. 감사 2인(목사 1인, 장로 1인)으로 하고, 모든 임원은 비 상임으로 한다.[25]

---

24. 제10조(이사회 의결사항)
    1. 고신총회의 선교전략과 정책 결정에 관한 사항
    2. 본 선교회 정관 및 제 규정 제, 개정에 관한 사항
    3. 이사의 선임 및 해임건의에 관한 사항
    4. 사업계획 및 추진실적 승인에 관한 사항
    5. 예산 및 결산의 승인에 관한 사항
    6. 재정 운용에 관한 사항
    7. 본 선교회의 사역 지도·감독에 관한 사항
    8. 본부장이 제청한 인사에 대한 의결
    9. 선교발전을 위한 연구, 훈련, 포럼, 대회 등을 결정한다.
    10. 선교정책위원회, 멤버케어위원회, 고신세계선교사회, 현지지도자양성전문위원회 등을 지도한다.
    11. 선교사의 선발, 파송, 재파송 등을 결정한다.
    12. 선교단체 협력에 관한 사항
    13. 재산의 취득, 처분, 교환, 기부채납, 관리에 관한 사항
    14. 본부장이 회의에 부치는 사항
    15. 그 밖에 이사회에서 이사회의 의결을 거치도록 요청한 사항.
25. 『고신세계선교회 정관』(제20판 2022년11월14일 개정), 제2장, 제5조 이사회를 참조하라.

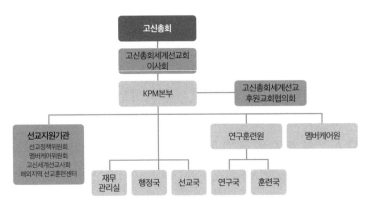

<표 10> KPM 조직 도표

(3) 선교후원교회 협의회 조직

홍영화 선교사는 제5차 선교포럼에서 발표한 "KPM 선교 70년과 비전 2030 평가와 전망"이란 기조 발제에서 2000년도에 교회들이 자발적으로 선교후원교회 협의회를 조직하여 선교활동에 대한 지원과 협력을 강화 했다고 밝히고 있다. 이를 통해 교회 간에 네트워킹을 증진하고 선교사들에게 필요한 자원과 지원을 효과적으로 제공하는 방법이었다고 평가한다.[26] 선교사후원협의회(선후협)은 2000년 8월 31일에 창립되었다. 제1대 선후협 회장이 당시 울산교회를 담임하셨던 정근두 목사였다. 선후협은 25년의 역사를 가지는 조직으로 KPM를 돕고, 선교를 동원하고, 감독하고, 후원하고 때론 견제하는 KPM 선교에 매우 중요한 조직이다. 선후협은 매 2년마다 임원[27]을 개선한다. 선후협은 2011년부터 매년마다 '선교포럼'[28]을 개최하여 KPM이 미처 다루지 못하는 선교에 관한 주제를 논의함

---

26. 홍영화, "KPM선교 70년과 비전 2030 평가와 전망", 16.

27. 선후협의 역대임원 명단은 선후협, 『제11회 선후협 포럼: 코로나시대, 하나님이 원하시는 선교』(대전: 고신총회선교세계선교 후원교회 협의회, 2021), 미출간 자료집: 6-8을 참고하라.

28. 선후협이 주관하여 개최한 역대 '선교포럼'과 다루었던 주제는 다음과 같다.

제1회 고신선교후원전략포럼/일시: 2011. 10. 17-18, 장소: 경주현대호텔, 인원: 49명, 주강사: 김성운 교수

제2회 고신선교후원전략포럼/일시: 2012. 03. 22-23, 장소: 경주현대호텔, 주제: 선교사 안식년과 선

으로 교단 전체에 선교운동에 기여하고 있다. 동시에 KPM도 자체로 2024년 4월 29일 부터 5월 3일 까지 "복음, 함께, 그리고 미래"라는 주제로 대만 신죽 갈망 리조트에서 100여 명의 교단 지도자들 선교사 대표, 선후협, 정책위원들이 모여 제5차 고신선교포럼을 개설했었다.

(4) 선교정책위원회 설립

선교정책위원회는 2003년 10월 17일에 소집된 실행위원회에서 선교운동의 제반 정책적 효율성을 기하기 위해 선교정책위원회를 설치하기로 하고 7인 위원을 선정하게 되면서 시작되었다. 선교에 관심을 가진 목회자들과 신학교수들로 구성된 이 위원회는 교단 총무이자 선교학자인 전호진 박사를 위원장으로 강영

교사 선발

제3회 고신선교후원전략포럼/일시: 2013. 04. 02-03, 장소: 경주현대호텔, 주제: KPM선교재정현황 및 발전 방안

제4회 고신선교후원전략포럼/일시: 2014. 06. 16-17, 장소: 거제호텔, 주제: 간담회

제5회 고신선교후원전략포럼/일시: 2015. 04. 16-17, 장소: 경주 K호텔, 주제: 보다 집중된 선교 필요, 교단선교 1년을 바라보자.

제6회 고신선교후원전략포럼/일시: 2016. 04. 04-05, 장소: 경주현대호텔, 주제: 지역선교부와 팀 사역

제7회 고신선교후원전략포럼/일시: 2017. 04. 04-05, 장소: 경주현대호텔, 주제: 선택과 집중

제8회 고신선교후원전략포럼/일시: 2018. 04. 02-03, 장소: 경주현대호텔, 주제: 이슬람의 한국침투와 대응 방안

제9회 고신선교후원전략포럼/일시: 2018. 11. 08, 장소: 시온성교회, 주제: 한국교회 세계선교 현황 분석과 새로운 선교 방안 모색

제10회 고신선교후원전략포럼/일시: 2019. 04. 01-02, 장소: 경주현대호텔, 주제: 우리시대 마지막 과제인 이슬람선교의 현재와 미래

제11회 고신선교후원전략포럼/일시: 2021. 05. 03-04, 장소: 경주캔싱턴 리조트, 주제: 코로나시대 하나님이 원하시는 선교

제12회 고신선교후원전략포럼/일시: 2022. 04. 04-05, 장소: 경주캔싱턴리조트, 주제: 급변하는 선교 환경에 대한 세계선교 방향

제13회 고신선교후원전략포럼/일시: 2023. 03. 27-28, 장소: 경주코모도호텔, 주제: 코로나 이후 세계선교 동향

제14회 고신선교후원전략포럼/일시: 2024. 04. 01-02, 장소: 경주캔싱턴 리조트, 주제: 선교로 5대 (代)를 이어 온 한국사랑, 린튼가 사람들

식 목사(창원 가음정교회 담임목사), 김상수 목사(안양 일심교회 담임 목사), 남후수 선교사(교단 선교훈련원장), 이신철 교수(고려신학대학원 선교학 교수), 이상규 교수(고신대학교 교회 사학 교수), 이헌철 선교사(교단 선교부 총무)를 위원으로 구성되어 시작되었다.[29] 선교정책 위원회의 활동으로 교단 선교정책은 이후로 부단히 발전되어 갔다. 현재 선교정책위원회는 이사회 산하의 조직으로 이사회가 선교활동과 관련된 주요결정을 내리고, 선교전략을 강화하는데 필요한 조언과 지침을 제공하고 있다.

(5) 멤버케어원 설립[30]

2013년에 멤버케어위원회로 시작된 멤버케어가 2016년에는 멤버케어원으로 발전하였고, 멤버케어원을 통해 선교사들의 복지와 지원을 강화하게 되었다. 멤버케어원은 선교사들이 현장에서 겪는 다양한 도전에 효과적으로 대처하고 장기적으로 활동할 수 있도록 지원하는 중요한 조치로 사료된다. 전문적인 지원을 위해 의료전문가, 상담전문가, 목회자와 선교사로 구성된 멤버케어위원회가 조직되었다.

멤버케어의 필요성이 제기되기 시작한 것은 이헌철 선교사가 2004년에 '변화와 성숙'이라는 주제로 모인 KPM 방콕포럼에서 논의되었던 12주제 중 하나로 '멤버케어'를 채택한 것이 그 출발점이었다. 이 주제에 관해 김영수 선교사가 제안했고, 류영기 선교사가 주제 발제를 했으며 모든 참석자들의 공감을 얻었다. 그러다가 2009년 김영수 선교사가 2대 본부장으로 취임하면서 멤버케어의 필요성을 강조했고 이것이 총회선교위원회 집행위원회에 상정되어 멤버케어 순회 선교사 제도가 만들어졌다. 구성에 있어서는 목회자 1명, 선교사 1명으로 팀이 되어 전

---

29. 이상규, "교단선교 50주년 기념 고신선교백서", 74-75.
30. 이정건, "KPM 멤버케어원 지난 2년의 회고", 미출간 자료, 2018을 참고하라. 이정건원장이 작성한 보고서에는 KPM 멤버케어의 역사, 멤버케어원 업무 및 매뉴얼, 사역 내용, 멤버케어원의 중요성, 정관, 활동사항 등이 잘 정리되어 있다. 멤버케어는 한국 선교계에 비교적 생소한 개념으로, 2015년 11월 18-20일. 일레시안 강촌에서 제1회 선교사 멤버케어 포럼(The First KMCN Forum of Missionary Member Care)이 열렸다. KMCN은 Korea Member Care Network의 약자이다.

체 선교지역을 3지역으로 분할했다. 3지역은 유럽과 아프리카 지역(정근두 목사, 김대영 선교사), 북미와 남미지역(김만우 목사, 이정건 선교사) 그리고 아시아와 그 밖의 지역(김상수 목사, 류영기 선교사)인데 이들은 각 권역을 책임지고 멤버 케어를 시작했다. 그럼에도 불구하고 지리적인 제약과 각자 사역에 바빠서 효율적으로 운영되지 못하여 아쉬움이 남았다. 따라서 누군가 국내에서 이 모임을 코디해야 할 필요성이 제기되었다. 마침 본부에서는 본국사역 중이던 류영기(일본) 선교사에게 이 코디 임무를 맡기면서 구체적으로 멤버케어 사역이 진행되었다.

2011년에 들어서면서 멤버케어를 위해 좀 더 전문적인 기관을 만들어야 할 필요를 느끼고 연구한 결과 멤버케어위원회 구성에 관한 안건을 2012년 총회에 올려 허락을 받았다. 그리고 경주 코오롱 호텔에서 10월 19-20일 1박 2일 모임을 가지고 이정건 선교사와 함께 전체 위원들이 모여서 내규 수정작업을 했고 이튿날 위원장 정근두 목사 사택에서 첫 모임을 가짐으로 출발되었다.

이렇게 하여 멤버케어 순회 선교사 제도는 없어지고 더 업그레이드된 멤버케어위원회가 발족이 되었다. 멤버케어원의 설립은 멤버케어위원회의 코디네이터로 섬기던 류영기 선교사가 2013년 12월 3일에 은퇴를 한 후에도 적임자가 없어서 계속 사역을 했지만, 결국 개인적인 이유로 더 계속하기 어려워 사의를 표명했다. 이에 멤버케어위원회가 그를 대신하여 이 사역을 이어갈 선교사로 이정건 선교사를 임명해 줄 것을 이사회에 건의하였다. 이것을 본부와 이사회가 숙고하였고 무엇보다도 좀 더 전문적이고 발전적인 멤버케어 사역을 위해 본부 안에 멤버케어원을 둘 것을 결의했다. 그 결과 제66회 총회에서 멤버케어원 신설에 관한 정관 변경을 허락받아서 이사회가 이정건 선교사를 초대원장으로 임명하였다. 이정건 원장(2016-2022) 후임으로, 이경근 선교사(2022-2024)가 멤버케어원 원장으로 봉사하다가 소천하였고, 2024년 9월 총회 이후 김을조 선교사가 멤버케어원 원장직을 맡고 있다. 이에 따라 이사회의 우산 아래 멤버케어원이 실제적인 선교사 케어사역을 효과적으로 할 수 있게 되었다.

(6) 현지지도자 양성 위원회 설립

현지인 지도자를 양성하여 선교사들과 함께 선교해야 한다는 시대적인 요청에 부응하여 2016년에 현지지도자 양성지원 특별 위원회를 만들었고, 2018년에는 오랜 준비 끝에 『현지지도자 양성 지침』이라는 지도자 양성의 구체적인 매뉴얼을 발간하게 되었다. 2019년 7월에 있었던 제69-6차 이사회에서 "현지지도자 양성전문위원회"를 구성하기로 했다. 현지지도자양성위원회는 컨설팅 분과, 연구분과, 교육지원 분과로 나누었다. 당시 본부 사역국장인 김경용 선교사는 지도자 양성 위원회 설립의 필요성을 아래와 같이 소개하고 있다.

> KPM은 2015년 고신선교 60주년 기념대회를 치른 후 지난 60여 년의 고신선교를 돌아볼 기회를 가지면서 몇가지 반성과 다시 한번 우리의 목표를 확인하는 기회를 가졌는데, 그 동안 고신 전체 교회는 온 힘을 다하여 주님의 지상 명령에 순종하기 위하여 열정적으로 파송과 후원은 하였지만, 사역 결과를 진실하게 평가하고, 부족한 부분을 바로잡아 다시 목표를 향해 더 바르게 추진하는 책무적인 기능이 본부 뿐만 아니라 선교사 개인에게도 없었다는 점과 국내 교회의 선교적 관심의 증가로 단순한 후원만 하는 역할에 머물지 않고 이제 선교 사역에 참여를 원하는 동반자적 관계로의 변화를 원했고, 개혁주의 교회설립에 따른 마지막 모습인 선교사역의 이양과 선교사의 철수 그리고 현장에 현지인이 주도하는 개혁주의 교회가 든든히 서고, 계속 재생산을 하는 선교 완성의 모델을 기대하게 되었는데, 현장에 재생산이 가능한 개혁주의 교회를 건설하기 위해서는 무엇보다도 가장 절실한 과제가 이 일을 진행할 현지지도자 양성에 있다는 사실을 절감하게 되었다.[31]

개혁주의 세계교회 건설을 위한 현지지도자 양성은 KPM이 지향해야할 필수적인 전략적 목표임이 재차 강조할 필요가 없다. 하지만 지난 6년 동안 이 시스템으로 현지지도자들을 양성한 지역부는 아직 많지 않다. 지역부는 이 시스템을 숙

---

31. 김경용, "현지지도자양성전문위원회(L.L.T.C.)의 소개와 역할", 미출간 보고서, 2019.

지하고 현장에 적용한 사례와 그 효과에 대한 평가를 할 수 있어야 한다. 그리고 현지지도자양성위원회는 지역부와 현장의 변화하고 실정에 맞는 지속적인 지원이 필요하다.

(7) 행정 시스템 개선

2015년부터 A국에 사역하고 있는 이충성 선교사가 수고로 원활한 선교행정을 위하여 결재 시스템(MTAS)을 도입하였다. 현지지역부 부원들이 행정코디를 통해 접수한 청원서 혹은 보고서가 지역부장, 본부국장, 본부장으로 이어지는 결재 시스템을 결재되도록 한 이 시스템을 통해 KPM의 행정이 진일보했다. MTAS는 선교사들의 자료를 통합하고, 명료화하고, 업무의 신속성과 효율성을 부여했다. 현재 MTAS는 아직 완전한 쌍방향 소통 방식이 아니다. 4차산업의 문명의 이기를 이용한 쌍방향 시스템으로 발전되어야 할 과제를 안고 있다.

(8) 현장 중심선교를 위한 지역부 조직 구조 전환

KPM에서 선교현장중심선교의 주제는 2000년 개회된 고신선교사 대회에서 "현지선교부 육성 방안"이란 주제로 논의되기 시작했다. 2004년 제1차 고신선교포럼에서 "현지선교부를 새롭게 하자"란 주제로, 2008년 제2차 고신세계선교포럼에서 "효과적인 팀 사역 강화"라는 주제로 현지 선교부 팀과 리더십을 중심으로 현장중심 선교를 위한 논의가 있었다. 이러한 논의가 있었음에도 불구하고 이후에 개최된 포럼과 선교대회에서 이러한 주제를 더 발전시키고, 매뉴얼로 정리해 놓지 못한 것은 큰 아쉬움으로 남는다.

김영수 선교사가 본부장으로 재직할 당시 2011년에는 27개의 지역선교부 조직을 통해 팀 사역 체제를 구축하려 했다. 김종국 선교사가 본부장으로 섬겼던 2017년에는 이를 12개의 광역 지역선교부로 재 개편하여 선교활동의 다양성과 포괄성을 더욱 강화하고, 선교사의 사역과 활동 반경을 현장중심의 선교조직으로 개편하여 현재까지 이르렀다. 동시에 각 지역부는 3개의 노회와 동역을 통해 지역부-노회 간의 협력 시스템이 정착되도록 노력했다.

김종국 선교사는 "KPM 현장중심선교를 위한 12지역선교부의 역할"[32]이란 글에서 현장중심 선교를 위한 지역선교부의 변화의 필요성을 6개의 소주제[33]로 개괄했다. 김종국 선교사가 제시한 6개의 소주제는 KPM 역사 속에서 현장중심선교, 현장중심선교는 현장에서 올라온 상향식(Bottom up)요구, 힘의 누수 방지를 위한 대안으로써 현장중심선교, 거룩한 사각관계의 중심에 서 있는 현장중심선교, 탈중앙집중식(분권식) 전략 구조로써의 지역선교부, 12개 지역부의 출범으로 나누어 다루고 있다. 2015년 9월부터 12개의 지역선교부가 구성되고, 이사회에서 정식으로 결의되기까지 거의 2년의 기간이 걸렸고, 2017년 11월부터 2018년 6월까지 8개월에 걸쳐 12개 지역부 전략회의를 가진 결과로 12개의 지역부가 탄생했다.[34] 현재 신지역부는 교단 선교 전체를 아우르는 실천의 장으로 거듭나고 있다. 12개 지역부는 교단 산하 선교공동체(고신대학, 복음병원, 고려신학대학원, SFC 등)와 함께 일하고 있으며, 12개 지역부와 교단산하 노회와 동역노회 제도를 통해 현장중심 선교에 한 발 더 다가가고 있다.[35] 상당히 희망적이고, 고무적인 전략이다. 이를 도표로 표시하면 다음과 같다.

32. 김종국, "KPM 현장 중심선교를 위한 12지역선교부의 역할", 『제4차 고신선교포럼: 변혁의 시대와 선교』(대전: 고신총회세계선교회, 2019), 393-404.
33. 김종국, "KPM 현장 중심선교를 위한 12지역선교부의 역할", 394-95.
34. 김종국, "KPM 현장 중심선교를 위한 12지역선교부의 역할", 395.
35. 김종국, "KPM 현장 중심선교를 위한 12지역선교부의 역할", 395-96.

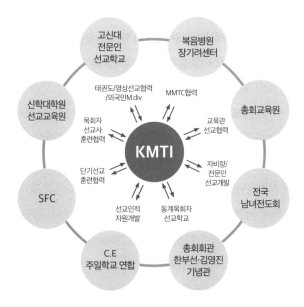

<表 11> KPM과 교단 내 다른 기관과의 관계

이러한 과정과 노력을 거쳐 12개의 지역부가 탄생한 수 년의 시간이 지났다. 이미 지난 2018년과 2020년 두 차례에 걸쳐 12지역부 제도에 대해 평가했지만, 지역부 조직이 KPM의 목적을 이루기 위해 적합한 조직인지 여부에 대해 충분한 시간을 가지고 지속적으로 평가 보완해야 할 것이다. 그리고 기억해야 할 것은 KPM의 조직과 행정은 결국 선교현장을 위해 존재한다는 사실이다. KPM 본부의 행정이 잘 갖추어져 있는 것도 중요하지만, 선교현장의 행정이 발전하도록 힘의 균형을 싣는 노력이 필요하다.

(9) 선교훈련원 발전

선교현장의 사역의 승패는 선교훈련에 달려 있다. 1988년 이전에도 선교에 관심이 있는 신대원 졸업생들에 의한 자체적인 공동생활 훈련이 있기는 했지만, 교단의 공식적인 교육이나 훈련 기관은 없었던 시기였다. 당시 총회선교부 전임 총무였던 김영진 선교사는 1987년 총회에 선교사 훈련 기구의 설치를 청원하였다.

이에 따라 고신선교훈련원(Kosin Missionary Training Institute)은 다른 교단에 비해 비교적 이른 시기 1988년 8월부터 제 1기 선교훈련을 시작할 수 있었다. 고신선교훈련원이 설치됨으로 비로소 현장 사역자들을 위한 우수한 양질의 선교훈련이 시작될 수 있게 되었다.

1988년에 제1기 선교훈련으로 시작된 고신선교훈련원(KMTI)는 연 2회, 매기 3주간씩 약 120시간의 훈련을 실시해 왔지만, 일정한 공간이 없었으므로 1기에서 10기까지는 교회당이나 수련관 등을 빌려 훈련을 해야만 했다. 1994년부터 대전 선교훈련원 부동산이 확보됨에 따라 고정된 장소에서 보다 효과적인 선교훈련이 가능하게 되었다. 김영수 본부장 재임 시절 (2009. 09-2012. 09)에 선교훈련을 대대적으로 개편하여 현재의 BMTC(Basic Mission Training Course), PMTC (Professional Mission Training Course), MMTC (Medical Mission Training Course), KMTC (Kosin Mission Training Course)로 세분화하는 커리큘럼을 확정하여 오늘날까지 이르게 된다.

(10) 연구국 신설

연구개발국은 현재 라트비아에서 사역하고 있는 신성주 선교사가 미국에서 박사학위를 받고 2009년 KPM 훈련연구부원장으로 봉사하면서 시작되었다. 초대 훈련연구부원장 신성주 선교사는 리더십 연구[36]를 통하여서 단계적 이양과 철수에 대한 개념을 도입하여 선교 연구와 선교현장을 잇는 선교학적으로 중요한 개념을 소개했다. 이후로 KPM 역시 선교현장에서 이양 및 철수 문제를 심각하게 고려하는 계기가 되었다.

연구훈련원에서 연구국이 독립된 이후에 첫 연구국장인 전성진 선교사는 선교와 교회에 관한 연구를 하여 본부에 많은 연구 자료를 남겨 놓았다. 두 번째 연구국장인 권효상 선교사는 그동안 KPM이 쌓아온 연구를 토대로 2020년

---

36. 신성주, 『타문화선교리더십』 (서울: 생명의 양식, 2009).

에 「KPM R&D Journal」[37] 창간호를 발행하여 지금까지 12호까지 출간하여 교단 대내외적으로 KPM 선교 이론을 신학적으로 체계화하고 선교지 연구 등 선교현장에 필요한 주제를 광범위하게 다루었다. 이를 통해 KPM 선교가 전문성과 역사성을 가지고 실제적으로 발전하는 계기를 마련하게 되었다. 「KPM R&D Journal」은 박영기 본부장의 숙원 사업으로 시작된 것인데, 계간지로 3년 동안 12호까지 발간되었다. 그 이후 본부 리더십이 바뀌면서 휴간되었다가, 13호는 2025년 7월에 발간될 예정이다. KPM 선교의 이론적, 실제적 연구와 대안을 제시할 수 있는 장(場)이 좀 더 업그레이드되어 새로운 모습으로 현장선교에 실질적으로 도움이 되는 연구 저널로 자리매김하길 기대해 본다. 권효상 연구국장 재임 시기에 지난 70년 역사 동안 KPM과 관련된 모든 문서와 공문, 잡지 등을 구글 드라이브에 보관하므로, 오고 오는 세대에 교단 선교역사뿐 아니라 한국 선교역사를 연구함에 있어서 매우 중요한 기초와 데이터를 축적하게 되었다.

5. 평가와 반성

21세기의 선교행정은 갈수록 전문화되어야 하고 종류도 다양하다. 헤이(Rob Hay)는 Worth Keeping: Global Perspectives on Best Practice in Missionary Retention[38]에서 선교행정 가운데에는 다음 내용이 중요하다고 기록하고 있다. "선교사의 선발, 비전과 목표제시, 리더십, 효과적인 커뮤니케이션, 인사 지원, 멤버케어, 사역의 우선순위 결정, 사역의 결실 창출, 계속적인 훈련, 재정, 원활한 본부 행정 등이 매우 중요한 요소가 된다" 21세기에 적합한 선교체질의 변화를 위

---

37. 『KPM R&D Journal』 창간호에서12호까지 다루어진 특집은 다음과 같다. 제1호(창간호): Covid-19 와 고신선교; 제2호: KPM선교영성; 제3호: KPM의 선교신학으로서 성육신 신학; 제4호: KPM 선교의 방법론으로서 개혁주의 교회건설의 의미 I; 제5호: KPM 선교의 방법론으로서 개혁주의 교회건설의 의미 II; 제6호: 난민, 이슬람 선교를 위한 새로운 도전; 제7호: 선교지에서 개혁교회 개척 원리; 제8호: KPM 국내 이주민 선교; 제 9호: 조상숭배권 선교; 제10호: 선교사 은퇴; 제11호: 불교권 선교전략; 제12호: KPM 전문인 자비량 선교 사례 등의 주제를 특집으로 다루었다.
38. Rob Hay, Worth Keeping: Global Perspectives on Best Practice in Missionary Retention (Pasadena: William Carey Library, 2007).

하여 필요한 것이 또 있다. 이는 선교행정의 세계화이다. 우리 교단의 경우 아마도 선교행정의 세계화가 가장 시급한 문제라고 보아야 할 것이다. 우리의 선교행정은 아직 발전적으로 진행되어야 할 부분이 많다.

KPM 선교행정이 미래 선교에 발 맞추어 발전적 방향으로 진행하기 위해 다음 사항들을 반드시 고려해야 한다. 지금까지 많은 선교사들을 선교현장에 파송했지만, 전문인을 양성하여 선교행정에 투입하는 일에 대해서는 매우 인색하였다. 현장중심의 선교를 이야기하지만 아직 현장에서 느끼기에는 총체적인 지원 사역들도 미흡하기는 마찬가지이다. 또한 무엇보다 연구 개발(R&D)에 과감한 투자를 해야만 하고, 국제화 시대의 선교를 짊어지고 나갈 인재를 키워야 할 것이다. 우리의 현장 선교에서 쌓여가는 현장에서의 경험이 신학적으로, 선교학적으로 항상 정리되고 연구되어 선교현장에 접목되는 선순환 과정이 지속되어야 한다. 이를 통해 KPM 선교 노하우가 후대에 전수될 수 있다. 현장에서의 경험이 신학적으로, 선교학적으로 정리되지 못하고, 연구와 개발의 결과가 선교현장에 접목되지 못하면, 수백명, 수천명의 선교사를 파송했다 하더라도 후대에 역사적인 자료 및 노하우를 전수해 줄 수 없다. 그 결과 다음 세대의 선교사들은 처음부터 다시 선교를 시작해야 한다. 귀중한 선교 인력들을 불필요하게 낭비하거나, 잃어버리는 과오를 범하지 않도록 발전적인 연구개발이 필요하다.

III. 해외선교단체와 협력

"개혁신학에 근거한 세계교회 건설"이란 목적을 달성하기 위해서는 공교회적 차원에서 세계교회와의 교류를 통해 협력해서 일해야만 한다. 본 장에서는 지난날 고신교단이 세계교회 건설을 위해 어떻게 개혁주의 교단 및 복음주의 초교파 단체와 협력하여 세계 교회 건설을 위해 일해 왔는지를 간략히 살펴볼 것이다. 동시에 복음주의 초교파 단체와의 협력이 어떠한 영역에서 이루어졌으며, 그들과 교류함에 있어서 어떠한 자세와 입장을 취하면서 교류하여야 하는지, 그리고 교류 시 고려할 사항은 무엇이었는지를 살펴보려 한다.

1. 개혁주의 교단 및 선교단체와 협력

고신의 선교운동에 관한 논의에 있어서 간과하지 말아야할 한 가지 화두는 국제 선교단체와의 협력 문제이다. 고신교단은 그 태생적 한계로 인해 몇몇 개혁주의 교단과의 관계 외에는 대다수의 복음주의 교단 및 선교단체와는 협력과 교류가 단절되어 있었다. 1952년 9월 11일 총노회를 조직함으로 고신교단이 시작되는데, 이러한 교단 태생의 배경은 일찍부터 고신교단이 정체성 확립 및 조직의 정비와 생존에 몰두하게 만드는 중요한 요인이 되었다. 또한 교단의 많은 정책을 설정함에 있어서 고려신학교 인사들을 중심으로 이루어질 수밖에 없었다. 이상규 교수는 "고신교회와 해외 교회 및 국제 관계"[39]란 그의 글에서 고신교회의 해외 관계는 WCC에 가담하지 않는 개혁주의 혹은 보수주의 교단인 미국정통장로교회(OPC), 성경장로교회(BPC), 국제기독교연합회(ICCC), 그리고 북미개혁교회(CRC)등과 교류했다고 밝힌다.[40] 특별히 고려신학교 인사들 중에서도 초기 교단의 선교정책과 전략을 주도했던 이는 미국정통장로교회(Orthodox Presbyterian Church 이하: OPC)[41] 소속이었던 한부선 선교사(Bruce F. Hunt)[42]이다.

이상규 교수는 "첫 선교사 김영진 선교사를 대만에 보내게 된 것은 당시 OPC 선교사였던 한부선(Bruce F. Hunt) 선교사의 조언 때문이었다"[43]라고 밝히고 있다. 중국이 공산화 된 후 중국에서 사역하던 개신교 선교사들이 5,000명 이상 대

---

39. 이상규, "고신교회와 해외 교회 및 국제 관계", 『대한예수교장로회고신총회70년史』 (서울: 총회출판국, 2023), 353-64.

40. 이상규, "고신교회와 해외 교회 및 국제 관계", 353.

41. 고신교단과 미국정통장로교 선교부와의 협력에 대한 보다 철저한 연구는 이신목, "고신교회와 정통장로회(OPC)선교부", 「KPM R&D Journal」 창간호(2020): 12-33을 참조하라.

42. 한부선 선교사에 대한 자세한 연구는 박응규, 『한부선 평전』 (서울:그리심, 2004); 방위량.한부선 공저, 『하나님이 조선을 이처럼 사랑하사』 (서울: 지평서원, 2016)을 참고하라. 광복 이후 한부선 선교사의 삶과 사역, 심지어는 광복 이후의 어수선한 한국 사회의 모습을 엿볼수 있는, 가장 한국적인 선교사의 눈으로 집필된 4권의 서간 집과 1권의 인터뷰한 내용이 출간되었다. 한부선, 『한부선 서간집 1-4』 (서울: 키아츠, 2018); 『한부선 인터뷰』 (서울: 키아츠, 2018)이 그것이다.

43. 이상규, "고신선교40년개관", 『고신선교 40년』, 44.

류에서 철수한 상황에서 대만은 개신교 선교사들이 자유롭게 선교할 수 있는 유일한 중화권의 선교지였다. 당시 미국정통장로교는 중국에서 사역하다가 대만으로 철수한 3명의 선교사가 있었는데, 이들은 앤드류스(E. W. Andrews), 개핀(Richard B. Gaffin), 죤스톤(J. D. Johnston) 등 3명의 선교사 가정들이었다. 이같이 고신교단의 형편을 잘 아는 미국정통장로회 소속의 한부선 선교사가 김영진 목사 부부를 대만으로 추천한 것은 너무나 자연스러운 추천이요, 결정이었다. 미국정통장로교회 한국 선교부는 고신교회와 미국정통장로교회와의 교류와 협력, 더 나아가서 다른 외국교회와의 교류에도 영향을 끼쳤다.

> 정통장로교회는 그 교회에 속한 신학자나 군목 혹은 선교관계자를 한국 부산으로 파견 하여 교류하게 했고 상호 협력하게 했다. 그 결과로 미국의 교단이나 대학 관계자들이 방한하여 고려신학교에서 강의하거나 강연하며 교류를 확대했다. 대표적인 경우로, 1954년 정통장로교 소속 군목 메이어(Rev. David Mayer)는 고려신학교에서 강연하게 되고, 1956년에는 정통장로교 선교부 총무 갈브레스 목사(Rev. John P. Galbraith)가 내한하여 1개월간 체류하며 고려신학교에서 강연하고 교단 지도자들과 교류하였고, 1958년 6월 6일부터 12일까지는 칼빈신학교 스톱 박사(Dr. Henry Stob)가 내한하여 고려신학교에서 특강을 하였다. 특히 1960년 6월 14일부터 16일까지는 정통장로교회의 위대한 신학자이자 웨스트민스터 신학교 교수였던 반틸 박사(Dr. Cornelius Van Til)가 내한하여 고려신학교에서 강연했다. 1965년 3월 25일에는 매킨타이어(Carl Macintire) 박사가 경건회에서 설교한 바 있고, 4월 20일에는 스완슨 복음전도회의 존슨(Johnson) 박사가, 6월 29일부터 7월 18일까지는 해리스(Robert L. Harris) 박사가 하기 신학 강좌를 인도하였다.[44]

고신교단과 미국 정통장로교단(OPC)와의 교류와 협력[45]은 한부선 선교사 이

---

44. 이신목, "고신교회와 정통장로회(OPC) 선교부", 29.
45. 정하태, "고신교회와 협력했던 선교사들", 『대한예수교장로회 고신총회70년史』, 407-15에서 고신교

<그림 23> 한부선 선교사 환송(1996. 04. 28).
뒷줄 왼쪽에서 시계방향으로 양승달, 김형규, 정홍권, 박성복,
홍관표, 김진섭, 김성린, 오병세, 한가태, 한부선, 이근삼, 김용섭

후로 계속되었다. 미국정통장로교회는 고려고등성경학교와 고려신학교로 시작
되는 고신의 신학교육을 통해 고신의 개혁신학 형성에 기여하였다. 1946년 9월
고려신학교가 설립된 40일 후 내한한 한부선 선교사는 즉각 고려신학교 교수로
임명되었고, 11월 13일부터 강의하기 시작하여 1976년 한국에서 은퇴하기까지
무려 30년간 고려신학교에서 신학교육에 동참하였다.[46] 한부선 선교사 은퇴 후,
하도례 선교사가 내한하여 2년간 언어공부를 한 후 1956년 3월부터 고려신학교
교수로 참여하였다. 그는 매학기마다 평균 주 10시간 강의했고, 최소한 9개의 다
른 과목을 가르쳤다. 그가 담당한 강좌로는 헬라어, 히브리어, 변증론, 창세기, 신

회와 협력했던 선교사들을 한부선, 함일돈, 마두원, 하도례 4명의 선교사만 소개하고 있는데 실제로
는 서아도, 양길수, 간하배, 손영준 등의 OPC선교사들이 고신과 직, 간접적으로 협력하였다.
46. 정하태, "고신교회와 협력했던 선교사들", 26.

학영어강독, 기독교변증학, 개혁주의 사상, 기독교 철학입문 등이었다. 1970년대 이후에는 성경언어, 변증학, 험증학, 엘렝틱스, 기독교와 문화, 기독교 고전 등을 가르쳤다.[47]

하도례 선교사의 후임자들인 서아도, 양길수, 손영준 선교사들도 고려신학교 혹은 고려신학대학에서 교수로 참여하였고, 간하배는 서울 총신대에서 중요한 역할을 감당했다. 당시 선교사들의 교과 담당율은 매우 높았고 결과적으로 고려 신학교 교육은 물론이고, 고신교회 신학형성에도 크게 기여하였음을 알 수 있다. 정통장로교 선교사들은 교수활동 만이 아니라 학교의 행정 책임자로 그리고 각종 신학관련 저술을 통해 고려신학교 교육과 신학발전에 기여하였다. 즉 고신교회와 고려신학교의 개혁신학 형성에 크게 기여하였다.

이런 협력과 교류를 통해 고신교회와 정통장로교회는 자매 관계를 형성하고 상호 교류하여 고신교회는 해외 교회와 교류하게 되었고, 현재는 여러 해외 교회와 교류하며 국제개혁주의협의회(ICRC: International Council of Reformed Churches)의 중심회원 교회로 활동하게 되었다. 이런 점들은 정통장로교회가 고신교회에 끼친 영향이라고 할 수 있다. 그 후 1971년 화란의 자유개혁파교회(31조파)와 교류하게 되고 자매 관계로 발전하게 되었다.

2.복음주의 선교단체와의 협력

고신교단은 "개혁주의 신앙의 세계 교회 건설"을 목표로 한다. 그러나 복음적인 초교파 선교회와의 협력을 배제함으로써 국제적 교류와 협력에 어려움을 겪고 있다. 교단이 국제 관계에서 고립된 입장을 취할 수밖에 없게 되면, 개혁주의 신앙에 기반한 세계 교회 건설은 필연적으로 한계와 폐쇄성이 나타나게 된다. 고신교단 독자적으로 전혀 가보지 않은, 전혀 선교사를 파송해 보지도 않은 미전도 종족을 단독으로 선교할 수 있는가? 문자 언어가 없는 미전도종족에게 어떻게 문자를 만들어 성경을 가르칠 수 있는가? 아주 소외된 아마존의 정글이나, 티

---

47. 정하태, "고신교회와 협력했던 선교사들", 27.

벳과 같은 곳에 선교사를 파송하고, 그들을 어떻게 지원하며 돌볼 수 있는가? 이러한 현실적인 한계로 인해 부득불 선교번역 전문 단체인 성경번역선교회(WBT/SIL) 혹은 부족선교회(NTM)과 같은 단체와 함께 일해야 하고, 오지에 있는 선교사를 지원하기 위해 항공선교회와 같은 선교단체와 협력하여 일해야만 한다.

그렇기에 고신교단은 고립을 탈출하여 "개혁주의 세계교회 건설"을 위해 복음주의 초교파 단체와 교류를 시작하였다. 1970-1980년대에 부산 경남 지역에는 해외선교회(OMF: Oversea Missionary Fellowship) 선교사들이 다수 내한하여 활동하고 있었다. 당시 영국 왕립 의사회의 회원이면서 의료선교사였던 배도선 선교사[48]는 고신총회에 해외선교회(OMF) 선교사를 요청하였고, 총회는 이를 허락하였다.[49] OMF의 전신은 중국내지선교회(China Inland Mission)로 허드슨 테일러에 의해 1865년에 창립된 초교파 선교단체이다. 중국에서 내지회 선교사가 가장 많이 활동했을 때, 그 숫자는 3,000명이 넘었다. 중국이 공산화 된 후 중국 대륙에서 해외로 추방되어 대만에 정착한 CIM선교사의 숫자는 성인 600여 명, 선교사 자녀들 300여 명[50]이 넘었는데, 이들이 한꺼번에 철수하게 되었을 때 이들을 재배치하는 것은 큰 문제였다. 이로 인해 중국내지선교회는 해외선교회로 단체의 이름을 개명하고 말레이시아, 인도네시아, 필리핀, 싱가폴, 대만, 일본, 한국 등으로 재배치를 받아 활약하게 되었다. 이런 계기로 1970년 이래로 부산 경남 지역에서 활약한 OMF 선교사는 배도선 선교사 외에도 닥터 페리 선교사, 임

---

48. 영국해외선교회(OMF) 소속 의료선교사로 1966년 한국에 입국한 배도선 선교사(Peter R.M. Pattisson)는 마산아동결핵병원 등 경남 지방 의료기관에서 주로 활동했다. 배선교사는 기독의사들의 모임인 한국누가회 탄생에도 큰 영향을 끼치기도 했으며, 1982년 귀국한 이후에도 영국의료선교기관에서 꾸준히 사역하고 있다. 배도선 선교사와 OMF 선교사들의 노력으로 한국성서유니온 설립이 추진되었고, 1972년 6월 30일 동부교회 윤봉기 목사님의 인도하에 시무 예배를 드림으로 한국교회에 QT운동이 확산되었다. 저서로 한국교회의 위기를 진단한 Crisis Unaware, OMF books, 1981가 있다. 배 선교사는 한국에서의 선교 및 봉사활동을 인정받아 영국여왕 봉사상을 수상하기도 했다.
49. 『1975년 총회록』, 5.
50. 중국내지회 철수에 관한 중국어 자료는 饒以德, Scaffolding: OMF in Taiwan (Hong Kong: OMF, 2015)를 참고.

익선 선교사(Nicholas Deane)[51], 모신희 선교사(Cecily Moar)[52], 이부성 선교사(William Black)[53] 등이 있었다.

교단 교회는 선교단체에 대한 신학적 입장과 신앙적 입장에 대해 충분한 숙고와 논의 없이 1980년 이후 단순한 선교적 열심으로 초교파선교단체를 통해 선교사들을 해외에 파송하게 되었다. 1981년에 파송된 변재창 선교사는 OMF를 통해 파송되어 일했고, 그 후 이신철 선교사는 WEC을 통해(1986 파송), 이상룡 선교사는 WBT(1986 파송)를 통해 네팔에서 성경번역 사역을 하다가 2024년 11월에 은퇴했고, 박은생 선교사(1987 파송)는 SIM을 통해, 류영기 선교사 역시 OMF(1988 파송)를 통해 파송되어 사역하게 되었다.

1988년 8월 전국여전도회 연합회의 후원을 받아 이신철 선교사가 WEC(Worldwide Evangeliza tion for Christ)를 통해 아프리카 서부 가나의 다곰바 부족을 위해 사역을 시작하였다. 그해 12월에는 이상룡 선교사가 성경번역선교회(WBT/SIL) 선교사로 네팔에 파송되었고, 이보다 조금 이른 1986년에는 OM에서 사역하던 박은생 선교사가 수단내지선교회(Sudan Interior Mission)을 통해 아프리카 가나에 소수민족을 위해 사역하기 시작하였다. 손승호 선교사 역시 1992년 부터 OMF를 통해 태국에서 18년간 사역을 하였다. 양승봉 선교사는 1995년

---

51. 임익선(Nicholas Deane)선교사는 1975년부터 15년간 한국에서 OMF 선교사로 사역하며 한국교회에 성경묵상(QT)을 소개하고 가르쳤던 선교사이다. 그는 한국 그리스도인들에게 그가 55년간 성경묵상을 배우며 깨달았던 것을 책으로 출판하여 한국교회 교인들에게 소개하였다. 임익선, 『고요한 아침』 (서울: 성서유니온, 2022).

52. 모신희(Cecily Moar)선교사는 호주에서 1974년 OMF 파송으로 한국에 와서 25년을 사역하다가 지병으로 선교사역을 은퇴한 싱글 선교사이다. 부산경남 지역에서 성경 묵상을 통해 성경공부를 오랫동안 인도했다. 고신대학에서 영어성경을 가르쳤고, 고신선교훈련원(KMTI) 초기에 선교사 후보생들에게 영어를 가르치기도했다.

53. 이부성(William Black) 선교사는 강해 설교에 정통한 저자로써, 영국 스코트랜드 장로교회에서 목회를 시작하였다. 1982년 OMF 선교사로 한국에 파송되어 1982년부터 성서유니온선교회를 비롯한 여러 모임에서 특히 부산 지역에서 목회자들을 대상으로 강해설교 훈련을 시작하였다. 현재는 스코트랜드의 스토노웨이 장로교회에서 목회사역을 하다가 은퇴하였다. 그가 쓴 책이 『강해설교 어떻게 할 것인가?』로 번역되어 소개되고 있다. 부산, 경남 지역 IVF 창립 초기에 강해설교로 부산 지역 대학생들에게 큰 도전을 주었다.

<그림 24> 영국 OMF 이사 Dick Dawsett 총회선교부 방문

부터 한국 인터서브(InterServe)를 통해 네팔에서 의료선교사로 사역을 하게 된다. 이로 보건대 고신교단은 비교적 선교의 초기부터 복음적인 초교파 선교단체와 협력을 통해 교단이 자체로 파송하지 못하는 선교지의 미전도종족 선교를 위해 헌신한 교단이었다.

1980년 후반기를 거치면서 고신교단은 복음주의적인 초교파 단체와의 접촉이 빈번해지기 시작했다. 개혁주의 선교의 세계화를 꿈꾸던 고신교단으로서는 세계선교 무대에 진출할 수 있는 좋은 계기가 되었고, 국제선교단체들로서는 한국 교단 특히 개혁주의적인 보수 교단과 협력할 수 있는 절호의 기회였다. 사실 이 시기 해외선교는 고신교단 단독으로 해결할 수 없는 국제 관계에서의 노하우, 예를 들면, 선교사를 파송할 현지 사역을 위한 언어습득, 문화이해, 타문화 적응, 자녀 교육, 비자 문제 등과 같은 실제적인 문제가 상존했다. 이런 상황에서 외국의 초교파적인 선교부와의 접촉과 협력이 계속적으로 이루어졌다.

이 시기에 세계적인 초교파 선교단체와의 접촉과 교류, 협력에 도움을 준 사람은 손영준 선교사[54]이다. 그를 통해 고신교단은 SIM, AIM, WEC과 같은 단체를 소개 받게 되었다. 박은생 선교사가 협력하고 사역하고 있는 수단내지선교회(SIM: Sudan Interior Mission)의 아시아 지역 대표 스탠리(Gorden D. Stanley)와 동 선교회의 호주 총무인 디플(Bruce Dipple)이 1987년 10월 16일 내한했다. 1988년 2월17일에는 WEC의 국제 대표였던 쿨(Dietrich Kuhl)[55]이 방문했다. WEC의 MOC(Missionary Orientation Course)의 훈련원장이며, 영국 All Nations Christian College의 교수였던 버넷(David Burnett)[56]이 한국을 방문하여 총회선교부와 협약 가능성을 논의하였고, 1988년 7월 5일-6일에는 부민 교회에서 선교 세미나를 인도하기도 하였다. 1988년 2월 23일에는 아프리카내지선교회(AIM: Africa Inland Mission)의 호주 총무 체클리(David Checkley)가 내한하여 한국교회와의 협력 및 AIM 한국지부의 설립의 가능성을 타진했고, 3월 22일-23일에서 총회선교부 사무실에서 "아프리카 선교 현황과 선교 요청"이란 주제로 세미나를 개최하였다.[57]

---

54. 한국에 파송된 OPC선교부의 여섯 번째 선교사로 손영준(Young Joon Son) 목사는 어린 시절 한국에서 자랐고, 서울대학교2학년 때 미국으로 이민 가서 미국에서 교육을 받았다. 부인 메리 루(Mary Lou Son)는 1977년 가을 손영준 선교사와 함께 한국으로 왔다. 손영준은 미주개혁장로 교단(RPCNA)에서 1963년부터 1967년까지 목회자로 활동했다. 그는 일본에서 출생했으나 부모를 따라 한국으로와 어린 시절을 보냈고, 미국으로 이주하여 대학교육과 신학교육을 받았다. 따라서 그는 내한 즉시 한글과 영어로 자유롭게 설교 혹은 강의를 할 수 있었다. 그러나 부인은 한국어 공부가 필요하여 대전에서 1년간 언어를 공부했다. 1978년 6월 서울로 배속되어 고신과 합동 측 교회를 돕기도 했으나 그의 주된 사역은 총회신학교에서 설교학, 선교학 등 실천신학 분야를 가르치는 일이었다. 한국에서 사역하는 동안 남아공 포체프스트룸(Potchefstroom) 대학교에서 신학석사(Th.M.)와 박사(Th.D.) 학위를 받았다. 총신대학교에서 주로 선교학을 가르치는 한편 대한예수교장로회 합동교단을 중심으로 1983년 선교훈련원인 MTI(Missionary Training Institute)를 설립하고 선교사 교육을 담당했다. 손영준 선교사는 2000년까지 한국에서 일한 뒤 은퇴했고 다시 미국으로 돌아갔다. 이로서 정통장로교회의 한국선교는 종결되었고, 64년간의 한국선교를 마감하게 된다.

55. 「해외선교」 32(1988), 15.

56. WEC 선교단체의 국제 대표와 훈련원장의 방문은 당시 WEC을 통해 아프리카 가나에서 사역했던 이신철 선교사로 인해 성사된 것이었다.

57. 「해외선교」 30(1988), 15.

이 기간 동안 고신교단 선교부와 선교 협약을 체결하게 된 국제적인 단체 중에 인터서브(Interserv)[58]가 있다. 인터서브는 평신도 전문인 사역 특히 의료 선교를 위해 설립된 국제적인 단체로 벌써 180년 이상의 선교 노하우가 있는 단체이다. 1989년 3월 25일-27일에는 인터서브의 총재인 로밀리(Michaeal Roemilae)를 초청하여 부산삼일교회당에서 "이슬람권 및 힌두권 세미나"[59]를 가졌다. 또 다른 인터서브 선교사인 나오미(Naomy) 선교사가 1989년 6월 30일-7월 14일 사이에 총회선교본부를 방문하여 선교훈련원에서 강의했다. 인터서브 스코틀랜드 대표 링로우즈(Brian Ringrose)[60]가 방한하여 상호 협력 문제를 논의하였다. 이후로 인터서브 선교단체를 통해 파송된 KPM 선교사로는 의사인 양승봉 선교사(1995년 파송-2024년 은퇴), 특수학교 교사인 김삼성 선교사(2002년 파송-현재)가 있다.

1988년 한국은 올림픽이 개최되었던 시기였는데, 이에 발 맞추어 서구의 유수한 복음주의적 선교단체들이 물밀듯 몰려 들어왔고, 교단 선교부도 이에 발 맞추어 국제 단체와의 협력과 교류를 통해 세계화로 발돋움하게 되는 계기가 되었다. 총회선교부는 1988년 9월 총회에서 복음주의적이고 초교파적인 선교 기관과의 선교 협약 체결을 총회선교부에 일임해 주도록 청원하였고,[61] 이 청원이 받아들여짐에 따라 총회의 위임을 받아 총회선교부가 국제적인 초교파 단체와 선교협약을 체결할 수 있었다.

---

58. 힌두권과 이슬람권에 선교의 촛점을 두고 있는 인터서브의 시작은, 1800년대 인도의 콜카타의 제나나 (Zenana)라고 불리는 당시 대가족에 속한 여성들이 외부와 격리되어 평생을 보내는 규방 사역에서 시작되었다. 인터서브는1852년 어둡고, 격리된 이곳의 여성들을 위해서 영국 여성들이 기도하며 콜카타에 학교를 열고, 두 명의 여성 선교사를 파송했다. 도시 곳곳의 제나나를 방문하고 글과 성경을 가르치는 '제나나 성경 선교회(Zenana Bible Mission)'가 있었다. 원래 BMMF(Bible & Medical Missionary Felowship)으로 불리다가1987년에 인터서브로 개칭되어 힌두권, 이슬람권, 라마불교권 지역에서 사역하고 있는 국제적인 초교파 선교단체이다.
59. 「해외선교」 37(1989), 19.
60. 「해외선교」 40(1989, 19.
61. 『1988년 총회회의록』, 267.

3. 국제적인 선교단체와의 교류 및 협약시에 고려해야 할 사항들

1) 선교단체의 교리적인 입장을 고려해야 한다

대다수의 국제적인 초교파 단체들은 복음주의적인 신앙 고백에 동의한다. 하지만 문제는 해당 단체에 가입한 후 신앙적인 입장이 다르거나 사역 방식이 달라 충돌할 경우 어떻게 문제를 해결해야 할지가 큰 난제이다. 평신도 선교사로서 의료, 사회 사업, 학교, 기술 분야 등의 사역에 참여할 때에는 신앙고백의 문제가 크게 대두되지 않는다. 문제는 목사 선교사로서 교회를 개척할 때에 발생한다. 선교지에서 세우는 교회가 "개혁주의 교회"여야 하는가? 또 선교지의 전임자가 이미 감리교 식으로 교회를 설립해 놓았는데, 후임자인 고신측의 목사가 장로교 식으로 교회를 운영해야 하는가? 또 선교지의 대다수의 교회가 오순절 계통의 신학과 신앙의 영향을 받아 축사하고, 방언하고, 신유와 기적을 받아들이는 분위기인데, 개혁주의 신앙과 신학에 무장된 본 교단 선교사가 이러한 현상을 묵과하고 그들의 신앙생활과 방식에 동조해야 하는가? 하는 문제 등이 대두된다. 무엇보다 선교단체 내에서 설립된 교회당이 본 교단 교회의 후원을 받아 설립된 경우 그 재산권은 고신교단에 있지 않고 소속 단체에 귀속되거나, 현지 교회에 이양해 줘야 하는데 이럴 경우 어떻게 해야 하는가? 등의 실제적인 문제가 발생했고, 또 발생할 수 있다. 이러한 신앙적 입장을 충분히 논의하지 않은 상태로 초교파선교단체를 통해 고신 목사를 선교사로 파송할 경우 상당한 충돌과 모순을 피하기가 어렵다.

2) 국제 단체의 재정 원칙과 행정 특히 은퇴 이후의 대책 등의 문제를 충분히 살펴야 한다

국제 선교 단체는 교단 선교부와 확연히 다른 모금 방식과 운용 방식을 가지고 있어, 교단 선교부보다 훨씬 더 많은 금액의 선교비 모금을 요구할 수 있다. 그럼에도 불구하고 선교사의 생활비는 현지 수준에 따라 상당액이 줄어들 수 있다. 게다가 교단과 선교단체의 듀얼 멤버십일 경우 이중적인 행정비를 지출해야 한다. 교단 선교부와 국제 단체 선교부, 심지어는 현지에서 구성된 지역선교부까지 이중, 삼중의 선교비 지출을 해야 한다.

선교사의 은퇴 이후의 대책도 문제가 된다. 국제 단체를 통해 파송된 다수의 교단 선교사들이 자녀들이 고등학교를 졸업하고, 대학을 진학하게 되면 국제 단체를 떠나 교단 선교부로 회귀하는 경우가 많다. 왜냐하면 국제 단체는 자녀 교육에 있어서 대부분 고등학교까지만 교육비를 지원해 주고 대학교부터는 자녀 교육비를 지원해주지 않기 때문이다. 또 은퇴 이후의 대책도 큰 문제가 된다. 대부분의 국제 단체는 현직에 있을 동안에는 보험을 들거나 사고 혹은 병이 들었을 때 보장을 해 주지만, 은퇴 이후의 대책 같은 것은 거의 선교사 본인이 알아서 해결하도록 하고 있기 때문이다.

선교단체를 정하는 것은 결혼 적령기인 남녀가 평생을 함께할 배우자를 택하는 것과 같다. 상대방의 조건이 나의 상황에 적합한 지, 상대방의 정책과 선교 방향이 내가 평생 동안 헌신하려는 목표와 가치관과 일치하는지 등 여러 사항을 충분히 고려하고 심사숙고한 후에 그 단체에 헌신 유무를 결정해야 한다. 물론 국제 단체를 통해 사역하게 되면 여러가지 유익이 있는 것도 사실이다. 영어 구사가 어려운 한국 선교사들이 선교사의 공통 언어인 영어를 구사할 수 있게 되고, 해당 단체가 선교지 언어를 배우는 데 노하우가 많이 축적되어 있기 때문에 언어습득이 용이하고, 자녀들을 국제학교에 보낼 때 혜택이 있는 것과 같은 유익이 많다. 하지만 이 모든 것의 이해 득실을 충분히 따져보고 어떤 선교단체를 택할지 결정해야 한다.

교단 선교 70주년을 맞이하면서 본 교단이 국제 관계에 얼마나 진일보했는지, 또 70년의 KPM선교역사 속에 얼마나 많은 세계 교회 건설에 이바지할 리더십을 배출했는지 뒤돌아봐야 한다. KPM이 "복음, 함께, 그리고 미래"의 70년으로 앞으로 전진하여 나아가기 위해서는 개혁주의 세계 교회에 이바지할 다음 세대 선교 리더십을 길러 내야 한다. 역사적인 경험을 디딤돌로 삼아 다음 세대들이 21세기 동안 전 세계 방방곡곡에 "개혁주의 세계교회 건설"의 주역으로서 역할을 하여 우리 주님의 재림을 준비하기를 기대해 본다.

IV. 선교훈련 역사

남후수 선교사는 예전에 "교단선교훈련의 새방향"[62]이란 그의 글에서 한국교회의 선교는 그 동안 "3무 선교(三無宣敎)"즉, 교회가 선교를 하면서도 적절한 정책과 전략이 없었고, 선교사들이 선교지에서 서로 간에 협력이 없었고, 파송 기관인 선교부도 필요한 행정이나 선교사들에 대한 돌봄이 없었다고 비판하고 있다. 옳은 지적이라고 생각한다. 필자는 이에 대해 하나를 더하여 4무 선교를 말하고 싶다. 그것은 선교훈련 없이 열정과 열심만으로 무작정 선교지에 뛰어드는 것의 위험성과 무모함이다.

선교훈련의 역사를 논할 때 먼저 고려해야 할 사항은 크게 세 가지 이다. 먼저, 1955년 교단 선교부의 출범 이후 1955년부터 1985년까지 교단 차원에서 선교훈련을 받을 곳이 없었다는 점이다. 둘째, 1986년 이후 선교의 붐이 조성되어 한국교회뿐 아니라, 고신교단에도 자생적으로 선교훈련 과정이 생기고서야, 비로소 교단 총회가 승인하는 선교훈련원이 시작되었다는 것이다. 마지막으로 현재 교단 선교훈련의 현황이 어떠하며, 이러한 훈련이 "개혁주의 세계 교회 건설"이란 선교목적을 이루는 데 적합한가의 여부를 살펴봄으로 본 장의 주제를 전개하려 한다.

1. 선교훈련이 전무했던 시기(1955년-1985년)

KPM은 1호 김영진 선교사 가정을 파송할 때부터 무모하리만큼 용감하게 타문화권 선교훈련을 전혀 받지 않은 상태의 선교사를 선교지로 보냈다. 마치 수영을 전혀 하지 못하는 선교사를 망망대해에 던져 놓은 후 스스로 수영을 습득하여 살아 남도록 하는 것과 같은 시기였다. 파송된지 15년 동안 고군분투하여 살아 남은 김영진 선교사의 요청으로 유환준 선교사를 파송하였을 때도 이러한 현상은 지속되었다. 김영진 선교사가 파송될 당시 조국 교회 특히 우리 교단의 형편과

---

62. 남후수, "교단선교훈련의 새 방향", 『변화와 성숙』, (대전: 총회세계선교위원회, 2004), 218-19.

사정은 교단 전체가 모두 합력해도 한 가정의 선교사를 지원하기가 벅찬 어려운 시기였다. 김영진 선교사 본인은 당시의 상황을 이렇게 회상한다.

> 물론 선교학적으로 보면 우리 교단 선교는 매우 무모한 선교였다. 선교가 무엇인지? 어떻게 선교할지, 선교에는 어떠한 준비가 필요한지, 선교비는 어떻게 송금할 것인지, 선교지는 어떠한 곳인지도 알지 못하고, 선교사만 보내면 된다고 생각하고, 선교사 역시 외국(해외)선교에 대한 연구도 배움도 없이, 사명에 충성해야 겠다는 열심만으로 시작하여, 실제로 부닥치고, 눈으로 보고 느끼고 알게 되는대로, 본부와의 긴밀한 연락과 합력으로 일보일보 개척하여 오늘에 이른 것이 우리 교단의 해외선교이다. … 항공기 회사도 정기 여객선도 없던 때이며, 가난한 한국 선교사가 비행기로 선교지에 부임한다는 것은 생각조차 할 수 없는 시절이었다. … 개혁주의 신앙에 근거한 대만교회를 설립하는 것이 하나님의 뜻인줄 알고, 처음부터, 자립, 자전, 자양하는 교회를 세우기 위해 모든 것을 드렸다.[63]

김영진 선교사를 대만으로 선교사를 파송했던 시기, 한국은 1955년 국제금융기구인 국제통화기금(IMF)과 세계은행(WB)에 가입할 때 1인당 연간 국민총소득(GNI)은 65달러로, 아프리카의 가나, 가봉, 시에라리온 보다 낮았다. 전란(戰亂)은 외국 원조에 의존해 가까스로 이겨냈다. 전후 복구를 위해 원조금을 지원하던 미국국제개발처(USAID)는 한국의 경제 관리 능력을 '밑 빠진 독'이라고 혹평했다. 이런 시기에 타문화권 선교훈련은 배부른 사람들의 사치 정도로 여겨졌을 것이다. 따라서 이 시기는 선교훈련에 대해서 생각할 수도 없었고, 타문화권 선교에 대한 이해가 전무했던 시기였다.

---

63. 김영진, "대만 선교 30년 회고", 「해외선교」 35(1989), 2-4.

2. 자발적으로 선교훈련을 받았던 시기(1980년-1986년)

한국의 경제는 경제개발 5개년 계획 등으로 획기적으로 도약하기 시작했다. 1986년 아시안 게임, 1988년 올림픽과 같은 세계적인 대회를 치르면서, 한국 정부는 5년짜리 여권을 발급해주기 시작했고, 세계에 대한 관심이 증대되었다. 이와 궤를 같이하여 한국교회뿐 아니라 교단교회 역시 성장하여 선교에 대한 관심이 점차 증가하였다. 이 시기에 전호진 박사는 미국 웨스터민스터 신학교에서 "네비우스의 토착선교에 대한 연구"로 석사학위를 받고, 풀러신학원에서 선교학을 전공하여 박사학위를 받았다. 1980년 이후 모교인 고려신학대학원에서 선교학과 교회성장학을 강의하면서 한국교회와 교단 특히 젊은 신학생들에게 선교에 대한 지대한 관심을 불러 일으키게 된다. 이러한 도전으로 선교훈련의 필요성을 절감한 선교사 후보생들은 자발적인 선교훈련을 시도한다.[64] 예를 들면, 1986년도에는 선교사 파송 예정자들과 가족들이 5월 5일부터 6월 5일까지 서울중앙교회에서 (선교)공동생활 훈련을 실시하였다.[65] 이신철 선교사는 그의 글 "선교사 후보생 합숙훈련 보고"에서 자발적 선교훈련의 의의를 이렇게 소개한다.

> 선교사 후보 훈련을 선교부가 맡아야 한다는 명제 하에 드려진 금번 공동생활 운동은 (고신)선교훈련의 시발점이라는 데 의의가 크다. 선교훈련원이 설립되거나 조직되거나 훈련 담당자가 따로 지정되지도 않은 상태에서, 선교사 후보자들이 자체적으로 훈련 계획을 세워서 시행하되, 선교부에서 적극 후원함으로써 6주간의 공동생활 훈련을 무사히 마쳤다.[66]

하지만 이 시기는 선교에 대한 열정이 있었고 선교 헌신자들도 있었지만, 어떻게 그들을 훈련시켜야 하며 어떤 방식으로 훈련된 자들을 언어와 문화가 다른

---

64. 이상규, "교단선교 50년 개관", 51.

65. 이신철, "선교사 후보생 합숙훈련 보고", 「해외선교회보」 20(1986), 4. 이 당시 공동생활 훈련에 참석했던 이들은 이신철 부부, 박은생 부부, 강병호, 이상룡이었다.

66. 이신철, "선교사 후보생 합숙훈련 보고".

타문화권에 보내어야 하는지에 대한 방안이 전무했던 시기였다. 당시 공동체 훈련 선교후보생들은 AIM의 호주대표 체클리(David Checkley)의 강의를 들었다. 6주간 훈련 중 5주간 영어 성경을 가르쳐 준 분은 OMF의 모신희(Cecily Moar) 선교사였다. 이에 따라 선교사 후보생들은 그들이 공동체 훈련 동안 접촉하게 된 국제적인 초교파 단체들의 안내에 따라 선교지를 결정[67]하고, 파송되게 되었다.

3. 고신선교훈련원(Kosin Missionary Training Institute)[68] 시기 (1987년-2010년)

1) 고신선교훈련원 태동

1987년 2월 9일부터 총회선교부 제1대 전임 총무로 임명된 김영진 선교사는 같은 해 9월 총회에 선교사 훈련 기구 설치를 청원하였다.[69] 이 청원이 총회의 승인을 받음으로 1988년 8월 고신선교훈련원(Kosin Missionary Training Institute)이 정식으로 출범하게 되었다. 고신선교훈련원이 시작되게 된 계기를 총무로 일하게 된 김영진 선교사는 다음과 같이 밝히고 있다.

처음 교단 선교부 총무직을 수락하고 1년 정도 지나고 난 후부터, 본 교단의 선
교사를 요청하는 기관과 나라가 많아졌고, 또 선교사를 후원하고자 하는 교회

---

67. 당시 공동체 훈련에 참석했던 분들 대부분이 국제 선교단체를 통해 파송되었다. 이신철 선교사부부는 WEC으로, 박은생 선교사 부부는 SIM으로, 이상룡 선교사 부부는 WBT를 통해 선교지로 가게 된다. 이 때 공동체 훈련의 참석자는 아니지만, 후에 류영기 선교사 부부는 OMF를 통해 파송된다. 우연의 일치로 보기에는 너무나 설명하기 어려운 현상이었다.

68. 고신선교훈련에 관한 연구는 3편의 글과 논문이 작성되었다. 두 편의 글과 논문은 한글로 기록되었고, 한편은 영문으로 기록된 선교학 박사학위 논문이다. 한글 논문은 곽진희, 고신총회 선교훈련원의 선교사 교육에 관한 연구(고신대기독교 교육학석사 논문,2002)과 남후수, "교단선교훈련의 새 방향", 『제1회 고신선교포럼 자료집: 변화와 성숙』(대전:총회세계선교위원회, 2004), 218-246가 있고, 영어 논문은 박경숙(KyungSook, Park), "Training Korean Missionaries for Team Effectiveness: A Study Based on the Kosin Missionaries in the Philippines", BIOLA University, D.Miss Dissertation,1996가 있다.

69. 『1987년도 총회록』, 30.

들이 점차적으로 확보가 되었습니다. 그럼에도 불구하고 정작 나가야할 선교사, 특히 훈련된 선교사는 찾기가 어려웠습니다. 이 이유 때문에 선교사를 양성할 목적으로 고신선교훈련원이 시작된 것입니다.[70]

선교훈련을 시킬만한 경험있는 인재가 부족하고, 타문화권 경험이 있는 인력이 부족한 상황 가운데 앞뒤를 재 볼 겨를도 없이 KMTI를 시작하게 된 것은 이러한 선교지의 필요 때문이었다. 이 당시 KMTI를 시작하는데 천군만마같은 도움을 준 분들은 미국장로교선교부(PCA: Presbyterian Church of America)의 신내리(Allan Sneller), 고주영(James Kobb), 남계리(Gary Nantt) 선교사들이었다. 이들은 부산 초읍동에 소재한 선교 본부에 찾아 와서 어떻게 PCA 한국선교부가 고신총회 선교부와 협력하여 도울 수 있을지 의논했다. 당시 교단 선교부가 직면한 가장 시급한 필요, 즉 선교사 훈련 분야에 강사를 교섭하는 일과 언어 훈련을 시켜줄 외국인들을 교섭하는 일을 도와주기로 합의[71]하면서 고신선교훈련원은 급물살을 타게 되었다.

2) 고신선교훈련원 과목과 내용

KMTI 1기- 4기까지 훈련되고 가르쳤던 과목과 내용은 다음과 같다.[72]

	선교 이론	선교지 연구	선교 실제
1기 88. 08. 01-19 사직동교회 교육관 Dr. J. Young 수료: 25명	선교의 동기와 목적(8) 비교종교론(9) 선교신학(6) 에큐메니칼 선교(6) 요나서 강해	아시아 선교의 과제와 전망(3) 아시아 개관(8) 필리핀 연구(8) 인도네시아 연구(8)	언어훈련(24) 제자훈련(8) 공동체 훈련(8) 선교사의 경건생활(4) 악기 사용법(4) 수영훈련(4) 카메라 조작법(2)

---

70. 하민기, "고신선교훈련원의 어제와 오늘", 「해외선교」 42(1990), 11.
71. 당시 합의서는 PCA한국선교부, 고신총회선교부, 합신총회선교부 3개의 교단 사이에 맺어졌다. 하지만 고신은 일찍 선교훈련원을 시작하고 있었지만 합신은 선교훈련원의 시작을 엄두도 내지 못하던 시기였다.
72. 하민기, "고신선교훈련원의 어제와 오늘", 11-12.

2기 89. 01. 16-02. 03 초읍선교본부 Dr. Carl Bouge 수료: 15명	개혁주의 선교원리(12) 개혁주의 선교실제(12) 아시아 종교(6) 기독교와 문화(4) 말라기 강해	이슬람 선교전략(8) 힌두교 선교전략(8) 아프리카 선교전략(8)	언어훈련(24) 교회성장(4) 전도방법(4) 인구분포 사용법(4) 기도편지 작성법(2) 선교후원소개(2) 업무규정소개(2)
3기 89. 06. 29-07. 14 초읍선교본부 Dr. Mohlton Smith 수료: 34명	성령과 선교(24) 타문화 적응(8) 선교의 접촉점(4) 마가복음 강해	서남 아시아 연구(8) 이디오피아 연구(4) 수단 연구(4)	언어 훈련(24) 교회성장(4) 선교사 자녀교육(2) 선교사의 자질과 준비(2) 인간관계 훈련(8)
4기 90. 01. 08-26 Dr. William Mahlow 수료: 32명	지도력과 의사소통(8) 전도와 제자도(8) 언어 습득, 자녀교육(8) 요한계시록 강해	아시아 선교전략(8) 남미선교전략(8) 일본선교전략(4) 팀 선교전략(4)	언어훈련(22) 한국선교사 문제(4) 선교사와 스트레스(4) 노방전도 이론, 실습(12) 언어습득이론 실습(4)

<표 12> 고신선교훈련원의 과목과 내용(괄호 안은 시수)

강사진은 한국 PCA에서 추천해 주시는 선교사들로 구성되었는데, 영(J. Young)[73], 보그(Carl Bouge), 스미스(Molton Smith), 말로우(William Mahlow)와 같은 분들로 해당 분야에 박사 학위가 있고, 목회와 선교에 수십 년의 경험이 있는 이들로 구성되었다. KMTI는 1988년부터 2004년까지 연 2회 3주간의 훈련을 실시하였고, KMTI를 통해 배출된 선교훈련생은 연인원 850명이 넘어섰고, 1988년 이후 2004년까지 파송된 교단 선교사의 90% 이상은 고신선교훈련원을 수료한 이들이었다. 필자는 고신선교훈련원으로 실무자로 1988년 1기부터 1999년 24기까지 12년간 KMTI를 훈련 과정을 기획, 관리를 했고, 외국 강사를 섭외하고 통역하는 일을 담당했었다.

---

73. 죤 M.L.영, 『선교의 동기와 목적』, 김진홍 역 (서울: 개혁주의신행협회, 1972). 일본선교사로서 사역한 J. Young박사는 제1기 고신선교훈련원 강사로 오셔서 1주일간 강의를 하신 후 2주째는 뇌출혈 와서 급히 복음병원으로 후송이 되어 치료를 받았다. 미국으로 귀국하신 후 한국에서 본 교단의 응급처치와 의료비용 부담에 대한 감사하는 서신을 보냈다.

4. BMTC, PMTC, MMTC, KMTC, OTC 훈련 시기

고신선교훈련원은 1988년 이래로 연2기 3주간씩 1기에 120 시간의 훈련을 실시해 왔다. 당시에는 일정한 공간이 없어서 제10기까지는 교회나 수련원 등의 공간을 활용하여 훈련을 지속해 왔다. 1994년 이후로 대전 선교부 건물을 PCA로부터 기증 받아, 선교부 사무실 뿐 아니라 선교훈련원 건물로 사용하게 되었고 보다 효과적인 교육과 훈련이 가능하게 되었다. 1994년 가을부터 선교사 후보를 위한 오리엔테이션 과정(Orientation Course)을 개설하여 선교지로 나갈 선교사 후보생들을 위한 실제적인 훈련을 하였다. 1997년까지는 선교부 총무가 훈련원장을 겸하다가, 1998년부터 전임 훈련원장이 선교훈련을 전담하게 되었다.[74]

2009년 주준태 선교위원장(김영수 본부장)이 부임하면서 훈련원의 구조는 큰 변화를 가져오게 되었다. 고신선교훈련은 김영수 본부장이 제시한 비전 2020년에 의거하여 "본부와 현장 그리고 교회 이 세 현장의 발전과 성숙을 의도하여 본부에서는 선교 연구와 훈련을 극대화하고, 현장은 팀 사역을 도모케하고, 선교 교회들은 선교의 주체가 '교회'임을 강조하고 일깨워 상호 협력하며 나아가는 선교"를 꿈꾼 것이다.[75] 이에 고신선교훈련은 기본훈련(BMTC), 심화훈련(KMTC), 선교사 오리엔테이션 훈련(OTC), 그리고 선교사 재훈련(LTC)으로 재편했다. 연구훈련원장 김영산과 연구부원장 신성주를 세워 기존의 KMTC 중심의 훈련을 초급(BMTC), 중급(KMTC), 고급(OTC) 단계로 더 심화시켰다. 파송 후에도 재충전을 위한 LTC(Leadership Training Course) 과정이 새로운 교과과정으로 만들어지며 점차 체계화되어갔다.[76]

2002년부터 본 교단 산하 교육기관인 고신대학교 선교언어(국제문화선교)학과 고신대학교 선교대학원, 고려신학대학원 선교전공 과정[77] 등에서 선교부가 인

74. 이상규, "고신선교 40년 개관", 97-98.
75. 김영산, "KPM 선교 본질과 미래", 『제4차 고신선교포럼 자료집』 (대전: 고신총회세계선교회, 2019), 75.
76. 김영산, "KPM 선교 본질과 미래".
77. KPM 『집행위원회 회의록』, 59-3차(2009년 12월 15일) 결의.

정하는 유관(有關)된 강좌를 이수한 경우에는 선교사 훈련으로 대체해 주도록 하여 선교사 훈련 과정이 다양화되기 시작했다. 이것은 이미 대학이나 대학원 과정에서 선교학과 선교사역에 관해 강좌를 이수한 이들에게 중복 교육을 피하게 하는 동시에 교단 선교 관련 학과와 강좌에 대해서 교단기관이 상호 인정하자는 취지에서 발의된 정책이었다.[78] KMTI에서 훈련을 받지 않은 사람들도 교단 선교사로 활동할 수 있도록 하기 위해, 선교훈련원은 교단 선교에 대한 더 구체적인 오리엔테이션이 필요하다고 판단하여 기간을 3개월로 연장하였다. 이 3개월 오리엔테이션은 2개월은 국내에서, 나머지 1개월은 선교 현지에서 수습하도록 구성되었으며, 이러한 현지 적응력을 높이는 방식이 새로운 조치였다.[79]

<표 13> 선교훈련 과정

---

78. 이상규, "고신교단 선교 50년 개관", 75.
79. 이상규, "고신교단 선교 50년 개관".

연도	기수	지역	교회	일정	수료 인원
2021	44기	비대면	고신선교센터	2021. 09. 28-12.14	41
2022	45기	전북노회	왕궁중부교회	2022. 03. 05-05. 21	26
	46기	비대면	고신선교센터	2022. 09. 03- 11. 29	29
2023	47기	경기동부노회	드림향상센터	2023. 03. 18-06. 03	22
	48기	비대면	고신선교센터	2023. 09. 26-12. 19	10
	49기	경남진주노회	진교교회	2023. 10. 07-12. 23	26
					154명

<표 14> 기초선교훈련과정(BMTC)

"KPM 선교 70년과 비전 2030 평가와 전망"[80]에서 제시한 자료에 따르면 2021년에서 2023년까지 KPM 선교훈련 현황은 BMTC은 6기(44-49기)에 걸쳐 154명이 훈련을 받았다. MMTC는 11기 1차례(2023년 6월) 수료인원 42명 훈련을 받았고, PMTC는 7기(2019년 3월 7일-5월 25일) 수료인원 25명이었다. 본부에서 실시한 KMTC는 53, 54, 55기로 총 수료인원 23명이었다. 대전 선교본부에서 실시한 OTC는 65기(2021년 3월 2일-5월 21일, 수료인원 27명), 66기(2022월 2일 28일-5월 20일, 수료인원 23명), 67기(2023월 2월 27일-5월 19일. 수료인원15명)는 정상적으로 실시되었다.

기수	수료연도	수료날짜	수료인원	비고
11기	2023년	2023. 06. 08	42	복음병원

<표 15> 의료선교훈련과정(MMTC)

기수	연도	노회	교회	훈련 일정	수료 인원
7기	2019년도	남마산노회	마산교회	2019. 03. 07-05. 25	25

<표 16> 전문인 선교훈련과정(PMTC)

---

80. 홍영화, "KPM 선교 70년과 비전 2030 평가와 전망", 31.

기수	연도	일정	수료 인원	비고
53기	2021	2021. 08. 09-10. 22	8	
54기	2022	2022. 10. 24-11. 11	12	
55기	2023	2023. 11. 01-11. 17	3	

<표 17> 고신선교훈련과정(KMTC)

기수	연도	일정	장소	수료 인원
65기	2021	2021. 03. 02-05. 21	대전 고신선교센터	27
66기	2022	2022. 02. 28-05. 20	대전 고신선교센터	23
67기	2023	2023. 02. 27-05. 19	대전 고신선교센터	15

<표 18> 오리엔테이션 허입과정(OTC)

위의 통계 숫자로 볼 때, MMTC는 2020년과 2021년과 2023년에 훈련이 없었고, PMTC는 2019년 이후 3년 간은 선교훈련이 실시되지 않았고, 수료생이 없었다. 본부에서 실시하는 KMTC 마저 2019년과 2020년에는 지원자가 없어서 선교훈련이 실시되지 못하였다. 선교지로 파송하기 전 최종 허입 과정인 OTC는 그나마 일정한 훈련생을 확보하여 선교훈련이 중간에 단절되지 않고 계속되고 있다.

5. 고신선교훈련 평가 및 제안

선교적 열심과 열정만으로 시작한 고신선교훈련원은 교단 선교운동이 활발했던 당시에 선교사를 양성하는, 유일한 총회 인정 기관으로 역할을 감당했다. 2009년 이후 큰 비전을 갖고 새롭게 기획되고, 구상된 선교훈련 코스인 기본훈련(BMTC), 심화훈련(KMTC), 선교사 오리엔테이션 훈련 (OTC), 그리고 선교사 재훈련(LTC) 뿐 아니라 의료선교훈련(MMTC)과 전문인선교훈련(PMTC)과 고신대학과 신학대학원에서 실시하고 있는 선교훈련을 평가하면서 해결해야할 문제점과 대안을 정리해 보았다.[81]

---

81. 하민기, "고신선교훈련원의 어제와 오늘", 11-15.

1) 타문화권 훈련 부족에 대한 해결 방안

이 문제를 극복하기 위하여 선교 현지에 타문화권 선교훈련원을 설립하여 본국에서 1차적인 선교훈련을 수료한 선교사 후보생들을 현장에서 집중적으로 훈련시켜야 할 필요가 대두되었다. 이에 따라 KMTI를 통해 기본 선교훈련을 마친 선교사후보생들을 국내외의 선교훈련원에서 훈련받도록 배려하였다. 이에 따라 김재용, 홍영화, 안경갑 선교사는 선교지로 나가기 전에 이태웅 목사가 개설한 상설 훈련원인 한국선교훈련원(GMTC: Global Missionary Training Center)[82]에서 6개월에서 9개월까지 훈련을 받고 선교지로 나갔다. 이순복, 이승직, 조동제 선교사는 싱가폴의 ACTI(Asia Crosscultural Training Institute)에 가서 타문화권 상황에서 훈련을 받도록 배려했으며, 손승호 선교사는 영국 본머스에서, 하민기 선교사는 영국 SIL, WEC, 사이프러스에 있는 InterServe 본부 등에서 훈련받을 수 있도록 배려했었다.

2) 언어 훈련 특히 영어 훈련 문제 해결방안

KMTI에서 영어를 모국어로 하는 자들을 언어 교사로 하여 훈련생들에게 언어를 가르쳤지만, 훈련생들의 언어 수준이 천차만별이고 언어 훈련 기간이 짧기 때문에(첫 4기 수료자는 12주 훈련, 이후 2기는 6주 훈련) 영어와 중국어를 충분히 습득하는데 어려움이 많았다. 또 언어 습득은 강의실에서만 이루어 질 수 없고 그 언어가 사용되는 문화적 환경 속에서 습득되어야 살아 있는 언어 습득이 가능하다. 이에 KMTI에서 선교와 언어 훈련을 1차적으로 마친 자들을 선교 현지에 부임한 후 사역을 하지 않고 2년 간 집중적으로 언어를 습득하도록 배려하게 되었다.

---

82. 2009년도에 한국선교훈련원(GMTC)에서 6개월간 위탁훈련을 마친 박중민/허미례(파라과이), 조윤호/이경숙(동아시아 불교권)가정이 있다. 『집행위원회 회의록』, 59-1(2009년 10월 6일) 참조하라.

3) 전인적인 인격 훈련과 생활 훈련 필요

훌륭한 선교사란 반드시 지적인 엘리트여야만 되는 것이 아니다. 유창한 언어 구사력과 해박한 신학 지식에도 불구하고, 선교지에 적응하지 못하여 선교지에서 중도에 이탈하는 사태가 발생하기도 한다. 지적인 면 외에도 원만한 인간관계, 경건생활훈련, 극한 상황 가운데서도 정신적, 신체적 건강을 유지할 수 있는 훈련된 사람이어야 한다. 이러한 전인적인 훈련은 단기간의 선교훈련만으로는 근원적인 대책 방안을 마련하기 어렵다. 따라서 선교훈련원 입소 이전에 지역 교회에서 교육과 훈련을 통해 전인적인 훈련이 기본적으로 갖춰 있어야 하고, KMTI에서는 부족한 면을 보완하고 더 나은 방향을 제시하도록 해야 한다.

4) KMTI의 강의에서 나타난 선교 신학적 관점

특히 KMTI 1기에서 10기까지 주강사의 이력과 강의안을 살펴볼 때, 이들의 강의 내용은 "개혁주의 세계교회 건설"을 위한 개혁주의 선교 신학의 기초에 근거하여 선교의 이론과 실제를 다룬 내용이었다. 특히 KMTI 기간 동안 2차례나 내한하여 강의한 보그(Carl Bouge)의 강의 "The Biblical Theology of Missions"과 "Historical Perspectives of Missions"은 신학적인 깊이와 실제적인 면에서 압권이었던 강의였다.

5) 전문 인력 부족과 대안

선교사를 훈련할 전문인력은 절대적으로 부족하다. KMTI 초기에는 이를 보충하는 대안으로 세계적으로 유수한 선교훈련 단체에 인재를 파견하여 다음 세대를 이끌 선교훈련가를 양성하고자 노력했다. 그러나 선교사를 보내는 시급한 과제에 집중하다 보니, 이후에는 이러한 인재 양성 노력이 사라진 듯하여 매우 안타깝다. 선교의 핵심은 본부 건물이나 재정이 아니라 사람을 키우는 일에 있다. 십년을 보고 나무를 심고 100년을 보고 사람을 키운다고 했다. 고신선교가 세계를 향한 선교가 되려면 사람을 귀히 여기고, 사람을 키우는 일에 올인해야 할 것이다.

6) 선교지 필요에 부응하는 선교훈련

사전에 선교지에 대한 충분한 조사와 연구가 필요하다. 현지에 대한 사전 지식의 부족은 선교현장에서 불필요한 훈련을 사전에 방지하는 효과가 있고, 꼭 선교현장에 필요한 훈련에 집중토록 하는 효과가 있다. 본국에서 선교훈련은 선교현장이 필요로 하는 훈련 내용에 초점을 맞출 필요가 있다. 현장을 모르는 선교훈련, 현장을 도외시한 선교훈련은 시간과 재정의 낭비와 소중한 선교 자원을 소모하는 부작용을 가져오게 된다.

7) 선교본부 이외의 선교훈련(고려신학대학원, 고신대학, 고신의대, 전문인 선교학교 등) 평가

한국 신학교육에서 가장 부족한 점이 "신학교 교실과 교회 예배실의 거리가 너무 멀다"는 것이다. 남후수 선교사는 "교단 선교훈련의 새방향"이란 글에서 학교 레벨에서 가르치는 선교훈련의 한계를 다음과 같이 지적한다. "고신대학교를 비롯한 한국 대부분의 대학이나 신학교에서 선교학을 가르치는 교수들이 거의 비 선교사 출신이기 때문에 학문에 현장감의 결여가 예상된다. 그리고 선교 교육 커리큘럼도 아직까지는 대부분 서구에서 가져온 것으로 사용하고 있으며 교과서들도 거의 번역서들이다."[83] 그러면 학교 레벨에서 가르치는 선교훈련은 불필요하다는 말인가? 그렇지 않다. 그렇다면 어떻게 하면 이 문제를 보완하여 교단 선교 자원들을 보다 타문화 사역에 적합한 인재로 양성할 수 있을까? 학교에서는 학문적인 면뿐 아니라 현장 경험이 풍부한 선교사를 채용하거나, 그들의 순환 보직의 형태로 학교에서 가르치게 한다면 이러한 문제가 점차적으로 해결될 것이다.

8) 선교훈련에 있어서 팀 사역을 위한 공동체 훈련

팀 사역과 공동체 훈련은 교실에서 이론으로 배울 수 없고, 실제로 공동체로 살아 보아야 터득되는 내용이다. 국제적인 선교단체에서는 현장에 선교사로 나

---

83. 남후수, "교단선교훈련의 새 방향", 223.

가기 전에 반드시 함께 청소하고, 함께 정원을 가꾸고, 함께 부엌 봉사를 하고, 심지어는 집과 차를 수리하는 일을 함께 하게 한다. 선교사 후보 부인들에게는 자녀교육, 홈스쿨링 교육, 요리교실 등을 통해 공동체 의식과 팀 워크를 향상시킬 수 있다. 신학교에서 가장 좋은 성적을 받은 선교사 후보생이 선교지에서는 전혀 열매를 맺지 못할 수 있고, 선교지에서 인간 관계로 인해 선교지에서 철수하거나, 심지어는 심한 정신적인 장애를 겪을 수도 있다. 그렇다면 고신선교훈련 제반 프로그램을 통해서 어떻게 공동체 의식과 팀워크를 함양할 수 있을까? 이에 대한 체계적인 연구가 필요하고, 팀워크를 함양하기 위한 공동체 프로그램의 개발이 필요할 것으로 사료된다.

9) 공식적인 교육(Formal Education), 비공식적(Informal), 비형식적인 (Nonformal) 교육에 대한 이해에 근거한 선교훈련

필자의 38년 선교 경험으로 비추어 보건대, 대학교와 대학원에서 실시하는 학점 위주의 공식적인 교육은(Formal Education) 그 자체의 한계와 문제를 가지고 있다고 생각한다. 학점 위주의 교육, 경쟁 중심의 교육은 공동체 훈련, 타문화권 적응훈련, 가정생활 훈련, 전도 및 제자 훈련과 같은 실생활 훈련 즉 비공식적이며, 비형식적인 교육(Informal or Nonformal Education)에 대한 대안이 될 수 없다. 선교학에서 A학점을 받은 학생이 선교현장의 문화적응과 언어 습득에 가장 큰 어려움을 겪을 수 있다. 전도학을 A학점으로 이수한 학생이 한 사람도 주께로 인도하지 못하고, 선교지에서 인간관계의 어려움을 겪는다면 그 이유는 무엇일까? '혹시 훈련 과정에서 학점 위주로만 교육을 했을 뿐, 실제 현장에 필요한 실생활 훈련을 하지 못했기 때문이 아닐까?'하는 생각이 든다. 따라서 학교 레벨에서 선교훈련을 시행할 때 이러한 면을 충분히 고려하여 실습 위주로 선교훈련을 시켜 줄 것을 제안해 본다.

10) 선교훈련 커리큘럼 개발에 맞춤식의 균형있는 교과과정이 필요하다

선교훈련의 내용 교과과정을 결정할 때 학문적인 훈련을 위한 과정으로서만 교과 과정을 구성해서는 안된다. 학문적 훈련을 위한 것이라면 신학교나 신학대학이 더욱 적합하다. 물론 훈련의 모든 분야에 분명한 학문적인 내용이 포함되어 있어야 한다. 그럼에도 불구하고 선교훈련은 학문적인 면과 실제적인 면 사이의 균형을 이루어야 한다. 다시 말하면 선교훈련은 선교학과 선교현장 사이에 균형 있는 훈련과정을 제시해야 한다. 의료선교와 전문인 선교의 커리큘럼이 목회자 선교훈련의 내용과 동일할 필요가 없다. 하지만 모든 훈련에 반드시 개혁주의 선교신학이 근간을 이루고, 개혁주의 선교신학에 입각하여 선교적 실천이 반영되어야 한다.

V. 재정(부동산)

2010년 8월 개최된 제6차 고신선교대회 기간 중에 고(故) 유환준 선교사가 후배 선교사들을 향해 "선교는 부동산입니다"라고 외치는 바람에 좌중이 박장대소하게 되는 일이 있었다. 당시 청중에 따라서는 "유 선교사님이 너무 세속적이지 않나?"고 생각하는 이들도 있었고, 선교 경험이 좀 오래된 선교사들은 유선교사의 말에 십분 동조하는 분위기였다. 선교에 있어서 재정 특히 부동산은 중요하다. 본 장에서는 재정 부분 중에서 특히 부동산 부분을 다루려 한다. 교단 선교 초기부터 작금에 이르기까지 본교단 선교부의 부동산이 어떤 과정을 거쳐서 지금까지 이르게 되었는지는 4단계에 거쳐서 고찰해 보겠다. 그것은 부산남교회 보따리 선교 사무실 시기, 부산삼일교회 교육관 임대 시기, 부산초광교회 선교본부 시기, 대전 선교본부 시기로 나누어 살펴본 후, 마지막으로 재정과 관련된 평가와 전망을 내리므로 본 장을 마무리하려 한다.

1. 부산남교회 보따리 선교 사무실 시기(1980년 9월-1984년 2월)

1980년 9월 서울 중앙교회당에서 개최된 제30회 총회에서 교단의 해외선교

업무를 더 효과적으로 관장할 수 있도록 하기 위해 총회선교부 산하에 선교국을 설치하도록 결의하였다.[84] 동시에 그 사무실을 부산 동광동에 위치한 남교회에 두었다. 그 때로부터 1984년 3월 15일자로 부산 초량동의 삼일교회 부속 건물로 이전하기까지 선교부 사무실은 3년 6개월 정도 부산남교회 건물을 빌려서 사용하게 되었다.[85] 당시 파송된 선교사는 김영진, 유환준 두 선교사 밖에 없었기 때문에 선교행정과 관련하여 복잡한 업무는 없었지만, 선교부 사무실로 보기에 초라한 행색의 보따리 선교 사무실 시기였다. 이 시기에 선교 본부에서 근무한 간사로는 김영수 목사(1984. 02. 01-11. 30), 남후수 목사(1984. 12. 01-1987. 02. 28)가 있었고, 김사엽 장로(1981. 07-1986. 11)가 총무로 일하였다. 이 시기에 김종국 선교사를 인도네시아로 파송하였으며 (1983. 10. 20 파송), 이헌철 선교사는 원래 태국으로 파송하기로 하였지만 여의치 않아 인도네시아로 파송하게 되었다 (1984. 06. 16 파송).

이 시기에 본부에서는 재정 사고가 발생하여 김 장로가 총무직에서 사임하게 되었다. 재정 사고의 처리 건은 1987년 제37회 총회에서 "선교부 김사엽씨 공금 유용한 피해 보상 방법을 선교부에 일임하여 수습하기로 하다"[86]라고 결의하였다.[87] 실행위원회는 당시 "총무인 곽삼찬 목사의 보고를 받고, 원안대로 받기로 하였다"[88]라고 간략히 기록하고 있다.

---

84. 편찬위원회 편, "역대 총회 선교 결정 사항", 『제3차 고신세계선교 자료집: KPM 60년 평가와 전망』 (대전: 세계선교위원회, 2014), 11.

85. 이상규, "고신선교 40년 개관", 61.

86. 편찬위원회 편, "역대 총회 선교 결정 사항", 13.

87. 안타깝게도 이에 관한 총회선교부 특히 당시 실행위원회의 결의 사항을 찾을 수가 없었다. KPM실행위원회 회의록은 1993년 1월부터 현재까지의 자료는 구글 드라이브에 보관되어 있는데, 이전 자료 즉, 1987년부터 1992년도의 자료는 선교본부가 부산남교회, 부산삼일교회, 부산초읍본부, 대전선교본부로 옮기는 동안 중요한 자료들이 유실된 것으로 보인다.

88. 『실행위원회 회의록』 93-2(1993년 1월 11일). 당시 회의록에는 "김사엽 장로 선교비 사용건은 총무가 정산 처리한 것을 보고하니 받기로 가결하다."라고만 적혀 있고, 정확히 유용한 액수나 처리한 결과에 관한 자료는 남아 있지 않다. 김사엽장로는 선교부 총무로 근무하면서 해외에서 알렌 오르간을 수입하는 무역업을 하고 있었는데, 알렌 오르간이 세관에 묶여있었던 관계로 무역에 필요한 자금 회전에 되지 않아 선교비의 일부를 자신의 사업에 유용하는 일이 발생했다.

2. 부산삼일교회 교육관 임대 시기(1984년 3월-1988년 3월)

1984년 2월 1일자 신학대학원을 졸업한 김영수 강도사는 간사로 10개월 가량 봉사하면서 당해 3월 15일 총회선교부 사무실을 부산삼일교회 교육관으로 이전하는 역할을 감당하였다. 김영수 목사의 사임 이후 남후수 강도사가 3년 3개월간 선교본부의 간사로 근무하였다. 일제 시대의 적산 가옥이었던 부산삼일교회 별관은 관리비 외에는 무상으로 15평되는 공간을 선교부가 사용할 수 있도록 허락해주었다.

이 시기에 특이할 만한 일은 전호진 박사의 영향으로 선교에 대한 도전을 받는 신학대학원 학생들이 졸업과 더불어 매년 선교지에 파송 받아 나가게 된 것이다. 1984년 9월에는 서울 동부교회 담임목사로 사역하던 이병길 목사를 서울 등촌 교회의 후원으로 대만 선교사로 파송(85년 4월 25일 파송)하기로 하였다. 이병길 선교사는 김영진, 유환준 선교사에 이어 3번째 대만 선교사가 되었다. 1985년 2월에는 김해 덕촌교회를 담임하고 있던 박영기 선교사를 일본으로 파송하게 되었다(1985. 02. 07). 이 기간 중에 파송된 선교사들로는 강병호(1985 포르투갈 교포, 1991 원주민 변경), 박은생(1986 가나SIM), 이신철(1986 가나WEC), 김대영(1986 스페인), 김자선(1986 스페인), 이상룡(1986 네팔GBT), 남후수(1987 필리핀), 김형규(1987 필리핀), 류영기(1988 일본OMF)등이다.

3. 부산 초읍동 초광교회 선교본부 시절(1988년 3월-1994년 5월)

1987년 김영진 선교사가 총회의 결정으로 전임 총무로 부임을 해 왔지만, 삼일교회 별관의 협소한 공간에서 세계선교를 총 지휘, 감독하기에는 공간의 제약과 한계가 많았다. 1987년 7월에 김영진 선교사와 고려신학교 5회 졸업 동기인 이경석 목사(1908-1990)가 당시 대지 100평, 연건평 110평의 2층 슬라브 건물을 선교부에 기증하게 되었다.[89] 고(故) 이경석 목사가 세계선교를 위해 사재를 기꺼이 총회선교부에 기증한 일을 김영진 당시 선교부 총무는 "하나님의 기묘하신

---

89. 이상규, "고신선교 50년 개관", 49.

역사"라고 했다.[90] 하지만 2층은 초광교회의 예배 공간으로 활용할 수 있도록 허락해 주고, 1층을 개, 보수하여 사용할 수 있다는 조건이었다. 1층을 개, 보수 하는데 수고를 많이 해주신 사람은 당시 부산노회 선교부 무임간사로 수고한 영주동교회 차홍호 장로였다. 약 8개월 가량의 보수공사를 거쳐 1988년 3월 9일 부산시 부산진구 초읍동 277-7번지로 이전하였다. 삼일교회 별관에서 부산 초읍동 선교부 시대가 시작된 것이다. 새로이 이전한 선교부 사무실은 총무실, 선교부 행정사무실, 세미나실과 선교 자료실 등의 구색을 갖춘 본부로서 자리매김을 할 수 있었다.

총회선교부의 부산 초읍 본부 부동산을 주신 것은 하나님 은혜였고, 우리 교단을 향하신 긍휼히 여기심의 표였다. 이곳 저곳으로 이동하며 세계선교를 지휘했던 보따리 선교부가 본격적으로 선교부 명의로 된 부동산을 소유하게 되면서 세계를 향해 발돋움할 기반을 마련하게 된 것이다. 이 후 이경석 목사에게 기증받은 초읍 선교본부는 총회선교부가 대전으로 이전하게 되면서 초광교회에 다시 매각했다.

4. 대전 선교본부 시기(1994년-현재)

1) 미국장로교선교부(PCA[91] Korea)의 부동산 증여
총회 선교부는 1993년 4월12일 미국장로교(PCA) 한국선교부(대표 James Arley Kobb, 고주영)로부터 대전시 대덕구 중리동 243-17번지에 소재한 대지 5,916 평방미터(약 1,800평)과 건물4동(연건평 613.153㎡의 부동산을 "선교목적으로 사용한다"는 조건으로 기증받았다. 이 부동산은 미국 장로교 한국선교부 선교사들의 주택으로 사용되어 왔으나, PCA선교부가 한국에서 철수하게 됨에 따라 이 부동산을 고신총회선교부에 기증하게 된 것이다. 당시 시가로 40억원에

---

90. 김영진, "대만 선교 30년 회고", 186.

달하는 이 부동산을 KPM이 인수하게 된 경위와 이유는 다음과 같다.

첫째, 고신선교훈련원(KMTI) 초기부터 PCA 선교사들이 본 교단 선교훈련
원의 제1기에서 14기까지 강사 교섭과 섭외, 해외에서 언어 훈련을 감당할 자원
봉사자들 모집 등의 영역에 선교훈련을 주도적으로 도와준 것이 가장 큰 이유였
다. 이미 PCA 한국선교부와 총회선교부 사이에 수년간에 걸친 협력관계가 형성
되어 있었다. 매번 선교훈련원이 개최되어 3주간씩 훈련을 할 때마다 고정된 장
소가 없이 수련원이나 기도원, 교회 교육관 등을 사용하는 것을 PCA 선교사들이
눈으로 보고, 몸으로 직접 체험하였기 때문이다.

둘째, 한국에 무교회 지역에 교회 개척하는 것을 목적으로 하던 PCA 한국선
교부가 한국교회가 자립, 자전, 자양하는 교회로 성장하는 것을 보고, PCA 한국
사역의 철수를 고려하기 시작할 즈음과 시기적으로 맞물려 있었기 때문이었다.
따라서 PCA 소유로 된 부동산을 한국에 보수 교단 중 한 교단에 기증하는 문제
가 PCA 한국 선교부의 중요한 화두로 떠 올랐다. 신내리, 고주영, 남계리, 박형룡
선교사는 모두 고신과 합신, 총신과 어느 정도 관계를 맺고 있었다. 한국 보수교
단 중 어느 교단에 기증할 것인가를 논의할 때, 다른 보수 교단들과 달리 비교적
이른 시기에 선교훈련을 시작한 고신에게 기증하는 것이 가장 합리적이고 필요
한 것으로 판단되어 고신교단에 기증하게 되었다. 당시 실무자 중 한 사람이었던
필자는 이들과 물 밑에서 30차례 이상 협상을 했었고, 결국 고신에 대전 PCA 부

---

91. PCA는 미국 세인트 루이스(St. Louis)에 카버넌트 신학교(Covenant Theological Seminary)와 리
폼드 신학교(Reformed Theological Seminary)를 가지고 있고, 현재 미국에서 PCUSA 다음으로 큰
장로교단(미국과 캐나다에 약 1700여 교회)이다. PCA는 보수적이고 개혁주의적인 신학을 유지하고
있는 교단으로, 고신선교훈련원1기에서 10기 사이에 한국에 와서 가르쳤던 주강사들은 PCA교단의
신학자 혹은 선교사 목사들이 주를 이루었다. 미국의 장로교회는 남북 전쟁 후 남장로교회(PCUS)
와 북장로교회(UPCUSA)로 나누어졌는데, 남장로교회에 자유주의 신학이 확산되자 보수적 교회들
이 탈퇴하여 1973년 12월에 NPC (National Presbyterian Church) 총회가 창립되었는데, 1974년
에 PCA(Presbyterian Church in America)로 그 명칭을 변경하였다. 당시 이 교단 소속이었던 프
란시스 쉐퍼 박사는 PCA의 창립은 미국의 장로교회가 한 걸음 발전한 것이라 하였다. 이어 북장로
교회로부터 탈퇴한 보수교회들도 합류하였으며, 1982년에는 The Reformed Presbyterian Church,
Evangelical Synod가 가입하였고, 1983년에 남북장로교단이 합병할 때 다시 떨어져 나온 보수적 교
회들이 합류하여 오늘의 PCA로 발전해 왔다.

동산을 기증하는 것으로 결론을 맺게 되었다.

총회 유지 재단으로 등기 이전을 함에 있어서 직면했던 실제적으로 해결하기 어려웠던 문제는 두 가지가 있었다. 첫째, PCA 미국 본부(MTW: Mission To the World)[92]와 PCA 한국선교부 선교사들과의 견해 차이였다. 미국 본부는 이 건물을 매각하여 그 돈을 미국에 가져오기를 바랐고, PCA 한국선교부 선교사들은 수십년 전에 공동묘지였던 것을 헐 값에 사서 20년 이상 사용했기 때문에, 한국교회에 무상으로 기증하는 것이 옳다고 주장하였다. 결국 절충안으로 형식은 무상 증여로 하되, 실제로는 10년 간 매월 당시 돈으로 한화 약 400만원씩 PCA 한국선교부에 기부 체납 형식으로 헌금하기로 하고 유지 재단으로 명의 이전을 하는 것으로 협약이 되었다. 당시 선교부 실행위원회 회의록에는 이러한 내용을 "(4) PCA 선교 재정 지원 안은 미화(542,875$) 초읍동 소재 총회 선교부 대지 및 사무실을 매각하여 매월 6,500$씩 지원키로 하다."라고 기록하고 있다.[93] 이 결의에 따라 당시 환율(미화1달러=한화 600원)로 계산하여 11개월 동안 월 400만원씩을 PCA 한국본부에 헌금하게 되었다. 그 헌금의 출처를 부산 초읍의 부동산 매각 대금으로 충당하려고 결의한 것이다. 1994년 10월 고주영 선교사는 그 때까지 받았던 돈 42,212,000원(1993. 06-1994. 04까지)이 담긴 통장과 도장을 가져와 선교사 개인의 양심으로 도저히 이 돈을 받을 수 없다고 전액을 본 교단 선교부에 돌려주었다.[94] 반환한 목적은 고신선교훈련원 건축을 위해서였다.[95] 결론적으로 완전히 무상으로 유지재단 즉 고신선교부로 명의 이전이 되었다. 실행위원회 회의록은 이 사실을 다음과 같이 기록하고 있다.

미국 장로회 선교부(PCA)로 부터 인수받은 훈련원 대지 1,800평에 대한 매월 지원금을 상환하던 중 귀 선교부로부터 완전 무상으로 우리 교단총회 선교부

---

92. MTW는 PCA 교단의 해외선교부로 MTW(Mission to the World)라는 약자를 사용하고 있다.

93. 『실행위원회 회의록』, 93-3(1993년 6월10일).

94. 고주영, "확약서", KPM 실행위원회자료철, 44-01(1994년 10월 24일).

95. 고주영, "확약서", KPM 실행위원회자료철, 44-01(1994년 10월 24일).

에 기증하도록 결정하여 결정하던(후원하던) 금액을 반환하여 옴으로 이에 대한 감사의 뜻을 전달하는 동시에 제반 잔무처리에 대한 건을 임원회에 맡겨 정리하기로 결의하다.[96]

둘째 또 다른 문제는 등기와 관련된 법적인 문제였다. 그 당시 PCA 한국본부는 원래 5가정 10명의 선교사들로 구성되어 있었는데 법인 등록이 되어 있지 않았고, 따라서 정관도 없었다. 당시 교단 내의 변호사들에게 이 문제 해결 방안을 문의해 본 결과 PCA 한국선교부 정관을 만들어 정관에 따라 등록된 선교사의 과반수의 의결로 고신선교부에 무상 증여하는 방식을 취하면 된다고 조언해 주었다. 다시 말하면, 비영리 법인이 비영리 법인에게 기증하는 방식을 취한 것이다. 정관에 따라 10명 중 과반수의 의결이 필요 했는데, 그 당시 고주영 선교사 부부와 남계리 선교사 부부만 국내에 남아 있었으므로 또 다른 1가정의 동의를 거쳐야만 기증할 수 있는 과반수 이상의 결의를 할 수 있는 상황이었다. 마침 지병으로 인해 미국으로 영구 귀국했던 신내리 선교사 부부가 본인 개인의 한국 재산을 정리하기 위해서 잠시 한국에 귀국했었고, 이 시기에 신내리 선교사 부부의 동의를 거쳐 6명의 선교사의 결의로 PCA 한국 선교부 재산이 무상으로 완전하게 고신선교부에 기증되게 되었다. PCA 한국선교부가 기증한 부동산 인수 건은 1993년 6월 10일 세계선교위원회 실행위원회에 보고되었고,[97] 그해 총회에 보고되었다.

부동산 사용에 관한 협약은 다음과 같았다.

1. 요청
1) 부동산은 선교사의 주택[98]으로 사용되어야 한다
2) 부동산은 선교사역을 위하여 사용되어야 한다.

---

96. 『실행위원회 회의록』, 44-1(1994년 10월 28일).
97. 『실행위원회 회의록』, 93-3(1993년 6월 10일).
98. 여기에서 "선교사의 주택"이란 최후까지 한국에 남아 있었던 고주영 선교사가 한국에 머무는 동안 사용하는 주택을 말한다.

2. 요청

1) 부동산을 해외선교지에서 사역하기 위해 준비하는 이들을 위한 훈련을 하
   는 일

2) 안식년을 맞는 선교사들의 재훈련을 제공하는 일

3) 기타 해외선교를 하는 방안으로 사용한다.

3. 기증조건

1) 고신총회선교부는 고주영 선교사가 한국에 체류하는 동안 주택을 제공한다.

2) 고주영 선교사가 거주하는 집 아래의 가옥은 PCA의 사무실로 사용한다.

3) 부동산의 법적 소유는 고신 유지재단이지만 관리 및 재산에 대한 실제적인
   권한은 고신선교부에 위임한다.

4) 매각할 경우 그 대금은 전 세계 다른 지역의 선교를 위해 사용한다.

PCA 한국선교부가 기증한 부동산 인수 건은 1993년 6월 10일 총회선교부 실
행위원회에 보고되었고,[99] 그해 총회에 보고되었다.

2) 선교훈련원과 선교사 안식관 증축과 개축의 시기

1993년 6월 10일 선교부 실행위원회[100]는 대전의 선교 본부에 연건평 206.6평
의 훈련원 건물과 선교사 안식관을 신축하기로 결정하였다. 이 신축 계획은 훈련
원 강의실과 식당을 겸한 2층 조립식 건물 1동과, 4세대가 거주할 수 있는 선교사
안식관 주택 1동(2층 조립식), 그리고 운동장 및 담장, 주차장을 포함하는 공사였
다. 1995년 1월 21일 기공하여 5월 12일에 준공하였다. 총 공사비는 2억 4천 3백
만원이 소요되었다.[101] PCA한국 선교부가 기증한 4동에 더하여 새로운 건물 2동
이 더해짐으로써 총회선교부는 선교훈련원 강의실, 식당, 회의실과 선교사 안식

---

99. 실행위원회 회의록, 93-3. 1993. 06. 10.

100. 위 회의록에는 "(5) 대전 선교훈련원 내 기존 건물 수리와 운동장 조성 및 건물 신축에 관한 것은
    총무에게 일임키로 가결하다."라고 기록되어 있다.

101. 이상규, "고신선교 40년 개관", 40.

관을 위한 주택을 확보하게 되었다. 신축된 건물들은 1995년 2월부터 대전에 총회 세계선교회가 완공되는 2010년 5월말까지 사용하게 된다.

3) 고신 세계선교센터 완공 후 현재

고신세계선교센터는 2005년 9월 고신총회에서 선교사 파송 50주년을 기념해 처음으로 추진되었다. 당시 고신총회는 1955년 김영진 선교사를 처음 파송한 역사를 기념하기 위해 현장에서 3억원의 헌금을 모금하고, 건축추진위원회를 구성했다. 건립 초기 외환 위기와 장소 문제 등으로 어려움도 있었지만, 1993년 미국장로교(PCA) 한국선교부가 대전시 중리동에 보유하고 있던 대지와 건물 4동을 고신총회에 기증했었기 때문에 토대는 마련되어 있었다. 건축 위원장 정근두 목사의 지도 아래 김영수 본부장의 중점 추진 과제 중 하나인 선교센터를 완공하게 된 것이다. 1,800평의 대지 위에 56억원의 공사비로 행정동, 훈련원, 안식관 그리고 역사박물관을 갖춘 고신세계선교센터가 완공되어 세미나실 3개 예배당, 회의실, 선교사 안식관, 선교훈련 숙소 등을 구비하여 명실상부한 고신 세계선교센터로서 자리매김을 하게 되었다.[102] 고신 세계선교센터 완공 이후 대전 선교본부 근처의 몇개의 부동산을 매입 혹은 기증을 받아 부족한 선교사 안식관과 본부 국장들을 위한 숙소로 사용하고 있다.

VI. 나가는 말

이상의 글에서 필자는 KPM의 조직과 행정, 개혁주의 세계 건설을 위한 인재 양성 특히 선교사를 어떻게 훈련해야 할 것인지, 그리고 세계교회 건설을 위한 해외선교단체와의 협력 문제, 현재 KPM 이 보유하고 있는 재산 특히 부동산 등을 개관하여 보았다. 본 글을 마무리하면서 다섯 가지의 반성과 제안을 하려고 한다.

---

102. 김영산, "KPM 선교 본질과 미래", 74-75.

1. 고신정신의 회복 및 전승(傳承)

KPM선교의 목적은 "개혁주의 신앙의 세계교회 건설"이며, 개혁주의 교회의 세계교회 건설은 고신 정신에 그 기반을 두어야 한다. 고신 정신은 살아 있는 성경말씀을 통한 하나님을 경험하는 삶이며, 철저한 회개의 신앙이며, 죽음을 각오한 신앙이며, 날마다 주님과 함께 동행하는 신앙이며, 복음을 위하여 죽도록 충성하는 신앙이다. 이러한 고신 정신에 기반을 둔 "개혁주의 교회의 세계 교회 건설"은 우리 세대뿐 아니라 오고오는 세대를 거듭할수록 반복하여 새롭게 해야할 정신이며, 신앙이며, 신학의 자세이다. 이러한 정신, 신앙과 신학을 다음 세대에 올바로 전승(傳承)하지 않으면, 고신은 미래가 없고, 세계를 향한 개혁주의 교회 건설은 한낱 구호로만 그칠 뿐이고, 세계를 향한 어떠한 영향력을 끼칠 수 없을 것이다. 고신 정신의 회복은 신학대학원의 교과 과정과, 각종 선교훈련의 교과 과정에 반영되어야하고, 각급 주일학교 교육에도 교과 내용에 반영되어야 한다.

2. 미래를 향한 KPM 행정과 조직의 정비

KPM 선교목적과 교단정신을 세계와 다음 세대에 전달하고, 확장해 가기 위해서 작금의 KPM의 조직과 행정이 적합한지 여부를 살을 도려내는 심정으로 검토하고, 정비해야 한다. 목적과 정신은 건강하고 좋은데, 이를 뒷받침할 만한 행정과 조직이 갖추어져 있지 않다면, 목적과 정신을 달성하기에는 아직도 가야할 길이 요원할 뿐이다. 개인의 실익과 시비곡절(是非曲折)을 벗어나 하나님의 관점으로 세계선교를 바라보고, 이에 따른 조직과 행정, 구조를 재정비하고 정책을 수립해 가야만 KPM의 미래가 밝을 것이며, 희망찬 새 시대를 준비할 수 있다.

3. 본부 행정 및 훈련의 전문성과 지속성의 필요

KPM 선교는 총회선교부(상비부)-선교위원회-집행위원회-이사회 구조로 조직이 발전되어 작금의 형태로 발전되었다. 현행 이사회의 임무는 KPM 세계선교의 모든 분야를 총 망라하는 지도 체재이다. 관건은 이사회와 본부장이 전문성을 발휘하기가 어려운 환경에 있다. 이사회는 2년에 50% 씩 4년이면 모두 바뀐다.

이사장은 이사로 2년간 있다가 마지막 2년 이사장의 임무를 감당하고 나면 법에 의해 교체된다. 본부장은 3년에 한번씩 바뀐다. 목회와 선교현장에 평생을 헌신 해오시던 분들이 KPM의 이사장 혹은 본부장으로 임명됨과 동시에 56개국에서 활동하고 있는 KPM의 전체 선교사 486명(253유닛)을 관리, 감독, 케어하기에 전 문성이 결여되어 있고, 봉사기간이 짧다. 본부의 행정 실무를 감당하는 자들 모두 봉사하는 기간이 짧고, 본부 행정의 전문성을 발휘하기 어려운 상황이다. 본부 행 정과 훈련 연구에 대해 조금 알 만한 3년이 지나면 본부장의 교체와 동시에 훈련 원장, 연구국장, 사역국장, 행정국장, 멤버케어원장 등 모든 주요 행정 보직들이 교체된다. 그렇기에 전문성뿐 아니라 지속성 및 연속성을 보장하기 어렵다. KPM 선교운동이 세계 모든 민족에게 확산되고, 다음 세대에 전수되도록 교단의 예산, 행정력, 조직의 혁신적인 변화가 필요한 시점이다.

4. 차세대 선교사 양성 및 제4차 산업혁명에 대한 대비

개혁주의 세계교회 건설은 횡적(橫行)으로는 모든 민족 가운데 KPM이 이루 어야 할 목적이요 목표이지만, 종적(縱行)으로는 다음 세대에게 우리의 귀한 유 산을 전승해줘야 할 책임을 포함한다. 세계화에 이바지 하기 위해서는 세계적인 인물을 키워야 한다. 현장에서 KPM의 정신을 따라 개혁주의 세계교회 건설에 공헌하는 야전군 사령관들도 필요하고, KPM 본부가 세계화에 걸맞는 인재를 양 성함으로 국제적인 단체의 리더십에 버금가는 국제적인 행정가, 훈련가를 배출 해야 한다. 동시에 신학대학원에서 각 나라의 언어로 강의할 수 있고, 특히 영어 로 책을 저술하거나 강의를 할 수 있는 선교학자들과 선교지도자들을 배출해 내 어야 한다. 또한 "비전 2030 평가와 전망"[103]에서 제시했듯이 "제4차 산업혁명 시 대[104]에 돌입한 현시대에 문명의 이기(利器)를 어떻게 선교에 접목시켜야 하는 가"라는 주제 역시 계속적인 연구와 토론이 필요하다.

---

103. 홍영화, "비전 2030 평가와 전망", 34-49.
104. 이 논의는 전성진, "AI, XR, KPM", 『제4차 고신선교포럼:변혁의 시대와 선교』 (대전: 고신총회세계 선교회, 2024), 242-71을 참고하라.

5. 받은 은혜에 보답하는 선교

상술한 5가지 주제에서 간략히 살펴보았듯이, KPM의 선교의 시작과 발전, 지난(至難)한 과정을 통해 이 자리까지 온 것은 모두 하나님의 은혜, 주권적인 은혜로 여기까지 오게 되었다. 6.25 이후 폐허가 된 절망적인 상황에서 제1호 김영진 선교사를 보낸 것도, 또 그가 끝까지 완주하여 32년의 수고를 마치고 명예롭게 은퇴한 것도, 제2호 유환준 선교사 이후 지금까지 대부분의 KPM 선교사들이 중도 탈락하지 않고 선교사역을 완주할 수 있었던 것도, 모두 하나님의 주권적인 은혜의 인도하심 때문이었다. 고신선교훈련원을 시작한 후 여기까지 달려올 수 있었던 것, 사무실 한칸 없었던 보따리 선교부가 대전 KPM 본부를 소유하게 된 것 모든 과정이 하나님의 은혜의 인도하심 때문이었다. 여기까지 오기까지 음으로 양으로 수고하신 많은 이들이 있었다. 이제 이후로 KPM의 사명은 아직도 이 은혜를 체험하지 못한 모든 민족을 향하여 받은 은혜를 보답하고 보은(報恩)하는 것이 우리와 우리 자손들이 계속 매진해야할 사명이요, 책임이다. 한량 없는 은혜, 갚을 길 없는 하나님의 은혜를 받은 KPM이 세계를 향하여 아직도 이 복음을 알지 못하는 미전도종족을 향하여 이 받은 은혜를 흘러 넘치게하는 복의 통로가 되도록 해야 한다.

고신선교 70년史

제4부

KPM 현황

고신선교 70년史

제4부
KPM 현황

I. KPM 약사

연도	총회	총회장	선교부장, 이사장	선교총무, 본부장	주요 내용
1955	4	한상동	박손혁		선교부 조직 마련, 선교부원 구성(부장: 박손혁, 서기: 윤봉기, 회계: 박봉화) 및 7인 실행위원 구성, 4, 5, 7, 11, 12, 18대 총회장 역임
1956	6	이약신	이인재		1, 2, 3, 6대 총회장 역임. 대만 선교지 개척 결의
1957	7	한상동	이인재		김영진 선교사 대만 파송 예배 거행(9/20, 부산남교회당)
1958	8	박손혁	이인재		대만 선교 대상자로 광동인 선정
1959	9	황철도	황철도		대만 선교사 증파 요청했으나, 재정적 어려움으로 보류 결정
1960	10	송상석	한명동		개혁주의 교회 건설을 선교 방침으로 결정
1963	13	송상석	한명동		선교부 예산 342,900원 책정, 보수진영 선교협의회 구성, 대만 교회의 교파 명칭 '대만 기독교 개혁종'으로 결정
1964	14	황철도	한명동		대만 선교사 증파 요청했으나, 재정적 어려움으로 보류 결정, 각 노회 선교부 설치 결의
1966	16	한명동	한명동		교포선교 시작, 정길수(브라질) 목사
1967	17	송상석	한명동		대만 선교정책 결정
1969	19	오병세	한명동		
1970	20	송상석	한명동		캐나다 개혁교회와 우호 관계 수립
1971	21	김희도	심상동		ICCC와 관계 단절, RES 탈퇴, 화란 개혁파(31조) 교단 소속 목사 2인을 고신대학교 선교사로 파송 요청

1972	22	손명복	심상동		유환준 목사 대만 선교사 인준
1973	23	강용한	민영완		부산노회, 유환준 목사를 중국(대만) 선교사로 파송 (6월 15일)
1974	24	윤봉기	한명동		유환준(대만)선교사 파송, 이종철(아르헨티나), 강위상(브라질)선교사 교포 선교사로 파송, 15대 총회장 역임
1975	25	민영완	한명동		선교 캘린더 발행, 김용출(캐나다) 교포 선교사 파송
1976	26	전성도	한명동		심상동 목사 선교부 간사 임명
1977	27	이금도	한명동		선교부 무급 간사제 시행
1978	28	최만술	한명동		해외 파송 선교사 인선 권한을 선교부에 위임하기로 결정
1979	29	박창환	한명동		선교부 간사(무급) 심상동 목사, 회계 이우성 장로 임명
1980	30	김주오	한명동		선교부 무급 간사제 지속 운영 (심상동 목사, 이우성 장로)
1981	31	최일영	한명동	김사엽	선교부 내 선교국 설치 결정 (국장, 총무, 간사 체제 도입), 김사엽(초대 총무, 1981-1986) 임명, 해외선교업무규정 제정, 일본 개혁파 교회와 친선 관계 수립
1982	32	서완선	한명동		선교개발연구원 설치(원장 전호진 박사), 남아프리카 자유 개혁파 교회와 우호 관계 수립, 선교사 명칭 총회 심사 후 허가제 도입
1983	33	남영환	최일영		선교부와 전도부 분리, '선교회보' 창간, '해외선교회보'로 명칭 변경(1984)
1984	34	박태수	최일영		한국교회 100주년 기념대회 개최 7/30
1985	35	최익우	박창환		교포 선교사 인준 및 관리권한 노회로 이관, 교단 선교사 훈련원 설치 결정, 안식년 귀국 선교사 거처 확보 추진
1986	36	류윤욱	박창환		선교부 전담유급 총무 채용결의
1987	37	박두욱	박현진	김영진	제2대 김영진 선교사 총무임명 (첫 선교사 총무), (1987. 01-1990. 09)
1988	38	박현진	이금조		선교훈련원(KMTI) 승인 및 부산 초읍동 277-7로 사무실 이전 (1988. 03. 09), 선교사 임명 및 파송에 대한 선교부 권한 확대 결정, '해외선교'로 명칭 변경
1990	40	박치덕	이금조	곽삼찬	김영진 선교사 은퇴 (1990. 09. 19), 곽삼찬 선교부 총무 임명 (목회자 겸임총무, 1990. 09-1994. 09)
1992	42	박유생	조긍천		제1차 고신세계선교대회 (8/5-8, 미국 시카고 레디슨 호텔, 주제: 교단선교의 어제와 오늘)
1993	43	신명구	박현진		PCA 대전선교자산 인수, 세계선교협의회 선교대회 여비 지원 후원교회 결정, 중국 흑룡강 신학원 설립 협력, 일본 기독교 개혁교회와 선교협력 승인
1994	44	최해일	류윤욱	이병길	제2차 고신세계선교대회(8/3-9, 호주 시드니 켐시 오라이온 센터, 주제: 성령, 세계, 선교), 이병길 선교사 총무 임명(1994. 09-1997), 선교부 사무실 대전으로 이전

1995	45	이금조	최해일		선교부 총무 임기 3년제 도입, 선교사역 임기 평가제 실시
1996	46	정순행	이금조		제3차 고신세계선교대회(7/8-11, 부산남교회당, 주제: 21세기를 향한 세계선교), 선교사 순환 보직제 도입, 선교사 퇴직금 산정 기준 마련, 교포 선교사 제도 폐지(원주민 선교 중심으로 정책 전환)
1997	47	임종만	이지영		선교사의 퇴직금 은급재단에 편입
2000	50	원종록	김성천	이현철	이현철(전담 총무 7년, 본부장 2년, 2000-2009) 취임, 제4차 고신세계선교대회(8/28-31, 경주, 주제: 새 천년의 소망 주 예수 그리스도) 제1대 본부장
2001	51	박종수	김성천		선교비 송금 환율 조정, 고 김영진 선교사 사모 임옥희 선교사 생활비 지원 결정
2002	52	이선	오성환		세계선교위원회 설립 및 운영 규정 정비, 교단 선교훈련원 설립 결정
2003	53	곽삼찬	김명관		선교정책위원회 신설, 훈련원 상설운영시작(원장 남후수)
2004	54	조재태	강규찬		제1차 고신선교포럼 (6/1-4, 태국 방콕, 주제: 변화와 성숙)
2005	55	이한석	황삼수		제5차 고신세계선교대회 (6/20-23, 경주현대호텔, 주제: 열정으로 달려온 50년, 하나되어 도약할 50년) 부장에서 위원장으로 명칭이 바뀜
2006	56	권오정	황삼수		선교센터건립추진 위원회 조직
2008	58	이용호			제2차 고신선교포럼 (6/23-27, 태국 치앙마이, 주제: 선택과 집중/남은 과업의 완수), 제6차 세계선교대회 개최 승인
2009	59	윤희구	윤현주	김한중	세계선교위원회 제 2대 본부장 김한중 선교사 인준, 비전 2020 수립 (1000명의 선교사 파송, 전국 교회의 선교 동원, 1만 KPMer 확보, 세계 TOP 브랜드 선교기관 육성, 선교 연구 및 훈련 강화, 현지 선교부 조직을 통한 팀 사역 활성화, 미전도 지역교회 개척 극대화, 30개 지역선교부 조직 운영, 전문인 선교사 동원 및 훈련 강화, 국내 이주민 선교전략적 지원)
2010	60	윤현주	옥치인		제6차 고신세계선교대회 (8/31-9/2, 경주현대호텔, 주제: 참여와 도약), 총회세계선교센터 신축, 아이티 재건 상주 선교사 파송 연구 및 검토
2011	61	정근두	정주채		세계선교전략회의 개최, 아시아, 아프리카, 남미 지역부 체계 개편 및 운영 활성화, 27개 지역선교부 체제 확립 (팀 사역 강화를 위해 5가정을 한 팀으로 함, 방콕에서 열린 지역선교부 부장단 회의에서 확정)
2012	62	박정원	이경열	이정건	제 3대 본부장으로 선임됨. 선교사 파송 체계 정비, 선교사 훈련 프로그램 개편, 현지 지역부장 역할 강화 및 행정 지원 확대
2013	63	주준태			세계선교 네트워크 확장, 해외선교 지원 강화, 각 지역부의 역할 및 협력 체계 확립

2014	64	김철봉	정수생		세계선교위원회 '위원장'제에서 KPM 이사회 '이사장'제로 변경됨. 제1대 이사장 선출됨. 제3차 고신선교포럼 (8/25-27, 고신총회선교센터(대전), 주제: KPM 60년, 평가와 전망), 제7차 고신총회세계선교회 대회 개최 승인
2015	65	신상현	김윤하	김종국	고신총회세계선교회(KPM)로 명칭 변경, 제7차 고신세계선교대회 [6/17-19, 고려신학대학원(천안), 주제: 감사와 헌신], 고신총회세계선교회(KPM) 선교사 멤버케어 정책 수립, 선교사 지원 및 복지 체계 확립
2016	66	배굉호			KPM 해외선교전략 개편, 전략적 선교지 재배치
2017	67	김상석	황은선		고신총회세계선교회(KPM) 운영 규정 개정, 선교사 관리 및 선발 기준 강화, 27개 지역부를 12개 지역부 체제로 확대 개편
2018	68	김성복		박영기	세계선교전략회의 개최, 선교비 지원 방식 개편 논의, 각 지역부 보고 체계 정비 및 실행력 강화
2019	69	신수인	안영호		제4차 고신선교포럼 (6/10-13, 경주 코오롱 호텔, 주제: 변혁의 시대와 선교), KPM 선교사 재교육 프로그램 강화, 선교사 돌봄과 위기 대응 시스템 마련, 현지 지역부 평가 및 운영 효율성 증대
2020	70	박영호			COVID-19 팬데믹 대응 선교정책 수립, 위기 지역 선교사 지원 확대
2021	71	강학근	안진출	홍영화	디지털 선교 플랫폼 구축, 온라인 선교사 훈련 시스템 도입, 비전2030 승인
2022	72	권오헌			선교사 재파송 및 재배치 승인, KPM MK 여름캠프 승인, 고신총회세계선교회 법인 설립 준비위원회 구성
2023	73	김홍석	남일우		제6대 남일우 이사장 취임
2024	74	정태진		조동제	제5차 고신선교포럼 (4/29-5/3, 대만 신죽 갈망리조트, 주제: 복음, 함께, 그리고 미래)

II. 연도별 파송 현황

번호	파송일	선교사	총회장	(부장)위원장	파송형태	선교지	인사변동
1	1957.09.17	김영진, 임옥희	한상동	이인재	목사 선교사	대만	소천
2	1972.03.10	조병철, 이금선	김희도	심상동	교포 선교사	일본	은퇴
3	1973.01.18	유환준, 윤춘재	강용한	민영완	목사 선교사	대만	소천
4	1974.11.20	김용출, 김현자	윤봉기	한명동	교포 선교사	캐나다	사임
5	1978.04.03	김소익, 김지대자	최만술	한명동	교포 선교사	일본	사임
6	1978.05.28	이청길, 김 영	최만술	한명동	교포 선교사	일본	사임
7	1979.05.27	김만우, 전수은	박창환	한명동	교포 선교사	미국	사임

8	1980.09.09	도만기, 박대덕	김주오	한명동	교포 선교사	스페인	사임
9	1981.01.11	변재창, 조애란	김주오	한명동	목사 선교사	일본	사임
10	1982.07.02	조성관, 신봉선	서완선	한명동	교포 선교사	캐나다	사임
11	1982.09.17	황상호, 김분옥	김인규	이금조	목사 선교사	스페인⇨러시아	은퇴
12	1983.08.22	신현국, 이찬경	남영환	최영일	교포 선교사	미국	사임
13	1983.10.20	김종국, 최춘영	남영환	최일영	목사 선교사	인도네시아	은퇴
14	1984.06.16	이헌철, 최성숙	남영환	최일영	목사 선교사	러시아	은퇴
15	1985.02.07	박영기, 김미영	박태수	최일영	목사 선교사	일본	현직
16	1985.03.01	이 선, 오정인	박태수	최일영	교포 선교사	홍콩	사임
17	1985.04.01	김학우, 배은숙	박태수	최일영	교포 선교사	스페인⇨독일	사임
18	1985.04.24	이병길, 이연이	박태수	최일영	목사 선교사	본부	사임
19	1985.09.01	배성학, 이정옥	박태수	최일영	목사 선교사	브라질	은퇴
20	1986.08.15	이신철, 이성숙	최익우	박창환	목사 선교사	가나	사임
21	1986.08.15	김자선	최익우	박창환	독신	필리핀	은퇴
22	1986.09.28	강화식, 김진해	류윤욱	박창환	목사 선교사	스페인	은퇴
23	1992.07.30	조광훈, 이유미자	정판술	박유생	목사 선교사	일본	사임
24	1986.12.21	이상룡, 이혜련	류윤욱	박창환	목사 선교사	네팔	은퇴
25	1987.02.05	박종창, 정현숙	류윤욱	박창환	교포 선교사	홍콩	사임
26	1987.04.07	지영범, 전혜숙	류윤욱	박창환	교포 선교사	스페인	사임
27	1987.09.28	이영수, 세리자와	박두욱	박현진	교포 선교사	일본	사임
28	1987.04.23	박은생, 차말순	류윤욱	박창환	목사 선교사	가나	사임
29	1987.08.26	김형규, 김영애	류윤욱	박창환	목사 선교사	남아공화국	소천
30	1987.08.26	남후수, 이성희	류윤욱	박창환	목사 선교사	필리핀	은퇴
31	1987.11.19	김대영, 이희자	박두욱	박현진	목사 선교사	스페인	은퇴
32	1988.01.28	류영기, 윤혜자	박두욱	박현진	목사 선교사	일본	은퇴
33	1988.01.28	신대원, 안광자	박두욱	박현진	목사 선교사	시에라리온	사임
34	1989.01.15	김은수, 손선화	박현진	이금조	교포 선교사	호주	사임
35	1989.01.18	최수일, 김수남	박현진	이금조	목사	인도네시아	사임
36	1989.03.31	이정건	박현진	이금조	목사	파라과이	현직
	1989.03.31	박은주	박현진	이금조	부인 선교사	파라과이	소천
37	1989.03.31	이경화	박현진	이금조	독신	튀르키예	현직
38	1989.04.27	최성득, 이옥자	박현진	이금조	교포 선교사	독일	사임
39	1989.05.18	김성수, 이정옥	박현진	이금조	전문인	브라질	현직

40	1989.08.17	김영숙	박현진	이금조	독신	필리핀	사임
41	1990.04.18	박경숙	김인규	이금조	독신	인도네시아	사임
42	1990.10.15	김재용, 윤영숙	박치덕	이금조	목사	필리핀	현직
43	1990.10.15	홍영화, 지선경	박치덕	이금조	목사 선교사	인도네시아	현직
44	1990.10.15	오석재, 김해경	박치덕	이금조	전문인	인도네시아	사임
45	1991.02.01	황상호, 김분옥	김인규	이금조	목사 선교사	러시아	은퇴
46	1991.03.11	박현수	박치덕	이금조	목사 선교사	방글라데시	소천
	1991.03.11	나문자	박치덕	이금조	부인 선교사	방글라데시	사임
47	1991.03.11	강정인	박치덕	이금조	독신	필리핀	현직
48	1991.03.28	강병호, 이은선	박치덕	이금조	목사 선교사	포르투갈	현직
49	1991.04.30	신성주, 손성영	박치덕	이금조	목사 선교사	러시아	사임 (1996.09.06)
50	1991.04.30	이경근	박치덕	이금조	목사 선교사	말레이시아	소천
	1991.04.30	신경미	박치덕	이금조	부인 선교사	말레이시아	현직
51	1991.04.30	정순성, 손은경	박치덕	이금조	목사 선교사	필리핀	사임
52	1991.07.05	곽상호, 박현숙	박치덕	이금조	목사 선교사	코트디부와르 ⇨스페인	현직
53	1991.04.30	최광석, 김말손	박치덕	이금조	목사 선교사	필리핀	현직
54	1991.04.30	하영	박치덕	이금조	목사 선교사	카자흐스탄	은퇴
	1991.04.30	정현숙	박치덕	이금조	부인 선교사	카자흐스탄	소천
55	1991.07.16	배봉규, 최양숙	박치덕	이금조	목사	브라질	소천
56	1991.07.16	김영수, 김란나	박치덕	이금조	목사	중국	은퇴
57	1991.07.16	윤춘식, 박세이	박치덕	이금조	목사	아르헨티나	은퇴
58	1991.07.16	이순복, 조봉숙	박치덕	이금조	목사	시에라리온	현직
59	1991.07.16	최승렬, 강은희	박치덕	이금조	목사	파라과이 ⇨멕시코	은퇴
60	1991.07.31	김명수, 허영신	박치덕	이금조	목사	필리핀	사임
61	1991.10.07	홍관표, 김이진	정판술	박유생	교포 선교사	호주	사임
62	1991.10.25	김현숙	정판술	박유생	독신	러시아	사임
63	1991.10.25	김광한, 이선구	정판술	박유생	교포 선교사	스페인	사임
64	1991.12.10	이장우, 허영희	정판술	박유생	목사 선교사	러시아⇨본부	사임
65	1991.12.10	손승호, 하옥경	정판술	박유생	목사 선교사	태국	사임
66	1992.03.17	박영일, 김순임	정판술	박유생	목사 선교사	피지	은퇴
67	1992.04.27	나달식, 김경숙	정판술	박유생	목사 선교사	일본	현직

68	1992.04.27	노정희	정판술	박유생	전문인 선교사	필리핀	현직
69	1992.06.11	하요한, 손숙	정판술	박유생	목사 선교사	중국	현직
70	1992.06.11	이신형, 김영숙	정판술	박유생	목사 선교사	일본	현직
71	1992.07.30	김선수, 테리완	정판술	박유생	전문인 선교사	호주	현직
72	1992.07.30	박진섭, 임미애	정판술	박유생	목사 선교사	한국	사임
73	1992.07.30	하민기, 권후남	정판술	박유생	목사 선교사	대만	은퇴
74	1992.07.30	조광훈, 이유미자	정판술	박유생	목사 선교사	일본	현직
75	1992.09.14	안경갑, 한영옥	정판술	박유생	목사 선교사	몽골	사임
76	1992.09.15	배성학, 이정옥	정판술	박유생	목사 선교사	브라질	은퇴
77	1992.11.26	김진호, 계숙영	박유생	조긍천	목사 선교사	파라과이	사임
78	1993.03.23	강원준, 허경애	박유생	조긍천	목사 선교사	인도네시아	은퇴
79	1993.03.23	김영주, 김난기	박유생	조긍천	목사 선교사	카자흐스탄	사임
80	1993.03.23	정규호, 윤혜신	박유생	조긍천	목사 선교사	태국⇨ 국내이주민	현직
81	1993.03.23	황혜경	박유생	조긍천	독신선교사	카자흐스탄	사임
82	1993.08.09	이일호, 박혜옥	박유생	조긍천	목사 선교사	이스라엘	사임
83	1993.12.07	최원석, 정원숙	신명구	박현진	전문인 선교사	네팔	사임
84	1994.04.12	김성일, 최혜영	신명구	박현진	목사 선교사	필리핀	현직
85	1994.04.12	황성곤	신명구	박현진	목사 선교사	필리핀	현직
	1994.04.12	홍경미	신명구	박현진	부인 선교사	필리핀	소천
86	1994.06.13	장태호, 신경숙	신명구	박현진	목사 선교사	러시아	현직
87	1994.10.01	임석윤, 최영희	최해일	류윤욱	목사 선교사	일본	은퇴
88	1994.11.22	이승옥, 박성애	최해일	류윤욱	목사 선교사	시에라리온	사임
89	1994.11.22	이성헌, 김정애	최해일	류윤욱	목사 선교사	루마니아	현직
90	1994.11.22	이영근, 박성경	최해일	류윤욱	목사 선교사	러시아	사임
91	1994.11.22	이종전, 최영미	최해일	류윤욱	목사 선교사	인도⇨루마니아	현직
92	1994.11.22	최성일, 손명희	최해일	류윤욱	목사 선교사	뉴질랜드	사임
93	1992.03.17	박영일, 김순임	최해일	류윤욱	목사 선교사	피지	은퇴
94	1995.02.24	노록수, 김은혜	최해일	류윤욱	목사 선교사	남아공화국	현직
95	1995.02.24	지성범, 엄옥자	최해일	류윤욱	목사 선교사	포르투갈	사임
96	1995.05.04	이신형, 김영숙	최해일	류윤욱	목사 선교사	일본	현직
97	1995.07.28	김성린, 정석순	최해일	류윤욱	목사 선교사	러시아	은퇴
98	1995.07.28	양승봉, 신경희	최해일	류윤욱	전문인 선교사	네팔⇨베트남	은퇴

99	1995.07.28	오케이, 송한나	최해일	류윤욱	목사 선교사	베트남	현직
100	1995.08.06	김정아	최해일	류윤욱	독신선교사	몽골	사임
101	1995.11.16	박팔하, 정송자	이금조	최해일	전문인 선교사	인도네시아	은퇴
102	1996.02.09	손부원, 신경순	이금조	최해일	전문인 선교사	프랑스	사임
103	1996.02.09	곽상호, 박현숙	이금조	최해일	목사 선교사	가나⇨스페인	현직
104	1996.02.09	김해진, 한희숙	이금조	최해일	목사 선교사	멕시코⇨미주⇨스페인	현직
105	1996.02.09	박성봉, 강애경	이금조	최해일	목사 선교사	중국⇨대만	현직
106	1996.02.09	조동제, 정현실	이금조	최해일	목사 선교사	태국⇨미얀마	현직
107	1996.06.17	김영산, 정보간	이금조	최해일	목사 선교사	중국⇨한국	은퇴
108	1996.06.17	방도호, 허성월	이금조	최해일	목사 선교사	페루	현직
109	1996.06.17	유신우, 조문지	이금조	최해일	목사 선교사	중국	사임
110	1996.06.17	윤지원, 임정숙	이금조	최해일	목사 선교사	인도⇨우간다	은퇴
111	1996.10.09	이정기, 이영수	정순행	이금조	목사 선교사	러시아	사임
112	1997.01.22	김유식, 허두남	정순행	이금조	목사 선교사	카자흐스탄	사임
113	1997.03.17	김열방, 박소망	정순행	이금조	목사 선교사	튀니지	현직
114	1997.03.31	박신호, 김정자	정순행	이금조	전문인 선교사	프랑스⇨국내이주민	현직
115	1997.03.31	신성호, 정유진	정순행	이금조	목사 선교사	미얀마	현직
116	1997.03.31	윤장욱, 김선영	정순행	이금조	목사 선교사	시에라리온	현직
117	1997.03.31	최진규, 최에스더	정순행	이금조	목사 선교사	카자흐스탄	사임
118	1997.03.31	정운교, 김명옥	정순행	이금조	목사 선교사	싱가폴	사임
119	1997.06.18	김창수, 이영주	정순행	이금조	목사 선교사	가나⇨라오스	현직
120	1997.06.18	정명섭, 이미영	정순행	이금조	목사 선교사	앙골라⇨모잠비크	현직
121	1997.10.12	이풍, 정화자	임종만	이지영	전문인 선교사	키르기즈스탄	은퇴
122	1998.03.01	손성수, 김수현	임종만	이지영	목사 선교사	브라질	사임
123	1998.03.15	정리안,류드밀라	임종만	이지영	목사 선교사	러시아	은퇴
124	1998.05.19	곽성, 윤령	임종만	이지영	목사 선교사	튀르키예	현직
125	1998.05.19	김주만, 박경화	임종만	이지영	목사 선교사	태국	현직
126	1998.05.19	황병순, 배은희	임종만	이지영	목사 선교사	대만	현직
127	1998.08.28	신성주, 손성영	임종만	이지영	목사 선교사	필리핀	사임 (2002.02)
128	1998.08.28	황은선, 김미희	임종만	이지영	목사 선교사	미국	사임

129	1999.02.24	김지해	김종삼	곽삼찬	독신	지부티	사임
130	1999.02.24	강하전, 김실	김종삼	곽삼찬	목사	중국⇨ 국내이주민	현직
131	1999.02.24	김영무, 현미화	김종삼	곽삼찬	목사	남아공화국	사임
132	1999.02.24	민홍기, 심혜진	김종삼	곽삼찬	목사	스리랑카	현직
133	1999.02.24	오성학	김종삼	곽삼찬	목사	몽골⇨ 국내이주민	현직
	1999.02.24	이형순	김종삼	곽삼찬	부인 선교사	몽골⇨ 국내이주민	소천
134	1999.02.24	주요셉, 김도르가	김종삼	곽삼찬	목사	모로코	현직
135	1999.10.13	손상석, 김민정	조긍천	김성천	목사	인도⇨태국	현직
136	1999.12.19	김요한, 강안나	조긍천	김성천	목사	중국	현직
137	2000.01.16	김재수, 김순희	조긍천	김성천	목사	남아공화국	
138	2000.02.16	이바나바,이루디아	조긍천	김성천	목사	이집트⇨레바논	현직
139	2000.01.23	조선경	조긍천	김성천	독신	사우디아라비아	사임
140	2000.01.30	황혜림, 최선희	조긍천	김성천	목사	태국	사임
141	2000.02.16	김생명, 권은혜	조긍천	김성천	목사	카자흐스탄⇨ 우즈베키스탄	현직
142	2000.02.16	김관형, 서형애	조긍천	김성천	목사	필리핀	은퇴
143	2000.02.16	김석영, 남행지	조긍천	김성천	목사	베트남	은퇴
144	2000.02.16	김평화, 최온유	조긍천	김성천	목사	중국⇨ 키르키스탄	현직
145	2000.02.16	김현수, 배향숙	조긍천	김성천	목사	브라질	은퇴
146	2000.02.16	남성택, 박용주	조긍천	김성천	목사	카자흐스탄	현직
147	2000.02.16	배필규, 박정희	조긍천	김성천	목사	브라질	현직
148	2000.02.16	성인제, 고은미	조긍천	김성천	목사	러시아	현직
149	2000.02.16	신나라, 공기쁨	조긍천	김성천	목사	중국⇨네팔 ⇨독일	사임
150	2000.02.16	안부자	조긍천	김성천	독신	일본	사임
151	2000.02.16	송규호, 정순자	조긍천	김성천	목사	이스라엘	사임
152	2000.06.04	이재찬, 김은주	조긍천	김성천	목사	나이지리아	현직
153	2000.11.20	정순성, 손은경	원종록	김성천	목사	필리핀	
154	2001.01.10	정훈재, 김숙경	원종록	김성천	목사	호주	현직
155	2001.02.28	고선재, 주음용	원종록	김성천	목사	태국	현직
156	2001.02.28	김기태, 김혜금	원종록	김성천	목사	일본	현직

157	2001.02.28	김베냐민, 양미정	원종록	김성천	목사	튀르키예	현직
158	2001.02.28	김상백, 김명옥	원종록	김성천	목사	필리핀	현직
159	2001.02.28	서대균, 조현숙	원종록	김성천	목사	필리핀	은퇴
160	2001.02.28	서원민, 장정은	원종록	김성천	목사	코소보	현직
161	2001.02.28	우석정, 이희정	원종록	김성천	전문인	베트남	현직
162	2001.02.28	이규식, 최영미	원종록	김성천	목사	태국	현직
163	2001.02.28	정석원, 한선희	원종록	김성천	전문인	필리핀	사임
164	2001.02.28	황남주, 이성	원종록	김성천	목사	우즈베키스탄	현직
165	2001.08.26	이동한, 강지영	원종록	김성천	목사	파라과이	
166	2001.09.09	김만규, 정미라	원종록	김성천	목사	튀르키예	현직
167	2001.12.19	홍수희	박종수	오성환	독신	인도네시아	현직
169	2002.02.06	정소영	박종수	오성환	독신	중국⇨파키스탄	현직
170	2002.02.27	고현철, 김은희	박종수	오성환	목사	중국	사임
172	2002.02.27	김두평, 백종자	박종수	오성환	목사	인도⇨우간다	현직
174	2002.02.27	김삼성, 최은실	박종수	오성환	전문인	인도⇨태국	현직
178	2002.02.27	박다니엘, 정환희	박종수	오성환	목사	튀르키예	현직
180	2002.02.27	손천지, 김하늘	박종수	오성환	목사	중국	현직
181	2002.02.27	이베라	박종수	오성환	독신	키르키즈스탄	현직
182	2002.02.27	이영원, 서정애	박종수	오성환	목사	중국	사임
183	2002.02.27	최인선, 장근복	박종수	오성환	목사	중국	사임
183	2003.02.26	김성욱, 현정화	이선	조긍천	목사	몽골	현직
185	2003.02.26	박갈렙, 오수아	이선	조긍천	목사	튀르키예	은퇴
186	2003.03.26	안명수, 양미진	이선	조긍천	목사	캄보디아	현직
187	2003.11.03	정필녀	곽삼찬	강규찬	독신	인도네시아	현직
188	2003.12.10	김광선, 송영애	곽삼찬	강규찬	목사	인도	은퇴
189	2003.12.10	김동진, 이지영	곽삼찬	강규찬	목사	몽골	사임
190	2003.12.10	김상민, 김영신	곽삼찬	강규찬	목사	키르키즈스탄	사임
191	2003.12.10	김선식, 지상애	곽삼찬	강규찬	목사	일본	현직
192	2003.12.10	배성호, 한은경	곽삼찬	강규찬	목사	남아공화국	사임
193	2003.12.10	송기정, 방선영	곽삼찬	강규찬	목사	일본	현직
194	2003.12.10	빌립, 박희숙	곽삼찬	강규찬	목사	튀르키예	종료(협선생) 2018.01
195	2003.12.10	이상석, 홍경자	곽삼찬	강규찬	목사	브라질	현직

196	2003.12.10	이영식, 김현화	곽삼찬	강규찬	목사	베트남	현직
197	2003.12.10	임두식, 최현옥	곽삼찬	강규찬	목사	영국	사임
198	2003.12.10	정양호, 김명애	곽삼찬	강규찬	목사	남아공화국	은퇴
199	2003.12.10	정헌명, 홍은실	곽삼찬	강규찬	목사	브라질	사임
200	2003.12.10	조성일, 조명신	곽삼찬	강규찬	목사	남아공화국	사임
201	2003.12.10	최원곤, 윤숙현	곽삼찬	강규찬	목사	케냐	사임
202	2004.02.18	김재룡, 박은미	곽삼찬	강규찬	목사	인도네시아	현직
203	2004.03.17	황정대, 최문지	곽삼찬	강규찬	전문인	베트남	현직
204	2004.08.15	유목민, 사랑	곽삼찬	강규찬	목사	이집트	현직
205	2005.02.23	박권출, 이선희	조재태	강규찬	목사	일본	현직
206	2005.02.23	이윤수, 민혜준	조재태	강규찬	목사	캄보디아	현직
207	2005.04.06	이산지, 한나	조재태	강규찬	목사	중국⇨말레이시아	현직
208	2005.04.06	임오랑, 박연주	조재태	강규찬	목사	말레이시아	현직
209	2005.04.20	송호완, 신지원	조재태	강규찬	목사	필리핀⇨인도⇨탄자니아	현직
210	2005.06.23	이정원, 정영숙	조재태	강규찬	목사	인도⇨아이티	현직
211	2006.01.22	박원제, 이미영	이한석	황삼수	목사	필리핀	현직
212	2006.03.22	윤병국, 이헤이즐	이한석	황삼수	목사	인도⇨말레이지아	현직
213	2007.02.07	이충성, 이소명	권오정	이용호	목사	중국	현직
214	2007.02.07	전천후, 정선경	권오정	이용호	전문인	베트남	현직
215	2007.02.07	한진숙	권오정	이용호	독신	일본	현직
216	2007.02.28	김주영, 황호정	권오정	이용호	목사	일본	현직
217	2007.02.28	김소리, 이물가	권오정	이용호	목사	카자흐스탄⇨러시아	현직
218	2007.02.28	박성진, 송은옥	권오정	이용호	목사	중국	사임
219	2007.02.28	박진완, 정선호	권오정	이용호	목사	중국	현직
220	2007.02.28	윤상혁, 김나래	권오정	이용호	목사	이집트⇨인도네시아	현직
221	2007.02.28	이한우, 박명순	권오정	이용호	자비량	우즈베키스탄⇨러시아	현직
222	2007.02.28	정노화, 김강남	권오정	이용호	목사	국내이주민	현직
223	2007.02.28	조재찬, 오정미	권오정	이용호	전문인	캄보디아	현직
224	2007.04.11	김주환, 홍성아	권오정	이용호	목사	일본	현직

225	2007.08.12	신우영, 장경숙	권오정	이용호	목사	미얀마	현직
226	2007.08.12	김다니엘, 사라	권오정	이용호	목사	아제르바이잔	현직
227	2008.02.27	박덕형, 정신자	김성천	윤현주	목사	멕시코⇨모로코⇨이스라엘	현직
228	2008.02.27	신정호, 이은영	김성천	윤현주	목사	태국	현직
229	2008.02.27	정충호, 박은정	김성천	윤현주	목사	모로코⇨포르투칼	현직
230	2008.02.27	최현, 이세화	김성천	윤현주	목사	미얀마⇨태국	현직
232	2008.04.18	오수근, 하순진	김성천	윤현주	자비량	중국	종료
233	2008.04.23	정윤도, 김필정	김성천	윤현주	목사	라오스	종료
234	2008.11.26	성선호, 박혜섭	이용호	윤현주	자비량	캄보디아	종료
235	2008.11.26	박지용, 김영선	이용호	윤현주	자비량	캄보디아	종료
236	2008.11.26	박성오, 조수년	이용호	윤현주	자비량	캄보디아	종료
237	2008.11.26	하만호, 안행숙	이용호	윤현주	자비량	캄보디아	현직
238	2009.02.03	조광훈,이유미자	이용호	윤현주	목사	일본	현직
239	2009.02.04	이명우, 김미애	이용호	윤현주	목사	중국⇨대만	현직
240	2009.03.11	이태호, 김미순	이용호	윤현주	목사	아르헨티나	현직
241	2009.03.18	임태혁, 조윤현	이용호	윤현주	목사	라오스	
242	2009.05.24	김윤탁, 이춘순	이용호	윤현주	자비량	캄보디아	은퇴
243	2009.10.06	신성주, 손성령	윤희구	주준태	목사	라트비아	현직
244	2008.04.01	이경화	윤희구	주준태	독신	네덜란드	현직
245	2010.02.07	홍영대, 김옥남	윤희구	주준태	자비량	중국	종료
246	2010.02.24	박중민, 허미례	윤희구	주준태	목사	파라과이	현직
247	2010.02.24	조윤호, 이경숙	윤희구	주준태	목사	베트남	현직
248	2010.02.17	김경모, 박성희	윤희구	주준태	목사	일본	현직
249	2010.02.17	박종덕, 신유현	윤희구	주준태	목사	인도네시아	현직
250	2010.02.17	조중동, 전심	윤희구	주준태	목사	요르단-터키	현직
251	2010.02.24	배동열, 박영미	윤희구	주준태	목사	일본	현직
252	2010.02.24	배성운, 박희정	윤희구	주준태	목사	러시아	현직
253	2010.02.24	서근석, 이정순	윤희구	주준태	목사	인도	현직
254	2010.02.24	송준호, 주상연	윤희구	주준태	목사	캄보디아	현직
255	2010.02.24	최갈렙, 강수아	윤희구	주준태	목사	중국⇨말레이지아	현직

256	2010.02.24	황경수, 김선미	윤희구	주준태	목사	일본	현직
257	2010.02.24	노병호, 김정숙	윤희구	주준태	전문인	튀니지	현직
258	2010.02.24	서운용, 박동미	윤희구	주준태	전문인	가나	현직
259	2010.05.30	서태환, 강윤영	윤희구	주준태	목사	페루	현직
261	2011.01.02	전성진, 황애영	윤현주	정주채	목사	남아공화국	현직
262	2011.02.16	박성철, 김종란	윤현주	정주채	목사	말레이시아	현직
263	2011.02.16	권효상, 김윤경	윤현주	정주채	목사	캄보디아	사임
264	2011.02.16	김대련, 김조앤	윤현주	정주채	목사	중국	사임
265	2011.02.16	이섬김, 황사랑	윤현주	정주채	목사	중국⇨대만	현직
266	2011.02.16	정산, 최비	윤현주	정주채	목사	중국⇨ 말레이지아	현직
267	2011.02.16	최선욱, 김혜숙	윤현주	정주채	목사	레소토	현직
268	2011.02.16	배준석, 김현옥	윤현주	정주채	목사	시에라리온 ⇨인도	현직
269	2011.05.01	고루카스, 유사라	윤현주	정주채	목사	말레이시아	현직
270	2011.05.18	이백, 김유경	윤현주	정주채	목사	중국⇨필리핀	현직
271	2011.05.25	곽선생, 김소리	윤현주	정주채	목사	중국/카자크족	현직
272	2011.12.14	정한규, 김혜경	정근두	이경열	목사	우크라이나	현직
273	2011.12.14	천준혁, 박미정	정근두	이경열	목사	남아공화국	현직
274	2011.12.14	이상철, 고유덕	정근두	이경열	전문인	우간다	현직
275	2011.12.14	김순자	정근두	이경열	독신	키르키즈스탄	소천
276	2012.02.22	김진엽, 서경아	정근두	이경열	목사	루마니아	현직
277	2012.02.22	민병문, 이미애	정근두	이경열	목사	페루	현직
278	2012.02.22	민종욱, 재덕임	정근두	이경열	목사	키르키즈스탄	현직
279	2012.02.22	정갈렙, 박수아	정근두	이경열	목사	중국	현직
280	2012.03.21	박세중, 이세아	정근두	이경열	목사	중국	현직
282	2012.03.21	김경용	정근두	이경열	목사	카자흐스탄	현직
283	2012.04.18	이주민, 최지영	정근두	이경열	목사	카자흐스탄	사임
284	2012.04.25	이원서, 하민현	정근두	이경열	목사	인도	현직
285	2012.04.25	김영권, 고희정	정근두	이경열	목사	일본	현직
286	2012.07.01	서안나	정근두	이경열	선교사	모로코	현직
287	2012.08.26	조진호, 염지얘	정근두	이경열	목사	시에라리온 ⇨코소보	현직

288	2012.12.12	손대영, 김원정	박정원	정수생	목사	인도네시아	현직
289	2013.2.20	김용길	박정원	정수생	자비량	필리핀	종료
290	2013.02.27	박종준, 김혜란	박정원	정수생	목사	파라과이	현직
291	2013.03.27	김명훈, 송은미	박정원	정수생	목사	인도네시아	현직
292	2013.03.27	김서빌, 박한나	박정원	정수생	목사	우즈베키스탄	현직
293	2013.03.27	오범석, 정양숙	박정원	정수생	목사	베트남	현직
294	2013.03.27	정남철, 이숙영	박정원	정수생	목사	일본	현직
295	2013.03.27	한태준, 박소영	박정원	정수생	목사	베트남	현직
296	2014.01.08	박진태, 김영신	주준태	정수생	목사	미얀마	현직
297	2014.01.22	김인, 이자모	주준태	정수생	목사	미얀마	현직
298	2014.08.06	황보현, 김미라	주준태	정수생	목사	파푸아뉴기니	현직
299	2015.01.07	김방글, 김벙글	김철봉	정수생	목사	방글라데시	현직
300	2015.01.07	김영광, 최기쁨	김철봉	정수생	목사	카자흐스탄	현직
301	2015.01.07	샘류, 조이박	김철봉	정수생	목사	방글라데시 ⇨국내이주민	현직
302	2015.01.07	신진화	김철봉	정수생	독신	베트남	현직
303	2015.03.08	완테리, 김선수	김철봉	정수생	전문인	호주	현직
304	2015.03.18	권시민, 김조은	김철봉	정수생	전문인	인도네시아	현직
305	2015.03.18	양정금, 여사라	김철봉	정수생	목사	태국	현직
306	2015.03.18	주신, 김애	김철봉	정수생	목사	중국	현직
307	2015.03.25	박인규, 황현덕	김철봉	정수생	목사	키르키스탄	현직
308	2015.03.25	이철신, 김지영	김철봉	정수생	목사	러시아	현직
309	2015.03.25	홍빛, 정소금	김철봉	정수생	전문인	타지키스탄	현직
310	2015.07.08	김현철, 김나타샤	김철봉	정수생	목사	러시아	현직
311	2015.07.08	박알로, 선로본	김철봉	정수생	목사	방글라데시	현직
312	2016.03.15	강하동, 윤하영	신상현	김윤하	목사	요르단	현직
313	2016.03.15	강준규	신상현	김윤하	목사	중국⇨대만	소천
314	2016.03.15	이은숙	신상현	김윤하	목사	중국⇨대만	현직
315	2016.03.15	서시온, 우하나	신상현	김윤하	목사	네팔	현직
316	2016.03.15	조영현, 박봄애	신상현	김윤하	목사	인도네시아	현직
317	2016.03.15	최우성, 김선미	신상현	김윤하	목사	네팔	현직
318	2016.03.15	허드슨, 이복음	신상현	김윤하	목사	베트남	현직

319	1997.07.01	김광석, 남경화	신상현	김윤하	목사	중국⇨ 국내이주민	현직
320	2002.02.05	노진태, 전혜정	신상현	김윤하	목사	캄보디아	현직
321	1996.05.27	백도현, 김매자	신상현	김윤하	목사	우즈베키스탄⇨ 라오스⇨ 국내이주민	현직
322	1995.02.12	안병주, 정연순	신상현	김윤하	목사	중국	사임
323	2012.07.03	유생천, 김마리	신상현	김윤하	목사	인도	현직
324	2006.06.25	이기영, 임은희	신상현	김윤하	목사	러시아	현직
325	2001.02.18	이남재, 조성민	신상현	김윤하	목사	인도	현직
326	2008.07.01	이시몬, 안순지	신상현	김윤하	목사	중국	현직
327	2012.07.03	이동광, 서경례	신상현	김윤하	목사	중국	현직
328	2001.08.12	정원남, 허광자	신상현	김윤하	목사	볼리비아	은퇴
329	2012.07.03	정요한, 줄리아	신상현	김윤하	목사	인도	현직
330	2004.02.22	한바울, 전현정	신상현	김윤하	목사	베트남	현직
331	2016.05.27	황필남, 김말례	신상현	김윤하	목사	몽골⇨미국	현직
332	2019.02.20	이용구,심언애	신상현	김윤하	전문인	필리핀	현직
333	2009.03.03	백설	신상현	김윤하	독신	중국⇨ 카자흐스탄	현직
334	2012.07.03	박빌립,이사라	신상현	김윤하	목사	중국	현직
335	1987.12.18	정헌명, 김양순	신상현	김윤하	목사	브라질	현직
336	2017.02.09	김상원, 김진경	배굉호	김윤하	목사	파라과이	현직
337	2017.02.09	김선무, 이지은	배굉호	김윤하	목사	미얀마	현직
338	2017.02.09	김은택, 안진영	배굉호	김윤하	목사	캄보디아	현직
339	2017.02.09	김태완, 박란희	배굉호	김윤하	목사	태국	현직
340	2017.02.09	박지원, 황경화	배굉호	김윤하	목사	독일	현직
341	2017.02.09	배태영	배굉호	김윤하	전문인	필리핀	현직
342	2017.02.09	김신권, 김다정	김상석	황은선	목사	남아공화국	현직
343	2018.02.08	김경량, 김은희	김상석	황은선	목사	영국	현직
344	2018.02.08	김광훈, 정미향	김상석	황은선	전문인	캄보디아	현직
345	2018.02.08	김원배, 유정희	김상석	황은선	목사	인도네시아	현직
346	2018.02.08	김지영, 정유정	김상석	황은선	목사	태국	현직
347	2018.02.08	나요셉, 김지윤	김상석	황은선	목사	일본	현직

348	2018.02.08	박종관, 배혜영	김상석	황은선	목사	일본	현직
349	2018.02.08	신사범, 송선	김상석	황은선	목사	중국	현직
350	2018.02.08	이상민, 박시은	김상석	황은선	목사	라오스	현직
351	2018.02.08	이혼도, 곽혜진	김상석	황은선	목사	코소보	현직
352	2018.02.08	정현석, 이라임	김상석	황은선	목사	스리랑카	사임
353	2018.02.08	조갈렙, 박한나	김상석	황은선	목사	아제르바이잔	현직
354	2018.02.08	손만석, 김영숙	김상석	황은선	목사	일본	현직
356	2018.02.08	최재현, 강세원	김상석	황은선	목사	일본	현직
357	2018.02.08.	북간도,사라	김상석	황은선	전문인	중국	현직
358	2018.05.08.	이두용	김상석	황은선	단기	미얀마	종료
359	2018.05.08.	조익현, 민경애	김상석	황은선	단기	태국	현직
360	2019.01.13	김용숙, 염정혜	김성복	황은선	단기	베트남	현직
361	2018.12.02.	김갈렙 류드보라	김성복	황은선	전문인	아제르바이잔	현직
362	2018.02.08	김은섭,.한진경	김성복	황은선	목사	호주	현직
363	2019.02.20	김나라, 이루리	김성복	황은선	목사	아제르바이잔	현직
364	2019.02.20	남기철, 김소희	김성복	황은선	목사	필리핀	현직
365	2019.02.20	서열방, 김사랑	김성복	황은선	목사	카자흐스탄	현직
367	2019.02.20	안세혁,문양선	김성복	황은선	목사	영국	현직
368	2019.02.20	이슬기, 남해선	김성복	황은선	목사	필리핀	현직
369	2019.02.20.	임성용, 김미숙	김성복	황은선	목사	필리핀	현직
370	2019.02.20.	전정권, 배선숙	김성복	황은선	목사	중국⇨ 국내이주민	현직
371	2020.02.19	김영기, 하연화	신수인	안영호	전문인	포르투갈⇨ 카보베르데	현직
372	2020.02.19	김원희, 이승연	신수인	안영호	목사	태국	현직
373	2020.02.19	박석주, 박갑숙	신수인	안영호	목사	캄보디아	현직
374	2020.02.19	왕대륙, 손혜미	신수인	안영호	목사	중국	현직
375	2020.02.19	이영헌, 양정숙	신수인	안영호	전문인	러시아	현직
376	2020.02.19	이민기, 김순선	신수인	안영호	목사	인도	현직
377	2020.02.19	김지해	신수인	안영호	독신	잠비아	현직
378	2020.02.19	이용구	신수인	안영호	전문인	필리핀	현직
379	2021.02.17	구성태, 김세원	박영호	안영호	목사	베트남	현직
380	2021.02.17	남형우, 문주위	박영호	안영호	목사	태국	현직

381	2021.02.17	이범석, 한성정	박영호	안영호	목사	불가리아	현직
382	2021.02.17	이중환, 조남희	박영호	안영호	목사	영국	현직
383	2021.02.17	정주영, 황은지	박영호	안영호	목사	이란	현직
384	2021.02.17	정종기, 김혜숙	박영호	안영호	전문인	국내이주민	현직
385	2022.02.16	김주오, 이나임	강학근	안진출	목사	프랑스⇨모로코⇨모리타니아	현직
386	2022.02.16	김형진, 임지연	강학근	안진출	목사	베트남	현직
387	2022.02.16	박기준, 손민아	강학근	안진출	목사	인도네시아	현직
388	2022.02.16	이지민, 김예은	강학근	안진출	목사	멕시코	현직
389	2022.02.16	김형건, 김선영	강학근	안진출	전문인	인도네시아	현직
390	2022.02.16	김나경	강학근	안진출	목사	필리핀	현직
391	2023.01.17.	김형준, 박안토니나	권오헌	안진출	목사	우크라이나	현직
392	2023.02.24.	고온유, 김민영	권오헌	안진출	목사	폴란드	현직
393	2023.02.24.	김성래, 서신애	권오헌	안진출	목사	러시아	현직
394	2023.02.24.	남우우, 박지혜	권오헌	안진출	목사	필리핀	현직
395	2023.02.24.	박정섭, 문진숙	권오헌	안진출	전문인	인도	현직
396	2023.02.24.	윤진실, 안소망	권오헌	안진출	목사	우크라이나	현직
397	2023.02.24.	이승민, 김신혜	권오헌	안진출	목사	인도	현직
398	2023.02.24.	이찬희, 김다솔	권오헌	안진출	목사	우간다	현직
399	2023.02.24.	조하늘, 김나라	권오헌	안진출	목사	모로코	현직
400	2023.02.24.	하광락, 김영희	권오헌	안진출	목사	국내이주민	현직
401	2023.02.24.	박현진	권오헌	안진출	독신	필리핀	현직
402	2024.02.22.	배다니엘진, 공유하	김홍석	남일우	목사	브라질	현직
403	2024.02.22.	김으뜸, 송찬미	김홍석	남일우	목사	일본	현직
404	2024.02.22.	전세계, 조이풀	김홍석	남일우	목사	우즈베키스탄	현직
405	2024.02.22.	홍이삭, 송리브가	김홍석	남일우	목사	튀르키예⇨인도네시아	현직
406	2024.02.22.	비파, 수금	김홍석	남일우	전문인	우즈베키스탄	현직
407	2024.02.22.	모나미	김홍석	남일우	독신	우즈베키스탄	현직
408	2024.02.22.	김은진	김홍석	남일우	독신	미얀마	현직
409	2024.07.16.	김근섭, 박복애	김홍석	남일우	단기	탄자니아	현직
410	2024.07.16.	모영택, 한수연	김홍석	남일우	단기	필리핀	현직

III. KPM 선교사 현황

1. 대륙별 분포

세계 파송현황

북아메리카 2 Unit · 유럽 26 Unit · 아시아 192 Unit · 아프리카 22 Unit · 남아메리카 13 Unit · 오세아니아 3 Unit

2. 국가별 분포

사역국가	명	남자 수	여자 수	사역 국가	명	남자 수	여자 수
일본	44	22	22	라트비아	4	2	2
대한민국	41	22	19	요르단	4	2	2
필리핀	31	14	17	스페인	4	2	2
인도네시아	30	14	16	시에라리온	4	2	2
베트남	28	13	15	방글라데시	4	2	2
태국	21	11	10	코소보	4	2	2
A국	19	10	9	튀니지	4	2	2
말레이시아	19	9	10	타지키스탄	2	1	1
캄보디아	18	9	9	탄자니아	2	1	1
인도	18	9	9	포르투갈	2	1	1
러시아	16	8	8	폴란드	2	1	1

미얀마	15	7	8	카보베르데	2	1	1
튀르키예	13	6	7	멕시코	2	1	1
우즈베키스탄	11	5	6	스리랑카	2	1	1
대만	9	4	5	불가리아	2	1	1
파라과이	9	5	4	이란	2	1	1
남아공	8	4	4	이스라엘	2	1	1
아제르바이잔	8	4	4	이집트	2	1	1
브라질	8	4	4	독일	2	1	1
키르기스스탄	7	3	4	네팔	2	1	1
카자흐스탄	7	3	4	가나	2	1	1
호주	6	3	3	나이지리아	2	1	1
페루	6	3	3	레바논	2	1	1
우간다	6	3	3	모리타니아	2	1	1
영국	6	3	3	모잠비크	2	1	1
우크라이나	6	3	3	몽골	2	1	1
모로코	5	2	3	미국	2	1	1
루마니아	4	2	2	잠비아	1	0	1
라오스	4	2	2	파키스탄	1	0	1
				합계	493	241	252

3. 선교사 분류

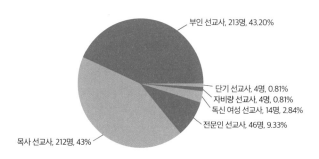

선교사 분류별 파송 비율: 총 493명

- 부인 선교사, 213명, 43.20%
- 단기 선교사, 4명, 0.81%
- 자비량 선교사, 4명, 0.81%
- 독신 여성 선교사, 14명, 2.84%
- 전문인 선교사, 46명, 9.33%
- 목사 선교사, 212명, 43%

4. 연령분포

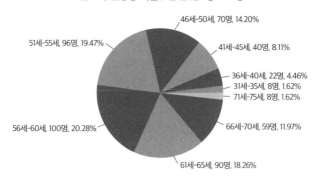

선교사 연령층 비율(5년 단위): 총 493명

46세-50세, 70명, 14.20%
41세-45세, 40명, 8.11%
36세-40세, 22명, 4.46%
31세-35세, 8명, 1.62%
71세-75세, 8명, 1.62%
66세-70세, 59명, 11.97%
61세-65세, 90명, 18.26%
56세-60세, 100명, 20.28%
51세-55세, 96명, 19.47%

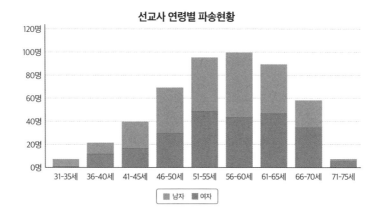

선교사 연령별 파송현황

연령층	명	남자 수	여자 수	남자 비율	여자 비율
31-35세	8	1	7	12	87
36-40세	22	12	10	54	45
41-45세	40	17	23	42	57
46-50세	70	30	40	42	57
51-55세	96	49	47	51	48
56-60세	100	44	56	44	56
61-65세	90	47	43	52	47
66-70세	59	35	24	59	40
71-75세	8	6	2	75	25
합계	493	241	252	48	51

KPM 선교사의 평균 연령은 54세이며, 총선교사 493명중 196명이 51-60세로 전체의 39.67%를 차지한다. 41-50세는 110명으로 22.27%, 61-70세는 149명으로 30.16%이며, 40대 이하는 6.09%로 매우 적다. 선교사 연령이 높은 이유는 장기 사역 증가, 새로운 선교사 감소 때문이다. 56-60세(20.24%)가 가장 많고, 51-55세 (19.43%), 61-65세(18.22%)가 뒤를 잇는다. 40대 이하 선교사가 적어 젊은 선교 사 육성이 필요하다. 연령별 균형 있는 선교전략이 요구된다.

5. 사역별 분포

선교사 사역영역 비율: 총 493명(선교 영역 중복선택)

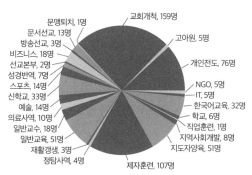

KPM 선교사의 주요 사역은 교회개척(159명, 32.2%), 제자훈련(107명, 21.7%), 개인전도(76명, 15.4%)가 핵심이다. 지도자 양육(51명, 10.3%), 일반교육(51명, 10.3%)도 비중이 크다. 의료사역(10명), IT(5명), NGO(5명) 등 전문 사역자의 비율은 아주 적다. 이는 KPM 선교가 전통적 방식에 집중된 결과다. 앞으로 전문인 선교(비즈니스, 의료, 지역개발)와 차세대 교육이 강화되어야 한다. 시대 변화에 맞춘 전략적 접근이 필요하다.

6. 종교별 분포

선교사 현지종교 비율: 총 493명

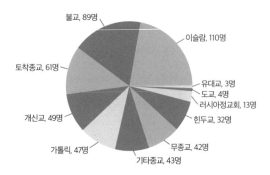

KPM 선교사는 이슬람권(110명, 22.3%), 불교권(89명, 18%), 토착종교 지역(61명, 12.3%)에서 가장 많이 활동한다. 개신교 지역(49명, 9.9%)에도 일부 선교사가 있다. 무종교(42명), 힌두교(32명), 카톨릭(47명) 지역에서도 사역이 이루어지고 있다. 유대교(3명), 도교(4명), 러시아 정교회(13명) 지역에서의 선교사 수는 상대적으로 적다. 이슬람과 불교 지역에서 선교가 활발하지만, 선교사가 넘어야 할 언어, 문화, 역사, 세계관등의 높은 장벽이 존재한다. 토착종교와 무종교 지역은 접근성이 높아 전략적 기회가 크다. 종교별 특성을 고려한 맞춤형 선교전략이 필요하다.

7. 보안지역 분포와 듀얼 멤버쉽 비율

선교사 보안지역 비율: 총 493명

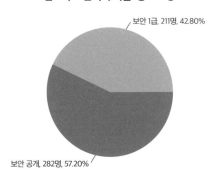

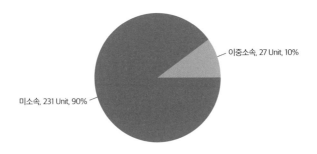

타단체 소속된 선교사와 아닌 선교사 비율

이중소속, 27 Unit, 10%

미소속, 231 Unit, 90%

KPM 선교사 중 보안 1급 지역 사역자는 211명(42.8%), 보안 공개 지역 사역자는 282명(57.2%)이다. 보안이 필요한 지역에서 사역하는 비율이 높아 신중한 접근이 요구된다. 듀얼 멤버십(이중 소속) 선교사는 27유닛(10%), 미소속 선교사는 231유닛(90%)이다. 대부분이 단일 소속으로 활동하며, 이는 타 단체와 협력 사역보다는 독립적 사역이 많다는 의미다. 향후 보안 지역 사역의 안전 대책 강화와, 협력 사역을 위한 네트워크 구축의 장점도 고려해 보아야 한다.

8. KPM 신임선교사 파송현황 대 은퇴현황

연도	파송인원	파송가정	은퇴인원	은퇴가정	비고
2008	22	11	2	1	
2009	12	6	0	0	
2010	31	16	0	0	
2011	29	15	0	0	
2012	29	15	0	0	
2013	13	7	7	4	
2014	6	3	6	3	
2015	24	13	2	1	
2016	12	6	2	1	
2017	13	7	2	1	
2018	33	18	2	1	

2019	16	9	6	3	
2020	15	9	3	2	
2021	12	6	8	4	
2022	11	6	3	2	
2023	21	11	10	5	
2024	16	9	16	8	

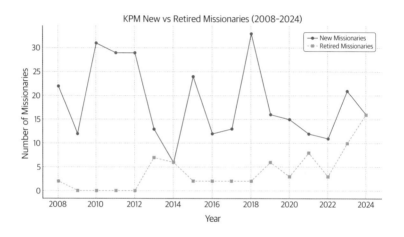

KPM 선교사 파송은 2010-2012년 30명 이상이었으나 이후 변동이 컸다. 2014년 최저(6명)였고, 2018년(33명) 급증했다. 이는 고려 측과 고신 측 합동으로 고려 측 선교사가 자동 편입되었기 때문이다. 이후 파송이 줄었고, 2024년에는 16명이다. 은퇴자는 2013년 이후 증가해 2024년 16명으로 최고치를 기록했다. 선교 인력 유지가 어려운 상황이다. 젊은 선교사 훈련과 파송 전략이 필요하다.

IV. KPM 재무 현황

1. 회기별 선교비 수입, 지출, 차액 현황

(단위:원)

회기	수입	지출	차액	비고
57회기	7,916,478,408	8,235,916,691	-319,438,283	2007. 08. 01-2008. 08. 14/13개월치분
58회기	7,318,099,050	7,620,349,903	-302,250,853	2008. 09. 01-2009. 08. 31
59회기	7,703,575,993	7,815,066,441	-111,490,448	2009. 09. 01-2010. 08. 31
60회기	8,097,371,542	8,129,160,824	-31,789,282	2010. 09. 01-2011. 08. 31
61회기	8,833,239,512	8,745,452,613	87,786,899	2011. 09. 01-2012. 08. 31
62회기	9,789,095,512	9,314,980,997	474,114,515	2012. 09. 01-2013. 08. 31
63회기	10,440,229,702	9,773,865,708	666,363,994	2013. 09. 01-2014. 08. 31
64회기	11,199,313,634	10,923,576,456	275,737,178	2014. 09.1 0-2015. 08. 31
65회기	11,810,578,312	11,345,157,995	465,420,317	2015. 09. 01-2016. 08. 31
66회기	12,703,317,721	12,428,982,478	274,335,243	2016. 09. 01-2017. 08. 31
67회기	13,371,550,116	13,437,319,510	-65,769,394	2017. 09. 01-2018. 08. 31
68회기	13,432,141,787	13,703,069,070	-270,927,283	2018. 09. 01-2019. 08. 31
69회기	14,372,950,061	14,328,733,641	44,216,420	2019. 09. 01-2020. 08. 31
70회기	14,614,719,916	14,584,476,201	30,243,715	2020. 09. 01-2021. 08. 31
71회기	15,456,204,602	14,831,204,602	625,000,000	2021. 09. 01-2022. 08. 31, 코로나
72회기	17,227,037,260	16,197,844,741	1,029,192,519	2022. 09. 01-2023. 08. 31, 구호목적금
73회기	15,642,540,005	15,958,018,006	-315,478,001	2023. 09. 01-2024. 08. 31

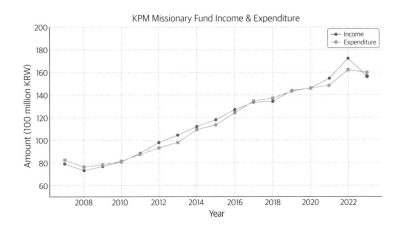

2. 73회기 항목별 수입지출 내역

기간: 2023.9.1-24.08.31

항목별		수입	지출	비고
정기 후원금		11,257,639,437	11,796,428,314	
목적 헌금		4,199,362,904	4,161,589,692	
훈련 교육	쿰	37,810,000	37,132,500	쿰(스쿨, 캠프, 아웃리치 등) 관련 회비 및 지출
	훈련원	42,700,000	32,101,091	BMTC, KMTC, OTC 회비 및 훈련 경비 지출
	훈련교육 소계	80,510,000	69,233,591	
이자 및 기타 수입	선교이자수익	79,889,694		선교헌금 정기예금 및 입출금 통장 이자수익
	선교 잡수입, 지출	25,137,970	11,075,798	본부예산 이동, 동북아 연회비
	이자 및 기타 수입 소계	105,027,664	11,075,798	
합계		15,723,050,005	16,107,560,986	

73회기 총수입은 157.2억 원, 총지출은 161.1억 원으로 약 3.85억 원의 적자가 발생했다. 정기후원금이 가장 큰 비중을 차지했으나, 지출이 수입을 초과했다. 목적헌금은 균형을 유지했고, 훈련교육비는 1,000만원의 소폭 흑자를 기록했다. 이자 및 기타수입은 일부 기여했으나 비중이 작았다. 재정 운영의 안정화를 위해 정기후원금 개발을 통한 증액과 지출 효율화가 필요하다.

3. 73회기 노회별 후원현황

후원자별

(단위:원)

구분	후원 수	작정금액(원)	%	비고
교 회	1,472	1,106,582,174	72.0%	
개 인	3,002	229,686,134	14.9%	
단 체	343	200,238,069	13.0%	
합 계	4,817	1,536,506,377	100.0%	

노회별

노회	전체교회 수	후원교회 수	작정금액(원)	%	비 고
강원	31	10	5,116,667	0.5%	
경기동부	72	34	32,292,586	2.9%	
경기서부	41	21	11,735,000	1.1%	
경기북부	61	27	19,272,000	1.7%	
경기중부	60	32	27,715,410	2.5%	
경남	95	58	48,123,675	4.3%	
경남서부	79	39	16,625,000	1.5%	
경남남부	83	58	77,573,914	7.0%	
경남중부	56	31	17,896,500	1.6%	
경남김해	80	44	60,573,700	5.5%	
경남마산	72	44	32,713,000	3.0%	
경남남마산	38	12	9,046,000	0.8%	
경남진주	101	56	25,835,000	2.3%	
경북동부	72	41	22,591,600	2.0%	
경북서부	62	32	39,706,200	3.6%	
경북중부	69	29	9,953,000	0.9%	
대구동부	59	29	21,129,610	1.9%	
대구서부	70	38	36,699,807	3.3%	
부산	83	47	57,433,100	5.2%	
부산동부	55	31	38,075,000	3.4%	
부산서부	71	40	36,014,000	3.3%	
부산남부	69	36	28,836,000	2.6%	
부산중부	83	49	51,281,740	4.6%	
서울서부	43	30	54,510,000	4.9%	
서울남부	56	34	62,285,785	5.6%	
서울중부	40	25	25,266,000	2.3%	
울산	41	31	31,232,500	2.8%	
울산남부	60	37	30,803,200	2.8%	
인천	60	18	25,429,000	2.3%	
전남동부	35	16	19,990,000	1.8%	

전라	71	35	19,776,400	1.8%
전북	39	24	7,531,500	0.7%
제주	19	10	1,799,000	0.2%
충청동부	58	34	23,049,000	2.1%
충청서부	44	17	7,576,050	0.7%
노회합계	2,128	1,149		
타교단		272	40,990,800	3.7%
해외교회		51	30,104,431	2.7%
합 계		1,472	1,106,582,174	100.0%

4. KPM 후원교회 현황

연도	후원교회 수	연도	후원교회 수
2011	1081	2018	1012
2012	1058	2019	1025
2013	1098	2020	1044
2014	948	2021	1073
2015	881	2022	1091
2016	967	2023	1116
2017	974	2024	1149

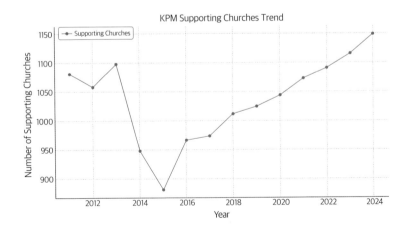

KPM 후원교회 수는 2011년 이후 전반적으로 증가했다. 2015년 KPM 후원교회 수 감소는 세미풀링 운영 논란, 재정 구조 변화, 대외적으로 경제적 요인이 복합적으로 작용했다. 2014-2015년 감소 후, 2016년부터 다시 회복세를 보였다. 2018년 이후 후원교회 수가 지속 증가하여 2024년에는 1,149개 교회로 정점을 찍었다. 선교 후원 참여가 안정적으로 확대되고 있다.

5. KPM 패밀리의 연도별 현황

연도	신청회원	해지	연도별 회원 수
2012	22	0	22
2013	918	106	834
2014	1754	161	2427
2015	1048	142	3333
2016	1325	209	4456
2017	1290	246	5500
2018	978	180	6298
2019	589	235	6387
2020	133	272	6248
2021	97	164	6181
2022	363	136	6564
2023	357	136	6871
2024	694	229	7868

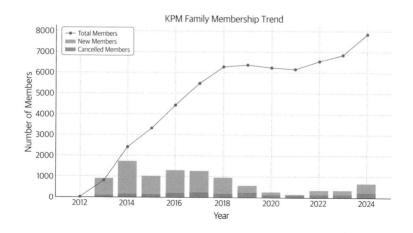

KPM 패밀리 회원 전체 수는 2012년 이후 1년간 918명까지 증가했었고, 신규가입의 수는 834명까지 상승하였다. 그 상승세의 폭은 2013년-2018년까지 매년 신규가입의 수가 적에는 800명에서 많게는 1,600명까지 늘어나면서 전체 패밀리 회원 수는 약 6,300명까지 급격하게 증가하는 추세를 보였다. 2018년-2021년까지 전체 수는 소폭 하락했지만 6,000명대의 수치를 유지하면서 증가세가 둔화되었다. 특히 2019-2021년 코로나 팬데믹으로 인해 신규 가입이 약 100명대에 머물고 해지 숫자가 272명까지 증가하면서 정체기를 겪었다. 그러나 팬데믹이 종료되면서 2022년 이후 신규 가입이 다시 363-694명까지 증가세로 전환되며 회복되는 모습을 보이고 있다. 2024년 회원 전체수가 7,868명까지 증가한 반면 회원을 탈퇴하는 숫자는 136-229명으로 전체 회원의 수에는 큰 영향을 미치지 못했다.

V. 12지역부 운영팀(순서와 명칭)

1. 1기 지역부 운영팀

번호	지역부	지역장	사무행정코디	재정코디	연구원
1	대양말인	홍영화	정훈채	홍수희	이경근
2	캄보디아베트남	오케이	우석정	이윤수	안명수
3	서남아	김광선	서인도	이원서	송호완
4	A국	하중복	이산지	이충성	하요한
5	유라시아	하영	장태호	황새벽	김생명
6	필리핀	김자선	김상백	박원제	김재용
7	일본	이신형	조광훈	김영권	김가태
8	유럽지중해	이성헌	박덕형	정제트손	강병호
9	중남아프리카	노록수	김영무	천준혁	윤장욱
10	미주	김해진	이정원	서태환	방도호
11	메콩	고선재	양정금	최현	김주만

2. 2기 지역부 운영팀

번호	지역부	지역장	행정코디	재정코디	연구코디
1	국내 이주민	정노화	김요한	박신호	강하전
2	대양말인	김재룡	윤상혁	정필녀	고루카스
3	동북아	이산지	이충성	이운남	박세중
4	메콩	조동제	박이삭	김인	신성호
5	베캄	오덕	우석정	이윤수	안명수
6	서남아	김광선	배준석	이원서	정요한
7	아메리카라틴	방도호	배필규	박중민	황필남
8	아프리카	노록수	최선욱	정명섭	이순복
9	유라시아	장태호	이나무	이베라	김만규
10	유럽지중해	강병호	서원민	김진엽	신성주
11	일본	나달식	김선식	김영권	김기태
12	필리핀	김관형	황성곤	강정인	최광석

3. 3기 지역부 운영팀

번호	지역부	지역장	행정코디	재정코디	연구코디
1	국내 이주민	오교수	강하전	전정권	김강남
2	대양말인	박성철	손대영	박종덕	정산
3	동북아	이충성	박세중	이현호	신사범
4	메콩	정윤도	김지영	손상석	김창수
5	베캄	우석정	이윤수	이영식	송준호
6	서남아	서근석	서시온	박알로	김기연
7	아메리카라틴	방도호	김상원	정헌명	이태호
8	아프리카	정명섭	최선욱	이상철	천준혁
9	유라시아	성인제	김베냐민	백설	남성택
10	유럽지중해	이종전	조진호	이정원	김열방
11	일본	김기태	박권출	정남철	최재현
12	필리핀	김상백	임성용	남기철	박원제

VI. KPM 현장이야기

1. 국내 이주민 지역부

1) 대회 및 모임
① 국내 이주민지역부대회 2018년 1월 24-27일, 제주도 힐링리조트
② 국내 이주민지역부 정기모임 2019년 12월 2-3일, 대전 선교본부
③ 국내 이주민지역부 정기모임 2020년 1월 31일,
    김천 박신호선교사 기독미술 작업관
④ 국내 이주민지역부 정기모임 2021년 11월 11일, 대전 선교본부 및 인근지역
⑤ 국내 이주민지역부 정기모임 2022년 7월 14-15일,
    포항 말씀숲교회(하광락선교사)
⑥ 국내 이주민지역부대회 2023년 8월 22-26일, 몽골 울란바트르
⑦ 국내 이주민지역부 정기모임 2024년 4월 22-23일, 강원도 홍천
⑧ 국내 이주민지역부 정기모임 2024년 9월 30일-10월 1일,
    부천동포교회(전정권선교사)

2) 국내 이주민 지역부 현장 이야기

강하전, 김실

1999년부터 2013년까지 중국에서 한족을 대상으로 교회 개척과 선교학교 사역을 감당했다. 이후 대전과 부산에서 중국 유학생과 이주민을 섬기며 사역을 이어가고 있다. 국내에서 이주민 사역을 하면서 가장 어려운 점은 교회의 낮은 인식으로 인해 후원금이 급격히 줄어든 것이었다. 사역비 없이 생활비만으로 사역과 생계를 유지해야 했지만, 하나님은 언제나 함께하셨다. 생활을 절약하며 사역을 지속했고, 성장한 자녀들의 도움으로 어려움을 극복했다. 경제적으로 힘든 시기였지만, '엄마'라 부르는 많은 중국 자녀들을 만나며 하나님의 섭리를 깊이 깨

<그림 25> 국내 이주민 지역부

달았다. 앞으로도 하나님께서 이끄시는 대로 이주민을 섬기고 복음을 전하는 일에 최선을 다하고자 한다.

정노화, 김강남

1996년 외국인 근로자를 위한 사역을 시작하여 2007년 공식 파송을 받았다. 이후 부산인도네시아교회, 다문화센터 등을 운영하며 상담, 교육, 복지, 목회로 이주민을 섬겼다. 가장 큰 과제는 아이들의 신앙 교육이었으며, 재정적 어려움도 끊이지 않았다. 국내 파송 1호 선교사로서 인식 부족으로 후원이 부족했고, 교회와 센터 운영 부담이 컸다. 그러나 하나님은 길을 열어주셨다. 자녀들은 성숙하게 자랐고, 센터 내 카페 운영과 한국어교원 실습 지도로 재정을 보완하고 있다. 해외가 아닌 국내에서도 선교할 수 있는 시대, 하나님이 주신 사명을 따라 이주민 사역에 최선을 다하고 있다.

김광석, 남경화

1996년부터 중국에서 신학교 사역과 목회를 감당하며 현지 사역자들을 양육했다. 보안 문제로 인해 인터넷과 통화조차 자유롭지 못한 상황에서도 하나님을 신뢰하며 기도하며 사역을 이어갔다. 특히, 한 사건으로 인해 큰 시험을 겪었으나 인내하며 사역자들을 권면하는 시간이 하나님의 연단임을 깨달았다. 22년간 양육한 사역자들이 목회, 신학교, 기독학교 등 다양한 분야에서 충성되게 섬기고 있음에 감사한다. 2018년부터 제주에서 중국 선교와 유학생 사역을 하고 있으며, 핍박 속에서도 믿음을 지키는 중국 교회와 성도들을 보며 하나님의 은혜를 깊이 체험하고 있다.

김영산, 정보간

1996년부터 2008년까지 중국에서 가정교회 및 소수 민족을 대상으로 사역했다. 이후 KPM 연구훈련원장을 거쳐 현재 고신대학교 선교목회대학원 중국부 교수로 사역 중이며, 2025년까지 국내 중국 유학생과 이주민 사역을 지속할 예정이다. 사회주의 국가에서 신앙을 지키는 것은 쉽지 않았고, 특히 자녀들이 영적 돌봄을 받기 어려운 환경이 가장 큰 도전이었다. 그러나 한국 찬송을 들으며 하루를 시작하고, 영적 일기와 성경 묵상을 통해 하나님과의 교제를 깊이 했다. 지금까지 많은 중국 신학생들이 배출된 것은 하나님의 크신 은혜이며, 앞으로도 더욱 신실하게 사역하며 많은 열매를 기대한다.

박신호, 김정자

1997년부터 예술을 통한 선교사역을 감당해 왔다. 1기 사역(1997-2012년)에서는 프랑스를 비롯한 유럽 여러 나라에서 복음 전시회를 열었고, 2기 사역(2012년-현재)에서는 한국에서 세계선교지로 복음 그림을 보내는 사역을 진행하고 있다. 기독 미술인 사역자 양성과 현지 동역자들의 공간을 미술관으로 조성하는 일에도 힘쓰고 있다. 높은 물가와 재정적 어려움 속에서도 폐품을 활용한 작품 활동을 통해 새로운 예술 선교의 길을 열었으며, 하나님의 은혜로 사역이 확장되었다. 유럽과 국내에서 복음 전시회 초청이 이어지고 있으며, 기독 예술인들과 함께하는 미술 선교의 장이 더욱 넓어지고 있음에 감사한다.

백도현, 김매자

1997년 우즈베키스탄에 파송되어 우즈벡인과 고려인을 대상으로 교회 개척과 신학교 사역을 감당했다. 그러나 2011년 테러주의자로 몰려 추방당하는 어려움을 겪었다. 가장 큰 도전은 자녀 교육과 비자 문제였다. 현지 학교에서는 교사들의 금품 요구와 따돌림 문제가 있었고, 열악한 화장실 환경도 적응하기 어려웠다. 그러나 교사들과 친분을 쌓고 대화를 지속하며 문제를 해결해 나갔다. 하나님의 은혜로 아이들은 건강히 성장했고, 현재 양기율교회, 타슈켄트 경향교회 등에서 현지 사역자들이 복음을 이어가고 있다. 선교의 열매가 계속 맺히고 있음을 보며 하나님께 감사드린다.

샘류, 조이박

2015년부터 방글라데시인을 대상으로 사역하며 제자훈련과 교회 개척을 감당했다. 2023년에는 말레이시아에서 이주 노동자를 위한 노방 전도를, 2024년부터는 국내 이주 노동자 사역을 진행하고 있다. 가장 큰 도전은 건강 문제였다. 2020년과 2024년, 두 차례 암 진단을 받고 치료하며 사역지를 옮겨야 했지만, 하나님께서는 매 순간 선한 길로 인도하셨다. 연약한 몸이지만 씨를 뿌리는 자로서 사명을 감당하도록 기막힌 타이밍으로 역사하셨다. 방글라데시를 떠날 때 실패한 것처럼 느껴졌지만, 하나님은 어디서든 방글라데시인을 만나게 하시며 전도의 지경을 넓히셨다.

안명수, 양미진

2004년부터 캄보디아에서 크메르족과 푸농족을 위한 교회 개척을 감당했다. 짜엉레 교회와 몬돌끼리 교회를 2024년에 이양한 후, 국내 캄보디아인을 위해 김해에서 새로운 교회를 개척했다. 긴 시간 양육한 제자가 떠나갈 때 아픔이 컸지만, 하나님께서 택하신 자들은 결국 돌아왔다. 청소년들이 성장하여 교사가 되고, 사역자로 헌신하는 모습을 볼 때 가장 큰 감사가 있었다. 세상에 나가서도 신앙을 지킬 수 있도록 기도하며 기다리는 것만이 최선임을 깨달았다. 어려운 환경 속에서도 공동체 안에서 기쁨을 찾으며 살아가는 모습에 더욱 감사드린다.

오교수, 박정애

1999년부터 몽골과 중국에서 지도자 양성, 대학 강의, 교회 개척, 신학교 사역을 감당했다. 2019년부터는 국내에서 외국인 유학생과 이주민을 섬기며 몽골과 내몽골 사역을 지속하고 있다. 가장 큰 아픔은 중국에서 추방된 후, 아내가 조현증을 앓다가 천국으로 부르심을 받은 일이었다. 괴로움 속에서도 기도하며 인내했고, 결국 천국의 소망을 품고 이겨낼 수 있었다. 가장 큰 감사는 양육한 제자들이 목사, 지도자가 되어 다시 선교지를 섬기고 있다는 것이다. 하나님께서 여전히 사역을 이어가심을 깨달으며 깊이 감사드린다.

정규호, 윤혜신

1993-2008년 카자흐스탄에서 현지 교회 개척, 2008-2010년 KPM 본부 홍보 동원 총무 사역, 2010-2019년 아시아선교지원센터와 본부 훈련원 사역을 감당했다. 2020년부터 국내 이주민 사역 중이다. 가장 힘들었던 순간은 건강 위협이었다. 폐결핵과 급성 C형 간염을 겪었으나 하나님을 신뢰하며 후원교회들과 기도하며 이겨냈다. 사역 목표는 재생산 가능한 교회를 세우는 것이었다. 이를 위해 영적 지도자 양육에 집중했고, 감사하게도 여러 현지지도자가 세워져 교회 개척이 지속되었다.

정종기, 김혜숙

2021년부터 탈북민을 위한 성경공부, 교회 지원, 북한 선교 동원, 사역자 훈련 등을 감당하며, 해외 탈북자와 노동자의 구출 및 정착 지원을 병행하고 있다. 가장 어려운 점은 북한 사람들의 독특한 세계관을 이해하고, 그들의 다양한 요구를 수용하는 것이었다. 그러나 지속적인 연구와 깊은 대화를 통해 소통의 길이 열렸고, 그리스도의 사랑을 전하는 기회로 이어졌다. 북한 선교는 지속하기 어려운 사역이지만, 동역자들의 도움과 하나님의 인도하심 속에서 지금까지 걸어올 수 있었음에 감사드린다.

하광락, 김영희

1995년부터 중국 한족 근로자와 필리핀 결혼 이주 여성을 대상으로 사역을 시작하여 다국적 통역 예배와 언어권별 제자훈련을 진행했다. 1990년대 국내 이주민 사역의 초창기에는 정보와 행정적 지원이 부족해 어려움이 컸고, 자녀들의 정체성 문제도 고민이었다. 그러나 사명을 붙들고 기도하며 인내할 때, 하나님께서 필요한 것을 공급하시고 부족함을 채우시는 은혜를 경험했다. 사역의 어려움 속에서도 하나님의 인도하심과 선하심을 따르며, 모든 것이 주님의 영광을 위한 길이었음을 깨닫고 감사드린다.

2. 대양말인 지역부

1) 대회 및 모임
① 대양말인 지역부 대회 2018년 3월 20-23일, 인도네시아 발리
② 대양말인 지역부 대회 2023년 6월19-23일, 말레이시아 쿠알라룸푸르

2) 대양말인 지역부 현장 이야기

고루카스, 유사라

2011년부터 말레이 무슬림과 일본인을 대상으로 개인 전도와 교회 개척을 감당하며, BST 돌파구 전략 훈련을 지속해 왔다. 초기에는 한국식 접근 방식이 현지 문화와 맞지 않아 어려움을 겪었지만, 인내하며 현지인의 시각에서 이해하고 기다리는 태도를 배우며 극복했다. 가장 감사한 순간은 무슬림 배경의 신자 두 명이 예수님을 영접하고 세례를 받아 GHB 가정 교회가 세워진 것이었다. 또한, PJC 페낭 일본인 교회가 개척되어 신자들이 세례를 받고 선교하는 교회로 성장해 가는 모습을 보며 하나님의 역사하심에 깊은 감사를 드린다.

<그림 26> 대양말인 지역부

권시민, 김조은

2015년부터 인도네시아에서 다약 종족을 대상으로 기독학교 협력, 대학생 기숙사 운영, 교회 개척, 한국어 교육을 감당해 왔다. 2024년 7월부터 깔리만탄섬 동부 지역으로 사역지를 옮겨 새롭게 사역을 이어가고 있다. 가장 어려웠던 순간은 가족이 아플 때였다. 열악한 의료 환경 속에서 아이들이 열경기를 겪고, 부부가 장염과 티푸스로 고통받을 때마다 하나님의 도우심을 간절히 구했다. 또한, 정글 사역 중 차량이 진흙에 빠지거나 고장이 나는 등 어려움이 있었지만, 현지인들의 도움을 통해 문제를 해결하며 더욱 깊이 인도네시아 영혼들을 사랑하게 되었다. 하나님께서 허락하신 만남과 기회를 통해 다음 세대를 양육하고 한국교회와 동역하게 하신 은혜에 감사드린다.

김명훈, 송은미

2013년부터 신학생 교육을 담당하였으며, 현재는 청년 공동체 사역과 유치원을 세워 어린이 사역을 감당하고 있다. 가장 어려웠던 점은 언어와 문화 차이로 인한 갈등이었다. 현지인들과의 오해를 극복하기 위해 언어를 깊이 배우고 문화적 이해를 넓히기 위해 노력했다. 그러나 가장 감사한 순간은 신학교 졸업생들이 교회를 개척하고 헌신하는 모습을 볼 때였다. 하나님께서 인도하신 사역의 열매를 보며, 더욱 신실하게 사명을 감당하고자 한다.

김원배, 유정희

2018년부터 무슬림들을 대상으로 우정 전도를 하며, 어린이 도서관 운영과 도시 빈민 구제 사역을 감당하고 있다. 또한, 고아원 청소년들과 큐티 모임과 한글 교실을 진행하며 신학교 강의를 통해 차세대를 양성하고 있다. 가장 큰 어려움은 40대 중반에 선교지로 와서 자녀들과 함께 새로운 환경에 적응하는 것이었다. 사춘기 자녀들이 힘들어하는 모습을 보며 늘 미안한 마음이 있었지만, 하나님을 의지하며 눈물로 나아갔다. 가장 감사한 순간은 복음의 문이 열릴 때였다. 무슬림 마을의 거절과 반대 속에서도 어린이 도서관이 허락되었고, 이를 통해 하나님께서 길을 열어주셨음을 경험하며 깊은 감사를 드린다.

김은섭, 한진경

2006년 호주 시드니의 백인 교회에서 선교사로 사역을 시작했다. 워킹홀리데이 청년(유학생 포함)들을 섬기다가 2018년 KPM에 허입되어 백인교회 동역, MHC교회, 영어학교, 미션홈 공동체 사역을 하고 있다. 시드니의 높은 물가와 불안정한 재정이 가장 큰 어려움이었다. 워킹홀리데이 청년 사역은 지속적인 지출이 발생해 재원 마련이 쉽지 않았다. 그러나 기도로 해결했고, 자녀들도 아르바이트와 직장 생활을 통해 선교를 함께 감당하도록 가르쳤다. 지금까지 1,000여 명의 청년을 훈련했고, 그중에서 많은 선교사와 목회자가 세워진 것이 감사하다.

김재룡, 박은미

2004년부터 살렘신학교에서 목회자 후보생 교육과 교회 개척, 현지 교단 협력 사역을 감당하고 있다. 가장 어려웠던 순간은 건강 문제와 긴급한 수술이었다. 특히 맹장 파열로 인해 열악한 의료 환경 속에서 불안함을 느꼈고, 타문화권에서 자녀를 양육하는 것도 큰 도전이었다. 그러나 선배 선교사들과 동역자들의 도움으로 위기를 극복할 수 있었다. 여러 번 건강상의 어려움이 있었지만, 하나님께서 돌보심으로 자녀들이 건강하게 성장하고, 대학 진학을 위해 한국으로 돌아가 안정적으로 정착할 수 있었다. 지금까지 인도하신 하나님께 감사드리며, 앞으로도 사명을 충성스럽게 감당하고자 한다.

김형건, 김선영

2015년 인도네시아 말랑에 도착하여 아동 결연, 방과 후 교실, 기숙사 운영 등으로 다음 세대를 섬기고 있다. 2022년 KPM 전문인 선교사로 파송받아 현지 교단과 협력하며 사역을 확장해 나가고 있다. 가장 어려운 점은 사람들과의 관계 속에서 오해와 갈등을 겪으며 이를 해결하는 과정이었다. 그러나 옳고 그름을 따지기보다 하나님의 마음을 구하며 사랑과 존중의 태도를 지키기 위해 노력하고 있다. 하나님께서는 언제나 피할 길을 내시고, 함께할 동역자를 붙여 주시며, 주님의 사랑하는 제자들을 만나게 하셨다. 이러한 하나님의 선한 인도하심을 경험하며 감사드린다.

박기준, 손민아

2022년부터 인도네시아에서 살렘신학교 목회자 양성 사역과 교회 개척을 감당하고 있다. 초임 선교사로서 언어와 문화를 배우는 동안 어린 자녀들이 새로운 환경에 적응하며 자주 아팠고, 이를 돌보며 사역을 병행하는 것이 큰 도전이었다. 그러나 꾸준한 언어 공부와 기도로 어려움을 극복해 나가고 있다. 무엇보다 인도네시아 성도들과 함께 그들의 언어로 믿음의 간증을 나누고, 예배하며 찬양하는 기쁨을 누릴 수 있음에 감사한다. 하나님께서 모든 과정 속에서 인도하시며, 필요한 힘과 은혜를 공급해 주심을 믿으며 사명을 감당하고 있다.

박성철, 김종란

2012년부터 말레이시아 원주민(오랑아슬리)과 타밀계 고아들을 대상으로 교회 개척과 고아원 지원 사역을 감당하고 있다. 현재 두 곳의 원주민 교회를 개척하여 자립을 목표로 하고 있으며, 고아원 아이들의 사회 적응을 돕고 있다. 가장 어려웠던 점은 원주민 성도들과 마음을 하나로 모으는 일이었다. 서로 다른 환경과 삶의 차이를 극복하기 위해 인내하며 그들의 입장에서 바라보고 기도했다. 가장 감사한 순간은 원주민 성도들이 동역자로 성장하고, 고아원 아이들이 사회에서 건강한 시민으로 자리 잡아가는 모습을 볼 때였다. 하나님께서 맺게 하신 열매와 사역 속에서 주시는 위로와 격려에 감사드린다.

박종덕, 신유현

2012년부터 현지 목회자들과 함께 교회 개척을 진행하며 신학생과 교회학교 교사, 어린이를 대상으로 말씀 교육을 감당하고 있다. 가장 어려운 점은 사역자들과의 관계 조율이었다. 공동체 내 갈등이 생길 때는 시간을 두고 기도하며 해결의 길을 찾았다. 가장 감사한 순간은 가족 모두가 건강하게 사역을 지속할 수 있었고, 자녀와 부부가 맡겨진 사명을 기쁨으로 감당할 수 있었던 것이었다. 하나님께서 모든 과정 속에서 인도하시고 함께하셨음을 경험하며, 앞으로도 주어진 사명을 신실하게 감당하고자 한다.

배성운, 박희정

2019년부터 인도네시아 동부 깔리만탄에서 한인교회와 현지 교회 개척, 한국 문화센터 운영, 대학생 공동체 사역 등을 감당하고 있다. 이슬람 강성 지역이라 복음 전도에 많은 제약이 있으며, 동역자가 부족해 대부분의 사역을 부부가 감당해야 하는 어려움이 있다. 그러나 하나님께서 보내주시는 현지 친구들을 통해 조금씩 도움을 받고 있다. 외롭고 힘든 순간도 많지만, 하나님께서는 사람과 환경을 통해 위로해 주셨다. 무엇보다 사역을 통해 예수님을 만난 현지인들의 고백을 들을 때, 하나님께서 여전히 일하고 계심을 깨닫고 깊은 감사와 기쁨을 느낀다.

손대영, 김원정

2012년 파송을 받아 인도네시아 롬복에서 사삭족을 대상으로 전도와 제자훈련, 신학교 강의, 유치원 교육 사역을 감당하고 있다. 롬복 1호 한국인 선교사로서 언어 훈련부터 생존의 도전이었으며, 무슬림들에게 복음을 전하는 과정에서 오해와 거절을 경험하며 어려움을 겪었다. 그러나 선교는 하나님의 일임을 깨닫고 조급함을 내려놓았다. 하나님께서 신실한 동역자를 붙여주시고, 무슬림에서 개종한 가정에게 세례를 베풀며 함께 신앙을 성장시킬 수 있는 은혜를 주셨다. 앞으로도 하나님께서 예비하신 길을 따라 사역을 감당하며, 롬복의 영혼들에게 복음이 전해지길 기대한다.

스티브전, 글로리아황

2001년부터 유학생과 이주민을 대상으로 사역을 시작하여 신학교 교육과 지도자 훈련, 장애 아동 물리치료, 연구개발 사역을 감당해 왔다. 2022년부터는 신기술을 활용한 선교, 기관 협력, 신학생 및 지도자 훈련을 진행하고 있다. 가장 큰 도전은 치안 문제, 비자 문제, 재정적 어려움이었다. 또한, 사역과 가정생활, 재활 치료를 병행하며 시간 관리가 어려웠지만, 하나님께서 공급하시고 인도하심을 경험했다. 장애 아동들의 회복과 지도자들의 성장, 다양한 지역에서 사역의 문이 열리는 것을 보며 하나님의 은혜와 성도들의 기도에 깊이 감사드린다.

신경미

1991년 필리핀에서 교회 개척과 선교원을 운영하며 사역을 시작한 후, 현재는 말레이시아에서 오랑아슬리 원주민과 무슬림을 대상으로 전도와 한글교실을 운영하고 있다. 무슬림 전도에 대한 사전 지식이 부족해 어려움을 겪었지만, 타 교단의 훈련 프로그램을 통해 배우며 효과적인 사역을 감당할 수 있었다. 지속적인 기도 후원과 지지가 큰 힘이 되었으며, 특히 자녀들이 바른 길로 성장하고, 선교지에서의 도전을 통해 영적으로 성숙해 가는 모습을 보며 하나님의 동행하심을 깊이 감사드린다.

윤병국, 이해주

말레이시아에서 난민 사역을 감당하며 지난 5년 동안 두 개의 난민학교를 섬기고 있다. 대부분 미얀마 출신 학생들로, 무슬림 학생들도 많아 복음 전파에 어려움이 있었다. 가장 힘든 점은 복음의 씨를 심고 결실하는 과정이었으며, 재정적 필요와 자녀 교육에서도 도전이 많았다. 그러나 하나님께 모든 것을 맡기며 신뢰할 때, 필요한 길을 열어주셨고, 부부의 연합과 동역자들의 기도가 큰 힘이 되었다. 무엇보다 난민 학생들에게 말씀을 전하고 기도하며 제자로 세워가는 과정 속에서 하나님의 치유와 회복을 경험할 수 있었음에 감사드린다.

윤상혁, 김나래

2007년 이집트에서 사역을 시작해 2012년 인도네시아로 재파송되었으며, 현재 북부 수마트라 메단에서 브니엘기독학교와 신학교를 운영하며 교회 개척과 지도자 양성을 목표로 사역하고 있다. 가장 힘들었던 순간은 가족이 아픈데도 선교지를 떠날 수 없었던 때였다. 그러나 말씀과 기도를 통해 위로를 얻었고, 가족과 동역자들의 기도가 큰 힘이 되었다. 가장 감사한 순간은 무슬림 아주머니가 복음을 받아들이고, 자녀들을 교회에 보내게 된 일이었다. 하나님의 구원의 역사를 경험하며, 앞으로도 복음의 능력이 전해지기를 기대한다.

완테리, 김선수

1992년부터 호주에서 초·중·고 학생, 유학생, 다민족 이민자를 대상으로 사역했다. 현재 중국·대만 등 다민족을 위한 아가페 국제교회를 개척해 영어 예배와 무료 영어 교실을 통해 선교하고 있다. 가장 어려운 점은 동역자가 없다는 것이다. 개척교회 운영부터 점심 식사 준비, 주일학교 교사, 교인 픽업까지 남편과 함께 감당하고 있다. 30년 동안 변함없이 섬기고 있으며, 동역자가 세워지길 기도한다. 개인 전도 중 성령의 역사를 경험하는데, 손가락 치료 기도로 축구 코치와 그의 가족이 예수님을 영접한 일이 감사하다.

이산지, 한나

2005년부터 중국 광서성에서 쭈앙족을 대상으로 사역하다 2020년 말레이시아로 이동하여 화인 지도자 훈련과 미얀마 난민학교 사역을 감당하고 있다. 가장 어려운 점은 이산지 선교사의 건강 문제였다. 신장이식, 장기적인 건강 악화, 메니에르병 등으로 사역을 중단해야 할 위기도 많았으나, 하나님의 은혜로 회복되었다. 특히 신부전증 말기에서 이충성 선교사의 신장 기증을 통해 생명을 유지하고 사역을 지속할 수 있었음이 가장 큰 감사의 제목이다. 수많은 어려움 속에서도 하나님께서 길을 열어주시고 회복시키신 은혜를 기억하며, 앞으로도 신실하게 사명을 감당하고자 한다.

임오랑, 박아슬리

2009년부터 서말레이시아 오랑아슬리(원주민) 성경 번역 사역을 감당하고 있으며, 2010년부터 팀의 멤버케어를 담당하고 있다. 가장 힘든 순간은 성경 번역 사역이 선교현장에서 무가치하게 여겨질 때 느꼈던 마음의 어려움과, 번역팀 내 갈등을 중재하는 일이었다. 그러나 원주민들이 자신의 언어로 성경을 읽고 회심하는 모습을 보며, 성경 번역의 중요성을 확신하게 되었다. 번역된 말씀을 통해 오랑아슬리 성도들이 은혜를 누리고, 한국교회의 지원에 감사하는 모습을 볼 때 깊은 보람을 느낀다. 앞으로도 하나님의 말씀을 통해 변화되는 영혼들을 기대하며 사역을 감당하고자 한다.

정산, 최비

2019년부터 동말레이시아 사라왁에서 화교와 이반족 성도들을 대상으로 찬양팀 훈련, 제자훈련, 설교 사역을 감당하고 있다. 초기에는 언어 장벽과 문화적 차이로 어려움을 겪었으나, 성도들과의 깊은 소통을 우선하며 신뢰를 쌓아갔다. 화교들은 관계를 중요시했기에, 많은 기도와 시간을 투자한 끝에 공동체의 일원으로 인정받을 수 있었다. 부족한 말레이어 실력에도 불구하고, 하나님께서 사역의 열매를 허락하셨으며, 이반족 성도들의 변화 속에서 하나님의 인도하심을 경험하며 감사드린다.

정훈채, 김숙경

호주 원주민(에보리진)들을 대상으로 복음 사역을 감당하고 있다. 가장 힘들었던 순간은 선교지에서 태어난 막내아들을 먼저 하나님께 보내야 했던 일이었다. 큰 슬픔 속에서도 성경 말씀을 붙잡으며 위로를 얻었고, 성령님의 함께하심을 경험하며 다시 사역에 집중할 수 있었다. 가장 감사한 일은 원주민 신학교를 통해 목회자를 양성하고, 원주민 교회를 개척하여 현지 성도들에게 이양할 수 있었던 것이다. 이제 원주민 목회자들이 동족의 복음화를 감당하는 모습을 보며, 하나님의 역사하심을 깊이 감사드린다.

조영현, 박봄애

2018년부터 인도네시아 발리에서 이슬람 빈민 마을 무료 공부방 운영, 신학교 강의, 교회 개척 사역을 감당하고 있다. 사역 초기, 동역자를 찾고 기초를 세우는 과정이 쉽지 않았지만, 기도하며 이슬람 및 힌두 이주민을 대상으로 접근하며 어려움을 극복했다. 개혁주의 교회 10개 개척의 비전을 품고 시작했으나, 지난 9년간 3개의 교회를 세울 수 있었고, 앞으로 3년 안에 현지인들에게 이양할 준비를 하고 있다. 모든 과정 속에서 하나님의 인도하심을 경험하며, 지속적으로 복음이 확장되길 기대하고 있다.

주신, 김애

2015년부터 C국에서 신학교 및 어린이 사역을 감당하다가, 2019년부터 말레이시아에서 화교 및 원주민 어린이 사역을 진행하고 있다. 가장 어려웠던 순간은 2018년 C국에서의 공안 조사, 여권 압수, 비자발적 출국 등 긴장과 불안 속에서 사역이 중단되었을 때였다. 그러나 하나님의 인도하심을 신뢰하며 인내했고, 새로운 사역지에서 현지어를 배우며 깊이 교제하면서 선교의 길이 열렸다. 모든 과정 속에서 하나님께서 함께하심을 경험하며, 앞으로도 신실하게 사명을 감당하고자 한다.

홍수희

2001년 인도네시아 서부 수마트라 먼따와이에서 먼따와이사랑신학교를 설립하고 신학생을 훈련했다. 엘림청소년교회와 빠당 학사관에서 청소년 사역을, 유치원과 새소식반에서 어린이 사역을 감당했다. 현지인들을 사랑하며 복음을 전했지만, 감사보다는 더 많은 것을 요구하거나 배신으로 갚을 때가 많았다. 또한, 사역은 많지만 일꾼이 부족한 현실이 힘들었다. 오직 말씀과 기도로 견디며, 때론 현장을 떠나 자신을 돌아보며 문제를 정리했다. 하나님이 이루시는 역사는 내가 구하는 것보다 크고 놀라웠고, 동역자인 정 선교사의 신뢰가 큰 힘이 되었다.

홍영화, 지선경

1990년 인도네시아로 파송받아 살렘신학대학에서 교수 사역을 감당하며, 졸업생들과 함께 엘레오스 교단을 세워 교회 개척과 미전도 종족 선교를 진행하고 있다. 가장 어려운 순간은 신학교 캠퍼스 건축이 무산되고, 새 학교 건물 구입비가 부족했던 때였다. 인간적인 방법으로 해결할 수 없었지만, 기도하며 하나님께 맡겼을 때 후원자들을 보내주셔서 문제를 극복할 수 있었다. 가장 감사한 순간은 졸업생들이 인도네시아 전역에서 하나님의 나라를 확장하는 모습과 신학교가 지속적으로 발전하고 있는 것이다. 하나님께서 이루어 가시는 사역에 감사하며, 앞으로도 충성스럽게 감당하고자 한다.

홍준범, 송향옥 / 대앙말인

작년 튀르키예에 파송되었으나 비자 문제로 현재 인도네시아에서 언어를 배우며 새로운 사역을 준비하고 있다. 아이들의 등하교 시간이 달라 적응이 쉽지 않지만, 경험 많은 선교사들의 조언과 도움을 받아 어려움을 극복해 나가고 있다. 모든 과정 속에서도 하나님께서 부르신 자리에서 가족이 함께 기쁨으로 살아갈 수 있음에 감사한다. 낯선 땅에서도 하나님의 계획을 신뢰하며, 맡겨진 사명을 감당하려는 이들의 여정은 믿음과 헌신의 증거가 되고 있다.

3. 동북아 지역부

1) 대회 및 모임
① 동북아지역 화남북 수련회 2017년 8월 14일-17일, 대만
② 동북아 지역부 대회 2018년 1월 30일-2월 2일, 제주도
③ 동북아 지역부 수련회 2020년 2월 29-20일, 대전 본부
④ 동북아 지역부 대회 2023년 8월 8일-11일, 대만
⑤ 동북아지역 대동대서 수련회 2024년 8월 12-15일, 칭다오

2) 동북아 지역부 현장 이야기

곽선생, 김소리
2011년부터 중앙아시아 무슬림 대학생들을 대상으로 사역을 시작했다. 그러나 W시에서 비자를 받을 수 없어 남쪽 도시로 이동하여 사역을 이어가고 있다. 통제와 감시가 심한 환경에서 현지인들과의 접촉이 쉽지 않았고, 자녀들의 교육과 건강 문제(뇌수막염, 암)도 큰 도전이었다. 해결책 없이 버텨야 했던 순간이 많았지만, 하나님께서 보호하시고 회복시키셨다. 어려움 속에서도 사역을 지속할

<그림 27> 동북아 지역부

수 있었던 것은 전적인 하나님의 은혜였다. 앞으로도 하나님의 인도하심을 신뢰하며, 무슬림 청년들에게 복음을 전하는 사명을 끝까지 감당하고자 한다.

김성욱, 현정화

2004년부터 몽골에서 신학교 교수, 신학 도서 번역, 교회 개척, 목회자 성경 연구 모임을 진행하고 있다. 몽골 사람들의 세계관과 문화를 깊이 이해하는 것이 가장 큰 도전이었다. 그러나 기도하며 인내하고, 있는 그대로 받아들이려 노력하면서 극복해 나갔다. 무엇보다 현지 성도들과 복음 안에서 교제하며 하나님의 도우심을 경험한 것이 가장 큰 감사의 제목이다. 하나님께서 허락하신 자리에서 더욱 신실하게 사역을 감당하며, 몽골 교회를 위해 헌신하고자 한다.

박빌립, 이사라

2010년부터 가정교회 지도자 양육, 한센인 환우 지원, 전도지 제작, 개인 전도 및 제자 양육 사역을 감당하고 있다. 가장 어려웠던 점은 복음을 거절하는 영혼들을 마주할 때의 안타까움과 후원교회와의 소통 부족이었다. 그러나 이를 통해 하나님의 마음을 더욱 깊이 깨닫게 되었고, 후원교회들과 더 많이 소통하며 기도하게 되었다. 가장 감사한 순간은 가정교회 지도자들이 말씀을 배우며 기쁨을 되찾는 모습이며, 부족한 자신을 사용하시는 하나님의 은혜에 깊이 감사드린다. 앞으로도 변함없이 복음을 전하며, 현지 성도들이 믿음 위에 굳게 설 수 있도록 최선을 다하고자 한다.

박세중, 이세아

2012년 중국으로 파송되어 TEE(신학 연장 교육)를 통해 한족 교회 지도자를 양성하며 교회 개척을 감당하고 있다. 초기 2년간 언어 장벽을 극복하는 것이 가장 어려웠고, 이후에는 외로움과 긴장 속에서 지내야 하는 것이 도전이었다. 그러나 하나님을 더욱 깊이 의지하며 영적으로 성장할 수 있었고, 하나님께서 자신을 남은 자로 세우셨다는 믿음으로 어려움을 이겨낼 수 있었다. 가장 감사한 순간은 가르친 노아 형제와 마리아 자매가 전도사와 사모가 되어 건강한 교회를 섬기는 모습을 보는 것이며, 이를 통해 하나님께서 여전히 역사하심을 경험하며 감사드린다.

박카스, 원비디

2020년 대만으로 재배치된 후, 2023년부터 먀오리현에서 가가호호 방문 전도를 진행하며 현지 교회의 전도 동력화를 돕고 있다. 전도 중 개들의 공격과 경계심 많은 주민들로 인해 어려움이 있었지만, 기도하며 지혜롭게 대처하고 있다. 보안이 철저한 지역에서 사역하다가, 자유롭게 전도할 수 있는 환경이 주어진 것 자체가 큰 감사의 제목이다. 또한, 전도 지역이 점차 확장되고, 현지 교회가 전도에 관심을 갖고 협력하게 된 것이 하나님께서 함께하심을 보여주는 귀한 증거임을 깨닫는다.

북간도, 사라

2012년부터 사역을 시작하여 2018년 정식 파송을 받은 후, 탈북자 여성들의 자녀들을 양육하며 교회 정착을 돕고 있다. 그러나 양육한 청년들이 대도시로 떠난 후 신앙을 버리는 일이 반복되며, 다시 교회로 정착시키는 과정이 쉽지 않은 도전으로 남아 있다. 현실적으로 떠난 이들을 다시 돌아오게 하는 것이 어렵지만, 남아 있는 이들이 신앙 안에서 조금씩 성장하는 모습을 보며 하나님께 감사하고 있다. 앞으로도 인내하며 탈북자 자녀들이 신앙을 지키고 정착할 수 있도록 섬기고자 한다.

신사범, 송선

2015년 파송을 받아 2021년부터 음악신학원을 설립하여 예배 사역자를 양성하고 있다. 또한, 한인교회와 협력하여 한글학교를 운영하며 어린이와 청소년들에게 복음을 전하고 있다. 가장 어려운 점은 재정적 문제와 아이들의 불만이었다. 때로는 "이 일 그만두고 돈을 벌면 안 되냐"는 아이들의 질문에 마음이 무거웠다. 그러나 하나님의 공급하심을 신뢰하며 사역을 지속해 나가고 있다. 가장 감사한 순간은 훈련받은 현지 학생이 고신대학교로 유학을 가서 성장하는 모습을 볼 때이며, 한글학교를 통해 아이들이 교회로 인도되는 과정 속에서 하나님의 역사하심을 경험하는 것이다.

왕대륙, 한세계

2023년부터 개인 전도와 일대일 양육을 진행하며, 2025년부터는 현지지도자와 협력하여 TEE 소그룹 양육 훈련을 계획하고 있다. 건강한 가정교회를 세우기 위해 사역하고 있지만, 코로나19로 인해 2년 동안 대면 활동이 어려웠다. 그러나 현지 친구와의 깊은 교제를 통해 지역 상황을 더욱 이해할 수 있었고, 예수님의 삶을 묵상하며 위로를 얻었다. 지금의 노력이 어떤 열매를 맺을지는 모르지만, 작은 기쁨과 소망이 곳곳에서 기다리고 있음을 경험하며 하나님의 인도하심을 신뢰하고 있다.

이보라

2019년부터 현지인들과 성경 공부, 교회 초청, 문화 사역을 통해 복음을 전하고 있다. 그러나 사역보다 더 힘든 것은 자녀 문제였다. 언어 장벽으로 인해 학교에 적응하지 못해 결국 자퇴해야 했고, 그 과정에서 자녀가 받은 상처로 인해 깊은 아픔을 경험했다. 부모로서 할 수 있는 것은 아이를 안고 위로하며 기도하는 것뿐이었다. 그러나 하나님은 필요한 순간에 꼭 필요한 사람들을 만나게 하셨고, 자녀를 돌봐주고 사랑으로 케어해 준 선생님들을 통해 하나님의 섬세한 인도하심을 경험하게 하셨다. 앞으로도 가정과 사역을 위해 더욱 기도하며 나아가고자 한다.

이섬김, 황사랑

2011년부터 중국 우루무치에서 위구르족을 섬기다 2018년 추방된 후, 2019년부터 대만 타이베이에서 사역하고 있다. 초기에는 현지 교회의 문화적 차이로 인해 성도들과 협력하는 것이 쉽지 않았지만, 인내하며 신뢰를 쌓아갔다. 하나님께서 현지 목회자로 세울 기회를 주셨으며, 가정교회를 통한 전도와 제자훈련이라는 목표를 주신 것에 감사드린다. 앞으로 팀 사역을 통한 교회 개척 운동을 바라보며, 하나님의 인도하심 속에서 충성스럽게 사명을 감당하고자 한다.

이시몬, 안순지

2008년부터 신학교 예비 과정을 담당하다, 2016년 KPM에 허입되어 묵상책 번역과 보급 사역을 진행했다. 현재는 행복아카데미 세미나, 지도자 성경 공부, 설교 지도 사역을 감당하고 있다. 가장 어려웠던 점은 사역 방향의 변화와 재정 후원의 감소였다. 그러나 하나님께서 필요한 모든 것을 채워 주셨고, 지도자들과의 관계 속에서 사역의 길을 열어 주셨다. 부족함 속에서도 하나님의 공급하심을 경험하며, 앞으로도 신뢰와 인내로 맡겨진 사역을 감당하고자 한다.

이충성, 이소명

2007년부터 중국 내 무슬림 민족을 섬기며 비즈니스를 통해 비자를 확보하고, 개인 전도를 통해 회심자를 양육해 왔다. 엄격한 감시와 통제 속에서 이중 언어(중국어, 위구르어) 사역을 감당해야 했으며, 자녀들의 교육 문제도 큰 도전이었다. 그러나 하나님께서 위험한 상황 속에서도 보호하시고, 비즈니스의 길을 열어 안정적인 사역을 지속할 수 있도록 하셨다. 18년 동안 남은 자로서의 사명을 감당할 수 있도록 지켜 주신 하나님의 은혜에 감사드리며, 앞으로도 인도하심을 신뢰하며 사역을 이어가고자 한다.

정갈렙, 박수아

2012년부터 창의적 접근 지역에서 소수민족과 교회 지도자들을 대상으로 신학교 티칭, 주일학교, 성경 읽기 교육을 감당해 왔다. 보안 문제로 인해 모임과 소통의 어려움이 있었으나, 소그룹 위주의 안전한 방식으로 사역을 진행하며 깊은 교제를 나누고 있다. 하나님의 말씀을 통해 변화되는 영혼들을 보며 큰 위로를 받고 있으며, 지속적으로 선교의 사명을 감당할 수 있음에 감사드린다.

하요한, 손숙

1991년 싱가포르 A.C.T.I에서 타문화 훈련을 받은 후 중국에서 신학교 사역과 교회 개척을 감당했다. 강력한 보안 문제 속에서 비자 문제로 어려움을 겪었으나, 현지 성도들의 기도와 협력을 통해 기적적으로 비자를 발급받았다. 이후 대학 강의와 목회자 양성, 교회 개척 사역을 이어오고 있으며, 현지인 교회가 자립할 수 있도록 헌신하고 있다. 하나님께서 인도하신 길을 따라 앞으로도 충성스럽게 사역을 감당하고자 한다.

황병순, 배은희

1995년부터 대만에서 중국인을 대상으로 개혁종 신학교 교수 및 목회자 양성 사역을 감당해 왔다. 대만과 한국의 외교 단절 이후, 선교사역에서 신뢰를 구축하는 데 오랜 시간이 걸렸으나, 현지 교회와 협력하며 관계를 발전시켜 왔다. 15년 간 대만개혁종장로회와 고신총회의 관계 발전을 위해 힘써왔으며, 2013년 자매교단 체결을 이루어낸 것은 하나님의 크신 은혜였다. 앞으로도 대만 교회와 동역하며 하나님 나라 확장을 위해 헌신하고자 한다.

4. 메콩 지역부

1) 대회 및 모임
① 메콩지역대회 2017년 12월 18일-21일까지, 태국 파타야
② 매콩지역대회 수련회 2018년 12월 26일-28일까지, 태국 치앙마이
③ 메콩지역대회 2023년 5월 29일-6월 2일까지, 태국 치앙마이

2) 메콩 지역부 현장 이야기

고선재, 주음용

1997년 태국에 입국하여 카렌족, 리수족, 라후족을 대상으로 교회 개척과 복음 전도를 감당해 왔다. 2001년에는 소수민족 청소년 신앙공동체를 설립하였으며, 현재는 산족 교회 지도자들의 신학 재교육에 집중하고 있다. 한 영혼을 끝까지 사랑하는 것이 쉽지 않았지만, 주님의 양떼를 사랑하는 목자의 마음을 배우며 선교사의 길을 걸어왔다. 가장 큰 기쁨은 변화된 영혼이 제자로 세워지는 것이며, "목사님이 우리를 위해 희생하며 복음을 전해 주셔서 감사합니다"라는 고백을 들을 때마다 하나님의 은혜를 깊이 깨닫는다.

김삼성, 최은실

2002년부터 인도 UBS 신학교 산하 어린이 사역자 훈련학교를 개척하여 지도자를 양성했고, 하노이 국립대학에서는 특수교사 양성을 담당했다. 현재는 치앙마이 GIS에서 선교사 자녀들을 위한 장애 사역을 하고 있다. 가장 어려웠던 것은 기숙학교에 있는 자녀가 아플 때 곁에 있어 주지 못했던 순간이었다. 또한, 선교사 간의 갈등도 도전이었지만, 감정을 넘어서 대화를 시도하며 극복해 나갔다. 지

<그림 28> 메콩 지역부

나고 보니 하나님께서는 기도마다 응답하시고 최고의 것으로 채워 주셨음을 깨닫게 되며, 앞으로도 신실하게 사명을 감당하고자 한다.

김선무, 이지은

2019년부터 미얀마 샨족을 대상으로 따웅뾔 마을에서 교회 개척을 감당해 왔다. 2021년 미얀마 군사 쿠데타로 인해 안전에 대한 위협이 가장 큰 도전이었다. 그러나 "우는 자와 함께 울라"는 말씀을 기억하며, 현지 성도들과 함께하며 말씀으로 위로하고 힘을 주었다. 이러한 시간을 함께 겪으며 현지 동역자들과 깊은 신뢰가 형성되었으며, 하나님의 인도하심을 따라 더욱 담대하게 사역을 이어가고 있다.

김원희, 이승연

2008년부터 태국 남부에서 어린이 사역을 중심으로 복음을 전하고 있다. 복음을 전하기 어려운 지역이지만, 수많은 아이들이 예수님을 영접하는 은혜를 경험했다. 가장 어려웠던 점은 동역자가 부족하여 지칠 때 마음을 나눌 곳이 없었다는 것이었다. 그러나 가족이 함께 선교할 수 있음에 감사하며, 무엇보다 인생의 노년을 두려워하는 어르신들이 예수님을 영접하고 천국으로 돌아가는 순간을 지켜볼 때 선교사로서 깊은 감동을 느낀다.

김은진

2024년 미얀마에 도착해 미얀마어를 배우며 현지인들과 교제하고 있다. 예상치 못한 내전 상황과 휴대폰 도난으로 절망감을 느꼈으나, 새벽기도를 통해 하나님을 더욱 바라보게 되었다. 그 후 택시기사 가정의 첫째 아들을 6개월 만에 전도하였고, 여대생 두 명과도 지속적으로 교제하고 있다. 하나님께서 때마다 주시는 만남이 큰 위로와 은혜임을 깨닫고, 앞으로도 주님의 인도하심을 신뢰하며 나아가고자 한다.

김인, 이자모

2014년부터 미얀마에서 교회 개척, 청소년 교육, 문화센터, 유치원, 기숙사, 고아원 사역을 감당하고 있다. 복음을 자유롭게 전할 수 없는 현실과 정치적 혼란, 열악한 환경이 큰 도전이었지만, 하나님께서 선택하시고 인도하심을 믿으며 사역을 지속하고 있다. 내가 원하는 때가 아닌, 하나님께서 완성하실 일들을 소망하며 오늘을 충성스럽게 살아가고 있다. 지금까지 함께하시고 사용해 주신 주님의 은혜에 깊이 감사드린다.

김주만, 박경화

1995년부터 태국에서 교회 개척과 어린이·대학생 사역을 감당해 왔다. 2004년부터는 북부 매쩸에서 학사 사역을, 2011년부터 치앙마이에서 교회 개척과 SFC 사역을 이어가고 있다. 2011년 교통사고와 학사 숙소 화재로 큰 어려움을 겪었지만, 기도하는 가운데 하나님의 신실하심을 경험하며 극복할 수 있었다. 태국 선교 30년, 모든 과정이 하나님의 은혜였으며, 자녀들이 어려움 속에서도 자라난 것 또한 크나큰 감사의 제목이다.

김지영, 정유정

2004년 태국 방콕에서 예배찬양 훈련과 교회 개척, 지도자 양성을 시작했으며, 2018년부터 치앙마이에서 같은 사역을 이어가고 있다. 태국어 습득과 사역의 열매에 대한 조급함을 내려놓는 것이 가장 어려웠지만, 선배들의 조언과 가족의 지지가 큰 힘이 되었다. 자녀들과 대화를 통해 정체성을 이해하도록 돕고, 현지 사역자들과 가족처럼 함께하는 것이 큰 위로가 된다. 조급함보다 꾸준함으로 사역하며, 하나님께서 인도하시는 길을 따라 나아가고 있다.

김창수, 이영주

2017년 라오스에 입국하여 언어를 배우고, 수도 비엔티안에서 영어 교육을 통해 현지인들과 관계를 쌓았다. 2022년부터 남부 빡세에서 유치원을 개설하여 65

명의 학생과 10명의 직원, 선교사 가정과 함께 사역하고 있다. 재정과 인력의 필요를 절감하지만, 기도로 극복하며 사역을 지속하고 있다. 무엇보다 제자들이 신앙과 사회에서 자신의 역할을 잘 감당하는 모습을 볼 때 가장 큰 보람을 느끼며, 하나님께서 여전히 일하고 계심을 감사한다.

남형우, 문주위

2021년부터 태국 라후족 교회를 지원하며 주일학교 사역을 통해 다음 세대에 복음을 전하고 있다. 라후족은 자체 언어로 예배를 드리며, 선교사에게 의존하는 경향이 있어 그들의 문화를 이해하고 지혜롭게 돕는 것이 중요한 과제였다. 단순한 지원이 아니라 하나님을 의지하는 신앙이 자리 잡도록 돕고 있으며, 선교지에서 적응하며 사역할 수 있음이 하나님의 은혜임을 감사드린다.

박진태, 김영신

2014년부터 미얀마에서 신학생들과 교회 성도를 대상으로 영어 교육, 제자훈련, 성경 보급 사역을 감당하고 있다. 초기에는 불교도들의 핍박과 고소, 교회 개척 중단 등 큰 어려움을 겪었으나, 끝까지 자리를 지키며 인내했다. 모든 과정이 하나님의 인도하심 속에 있었음을 깨닫고, 주님의 교회를 세우고 구원의 역사가 이루어지는 것에 감사드린다. 떨어져 있는 자녀들을 지켜주신 하나님께도 깊은 감사를 드린다.

손상석, 김민정

2002년부터 인도 밧다니 민족 언어로 성경 이야기 제작 및 번역 사역을 감당했으며, 현재 아시아 지역 소수민족 교육을 통해 성경 활용과 교육 사역을 진행하고 있다. 현지 교회와 협력하며 선교사의 역할을 조율하는 것이 쉽지 않았지만, 현지 지도력을 존중하며 동반자로 사역하는 법을 배워가고 있다. 다중언어 연구가 여러 민족에게 적용되는 것을 보며, 하나님께서 사역을 통해 넓은 지경을 열어가심을 감사드린다.

신성호, 정유진

1997년부터 미얀마와 태국에서 교회 개척, 신학교 운영, 목회자 훈련을 감당해 왔다. 현재는 미얀마 삔올린에서 교회 개척과 기숙사 사역을 이어가고 있다. 초기에는 전기 부족으로 아이들이 잠을 잘 수 없었던 것이 가장 힘들었고, 열심히 사역했음에도 가시적인 열매가 보이지 않아 낙심하기도 했다. 그러나 기도로 하나님을 의지하며 사역하자 많은 열매가 맺어졌다. 어려운 환경 속에서도 아이들이 건강하게 자란 것과 사역의 열매를 허락하신 하나님께 감사드린다.

신우영, 장경숙

2002년부터 미얀마 양곤그레이스신학교에서 현지 교수들과 함께 신학생들을 가르치며 사역자 양성을 감당하고 있다. 2020년 코로나와 쿠데타로 인해 신학교 운영이 일시적으로 중단되는 어려움이 있었으나, 기도하며 학사 일정을 조정해 신학교를 재개할 수 있었다. 20여 년간 현지 동역자들과 한마음으로 사역하며 주님의 제자들을 양성할 수 있음에 감사하며, 신학교가 지속적으로 운영될 수 있도록 한결같이 지원해 주신 파송 교회에 깊이 감사드린다.

신정호, 이은영

2003년부터 태국에서 미얀마 이주 근로자를 위한 교회 개척, 신학교 운영, 난민 어린이 학교 사역을 감당해 왔다. 팀 사역을 진행하면서 교회 이양 시점과 사역 방향을 두고 의견 차이가 있었으나, 교회의 상태를 분류하여 점진적으로 사역을 조정하고 있다. 또한, 이양 후 확보된 시간을 새로운 사역 개척으로 전환하며 방향을 잡아가고 있다. 부족함이 많지만, 사역을 통해 하나님의 은혜를 경험하며, 어려움마다 하나님께서 해결해 주심을 깊이 감사드린다.

양정금, 여사라

2013년부터 MK(선교사 자녀)들을 위한 교회 사역을 감당해 왔다. 한국교회의 MK 사역에 대한 이해 부족으로 후원 모금이 어려웠고, 학생들이 대학 진학을 위해 떠나면서 지속적인 교체가 반복되어 지칠 때도 있었다. 그러나 시간이 지나면서 적응하게 되었고, 안식년과 학위 공부를 통해 후반기 사역을 준비할 수 있었다. MK 청소년들이 성장하여 대학에 진학하고, 직장인이 되어 사회에서 자신의 역할을 감당하는 모습을 볼 때 깊은 감사와 보람을 느낀다.

정윤도, 김필정

2003년부터 주일학교 교사 양육을 시작했으며, 2015년부터 제자 양육, 학사 사역, 문서 사역, 성경방 운영, 선교사를 위한 언어훈련 프로그램을 진행하고 있다. 초기에는 공산권 국가에서 사역의 제한이 많았고, 열악한 환경과 의료 시설로 인해 어려움을 겪었지만, 꾸준한 언어와 말씀 공부를 통해 사역의 길이 열렸다. 현재는 많은 사역을 감당하며 바쁘게 지내고 있으며, 건강을 위해 운동과 식사 관리를 병행하고 있다. 라오스에서 사역할 수 있음 자체가 큰 은혜임을 감사드린다.

최현, 이세화

2008년 미얀마에서 사역을 시작했으며, 2012년부터 태국 메솟에서 미얀마 난민을 위한 신학교 운영과 교회 개척 사역을 감당하고 있다. 전혀 다른 문화와 언어 속에서 사역하는 것이 쉽지 않았지만, 주님의 도우심을 구하며 지속적으로 현지인들과 교제하는 과정에서 어려움을 극복했다. 지난 17년간 모든 것이 하나님의 은혜요, 인도하심이었음을 깨닫게 되며, 이 길을 걷게 하신 주님께 감사드린다.

5. 베캄 지역부

1) 대회 및 모임
① 1차 베캄지역대회 2017년 11월 15-18일, 베트남 호치민
② 2차 베캄지역대회 2018년 11월 8-11일, 캄보디아 프놈펜
③ 3차 베캄지역대회 2019년 9월 24-27일, 베트남 하노이
④ 4차 베캄비역대회 2020년 12월 19일 비대면

⑤ 5차 베캄지역대회 2021년 10월 8일 비대면

⑥ 6차 베캄지역대회 2022년 9월 26-30일, 베트남 호치민 & 무이네

⑦ 7차 베캄지역대회 2023년 8월 28일-9월 1일, 캄보디아 프놈펜 & 시하누크빌

⑧ 8차 베캄지역대회 2024년 8월 26-30일, 베트남 다낭

2) 베캄 지역부 현장 이야기

구성태, 김세원

2022년부터 베트남 하노이 신학교에서 교수 사역을 감당하고 있다. 신학교는 CMA 교단 북부 총회 소속으로, 목회 상담학, 교회 리더십, 기독교 교육 등을 가르치고 있다. 처음 하노이에 적응할 때 대기오염으로 폐렴을 앓았고, 현지 목사님들과 관계를 형성하는 것도 쉽지 않았다. 그러나 겸손과 인내로 관계의 벽을 허물었고, 시간이 지나면서 신뢰를 얻을 수 있었다. 공산주의 국가에서 현지 목회자들을 양성할 수 있음이 하나님의 은혜이며, 부족한 자신을 사용해 주심에 깊이 감사드린다.

<그림 29> 베캄 지역부

김광훈, 정미향

2018년 파송을 받아 2년간 언어 훈련을 마친 후, 2020년부터 캄보디아 프놈펜 왕립대학(RUPP)에서 공학 교수 선교사로 사역하고 있다. 연구실을 운영하며 복음을 전하고, 현지 교수들과 협력해 동반 성장을 도모하고 있다. 가장 어려웠던 점은 언어 장벽과 열악한 환경에서 가족의 건강을 지키는 일이었다. 그러나 하나님을 신뢰하며 기도로 극복했고, 가정 예배와 동료 선교사들의 도움 속에서 어려움을 이겨냈다. 제자들과의 유대 관계가 깊어지고, 자녀들이 신앙 안에서 잘 성장한 것이 가장 감사한 일이다.

김요수, 염저혜

2018년 파송 후 2년간 언어 훈련을 마치고, 2020년부터 캄보디아 프놈펜 왕립대학(RUPP)에서 교수 선교사로 섬기고 있다. 학생들에게 공학을 가르치며 연구실을 운영하고, 복음을 전하는 사역을 감당하고 있다. 언어와 문화 적응, 열악한 환경에서 가족의 건강을 지키는 일이 큰 도전이었지만, 기도와 믿음으로 극복했다. 가정 예배를 통해 자녀들과 신앙을 나누었고, 현지 교수 및 제자들과의 친밀한 관계가 형성된 것이 큰 감사의 제목이다.

김은택, 안진영

2017년 캄보디아에 파송되어 MK(선교사 자녀)들을 위한 The 공감 센터를 설립했다. 청소년 예배와 제자훈련, 초등학생 방과 후 활동, 선교사 쉼터 역할을 감당하며 사역해 왔다. 그러나 MK 사역에 대한 이해 부족과 인적 네트워크 형성의 어려움으로 외로움을 느낄 때도 많았다. 하지만 조급함을 내려놓고 하나님께서 인도하시는 대로 한 걸음씩 나아갔고, 결국 예상치 못한 곳에서 동역자를 만나게 하셨다. MK들이 함께하는 모임을 즐거워하는 모습을 볼 때 깊은 감사가 넘친다.

김형진, 임지연

2022년 베트남 호치민 하늘꿈교회에 부임하여 한인 성도들을 양육하며 전도와 선교의 일꾼으로 세우고 있다. 지역 문화센터를 운영하며 현지인 사역을 지원하고 있다. 가장 큰 도전은 능력이나 재정의 부족이 아니라, 사랑 없이 사역하려 했던 자신을 발견한 것이었다. 금식하며 하나님의 긍휼을 구했고, 다시 사랑으로 사역할 힘을 얻었다. "너희가 건너가서 차지할 땅은 하늘에서 내리는 비를 흡수하는 땅이요… 네 하나님 여호와의 눈이 항상 그 위에 있느니라"(신 11:11-12). 하나님이 돌보시는 땅에서 은혜를 의지하며 살아간다.

노진태, 전혜정

2001년부터 캄보디아에서 복음 전파, 제자 양육, 교회 개척, 학교 사역을 감당하고 있다. 후원 중단, 자녀 교육 문제, 빈민촌 사역지의 갈등이 가장 큰 어려움이었다. 그러나 성도들과 개교회의 도움으로 재정이 채워졌고, 자녀들은 검정고시를 통해 학업을 이어갔으며, 빈민촌 사역지는 다른 선교사에게 맡길 수 있었다. 어려운 환경 속에서도 세 자녀가 잘 성장한 것이 감사하며, 현재 학교 교직원 18명 중 대부분이 제자로 세워진 동역자들임이 큰 축복이다.

박석주, 박갑숙

2009년부터 캄보디아에서 교회 개척을 시작했으며, 2013년부터는 캄보디아 장로교 신학교에서 교수 사역을 병행하고 있다. 현재 쁘레이벵에서 교회를 섬기며 제자 훈련과 지역 복음화를 위해 힘쓰고 있다. 가장 어려운 점은 성도를 훈련하여 교회의 일꾼으로 세우는 일이었다. 시간이 걸리고, 쉽지 않지만, 우리의 성품과 인격이 중요한 요소임을 깨닫고 기도로 나아가고 있다. 또한, 자녀들의 결혼이 큰 기도 제목이었지만, 하나님께서 신실하게 인도하셔서 3년에 걸쳐 모두 신앙 안에서 결혼할 수 있도록 하셨다. 이를 통해 하나님의 선하심을 다시금 경험하며 감사드린다.

송준호, 주상연

2010년 캄보디아로 파송받아 2년간 언어를 공부한 후, 복음을 전하며 예수님의 제자를 세우는 사역을 감당하고 있다. 현재 두 곳에서 교회 개척을 진행 중이다. 가장 어려운 점은 가난한 현지인을 대상으로 하다 보니 사역비가 항상 부족한 것이었다. 생활비에서 충당하며 하나님께 기도하는 가운데, 복음을 듣고 변화되는 현지인들을 보며 큰 기쁨을 느낀다. 이 사역을 통해 하나님께서 이루어 가시는 놀라운 은혜를 경험하며, 그 무엇과도 비교할 수 없는 감사와 감동을 매일 새롭게 체험하고 있다.

신진화

2017년부터 팀 사역을 통해 베트남인과 소수 부족을 대상으로 의료 및 구제 사역을 감당하고 있으며, 2020년부터는 한국어 교육과 청년 대상 말씀 교육을 진행하고 있다. 사역 중 가장 어려웠던 점은 비자 문제와 인간관계의 어려움이었다. 모든 문제를 해결할 수는 없지만, 주님을 신뢰하며 기다리는 믿음과 사랑이 극복할 힘을 주었다. 하나님의 부르심 속에서 지금까지 건강하게 사역할 수 있음이 가장 큰 감사이며, 앞으로도 하나님의 인도하심을 따라 충성스럽게 나아가기를 소망한다.

오범석, 정양숙

2013년부터 베트남 소수 부족 교회를 대상으로 교회 개척, 신학교 강의, 구제 사역을 감당하고 있다. 언어 훈련 후에도 현지어 소통과 문화적 차이를 이해하는 것이 큰 도전이었지만, 지속적인 만남과 노력으로 극복할 수 있었다. 무엇보다 소수 부족 교회들이 스스로 성장하고 재생산되는 모습을 보며 하나님의 역사하심을 경험하고 있다. 이 땅에서 하나님께서 이루어 가시는 사역을 바라보며 감사드린다.

오케이, 송한나

1997년부터 청년들을 대상으로 한국어 교육과 신앙 교육을 병행하며 한국어 사역자 양성을 감당하고 있다. 사역 초기에는 공안의 감시를 피하기 위해 신앙을 감추어야 했고, 재정적 어려움으로 공동체 해산을 경험하기도 했다. 그러나 현지 대학과 협력하여 한베문화센터와 한국어 교실을 운영하며 사역의 길을 넓혔다. 가정에서 공동체 생활을 하며 사역비를 절감하는 방법을 모색했고, 하나님께서 길을 열어주셨다. 30년 가까이 비자가 안정적으로 연장된 것과 함께했던 형제자매들이 현지 교단에서 잘 사역하고 있는 것이 가장 큰 감사 제목이다.

우석정, 이희정

2001년 베트남에 도착하여 2006년 롱안세계로병원을 개원하고 행정 및 재정을 담당하며 의료를 통한 교회 개척 사역을 감당하고 있다. 선교의 열매가 오랜 시간에 걸쳐 나타나기에 인내가 필요했고, 병원 개원 초기에는 현지 주민들의 오해와 텃세로 어려움을 겪기도 했다. 그러나 소명의 말씀을 기억하며 기도로 극복했고, 직원들이 하나둘씩 주님을 영접하는 모습을 보며 하나님의 인도하심을 확신하게 되었다. 공동체와 한마음으로 사역할 수 있음에 감사하며, 특별히 아들과 딸이 2주 간격으로 혼인하게 된 것이 가장 큰 감사 제목이다.

이영식, 김현화

2003년부터 신학교 사역을 시작하여 현재까지 지방 전도자 교육, 어린이 목회, 한·베 가정을 위한 한글학교 운영, 신학 연장 교육을 감당하고 있다. 사역에서 가장 어려운 점은 강사와 교사 섭외였다. 처음에는 최상의 인력을 찾으려 했으나, 점차 현장에 적합한 최선의 방법을 모색하며 협력의 길이 열렸다. 현지 사역자들을 존중하며 지도력을 이양하는 과정에서 자연스럽게 동역이 이루어졌다. 부족함 속에서도 하나님께서 필요한 재정을 공급해 주셨고, 긴 여정을 견딜 힘을 허락해 주셨다. 쉼 없이 사역하는 가운데도 감사하는 마음을 주신 하나님의 은혜를 경험하고 있다.

이윤수, 민혜준

2005년부터 캄보디아에서 교회 개척과 신학교 교수 사역을 감당하며, 현재 시엠립 신학교 분교에서 지도자 양육에 집중하고 있다. 그러나 20년의 사역을 돌아볼 때 기대했던 만큼 지도자들이 성장하지 못해 아쉬움이 컸다. 이를 극복하기 위해 신학교 내에 거주하며 신학생들과 함께 생활하며 더 깊은 관계를 맺어가고 있다. 캄보디아 장로교단이 세워지는 과정에 함께할 수 있었고, 다른 교단 선교사들과 협력할 수 있었던 것이 가장 감사한 일이다. 앞으로도 지도자 양육에 더욱 헌신하며, 캄보디아 교회가 자립할 수 있도록 돕고자 한다.

전우영, 정선경

2007년부터 롱안세계로병원 사역팀에 합류하여 무료 진료, 교회 개척, 구제 사역을 감당하고 있다. 또한 병원 행정과 직원 전도, 신학생 지원 등 다양한 개인 사역도 병행하고 있다. 사역을 하며 공동체 안에서 갈등을 조정하는 것이 어려웠으며, 시간이 지날수록 경험과 지식에 의존하게 될까 하는 두려움도 있었다. 이를 극복하기 위해 매일 말씀과 기도에 집중하며, 하나님과의 관계를 더욱 깊이 다지려 노력하고 있다. 18년 동안 지켜주신 주님의 은혜에 감사하며, 앞으로도 주님의 뜻을 따라 헌신할 수 있도록 기도하고 있다.

조선, 이노하

2011년부터 비자를 얻기 위해 한국어 교사로 일하며 학생들을 위해 기도하고, 신학생을 가르치며 학사 사역을 감당하고 있다. 공산국가에서 신분을 밝히기 어려운 현실 속에서 복음을 전하는 데 많은 제약이 있었고, 비자 문제도 큰 도전이었다. 이를 극복하기 위해 한국어 자격증을 취득하여 안정적인 비자를 확보하고, 꾸준한 만남을 통해 복음을 전할 기회를 얻었다. 기다림의 시간을 통해 배우고 성장하며, 하나님을 더 깊이 알아가는 은혜를 경험했다. 이곳에서의 사역이 기쁨이자 행복임을 고백하며, 하나님께서 주신 사명을 감당하고 있다.

조재찬, 오정미

2008년부터 한 가정을 중심으로 관계를 맺으며 교회 개척을 준비해 왔다. 한글 교육을 접촉점으로 삼아 제자 양육을 시작했고, 양육된 제자들이 함께 사역하며 교회를 세워가고 있다. 그러나 사람을 말씀으로 세우는 과정에서 사탄의 시험과 공동체 이탈로 인한 어려움이 많았고, 부부 간 갈등도 깊어졌다. 말씀과 기도로 주님의 지혜를 구하며 신앙을 더욱 깊이 다져 나갔고, 신학교 졸업자들이 전임 일꾼으로 세워지고 있음에 감사한다. 유치원 운영을 통한 물질적 자립도 이루어져, 현지인 교회 이양이 더욱 원활하게 진행되길 기도하고 있다.

한바울, 전현정

2004년부터 현지에서 사역을 시작하여 가정교회를 세우고 사역자들을 양육해 왔으며, 현재는 소수 종족 지도자 재교육을 담당하고 있다. 자녀 교육이 가장 큰 도전이었다. 홈스쿨로 교육받았지만, 대학 진학 시 인가 문제로 인해 한국과 베트남 대학에 입학할 수 없었고, 결국 일부 자녀는 타국에서 학업을 이어가야 했다. 앞이 보이지 않는 막막한 상황 속에서 하나님만을 의지하며 기도했고, 부족한 선택의 결과에도 하나님께서 모든 것을 합력하여 선을 이루실 것을 바라보며 나아갔다. 현재 자녀들은 각자의 자리에서 학생으로 서 있으며, 하나님을 만나는 과정을 통해 감사와 비전을 발견하고 있다. 앞으로도 하나님께서 가정을 통해 하나님 나라를 이루어 가실 것을 기대하며 사역을 감당하고 있다.

허드슨, 이복음

2016년부터 베트남 하노이에서 현지지도자를 양성하며 교회 개척을 돕고 있다. 한글 교육, 학사 운영, 신학교 사역을 통해 기독 청년들을 발굴하고 훈련하는 일을 지속하고 있다. 그러나 공산국가에서 선교사 신분을 감추고 비자의 불안정성을 감수해야 하는 것이 큰 어려움이었다. 처음에는 불안했지만, 하나님께서 주관하심을 신뢰하며 자유함을 누리게 되었다. 한글과 영어를 가르쳐 달라는 요청을 받고, 오토바이로 100km를 오가며 섬겼다. 당시 교회가 없던 그곳에서 1년 후 예배가 드려지는 모습을 보며 큰 위로를 받았다. 언제든 추방될 수 있는 현실 속에서도 주님의 뜻을 이루어 가시는 은혜에 감사드린다.

황정대, 최문진

1998년부터 참족을 대상으로 성경 번역과 말씀 사역을 감당해 왔다. 타문화권에서 가족이 오랜 시간 외롭게 지내야 했던 시기가 가장 어려웠지만, 말씀 암송과 기도, 인내로 그 시간을 이겨냈다. 돌아보면 모든 과정이 하나님의 인도하심 속에 있었으며, 오직 그분이 일하셨음을 고백하게 된다.

6. 서남아 지역부

1) 대회 및 모임
① 서남아지역대회 2018년 4월 11-14일, 네팔 카트만두
② 서남아지역대회 2023년 1월 9-13일, 베트남 호치민, 무이네
③ 서남아가족수련회 2024년 1월 9-12일, 태국 치앙마이

2) 서남아 지역부 현장 이야기

김방글, 김벙글

2015년부터 현지 기독교인을 대상으로 제자훈련, 교회 개척, 주일학교, 학교, 호스텔 사역을 감당하고 있으며, 무슬림 어린이들을 위한 방과 후 교실도 운영하고 있다. 선교 초기, 정보 없이 대중교통을 이용하다가 성추행과 도난을 당하는 아픈 경험을 했다. 무슬림들뿐만 아니라 함께 사역하던 현지 신자들에게 속임을 당했을 때는 사역을 포기하고 싶을 정도로 힘들었다. 그러나 매일 성경을 통독하며 주님께서 자신의 죄성을 깨닫게 하셨고, 용서와 기도의 마음을 주셨다. 여전히 어려운 환경이지만, 복음에 관심을 보이는 현지인들을 만날 때 하나님께서 일하고 계심을 느끼며 감사하게 된다.

민홍기, 심혜진

1999년 2월 KPM 파송을 받아 스리랑카에서 현지지도자와 신학생, 주일학교

교사와 어린이를 대상으로 사역하고 있다. 가장 힘들었던 순간은 동역자의 소천과 자신의 건강 문제였다. 그러나 천국에서 다시 만날 소망이 위로가 되었으며, 수술과 치료를 통해 건강도 회복할 수 있었다. 열악한 환경에서도 기쁨으로 헌신하는 동역자들의 모습을 보며 큰 감동을 받고 있으며, 하나님께서 이들을 통해 계속해서 사역을 이루어 가심에 감사하고 있다.

박성진, 선호영

지난 10년 동안 방글라데시에서 현지인을 대상으로 제자훈련, 교회 개척, 교육사역을 했다. 선교지에서 가장 많은 에너지를 쏟은 것도, 가장 큰 도움이 된 것도 '팀'이었다. 그러나 가장 어려운 부분도 팀 사역이었다. 서로 다른 가치관을 맞춰가며 여전히 극복하는 중이다. 후회 없이 사랑하고 섬기며, 동시에 많은 사랑과 섬김을 받고 있다. 무엇보다 '방글라데시 선교사'로 부르신 하나님께 감사한다.

배준석, 김현옥

코로나 기간 동안 선교지에서 집에 머물며 신앙을 점검하는 시간을 가졌다.

<그림 30> 서남아 지역부

선교사로 헌신했지만 진정한 신앙을 가지고 있는지 고민하며 회개의 시간을 보냈다. 코로나가 안정되던 시기, 인도 교회에서 설교 요청을 받고 방문했을 때, 스스로를 좋은 신앙인이라 여기며 우월감을 느끼기도 했다. 그러나 찬양하는 성도들의 간절한 믿음을 보며 자신의 교만을 깨닫고 깊은 회개를 경험했다. 물질적으로 부족할지라도 하나님을 전적으로 의지하며 찬양하는 성도들과 함께하는 것이 가장 큰 은혜임을 깨달았고, 감사와 기쁨으로 하루하루 살아가게 됨을 고백한다.

서시온, 우하나

2016년 3월부터 네팔 카트만두에서 신실한 지도자를 양성하고 자립하는 현지 교회를 세우는 사역을 감당하고 있다. 이를 위해 교회 협력, 신학교육, 목회자 재교육, 차세대 리더 발굴 등의 사역을 진행해 왔다. 사역 초기에 가장 어려웠던 점은 현지 문화를 충분히 이해하지 못하는 것과 언어 부족에서 오는 오해였다. 또한, 자녀들이 낯선 환경에 적응하는 것도 큰 도전이었다. 그러나 '존중'의 가치를 배우며 현지 문화와 생활 방식을 인정하고 받아들이려 노력했다. 하나님께서 지난 10여 년간 좋은 동역자들을 허락하셨고, 그들과 함께 하나님의 역사하심을 경험하게 하신 것에 깊이 감사드린다.

유생천, 김마리

2010년 하반기부터 북인도에서 교회 개척, 어린이 및 청소년 사역, 여성 사역을 감당해 왔다. 사역을 하면서 가장 어려웠던 점은 수많은 도전 속에서 마음을 지키는 일이었다. 이를 극복하기 위해 기도로 하나님께 모든 것을 맡기고, 동료들과 어려움을 나누며, 다양한 자료를 활용해 배움을 지속했다. 가장 감사한 순간은 성도들이 신앙과 인격적으로 성장하는 모습을 볼 때였다. 하나님께서 이루어 가시는 놀라운 일들을 경험하며, 앞으로도 충성스럽게 나아가기를 소망한다.

이남재, 조성민

2001년 2월부터 인도에서 힌두교인들을 대상으로 교회 개척과 제자 양육, 현지 사역자 교육을 감당하고 있다. 사역 중 가장 힘들었던 순간은 예배당 건축 중 강성 힌두교인들이 사역자를 고발하고, 건축을 방해했을 때였다. 그러나 하나님의 사역임을 인정하며 모든 상황을 기도로 맡기고 평안을 얻을 수 있었다. 무엇보다 좋은 현지 동역자들과 함께할 수 있음에 감사하며, 안정된 고용 비자를 허락하신 하나님께 깊은 감사를 드린다.

이상룡, 이혜련

1988년부터 네팔 셰르파(Sherpa) 부족을 대상으로 성경 번역 사역을 감당해 왔다. 2007년 셰르파 교회가 세워졌으며, 2014년 신약 성경 번역을 완성했고, 현재 구약 번역을 진행 중이다. 사역 초기에는 기독교인이 전혀 없었고, 강한 티베트 불교의 영향으로 인해 복음 전파가 어려웠으며, 비자 문제로 번역 작업이 지연되는 난관도 있었다. 그러나 기도하며 인내하며 최선의 길을 찾았다. 비자 문제 해결을 위해 네팔-한국어 사전과 네팔어 회화책을 출판하며 우회 전략을 사용한 결과, 하나님께서 길을 열어 주셨다. 무엇보다도, 여러 어려움 속에서도 끝까지 포기하지 않고 사역을 지속할 수 있었던 것이 가장 큰 감사 제목이다.

이원서, 하민현

2015년부터 칼빈 신학교에서 신학생들을 섬기며 강의와 상담 사역을 감당하고 있다. 졸업생들의 사역지를 방문하며 말씀 위에서 교회를 든든히 세울 수 있도록 지원하고 있다. 선교 초기, 어린 자녀들의 문화 적응이 가장 큰 도전이었다. 큰아이는 틱 증상을 보였고, 둘째는 심리적 퇴행을 경험하는 등 어려운 시간을 보냈다. 당시 언어 훈련 기간이었지만, 가정에서 웃음을 나누며 아이들과 많은 시간을 보내기 위해 노력했다. 하나님의 은혜로 그 시기는 지나갔고, 지금은 아이들이 건강하게 잘 지내고 있다. 신학생들이 점점 성장하며 따뜻한 공동체로 변화되는 모습을 보는 것이 감사하며, 졸업생들이 헌신적으로 사역하는 모습을 볼 때 큰 보람을 느낀다.

이처음, 김사랑

2023년 파송받아 현재 언어를 배우며, 이후 팀과 함께 교회 개척과 신학교 사역을 계획하고 있다. 아직 본격적인 사역을 시작하지 않았지만, 가장 어려운 경험은 현지에서 셋째를 출산한 것이었다. 언어가 통하지 않는 환경에서 산부인과를 다니고 신생아를 돌보는 일이 쉽지 않았다. 출산 후에는 낯선 환경에서 아이를 키우는 것이 힘들어 후회하기도 했다. 그러나 시간이 지나면서 중요한 것은 내가 어디에 있느냐가 아니라, 하나님과 함께 있는 곳이 가장 좋은 곳이라는 깨달음을 얻게 되었다. 가족이 현지에 잘 적응하고 있으며, 좋은 팀과 지역부를 만나 함께할 수 있음에 감사와 기쁨을 느낀다.

정소영

2002년부터 개인 전도와 교회 개척 사역을 시작하였으며, 2006년부터 2019년까지 신학생과 목회자 훈련을 감당했다. 2022년부터 새로운 사역지에서 언어 연수를 진행 중이다. 17년간 섬겼던 나라를 떠나 새로운 환경에서 다시 언어를 익히고 문화를 적응하는 일이 쉽지 않았으며, 건강이 점점 약해지는 것도 큰 도전이었다. 그러나 하나님께서 전도자로 세워주신 은혜에 끝까지 보답하며, 남은 생애를 주님 나라 확장에 바치기를 소망한다. 과거 사역 중 여러 번 위험한 상황을 맞았으나, 하나님께서 피할 길을 열어 주셨고, 신실한 동역자들과 제자들을 만나게 하신 것이 크나큰 감사의 제목이다.

정요한, 줄리아

2012년부터 북인도 힌디어권 민족을 대상으로 교회 개척, 제자 양육, 문서 사역, 비즈니스 미션을 감당해 오고 있다. 그러나 코로나 후유증으로 정요한 선교사가 자율신경계 이상을 겪으며 건강을 거의 잃을 뻔했다. 5개월 이상 누워 지내야 했던 시간을 지나, 하나님의 은혜로 기적적으로 치료할 수 있는 의사를 만나 조금씩 회복 중이다. 절망적인 상황 속에서도 하나님께서 길을 열어 주셨으며, 가족 모두 13년 동안 인도에서 건강하게 사역할 수 있었음에 감사드린다. 여전히 복음을 듣지 못한 자들을 만날 때마다 이곳에서의 사명을 다시 새기며, 하나님의 일하심을 기대하고 있다.

7. 아메리카라틴(아라) 지역부

1) 대회 및 모임
① 제2차 아메리카라틴 선교대회 2023년 2월 7- 10일, 브라질 포스 두 이과수

2) 아메리카라틴 지역부 현장 이야기

김상원, 김진경
2020년부터 에벤에셀 개혁장로교회를 개척하여 현지인을 대상으로 목회를 감당하고 있다. 가난한 성도들을 섬기며, 다음 세대 부흥을 위해 어와나 클럽을 운영하고 있다. 또한, 파라과이에서 최초로 SFC 학생 신앙운동을 시작하여 유일한 교회로 역할을 감당하고 있다. 남미의 무더위와 치안 문제는 큰 도전이었지만, 하

<그림 31> 아메리카라틴 지역부

나님께서 보호해 주셨으며, 많은 현지 가정을 만나게 하심에 감사드린다. 앞으로도 하나님께서 세워 가실 교회를 기대하며 충성스럽게 사역을 감당하고자 한다.

박종준, 김혜란

2013년부터 파라과이에서 복음을 전하며 교회를 세우고, 신학교 교수 사역과 이사회 활동을 감당하고 있다. 가장 어려운 점은 사역에 지쳐가는 남편을 지켜보는 것이었다. 성도들이 현실적인 문제로 흔들릴 때마다 남편은 무거운 마음을 가졌다. 이를 극복하기 위해 매일 함께 묵상하고 찬양하며 기도하며 하나님께 맡기고 있다. 무엇보다도 성도들이 말씀을 이해하고 성장하는 모습, 자녀들이 믿음 안에서 감사하며 자라준 것, 그리고 부모님들이 건강하게 계신 것이 가장 큰 감사의 제목이다.

방도호, 허성령

1996년 파송받아, 1998년 법인 설립 후 목회자 재교육과 SFC 집회를 진행하다가 교회 개척으로 사역을 확장했다. 가장 어려운 점은 오랜 기간 동역자가 없었으며, 선교 비전에 대한 이해 부족으로 협력에 어려움이 있었다는 것이다. 또한, 장거리 선교와 자녀 교육 문제도 도전이었다. 그러나 현지 동역자들과 관계를 확장하며 극복했고, 비전 공유를 통해 협력의 길을 넓혔다. 가장 감사한 것은 지금까지 사역을 지속할 수 있었던 점, 자녀들이 평안하게 성장한 점, 그리고 라틴권에서 선교 협력이 더욱 강화된 점이다. 세계선교 사회에서 리더십을 감당할 기회를 주신 것도 하나님의 크신 은혜임을 고백한다.

배필규, 박정희

브라질에서 어린이·청소년을 위한 포르투갈어, 영어, 수학 교실을 운영하며, 청년 대상 한국어 교실도 진행하고 있다. 주중에는 가정을 방문해 일대일 양육으로 복음을 전하며, 평신도 신학 과정을 통해 현지 교회 지도자를 양성하고 있다. 가장 어려운 점은 현지인들이 말과 행동이 달라, 약속을 기대하지 않게 되는 자신의 모습을 발견할 때이다. 그러나 요한복음 12장 24절을 묵상하며, 생명의 열매를 위해 기도와 눈물, 헌신이 필요함을 깨닫는다. 복음으로 변화될 성도들을 바라보며 주님의 마음으로 품고자 한다. 가장 감사한 것은 양육을 통해 변화되는 성도들의 모습과, 자녀들이 믿음 안에서 잘 성장하고 있음이다. 모든 것이 주님의 은혜이며, 중보 기도의 힘임을 고백한다.

서태환, 강윤영

2010년부터 교회 사역과 방과 후 학교, 노인 대학 등을 운영하며 현지인들을 섬기고 있다. 자녀들이 동양인이라는 이유로 따돌림을 당하고, 선거 기간에는 가족이 모욕적인 언사를 듣는 어려움을 겪었다. 그러나 자녀들은 이를 극복해 나갔고, 우리는 더욱 사랑으로 감싸며 함께 이겨냈다. 가장 감사한 것은 큰딸이 건강을 회복하고 안정된 직장을 얻은 것이다. 모든 과정 속에서 하나님께서 함께하셨음을 고백하며, 주어진 사명을 끝까지 감당하고자 한다.

이정건

1989년부터 파라과이에서 교회 개척, 신학교 운영, 전도 사역을 감당해 왔다. 무속인의 고발과 핍박, 그리고 아내 박은주 선교사의 소천이라는 큰 시련을 겪었다. 그러나 사랑으로 무속인을 대하며 친구가 되었고, 아내의 소천을 통해 더욱 천국을 소망하게 되었다. 아들이 필리핀 선교사로, 딸이 미국에서 목회자의 아내로 사역하고 있음에 감사드린다. 하나님께서 모든 순간 함께하셨음을 고백하며, 앞으로도 충성되이 사역을 감당할 것이다.

이지민, 김예은

멕시코 뿌에블라에서 원주민(나우아족, 토토낙족)들을 대상으로 교회 개척과 지도자 양성 사역을 감당하고 있다. 해발 2,200m 고산지대에서 면역력 저하와 의료 이용의 어려움을 겪고 있지만, 운동과 식단 조절로 건강을 유지하며 사역을 이어가고 있다. 가장 감사한 것은 동역자들이다. 하나님의 선교를 위해 기도로,

물질로, 헌신하는 이들의 존재가 너무나도 귀하다. 그들을 통해 하나님 나라가 확장되는 것을 볼 때 깊은 감사를 드린다.

이태호, 김미순

2009년부터 파라과이에서 학교 사역과 교회 개척을 감당하고 있다. 사역 중 건강 문제와 인간관계에서 어려움을 겪었지만, 본부의 도움과 기도 속에서 극복해 나가고 있다. 가장 감사한 것은 하나님께서 선교사로 불러 주셨고, 어려운 순간마다 함께하셨다는 사실이다. 모든 것이 하나님의 은혜임을 고백하며, 앞으로도 맡겨진 사역을 충성되이 감당하고자 한다.

정헌명, 김양순

1989년 브라질로 파송되어 교회 개척, 신학교 사역, NGO 사역을 감당하고 있다. 사역하는 지역에서 외로움을 느끼고, 재정과 관계의 어려움도 있지만, 매일 새벽기도와 찬양, 통성기도를 통해 하나님께 나아가며 극복하고 있다. 가장 감사한 것은 부족한 자신을 선교사로 불러 사용해 주신 점이며, 선교사역은 하나님께서 이루어 가심을 경험하며 감사하고 있다.

박중민, 허미례

2010년 파라과이로 파송되어 어린이, 청소년, 성인을 대상으로 교회 개척과 신학교 사역을 감당하고 있다. 코로나 시기에 자녀들이 대학에 진학하면서 떨어져 있어야 했던 것이 가장 힘든 순간이었다. 경제적 어려움과 외로움을 신앙으로 극복하며, 하나님께 맡기고 기도하는 가운데 자녀들도 하나님의 인도하심을 경험하고 있다. 가장 감사한 것은 현지인들이 복음을 받아들이고, 신앙이 성장하며 지도자로 세워지는 모습을 볼 때이다.

황필남, 김말례

1991년 12월부터 몽골인을 대상으로 복음을 전하며 사역을 감당하고 있다. 11

년 6개월 동안 몽골에서 직접 사역한 후, 현재는 미국 워싱턴에서 몽골인 사역을 이어가고 있다. 가장 어려웠던 시기는 미국에서 몽골인 사역보다 한국인들과 신학교 사역을 해야 했던 때였다. 많은 어려움이 있었지만, 다시 몽골인 사역에 전념하며 극복할 수 있었다. 가장 감사한 순간은 남편이 몽골에서 혼자 사역하는 동안, 어린 자녀 셋을 데리고 미국에서 몽골인들을 섬길 수 있었던 일이다. 여성 선교사로서 하나님께 쓰임 받을 수 있었음에 보람과 감사함을 느낀다.

8. 아프리카 지역부

1) 대회 및 모임
① 아프리카 지역부 선교대회 2023년 3월 14-16일, 요하네스버그
② 아프리카 지역부 현지지도자 양성수련회 2024년 11월 7-9일, 요하네스버그
③ 아프리카 지역부 선교사수련회 2024년 11월 11-14일, 요하네스버그

2) 아프리카 지역부 현장 이야기

김두평, 백에스더

2002년부터 2017년까지 인도 북부에서 미전도 종족인 라홀리족을 대상으로 사역한 후, 2018년부터 2020년까지 KPM 본부에서 행정국장으로 섬겼다. 2021년부터는 우간다에서 아프리카 난민을 대상으로 말씀 사역을 감당하고 있다. 가장 어려웠던 점은 북인도에서 어린 자녀들을 기숙학교에 보내야 했던 일이었으며, 성도들이 신앙적으로 잘 성장하지 않는 모습을 볼 때 자괴감을 느끼기도 했다. 그러나 자녀가 "엄마 잘못이 아니에요. 제가 이렇게 잘 자랐잖아요."라고 말하며 위로를 주었고, 성도들의 성장은 하나님의 영역임을 깨닫게 되었다. 가장 감사한 것은 두 자녀가 믿음 안에서 잘 성장했으며, 미전도 종족 가운데 성도들과 교회가 세워지고 있다는 점이다.

<그림 32> 아프리카 지역부

노록수, 김은혜

남아공에서 2년간 언어 훈련과 선교지 리서치를 하며 레소토에 한국인 선교사가 없다는 것을 알았다. 그곳에서 현지인 르띠까 목사를 만나 함께 하마딸라 교회를 개척했다. 천막 전도운동으로 시작해 500여 명이 모이는 교회로 성장했다. 부흥의 과정에서 회개운동이 일어났다. 한 여성이 도둑질한 물건을 고백했고, 성도들은 도둑질한 물건을 모아 교회 앞에서 불태웠다. 이후 매주 강단에서 죄를 고백하는 역사가 계속됐다. 교회는 800명 이상으로 성장했고, 현재 현지인 목회자가 교회를 잘 섬기고 있다. 말씀이 역사하고 성령이 회개케 하심은 변함없는 진리다.

윤장욱, 김선영

1997년 파송받아 무슬림 마을에서 방문 전도를 통해 교회를 개척하고 성도들에게 말씀을 가르치는 사역을 감당하고 있다. 사역 중 가장 어려웠던 점은 전쟁, 에볼라, 코로나 감염과 같은 외부적인 도전, 한국교회의 무관심, 그리고 95% 문맹률로 인해 성도들이 말씀을 직접 읽지 못하는 것이었다. 그러나 사탄의 방해에도 불구하고 천국의 소망을 전하며, 열매를 하나님께 맡기고 복음을 전하고 있다. 가장 감사한 것은 말씀과 개혁 신앙으로 훈련된 현지 목회자들이 세워져 자기 민족에게 복음을 전하고 있다는 점이다. 또한, 부부가 복음의 열정을 잃지 않고 건강을 유지하며 개척한 6개 교회가 성장하고 있음에 깊이 감사드린다.

이상철, 고유덕

고신선교사로 허입된 후 교회 사역, 어린이 사역, 기독학교 사역을 감당하고 있다. 아프리카 문화 속 깊이 자리 잡은 조혼, 성적 문란, 일부다처제, 속이는 문화 등이 사역의 큰 도전이었다. 이를 극복하기 위해 기도로 하나님의 인도하심을 구하며 현지인들과 관계를 맺어 나갔다. 가장 감사한 것은 하나님께서 우간다 미전도 종족 가운데 교회와 학교를 세우게 하셨고, 이를 통해 복음의 길을 여신 것이다. 앞으로도 하나님의 신실하심을 신뢰하며, 지속적인 복음 사역을 감당하고자 한다.

정명섭, 이미영

1989년부터 앙골라, 모잠비크, 에스와티니에서 목회 사역을 감당하며 앙골라와 모잠비크에 독노회를 세우고 57개 교회와 4개 학교를 설립했다. 앙골라 내전 중 교회를 개척할 때, 물과 전기 없이 치안이 불안한 환경에서 자녀들이 말라리아로 생사를 넘나들던 순간이 가장 힘들었다. 그러나 성령 하나님의 임재를 경험하며 사역을 지속할 수 있었다. 특히 앙골라 교회의 제자들이 모잠비크로, 모잠비크 교회가 에스와티니로 선교사를 파송하며 선교의 확장을 이루게 된 것이 크나큰 감사 제목이다.

천준혁, 박미정

1996년부터 한인, 아프리카 원주민, 아프리카너를 대상으로 교회 개척과 신학교 강의, 지도자 양성 사역을 감당하고 있다. 가장 어려웠던 순간은 신학교 졸업 후 목사 안수를 앞둔 사역자가 무당에게 총을 맞아 순교했을 때였다. 또한, 잘 성장하던 성도들이 세상으로 돌아가는 모습과 예상치 못한 재정적 어려움, 부모님의 갑작스러운 위독 소식도 도전이었다. 그러나 하나님께서 모든 상황 속에 함께하시며, 기도를 통해 두려움을 극복하게 하셨다. 지금까지 교회가 세워지고 사역자가 양성되었으며, 아프리카를 품고 함께하는 동역자들이 생긴 것이 가장 큰 감사 제목이다.

최선욱, 김혜숙

2012년부터 레소토와 남아프리카공화국에서 수투족과 코사족을 대상으로 교회 개척과 신학교육 사역을 감당하고 있다. 현지 언어와 문화를 배우는 과정, 자녀들의 학교 적응, 차량 사고와 강도 사건 등 생명의 위협이 가장 어려웠다. 그러나 하나님의 은혜를 기억하며 다시 일어섰고, 동료 선교사들과 부부 간의 격려로 극복해 나갔다. 감사한 것은 개척한 교회들이 현지 사역자들에 의해 성장하고 있으며, 자녀들이 선교지에서 잘 자라 대학생이 된 것, 다양한 훈련을 통해 더 넓은 팀 사역을 감당할 준비가 된 것이다.

9. 유라시아 지역부

1) 대회 및 모임
① 유라시아지역대회 2018년 6월 5-8일, 키르기즈스탄 이스쿨
② 유라시아지역대회 2019년 6월 18-21일, 튀르키예 이스탄불
③ 유라시아지역대회 2020년 (코로나19로 미개최)
④ 유라시아지역대회 2021년 6월 15-18일, 한국 대전
⑤ 유라시아지역대회 2022년 6월 14-17일, 튀르키예 카파도키아
⑥ 유라시아지역대회 2023년 6월 27-30일, (지부별 모임)
⑦ 유라시아지역대회 2024년 6월 18-21일, 카자흐스탄 알마티

2) 유라시아 지역부 현장 이야기

곽성, 윤령

1998년부터 튀르키예에서 현지 교회 개척, 신학교 사역, 찬양 사역, 마더와이즈, 한글학교 사역을 감당하고 있다. 가장 어려웠던 순간은 첫 현지인 교회를 개척한 후 성도들이 떠났을 때, 그리고 대지진을 겪으며 트라우마를 겪었던 일이었다. 그러나 이슬람권에서의 선교 현실을 깊이 이해하게 되었고, 부흥을 위한 기도 모임을 지속하며 전도와 교육, 찬양 사역을 이어갔다. 감사한 것은 27년간 튀르키예에서 사역할 수 있었던 것, 가정과 여성들의 상처가 치유되는 것, 그리고 튀르키예가 두 번째 고향이 된 것이다.

김갈렙, 류드보라

2018년부터 낙츠반 지역에서 청소년과 가족들에게 복음을 전하며 관계를 형성하고 있다. 가장 어려운 점은 기대했던 영혼들과의 관계가 단절되는 것이었지만, 하나님의 때를 기다리며 새로운 만남과 회복을 경험하며 소망을 품게 되었다.

<그림 33> 유라시아 지역부

가장 감사한 순간은 교제를 통해 현지인들의 삶의 방향이 긍정적으로 바뀌고, 복음에 열린 반응을 보일 때이다. 비록 과정은 느리지만, 하나님께서 인도하시는 길을 신뢰하며 사역을 이어가고 있다.

김나라, 이루리

청년 그룹을 구성해 새신자반 성경 공부와 요한복음, 소요리문답을 함께 나누며 교제하고 있다. 그러나 일부 친구들이 신앙보다는 한국 유학에 관심을 두는 모습에 어려움을 느끼기도 한다. 이를 극복하기 위해, 내가 아니라 하나님께서 자라게 하신다는 믿음을 가지고 복음에 관심 있는 영혼들에게 더욱 집중하고 있다. 가장 감사한 순간은 현지인들이 마음을 열고 가족처럼 받아들여 줄 때이며, 우리의 관계가 하나님의 공동체로 세워지는 것을 경험할 때이다. 또한, 가정이 이곳에 안정적으로 뿌리내리고 살아가고 있음에 감사한다.

김다니엘, 김사라

2007년부터 현지인을 대상으로 교회 개척, 제자 양육, 전도 사역을 감당하고 있다. 가장 어려운 점은 팀원 관계에서 오는 갈등이었다. 말씀과 기도로 해결하려 했지만 어려움이 지속될 때는 신뢰할 수 있는 이에게 고민을 나누며 극복해 나갔다. 가장 감사한 순간은 전도할 때 영혼이 주님께 반응하는 모습을 볼 때이다. 이를 통해 하나님께서 일하고 계심을 경험하며, 주님의 인도하심에 감사드린다.

김만규, 정미라

1998년 OM 선교사로 언어 과정을 마친 후 가정교회를 섬겼으며, 2001년부터 KPM 선교사로 교회 개척 사역을 감당하고 있다. 가장 어려웠던 순간은 동역자의 문제로 인해 정부에 두 차례 고발당하고 예배당이 폐쇄되었을 때였다. 성도들이 흩어졌지만, 심방과 6개월간 매일 Zoom 기도로 서로 격려하며 극복해 나갔다. 이후 다시 가정 모임을 시작해 사랑의 공동체를 이루고 있음에 감사하다. 무엇보다 복음을 전할 때 영혼이 주께 돌아오는 순간과, 어려움을 함께 이겨내며 신앙이 성숙하는 공동체를 경험할 때 가장 큰 감사와 기쁨을 느낀다.

김베냐민, 양미정

한 여성 초신자와 함께 성경을 읽기 시작하여 1년간 신구약을 완독하고, 2024년에는 역사적 흐름에 따라 2독을 마쳤다. 가장 어려운 점은 그녀가 말씀을 이해하는 과정을 지켜보며 인내하는 것이었다. 즉각적인 설명보다는 완독의 성취감을 느끼도록 격려하며 함께했다. 감사한 것은, 이 과정에서 매일 말씀을 읽는 습관이 형성되었고, 중간에 다른 이들이 합류하며 8명이 함께하는 그룹으로 성장한 것이다. 2025년에도 이들과 말씀의 여정을 지속하며 더 깊은 은혜를 경험하고자 한다.

김서빌, 박한나

1992년부터 고려인을 대상으로 한글 교육과 교회 개척을 감당했으며, 1999년부터 우즈베키스탄에서 양로원, 병원, 교육센터 사역을 진행하고 있다. 사역 중 팀원 관계 형성과 자녀 양육에서 제3문화권의 어려움을 겪었지만, 말씀을 통해 자신을 돌아보며 극복했다. 또한, 십자가 중심의 양육을 위해 인내하며 사랑으로 소통했다. 1992년 7학년 한글 수업을 들었던 학생이 현재 공동체 담임이 되어 동역하고 있으며, 그의 아내에게 신장을 기증해 성공적으로 이식된 일이 가장 감사한 순간이었다.

김생명, 권은혜

2000년부터 K종족을 섬기며 사역하고 있다. 가장 어려운 점은 남편과의 관계에서 오는 갈등과, 자신의 미성숙함을 깨닫는 것이었다. 남편을 자신의 만족을 위한 존재로 여기며 불만족 속에 있었으나, 그 역시 연약한 존재임을 깨달으며 긍휼의 마음을 품게 되었다. 감사한 순간은, 전도한 아이들을 두고 선교지를 떠났다가 4년 만에 돌아와 보니, 현지 동역자가 아이들을 모아 교회를 세우고 공동체가 성장한 모습을 보았을 때였다. 하나님께서 이들을 사랑하시고, 모든 일을 행하셨음을 경험하며 큰 기쁨을 누렸다.

김소리, 이물가

2007년부터 러시아 북카프카즈 지역에서 카바르딘, 발카르 민족을 대상으로 한국어 교육과 카페 사역을 통해 복음을 전하며 교회 개척을 감당하고 있다. 가장 어려운 점은 예수를 믿은 성도들이 참된 제자로 성장하지 못하는 모습을 볼 때였다. 이를 극복하기 위해 말씀과 기도에 집중하며 하나님의 지혜를 구하고 있다. 감사한 것은, 부족한 자신을 선교사로 불러주신 하나님과, 이 땅의 민족들이 예수님을 알고 믿게 되는 과정을 함께할 수 있음이다.

김영광, 최기쁨

2015년부터 키르기즈스탄 비쉬켁에서 무슬림을 대상으로 사역하고 있다. 교회 개척과 현지지도자 양육뿐 아니라 대학교에서 교수로 섬기며 대학생 제자훈련을 하고 있다. 이슬람 문화권에서 전도와 양육이 쉽지 않다. 특히 종교법 개정으로 교회 등록이 사실상 불가능해져 가정교회 형태로 모이고 있다. 비밀경찰의 불시 단속과 추방 경고, 벌금 부과 등도 종종 발생한다. 그러나 주어진 환경에서 최선을 다하며 하나님의 도우심을 구하고 있다. 지금 당장 열매를 보지 못해도 눈물로 뿌린 씨앗이 언젠가 풍성한 수확을 맺을 것을 믿고 감사한다.

김천국, 서사랑

2023년 2월 파송 후, 11월 러시아에 입국했다. 무슬림을 대상으로 사역할 예정이지만, 현재는 비자 문제 해결을 위해 모스크바에서 언어를 배우고 있다. 가장 어려웠던 점은 비자 문제였지만, 선배 선교사들과 현지 성도들의 도움과 기도로 해결해 나가고 있다. 신입 선교사로서 부족한 것이 많지만, 따뜻한 도움을 받으며 사역을 준비하고 있음에 감사하다. 하나님께서 부르신 땅에 보내주셨고, 정착을 돕는 선배들과 교회를 허락하셨음이 가장 큰 감사 제목이다.

김현철, 김나타샤

2015년 7월 러시아에 파송되어, 2017년 스깔라교회를 개척해 청소년과 장년을 섬기고 있다. 성경 공부와 기도 모임을 통해 성도들과 신앙을 성장시키고 있다. 가장 어려운 점은 아이들의 현지 적응과 비자 문제였다. 첫째 아이는 언어와 문화 차이로 어려움을 겪었고, 비자 문제는 지금도 큰 도전이다. 이를 극복하기 위해 문화 체험을 통해 아이들이 러시아를 긍정적으로 받아들이도록 돕고 있으며, 기도와 동역자들과의 협력을 통해 대비하고 있다. 감사한 것은 아이들이 적응하고, 전쟁과 코로나 속에서도 성도들이 믿음을 지키고 성장한 점이다. 또한, 가정이 건강하게 사역을 감당하고 있음에 감사드린다.

남성택, 박용주

2000년부터 카자흐 민족을 대상으로 교회 개척과 목회자 재교육, 노회 운영, 한국어 교육을 감당하고 있다. 사랑의 교회(2002), 조이교회(2018), 빛과 소금 교회(2020)를 개척했다. 가장 어려운 점은 무슬림 전도의 어려움과 예상보다 적은 열매, 그리고 자녀들과 오랜 시간 떨어져 지내야 했던 것이다. 이를 극복하기 위해, 열매는 하나님께 맡기고 기도에 전념했으며, 하나님께서 택하신 영혼들을 보내주셨다. 감사한 것은 사역의 어려움 속에서도 하나님께서 붙들어 주셨고, 현지 성도들이 말씀 안에서 자라나고 있는 점이다. 또한, 자녀들이 해외 생활 속에서도 정체성을 지키며 건강하게 성장한 것에 감사드린다.

모나미

올해 4월 24일 U국에 독신으로 도착해 언어 학습을 진행 중이다. 공식적인 사역은 없지만, 거주 지역에서 현지 친구들과 관계를 맺고 있다. 가장 어려운 점은 언어 학습의 부담과 독신 생활의 무게였다. 단어 하나하나가 부담스럽고, 마트 방문조차 큰 용기가 필요했다. 그러나 생존을 위해 작은 도전들을 시도하며 적응해 나가고 있다. 현재는 수업에도 70% 적응하며 안정감을 찾고 있다. 감사한 것은 어려움 속에서도 감사할 수 있는 마음을 유지하고 있으며, 하나님이 하신 일을 기억하고 자신의 정체성을 잊지 않고 있다는 사실이다.

박다니엘, 정환희

사역 초기부터 캠퍼스 내 대학생 수련회를 중심으로 지도자 양성에 힘썼으며, 현재는 12제자 그룹을 통해 교회 개척을 준비 중이다. 가장 어려운 점은 말씀을 거부하는 현지인, 교회를 위협하는 외부 요소, 동역자들과의 관계 갈등이었다. 이를 극복하기 위해 기도하며, 부르심과 목적에 합당한 자세로 현재 주어진 일에 충실하고 있다. 또한, 주님의 인도하심을 믿으며 장차 임할 영광을 소망하고 있다. 감사한 것은 함께하는 현지 형제자매들이 세워지는 것, 자녀들이 건강하게 자신의 길을 준비하는 것, 그리고 부부가 각자의 부르심에 성실히 사역하고 있다는 점이다.

박인규, 황현덕

첫 사역지 타지키스탄에서는 찬양 가사집을 악보로 제작하여 출판이 금지된 지역에서 교사들에게 자료를 보급했다. 현재 두 번째 사역지인 키르기스스탄에서는 아동 합창단 사역을 진행 중이다. 가장 어려운 점은 자녀 양육과 사역의 균형을 맞추는 것이었다. 이를 극복하기 위해 말씀과 기도에 집중하려 하지만 여전히 어려움이 많다. 그러나 누울 곳이 있고 먹을 것이 있으며, 부족한 자신을 선교사로 불러주신 하나님의 은혜에 감사드린다.

백설

2020년 11월부터 카자흐스탄 카작 민족을 섬기며, 2023년 3월 서부 악타우 지역에서 기도의 집과 한국어 교육 센터를 운영하고 있다. 창의적 접근 지역이라 다양한 접촉점을 찾아야 하는 과정이 많은 에너지를 요구했고, 독신으로 개척해야 한다는 부담도 컸다. 그러나 하나님께서는 놀라운 방법으로 인도하시고 동역자를 보내주셨으며, 말씀과 기도로 응답해 주셨다. 그분의 신실한 인도하심이 다시 일어설 힘이 되었고, 부족한 자신을 생명 사역에 동참하게 하심에 깊이 감사한다.

비파, 수금

현재 언어 훈련 중으로 아직 본격적인 사역을 시작하지 않았지만, 자녀 양육과 언어 공부를 병행하는 일이 쉽지 않음을 경험하고 있다. 마음의 조급함을 내려놓고, 자녀가 현장에 잘 적응하도록 돕는 동시에 주님을 더욱 의지하는 법을 배우고 있다. 아직 사역에 대한 구체적인 감사는 없지만, 이 과정 또한 하나님의 계획 속에 있음을 믿으며 감사하는 마음으로 나아가고 있다.

서열방, 김사랑

2003년 타 단체에서 사역을 시작해 2019년 KPM을 통해 파송받아 사역을 이어가고 있다. 학생, 청년을 대상으로 한국어 교육, 상담, 복음 전파를 통해 교회 개척을 진행하고 있다. 가장 어려운 점은 기대한 열매를 얻지 못하는 것과, 연약한 자신이 더 연약한 이들을 섬겨야 한다는 부담이었다. 또한, 성장하지 못하는 제자들을 바라볼 때 안타까움이 컸다. 하지만 매일 예배하고 기도하며 극복하고 있으며, 자신의 영성을 성장시키기 위해 끊임없이 노력하고 있다. 전도와 양육을 배우고 적용하며 성숙해가는 과정이 감사하며, 무엇보다 성령께서 직접 사역을 이끄심을 경험하는 것이 가장 큰 은혜다.

성인제 고은미

1992년부터 러시아에서 교회 개척과 청소년 사역을 시작했다. 2000년 러시아 청소년선교회를 설립해 수련회를 운영하며 뚤라사랑의장로교회, 구로바교회, 알렉신기도원을 세웠다. 현재 야세네바한글학교와 모스크바세소빛장로교회를 섬기며 러시아 코스타 대표로도 활동한다. 잦은 비자 갱신과 재정 부족으로 20번의 이사, 6번의 전학을 감당해야 했고, 차량에서 숙박하며 비자를 연장했다. 그러나 사역을 지속할 수 있었고, 자녀들도 건강히 성장해 자립했다. 20년 넘게 사역을 감당하게 하신 하나님께 감사한다.

이기영, 임은희

2006년부터 2021년까지 러시아인을 대상으로 교회와 연구소 사역을 감당했으며, 2021년부터 키르기스탄에서 교회 개척과 장학, 교육, 구제 사역을 진행하고 있다. 선교 초기에 가장 어려웠던 점은 선배 선교사와의 관계에서 오는 갈등이었다. 친분이 있었으나 선교지에서 상황이 달라졌고, 정착과 사역 과정에서 어려움이 많았다. 개인적인 관계는 완전히 회복되지 않았지만, 공식적인 관계를 유지하며 사역을 이어갔다. 부족함 속에서도 러시아 우수리스크에서 '우수리스크사랑장로교회'와 '아시아태평양신학문화연구소'를 설립해 복음을 전할 수 있었고, 소중한 영혼들과의 만남을 허락받은 것이 큰 감사다.

이베라

청년 대학생을 대상으로 교수 및 제자 양육 사역을 감당하며, 현재도 대학 교수로 재직하면서 공동체를 세워가고 있다. 또한, 제자 중 목회자가 된 이들의 교회를 방문해 돕는 사역도 병행하고 있다. 가장 어려운 점은 급변하는 시대 속에서 청년들과 공동체를 유지하고 이해하는 것이었다. 특히, 18세 대학생들의 자유로운 사고방식과 표현 속에서 함께하는 일이 쉽지 않았다. 그러나 기도와 말씀을 의지하며, 삶으로 권면하고 사랑으로 섬기며 극복하고 있다. 완전히 해결되지 않는 부분은 성령과 세월에 맡기기도 한다. 하지만 제자들이 선교사와 목회자로 헌신하고, 미션 대학에서 하나님의 나라를 함께 섬기는 모습을 볼 때 큰 보람과 감사를 느낀다.

이전진, 양승리

2022년 2월부터 카자흐스탄 민족과 고려인 청소년을 대상으로 한국어 교육과 찬양 사역을 감당하고 있다. 가장 어려운 점은 주변에 함께 교제할 여성 선교사 동역자가 없다는 것이며, 바쁜 일정 속에서 스스로를 돌볼 시간이 부족하다는 점이다. 그러나 가족과 대화를 나누고 기도하며 극복하고 있으며, 긍정적인 사고를 유지하려 노력하고 있다. 가장 감사한 것은 자녀들이 믿음 안에서 건강하게 자라고 있으며, 현지 청소년들이 작은 섬김을 통해 예수님을 알게 되는 순간들이다. 이러한 변화와 결실이 사역의 가장 큰 기쁨이자 감사의 제목이다.

이철신, 김지영

2015년부터 러시아 우수리스크에서 고려인과 중국인을 대상으로 교회 개척, 어린이 사역, 한글 교육, 구제 사역을 감당하고 있다. 가장 어려웠던 점은 자녀들의 현지 적응이었다. 언어 장벽과 문화 차이를 극복하기 위해 아이들과 함께 공부하며, 자연 속에서 시간을 보내며 적응을 도왔다. 현재 첫째는 군 복무 중이며, 둘째와 셋째는 홈스쿨링을 하고 있다. 언어와 문화, 건강 문제 등 다양한 어려움 속에서도 하나님께서 피할 길을 내어주시고, 때로는 사람을 통해, 때로는 예상치 못한 방법으로 도우심을 경험하며 감사하고 있다.

이한우, 박명순

2007년 우즈베키스탄으로 파송받아 대학과 한글학교에서 학생들을 가르쳤으며, 2013년부터 러시아 우수리스크에서 고려인과 러시아인을 대상으로 복음 사역을 감당하고 있다. 전문인 선교사로서 교회를 맡게 된 것은 예상하지 못한 도전이었으나, 기도와 전도를 통해 하나님께서 모든 문제를 해결해 주셨다. 무엇보다도 부족한 자신을 통해 좋은 목회자들을 보내주시고, 함께 기쁨으로 사역할 수 있도록 인도하신 하나님의 은혜에 감사드린다.

장태호, 신경숙

1994년부터 러시아인, 고려인, 중앙아시아인, 중국인, 조선족을 대상으로 교회 개척, 신학교 운영, 한글학교 사역을 감당하고 있다. 가장 어려운 점은 문화와 언어 차이로 인해 온전히 의사소통하기 어렵고, 이방인처럼 외로움을 느낄 때가 많다는 것이다. 또한, 의료 혜택을 쉽게 받을 수 없어 건강 관리에 어려움을 겪기도 한다. 이를 극복하기 위해 현지인들과 교제를 지속하며 열린 마음으로 소통하고, 긍정적인 시각을 유지하려 노력하고 있다. 가장 감사한 것은 건강을 지키며 사역을 지속할 수 있었고, 주님의 전을 건축하여 지속 가능한 사역의 기반을 마련했다는 점이다. 남은 기간 사명을 충성스럽게 감당하고, 은혜롭게 사역을 이양할 수 있기를 소망하며 기도하고 있다.

전세계, 조이풀

2024년 2월에 파송된 새싹 선교사로, 우즈베키스탄에서 청년 캠퍼스 및 문화 사역을 준비하며 언어 훈련 중이다. 젊은이들이 하나님을 예배하는 자로 세워지는 것이 목표다. 처음 6개월은 낯선 환경 속에서 생존을 배우는 시간이었다. 무엇 하나 스스로 할 수 없는 무력감 속에서, 하나님께서 모든 것을 이루시는 분임을 더욱 깊이 깨닫게 되었다. 더디지만 배우고 익혀가며, 주님께서 일하시도록 기도하며 맡겨진 과정에 충실하려 한다. 선배 선교사들과 팀의 도움, 후원교회의 기도가 큰 힘과 위로가 되었으며, 이곳에서 믿음의 싸움을 함께할 공동체가 있음에 감사하다. 무엇보다 이 길을 인도하시는 하나님을 바라보게 하심이 가장 큰 은혜이다.

정소망, 황시아

사역 3년 차로, 페르시아 민족을 위한 사역을 준비하며 언어 훈련 중이다. 비자 문제로 인해 파송된 국가가 아닌 T국에 머물며 정착해야 했으며, 두 언어를 동시에 익혀야 하는 어려움이 있었다. 또한, 제3지대에서 정착하는 과정에서 도움을 받을 수 없어 많은 도전을 겪었다. 그러나 좋은 동역자들을 만나 도움을 받으며, 기도로 극복해 나가고 있다. 지난해 T국에서 대지진이 발생했을 때, 공식적인 구호 사역에는 참여할 수 없었지만, 후원교회의 지원을 통해 구호 혜택을 받지 못한 페르시아 난민들을 도울 수 있었음에 감사한다. 하나님께서 어려움 속에서도 길을 열어 주시고, 필요한 때에 필요한 사람들을 보내주심을 경험하며 감사와 믿음으로 사역을 감당하고 있다.

조갈렙, 박한나

2018년부터 아제르바이잔 민족을 대상으로 교회 개척과 한국문화센터 운영, 지방 전도 사역을 팀으로 감당하고 있다. 코로나19 시기에는 아제르바이잔과 아르메니아의 전쟁으로 어린 자녀들을 돌보며 큰 부담을 느꼈고, 3년 반 동안 운영한 한국문화센터를 갑작스럽게 폐쇄해야 하는 어려움도 겪었다. 그러나 어려울 때마다 주님께서 붙잡을 말씀을 주셨고, 동역자들과 함께 격려하며 극복할 수 있었다. 비록 적은 수지만 매주 성도들과 예배할 수 있음에 감사하며, 문화센터를 통해 만난 젊은이들과 지속적으로 교제하며 복음을 전할 수 있음에 감사한다. 건강하게 자라는 세 아이와 변함없이 함께하는 동역자들을 허락하신 하나님께 감사를 드린다.

조중동, 전심

2010-2021년 요르단에서 시리아 난민을, 2022년부터 터키에서 지진 이재민과 난민을 섬기고 있다. 이들에게 떡과 복음이 함께 가야 하지만, 재정이 넉넉지 않아 어려운 이들을 충분히 돕지 못하는 것이 가장 힘들었다. 그러나 기도를 통해 필요를 아뢰었고, 기도편지를 통해 동역자들에게 상황을 전하며 특별헌금을 받아 도움을 줄 수 있었다. 응답이 오래 걸릴 때는 개인적인 지출을 줄여가며 나누었다. 교단 동역교회들이 기도와 헌금으로 함께했고, 그리스도의 사랑을 전할 수 있었음에 감사한다. 앞으로도 복음의 통로로 계속 쓰임받길 기도한다.

홍빛, 정소금

2015년부터 타직인을 대상으로 교회 개척과 제자 양육 사역을 감당하고 있다. 가장 어려운 점은 무슬림이 회심하는 과정보다, 그리스도인의 삶을 배우고 실천하도록 돕는 것이었다. 또한, 어려움 속에서 쉽게 물질로 해결하려는 유혹보다, 함께 기도하며 주님을 기다리는 것이 더 힘들었다. 그러나 성경과 지역 문화를 비교하며 가르칠 때, 성도들이 말씀을 삶에 적용하고 변화되는 모습을 경험했다. 첫 번째 세례자가 하나님 나라의 가족이 된 감격은 잊을 수 없으며, 천국에서 잔치가 열리는 듯한 기쁨을 누렸다. 말씀의 능력이 나타나고 있음을 감사하며, 더욱 충성스럽게 사역하고자 한다.

황새벽, 이슬

2001년부터 우즈베키스탄과 키르기스스탄에서 전도와 제자훈련, 차세대 리더 양성 사역을 감당해 왔으며, 현재는 우즈베키스탄 지방 도시에서 클리닉과 교육센터 사역을 진행하고 있다. 팀 사역의 강점과 역동성이 크지만, 관계 속에서 오는 스트레스와 좌절도 경험해야 했다. 이를 극복하기 위해 시편을 메시지 성경으로 읽으며 위로를 얻었고, '정서적으로 건강한 영성' 시리즈를 통해 하나님 앞에서 자신을 돌아보는 시간을 가졌다. 가장 감사한 것은 사역의 첫 열매들이 성장하여 믿음의 가정을 이루고, 기독교사로 학생들에게 선한 영향을 끼치고 있다는 점이다. 또한, 그들을 통해 복음이 시골 마을까지 확장되고 있음에 감격하며 하나님께 감사드린다

10. 유럽지중해 지역부

1) 대회 및 모임
① 유럽지중해지역대회 2018년 6월21-24일, 스페인 마드리드
② 유럽지중해가족수련회 2019년 6월20-29일, 불가리아 소피아
③ 유럽지중해지역대회 2023년 6월26-30일, 크로아티아 자그레브
④ 유럽지중해여성수련회 2023년 10월8-11일, 라트비아 리가

2) 유럽지중해 지역부 현장 이야기

강병호, 이은선

1990년부터 포르투갈에서 이민자, 집시, 마약 중독자, 노숙자, 대학생을 대상으로 교회 개척과 전도 급식, 성경 공부 사역을 감당하고 있다. 사역의 열매가 더

디 보일 때, 지치고 사역지를 떠나야 한다는 생각이 들기도 했다. 그러나 "우리가 떠나면 누가 이들을 섬길 것인가?"라는 깨달음을 주셔서 새 힘을 얻었다. 어려운 포르투갈어를 배우고 현지어로 전도하고 설교할 수 있는 은혜를 주신 하나님께 감사드린다. 2027년 은퇴 전까지 사명을 끝까지 감당할 수 있도록 인도하신 하나님께 모든 영광을 돌린다.

고온유, 김민영

2023년 폴란드에 도착하여 2년간의 언어 연수 중이며, 이후 현지 교회와 협력해 문화 사역을 진행할 예정이다. 가장 어려운 점은 전쟁 여파로 급등한 월세와 생활비 부담, 그리고 예상치 못한 상황들로 인한 스트레스였다. 그러나 가정예배를 통해 모든 것을 하나님께 맡기며 신뢰하는 법을 배웠다. 시골 교회에서 열린 수련회에서 아이들이 하나님을 만나 변화되는 모습을 보며 깊은 은혜를 경험했다. 우리의 계획이 아닌, 하나님의 인도하심을 따라 나아갈 수 있음에 감사하며, 복음의 전달자로 부름받은 것에 감격한다.

<그림 34> 유럽지중해 지역부

곽상호, 박현숙

현지인을 대상으로 한국어 교육과 아프리카 교회 개척을 후원·격려하고 있다. 스페인에서는 늦은 나이에 언어 공부를 다시 해야 하는 것이 어려웠고, 아프리카에서는 물질적 도움을 요구하는 현지인들에게 어떻게 복음을 전할지 고민이 많았다. 스페인어 성경을 반복해서 읽으며 단어를 익히고, 아프리카 현지인들을 이해하려 애썼다. 하나님이 허락하신 몇몇 귀한 만남을 통해 믿음의 교제가 이어졌고, 아프리카에서 강도를 만날 위험에서도 하나님이 지켜주셨다. 어려운 환경 속에서도 주님의 친밀하심을 깊이 경험한 것이 감사하다.

김열방, 박소망

1997년부터 청년 대학생 전도와 제자훈련, 가정교회 개척을 감당해 왔으며, 2018년부터는 평화 사랑 센터를 통해 영성 훈련과 상담, 중보 기도 사역을 병행하고 있다. 보안 지역에서 사역하며 비자 문제와 신분 문제로 어려움을 겪었고, 7년간 비자 거절과 추방 위협도 있었다. 그러나 부부가 합심해 기도하며 인내하는 가운데, 중보 기도와 상담 센터 사역을 열어주셨다. 가장 감사한 것은 튀니지 교회와 나라를 위한 기도 공동체가 세워졌으며, 성도들이 영적으로 성장하고 건강한 가정교회가 세워지고 있다는 점이다. 하나님의 인도하심 속에서 충성스럽게 사역을 감당할 수 있음에 감사드린다.

김영기, 하연화

2024년 6월부터 코람데오 태권도 미션 센터에서 아이들과 청년, 장년을 대상으로 태권도를 통한 복음 전파와 말씀 사역을 감당하고 있다. 현지 사회는 거짓과 무책임이 만연하여 신뢰를 얻고 복음을 전하는 일이 가장 큰 도전이었다. 이를 극복하기 위해 진실함과 일관된 행동으로 신뢰를 쌓으며, 꾸준한 사랑과 섬김으로 다가가고 있다. 또한 끊임없는 기도를 통해 하나님의 지혜와 인도를 구하며 어려움을 극복해 나가고 있다. 가장 감사한 것은 센터 아이들이 신뢰를 보이며 예배에 참여하는 모습과 신실한 현지 동역자들과 함께 사역할 수 있음이다.

김주오, 이나임

2011년부터 북아프리카 마그레브 사하라 지역에서 S족과 M족을 대상으로 전방 개척 사역을 감당하고 있다. 새로운 지역에 정착할 때마다 생존과 적응의 어려움이 컸지만, 주님의 부르심에 대한 확신과 신실하신 주님의 인도하심을 신뢰하며 인내해 왔다. 때로는 진전이 더디고 시간이 걸리지만, 하나님이 예비하신 곳에서 그분의 일을 감당하고 있음에 감사하다. 부족하고 연약하지만, 한 걸음씩 나아가며 주님의 뜻을 따라 순종하는 삶을 살고자 한다.

김해진, 한희숙

2023년부터 스페인에서 신학교 교수 사역과 현지 교회 목회를 감당하며 신앙의 깊이를 더하고 지역사회에 선한 영향을 주기 위해 힘쓰고 있다. 가장 큰 도전은 끊임없는 영적 싸움과 신앙의 모범이 되어야 한다는 부담이었다. 이를 극복하기 위해 매일 기도로 하나님께 의지하며, 작은 행동 하나에도 신앙의 진정성을 담아 현지인들에게 다가가고 있다. 사역을 통해 신학생들이 영적으로 성장하고, 섬기는 교회가 더욱 성숙해지는 것을 보며 깊은 감사를 느낀다.

김형준, 박안토니나

2025년부터 우크라이나에서 교회 개척과 학원 사역을 감당할 예정이며, 2016년부터 현지 대학에서 한국어 교육과 학원 사역을 진행했다. 2017년에는 교회 개척과 한글학교를 개설하여 복음과 문화를 전했다. 전쟁으로 인해 피란을 해야 했고, 자녀들의 학업 문제도 큰 도전이었다. 그러나 기도하며 다시 우크라이나로 복귀하여 사역을 이어가고 있으며, 자녀들의 학교 전학과 가정 예배를 통해 더욱 하나님을 의지하고 있다. 전쟁 중에도 하나님의 보호하심을 경험했고, 좋은 동역자들을 만나게 하신 은혜에 감사드린다.

노아굴라, 김브리스가 / 유럽지중해

2010년부터 유럽 지중해 지역에서 어린이, 청소년, 청년 사역과 가정교회 개척을 감당하고 있다. 이곳은 만 18세 미만에게 다른 종교를 전할 수 없고, 보안지역이라 늘 긴장 속에 있었다. 비즈니스로 거주증을 얻는 과정도 쉽지 않았고, 체력과 정신적 스트레스가 컸다. 죽을 고비도 여러 번 넘겼다. 그러나 기도와 말씀으로 무장하며 아이들에게 복음을 전했다. 신뢰를 쌓고 비즈니스 양계를 통해 정체성을 확립한 결과, 8곳의 가정교회가 세워졌다. 이슬람 무장단체의 위협 속에서도 살아 복음을 전할 수 있음에 감사한다.

박덕형, 정신자

2008-2010년 멕시코에서 교회 개척을 했으며, 2011-2021년 모로코에서 가정교회 개척과 제자훈련을 감당했다. 2021년부터 이스라엘에서 유대인과 아랍인을 대상으로 가정교회 개척과 복음 전도를 이어가고 있다. 초기에는 동료 사역자들과의 관계에서 어려움이 있었고, 모로코에서는 비자 문제와 복음 전도의 제약이 컸다. 이스라엘에서는 높은 물가와 비자 문제뿐 아니라 2023년 10월 하마스 사태로 인한 전쟁으로 인해 사역이 더욱 어려워졌다. 그러나 주님처럼 용서하고 사랑할 때 관계의 회복을 경험했고, 유대인과 아랍인 모두를 축복하며 다가갔을 때 마음을 열고 받아들이는 기적을 보았다. 하나님께서 자녀들을 주 안에서 잘 자라게 하심에 감사드린다.

박지원, 황경화

2017년부터 독일 프랑크푸르트에서 이주민과 독일인을 대상으로 전도, 제자훈련, 교회 개척 사역을 하고 있다. 가장 큰 도전은 독일 사회의 복음에 대한 무관심과 세속화, 그리고 다양한 언어와 문화를 가진 이주민들과의 사역이다. 또한 높은 물가로 인해 생활의 어려움도 크다. 이를 극복하기 위해 개혁주의 신앙을 전하며, 성경을 통해 믿음의 이유를 명확히 가르치고 신실한 예배로 초대하고 있다. 독일어 예배로 시작했지만, 다양한 배경의 사람들이 함께할 수 있도록 영어 예배로 전환했다. 모든 어려움 속에서도 하나님께서 교회를 세우시고 말씀의 열매를 맺게 하심에 감사드린다.

신성주, 손성영

1991년 러시아 모스크바로 파송되어 '투쉬노장로교회'를 개척하고 '모스크바 장로교신학교' 공동설립에 참여했다. 이후 리가한인교회를 개척하여 이양한 후, 현재는 'Korean International Bible Fellowship'과 현지 방송 설교, 신학교 사역을 감당하고 있다. 가장 어려운 점은 사역비 마련이었다. 이를 극복하기 위해 스스로 선교 도구가 되어 최소한의 경비로 사역을 감당하며 헌신하고 있다. 사역 스케줄이 많았지만, 하나님께서 언제나 필요한 길을 열어 주셨고, 모든 과정 속에서 인도하심을 경험하며 감사하고 있다.

안세혁, 문양선

2007년부터 영국 웨일스 카디프에서 난민을 대상으로 음식 사역과 한방 의료 사역을 하고 있다. 매일 150명 이상의 난민들을 섬기며 체력적으로 힘에 부칠 때가 많다. 또한, 대부분이 이슬람권 출신이라 문화적 적응이 어렵고, 언어 장벽으로 인해 소통의 한계도 있다. 이를 극복하기 위해 휴식을 충분히 취하며 체력을 회복하고, 이슬람 문화를 배우면서 난민들에게 영국 문화를 설명하는 역할도 감당하고 있다. 꾸준한 언어 공부로 소통의 어려움을 줄이려 노력하며, 하나님께서 이 사역을 맡기신 것에 감사한다. 자녀들이 건강하고 신앙 안에서 자라준 것이 가장 큰 감사 제목이다.

유목민, 사랑

2007년 이집트에 파송되어 동부 사막 비족을 대상으로 성경 번역 사역을 시작했다. 팬데믹 이후 아얄족 팀에서 3년간 언어 번역과 공동체 점검을 진행했으며, 현재 다시 비족 언어 성경 번역을 준비하고 있다. 가장 어려운 점은 함께했던 사람들이 결국 세상을 좇아 떠나는 것이었다. 한 영혼이 믿음으로 세워지는 것이 큰 기쁨이지만, 동시에 배신과 낙심도 깊었다. 그러나 모든 과정이 하나님의 주권임을 인정하며 기도로 감당하고 있다. 가장 감사한 것은 소외된 비족과 8년 넘게 관계를 맺으며 사역할 수 있었던 점이며, 자녀들과 함께 복음을 전할 기회를 주신 하나님께 감사드린다.

윤진실, 안소망

전쟁으로 인해 2023년 폴란드로 파송받아 우크라이나 청소년과 난민들을 섬기며 언어를 배우고 있다. 가장 어려운 점은 행정적인 문제와 문화 적응, 그리고 언어 장벽이었다. 이를 극복하기 위해 현지 교회와 난민센터를 자주 방문하며 적극적으로 언어와 문화를 익혀가고 있다. 어려움 속에서도 하나님께서 만남의 축복을 허락하시고, 사역의 문을 열어주셨으며, 필요한 모든 것을 채워주심에 감사드린다. 앞으로도 하나님의 인도하심을 신뢰하며 사역을 지속하고자 한다.

이바나바, 이루디아

1997년부터 2021년까지 아랍 기독교인을 위한 찬양집 제작, 아랍어 교재 저술, 이슬람 연구 및 유튜브 사역을 진행했으며, 2021년부터 북아프리카 무슬림을 대상으로 온라인 전도를 감당하고 있다. 가장 어려웠던 점은 가정과 사역의 균형이었다. 언어 습득과 문서 사역에 집중하는 동안 이루디아 선교사가 가정을 돌보고 아이들을 교육하는 부담이 컸다. 2004년과 2014년 두 차례 안식년을 통해 쉼과 충전을 경험하며 어려움을 극복했다. 현재 아이들이 성장하여 부담이 줄었고, 온라인 전도를 통해 아랍 무슬림들에게 복음이 전해지고 있음에 깊은 감사를 드린다.

이범석, 한성정

2023년 10월부터 지역 청소년을 대상으로 한국어 교육 사역을 진행하며, 주민들과의 관계 형성을 위해 한국 문화 체험 프로그램을 운영하고 있다. 입국 초기 비자 변경이 쉽지 않았고, 사역지에서 이민국 형사의 감시와 심문을 받으며 어려움을 겪었다. 그러나 하나님의 은혜로 현지 시장이 한국 행사에 방문하며 사역이 방송을 통해 소개되었고, 신분이 안정적으로 보장되었다. 어려움 속에서도 하나님께서 직접 문제를 해결하시는 과정을 경험하며 하나님의 역사하심을 더욱 깊이 깨닫게 되었다. 그분의 인도하심에 감사하며 사역을 이어가고 있다.

이정원, 정영숙

2025년 파송을 앞두고 있으며, 인도에서 기독교 학교 사역을 시작했으나 비자 문제로 철수하고, 2012년 아이티에서 비전교회를 개척했다. 그러나 내란과 폭력 사태로 인해 2022년 라트비아로 재파송되어 교회 사역을 이어가고 있다. 아이티에서 강도 습격과 총기 사고를 경험하며 극도의 긴장 속에서 사역해야 했다. 각 나라에서 다른 어려움을 겪었지만, 무엇보다 혼란한 상황 속에서 정신적·영적 어려움을 극복하는 것이 가장 힘든 과정이었다. 멤버 케어를 통해 마음을 회복하고, 하나님의 부르심을 확신하며 버틸 수 있었다. 우리의 계획과 다른 길로 인도하신 하나님의 뜻을 이해하기 어려울 때도 있었지만, 모든 과정이 감사와 축복의 시간임을 깨닫게 되었다.

이종전, 최영미

1994년부터 인도에서 교회 개척 사역을 감당했으며, 2018년부터 루마니아에서 제자 양육 사역을 진행하고 있다. 가장 어려웠던 점은 문화 적응, 부부 관계를 깊어지게 하는 것, 그리고 효과적인 선교 접촉점을 찾는 것이었다. 이를 극복하기 위해 끊임없이 배우고 인내하며 적용하려 노력하고 있다. 부족하지만 하나님의 은혜로 선교사로 부름받아 사역할 수 있음이 가장 큰 감사의 제목이다.

이중환, 조남희

2011년부터 영국에서 거리 전도를 통해 예수 그리스도의 복음을 전하며, 개인 전도를 통해 사람들이 주님을 영접하도록 돕고 있다. 또한, 신실한 복음 전도자와 제자 양육자로 성장하도록 지도하고 있다. 가장 어려운 점은 거리에서 전도할 때 받는 핍박, 건강 문제로 복음을 전하지 못할 때, 그리고 양육을 받은 이들이 규칙적인 전도의 삶을 실천하지 않을 때이다. 그러나 기도와 말씀 묵상을 통해 주님의 위로와 능력으로 극복하고 있다. 복음을 듣고 변화되는 영혼들을 볼 때, 그리고 양육받은 성도들이 신실한 전도자로 살아가는 모습을 볼 때 가장 큰 감사를 느낀다.

이흔도, 곽혜진

2021년부터 현지인들을 대상으로 한국어 센터를 운영하며 관계 전도를 해왔으며, 2024년에는 가정교회를 개척했다. 가장 어려운 점은 한국어만 배우고 신앙으로 연결되지 않는 경우, 그리고 관계가 깊어질수록 복음을 전하는 것이 주저될 때 오는 부담감이다. 이를 극복하기 위해 한국어 수업을 기도로 시작하며, 하나님께서 복음을 전할 기회를 주실 것을 믿고 나아가고 있다. 또한, 복음을 전할 때 담대함과 지혜를 주시도록 간절히 기도하고 있다. 만남을 예비하시고, 우리 가정을 통해 복음이 전해지고 있음을 믿으며 감사드린다.

조진호, 염지애

2012년부터 어린이 사역을 시작해 부모들에게도 복음을 전하며 사역을 감당하고 있다. 환경적, 물질적 어려움보다 가장 힘들었던 것은 사람과의 관계에서 오는 갈등과 마음의 어려움이었다. 이러한 관계의 어려움은 하루아침에 해결되지 않으며, 적절한 거리를 유지하며 자연스러운 변화를 기다리는 것이 중요하다고 느꼈다. 처음 선교지에 왔을 때 서툴렀지만, 맡겨진 일을 묵묵히 감당하며 그 자리를 지켰을 때 교회의 지도자들과 성도들로부터 신뢰받고 인정받았던 순간이 가장 감사한 일이다.

조하늘, 김나라

선교지에서 학원 강사, 현지 여성, 한국식당 직원과 소통하며 복음을 전하고 있다. 어려운 점은 없다. 주어진 사역 가운데 감사와 기쁨으로 섬긴다. 선교사로 부르신 하나님의 은혜가 가장 큰 축복이며, 그 부르심에 순종하며 나아간다.

주요셉, 김도르가

2001년부터 모로코에서 가정교회를 개척하며 현지인을 대상으로 복음을 전하고 있다. 가장 어려운 점은 이슬람 종교인들에게 진리의 복음을 심는 일이었다. 이는 사람의 힘으로 되는 것이 아니었으며, 지속적인 기도와 인내가 필수적이었다. 그러나 성령님의 도우심으로 그들의 마음이 열리고, 복음의 씨앗이 뿌려지는 은혜를 경험했다. 경제적 위기가 닥칠 때마다 하나님께서 채워 주셨고, 건강이 어려울 때에도 교회와 성도들을 통해 피난처 되시는 하나님을 체험하며 감사할 수 있었다.

11. 일본 지역부

1) 대회 및 모임
① 2018년 4월 2-5일, 닛코시 올리브사토
② 2019년 3월 26-29일, 가루이자와시, 메구미샤레
③ 2022년 8월 22-26일, 한국 거제도
④ 2023년 3월 27-30일, 코덴바시, YMCA동산장
⑤ 2024년 4월 1-4일, 닛코시 올리브사토

2) 일본 지역부 현장 이야기

김경모, 박성희

2010년 일본 선교사로 파송되어 동경에서 4년간 사역한 후, 2014년부터 요시카와 복음교회를 섬기고 있다. 일본 현지 교회 목양뿐만 아니라 어린이 사역도 함께 감당하고 있다. 가장 어려웠던 점은 언어가 아닌 문화적 차이에서 오는 성도들과의 소통 문제였다. 이를 극복하기 위해 성도들의 말을 경청하고 관계 개선을 최우선으로 삼았다. 영적으로는 말씀과 기도를 통해 주님의 위로와 신뢰를 경험하며 사역을 지속하고 있다. 부임 첫해, 어려운 상황 속에서도 교회 건물을 구

입하고 9년간 융자를 연체 없이 갚아온 것이 가장 감사한 일이다.

김기태, 김혜금

2001년부터 일본 교회에서 주일학교 교사로 사역하며 젊은 여성도들의 성경 공부를 통해 영적 성숙을 돕고 있다. 또한, 한일교회 목회자 세미나 통역과 한글 교실을 운영하며 복음을 전하고 있다. 사역은 즐겁게 감당하고 있지만, 자녀들이 성장하여 곁을 떠난 후 함께하지 못하는 것이 가장 힘들었다. 특히, 코로나 후유증으로 어려운 시기를 보냈으나, 말씀과 기도를 통해 회복되었고 찬양을 통해 큰 힘을 얻었다. 인내하며 기다려 준 남편의 배려도 큰 도움이 되었다. 함께 일본 교회를 섬길 수 있음에 감사하며, 남편의 강의와 주일학교 설교 PPT 제작, 찬양 지도와 반주로 섬길 수 있음이 큰 기쁨이다.

김선식, 지상애

1995년부터 교토에서 일본인을 대상으로 한글 교실을 운영하며 복음을 전하고 있다. 학생들과 개인적인 친분을 쌓으며 자연스럽게 신앙과 삶을 나눌 기회

<그림 35> 일본 지역부

를 얻었다. 가장 어려운 점은 정신적으로 불안정한 자매가 치유되지 않고 증세가 악화될 때였다. 현재도 예배에는 열심히 참석하지만, 치료법이 없어 오직 하나님의 은혜만을 간구하고 있다. 사명으로 인내하며 기도하고 있다. 교회 개척 초기, IMF로 인한 경제적 어려움 속에서도 예배당을 마련할 수 있었던 것이 가장 감사한 일이다. 믿음으로 하나님께 맡기며 한 걸음씩 나아가고 있다.

김영권, 고희정

2012년부터 일본에서 사역하며, 일본인과 한국인이 함께하는 교회를 섬기고 있다. 매주 화요일에는 노숙자들을 위한 강변 예배와 급식 사역을, 수요일에는 한국어 교실을 운영한다. 가장 어려운 점은 사람들이 교회를 떠나는 것이다. 떠나가는 이들을 보며 아쉬움과 허탈함을 느끼지만, 새로운 영혼들이 찾아오고 신실한 성도들이 자리를 지키고 있음을 보며 위로받는다. 복음의 열매를 맺게 하시는 분은 하나님이라는 믿음으로 극복하고 있다. 가장 감사한 순간은 한 환자를 위해 기도하며 복음을 전하던 일이었다. 결국 그는 교회에 출석하게 되었고, 점차 변화되며 건강을 회복하더니 2023년 추수감사절에 세례를 받았다.

김영완, 오희정

2011년부터 일본에서 현지인을 대상으로 캠프 사역과 교회 사역을 감당하고 있다. 단기 선교사로 나와 부모님의 도움을 받으며 생활했으며, 한국에서의 후원이 거의 없는 상태에서 언어 습득과 현지 적응을 해야 했다. 가장 어려웠던 점은 문화적 차이와 언어 장벽, 자녀 교육 문제였다. 하나님의 도우심 없이는 살아갈 수 없었고, 기도로 극복해 나갔다. 지금도 하나님께서 예기치 않은 방법으로 채워주시는 것을 경험하며 감사하고 있다. 또한, 큰 질병 없이 가족이 건강하게 지내고 있음이 감사하며, 매년 새로운 인연과 사역의 기회를 허락하시는 하나님께 기쁨으로 하루하루를 살아가고 있다.

김주영, 황호정

2007년 일본 후쿠오카로 파송되어 캠퍼스 전도와 교회 개척을 시작했으며, 2011년 후쿠오카비전처치를 개척하여 영혼 구원과 제자 양육에 집중하고 있다. 가장 어려운 점은 대인관계로 인한 갈등과 성도들의 이탈이었다. 처음에는 상처와 아픔 속에서 기도하며 눈물로 씨를 뿌렸지만, 하나님께서 큰 사랑을 부어주셨고 다시 영혼을 품고 복음을 전할 힘을 주셨다. 이를 통해 매일 용서하고 축복하며 중보하는 법을 배워가고 있다. 가장 감사한 순간은 기도하며 전한 영혼이 예수님을 영접하고 세례를 받을 때이다. 2007년 파송 이후 모든 것이 하나님의 은혜였으며, 지난 1년 동안 4명이 세례를 받고 1명이 입교하여 큰 기쁨을 누렸다.

김주환, 홍성아

2007년부터 2024년 7월까지 북해도 에베츠시에서 교회를 개척하고 대학생 선교를 감당했다. 이후 교회를 현지인 목회자에게 이양하고, 2024년 8월부터 오호츠크 연안 유베츠 지역에서 새로운 개척 사역을 시작했다. 가장 어려운 점은 성도들을 돌보는 목회적 부담과, 청년 사역 및 단기 선교로 인한 체력적·정신적 피로였다. 쉼을 가질 수 없는 환경이었지만, 기도를 통해 하나님의 도우심을 체험하며 견뎠다. 현재는 사역에 집중하되 무리하지 않으며, 즐겁고 행복하게 감당할 수 있도록 하나님의 지혜를 구하고 있다. 17년 동안 많은 영혼이 구원받고 위로받은 것에 감사하며, 93년간 교회가 없던 유베츠 지역에 교회가 세워진 것에 깊이 감사드린다.

나요셉, 김지윤

2016년부터 일본인을 대상으로 목회 사역을 하고 있다. 가장 어려운 점은 종의 리더십을 실천하는 것이 쉽지 않았다는 것이다. 이를 극복하기 위해 말씀과 기도에 집중하며, 멤버케어원의 상담을 통해 자신을 돌아보며 회복할 수 있었다. 가장 감사한 순간은 2022년 12월 교회가 완공되어 헌당할 수 있었던 일이다.

박권출, 이선희

2005년부터 일본인과 일본 거주 한국인을 대상으로 교회를 설립하고 복음을 전했으며, 2008년부터 일본장로교회 협력 선교사로 일본 교회를 섬기고 있다. 쯔쿠바대학 청년 사역, 노숙자 급식, 한국어 강좌, 일본 농어촌 교회 방문 사역 등을 감당하고 있다. 사역 초기에는 일본어 설교와 문화 적응이 어려웠고, 최근 5년간은 부모님을 직접 섬기지 못하는 점이 가장 힘들었다. 언어와 문화는 시간이 지나며 적응했지만, 부모님과의 물리적 거리는 여전히 극복하지 못한 과제다. 그러나 다양한 통신 매체를 활용해 매주 연락하며 안부를 전하고 있다. 지난 24년간 일본에서 사역하며 일본인을 더 깊이 이해하게 되었고, 두 사람이 건강하게 사역을 지속할 수 있었음에 감사드린다.

박영기, 김미영

1985년부터 약 40년간 일본에서 교회 개척과 문서 선교를 감당하며, 9개의 교회를 세우고 6권의 책을 출판하여 일본 교회를 섬겨 왔다. 거리에서 전도하며 복음을 전하지만, 대부분 거절당하고 전단지가 길에 버려질 때 낙심이 되기도 했다. 그러나 하나님께서 택하신 백성이 있음을 믿으며 기도하며 복음을 전하고 있다. 가장 감사한 순간은 복음을 받은 치과의사 부부가 가정을 회복하고 신앙이 자라 교회를 섬기는 모습과, 초등학교 2학년 때 처음 교회에 온 어린이가 신학교를 마치고 목사가 되어 함께 사역하는 것이다. 하나님께서 구원받을 영혼을 보내 주실 것을 믿으며 앞으로도 복음을 전할 것이다.

박종관, 배혜영

현지인을 대상으로 한국어를 가르치며, 주중 4타임 수업을 진행하고 있다. 일본 문화 특성상 깊은 관계가 형성되어야 초대할 수 있고, 교회당이 없는 상황에서 집으로 초대하는 것이 쉽지 않다. 이를 극복하기 위해 한국어 교실을 접촉점으로 삼아 수업 후 기도로 마무리하며, 단기 선교팀과의 만남을 지속하고 있다. 한국어에 관심이 많은 학생들은 마음의 문을 쉽게 열어 주기에, 자연스럽게 신앙으로 연결되도록 돕고 있다. 가장 감사한 일은 하나님께서 현지인 한 분을 붙여주셔서 집을 구할 때 보증을 서 주셨고, 교회 사역에도 큰 도움을 주셨다는 것이다. 천사 같은 이분을 만나게 해 주신 하나님께 감사드린다.

배동렬, 박영미

2012년부터 일본 쿠마모토에서 일본인을 대상으로 영혼 구원과 제자 양육 사역을 하고 있다. 가장 어려운 점은 전도한 이들을 교회에 정착시키는 일이었다. 이를 극복하기 위해 신뢰 관계를 형성하고 지속적인 교제를 이어가며, 단기팀을 활용해 한국 문화와 음식을 소개하며 접촉점을 확대하고 있다. 가장 감사한 순간은 교회가 건축되어 헌당 예배를 드렸을 때이다. 모든 과정에서 하나님의 인도하심을 경험하며, 계속해서 일본 영혼들을 주께로 인도하기 위해 최선을 다하고 있다.

손만석, 김영숙

2004년 SFC 일본 지부로 파송받아 2008년부터 동경에덴교회에서 청년 및 SFC 캠퍼스 유학생 사역을 진행했다. 2012년 동경비바채채교회를 개척하였고, 2018년 KPM 선교사로 파송받아 사역을 이어가고 있다. 건강 문제와 대지진, 코로나로 인한 성도들의 귀국, 신뢰 관계의 어려움 등 많은 도전이 있었다. 이를 극복하기 위해 정기적인 병원 방문과 운동을 병행하고, 심방과 제자 훈련을 통해 새로운 리더를 세우고 있다. 가장 감사한 것은 일본에서 사역을 지속할 수 있는 것, 일본인 청년을 제자로 세워 신앙과 가정을 이루도록 인도한 것, 그리고 대학생 두 아들의 학비를 매년 마련할 수 있었던 것이다.

이신형, 김영숙

1992년 9월 일본에 파송되어 일본인을 대상으로 한글교실, 요리 교실, 초청 예배, 단기 선교팀을 활용한 전도 사역을 진행하고 있다. 초기에는 주거비 부족으로 아르바이트를 해야 했고, 개척 교회 예배 장소를 구하는 것도 어려웠다. 또한 일본은 개교회 중심 구조로 그룹 사역이 어려웠고, 한국 성도들의 선교적 마인드 부족으로 현지인들과의 괴리도 문제였다. 이를 극복하기 위해 현장을 깊이 이해하며 끈기 있는 사역을 지속해 왔다. 가장 감사한 것은 어려운 순간마다 하나님의 인도하심을 경험했고, 후원교회의 기도와 도움을 통해 사역을 지속하며 자녀들을 잘 양육할 수 있었던 점이다. 무엇보다도 현지인들에게 세례를 베풀 수 있었던 것이 큰 감사 제목이다.

정남철, 이숙영

2003년 일본 나고야와 코막끼 지역에서 크리스천 프레이즈 교회를 개척하고, 전도 행사, 한글 교실, 성경 공부 및 제자 훈련을 통해 일본 영혼 구원 사역을 감당하고 있다. 가장 어려운 점은 다섯 자녀를 양육하며 개척 교회를 섬기는 일이었다. 특히 일부 일본 성도들의 인신공격과 저주로 큰 어려움을 겪었다. 그러나 하나님의 은혜로 금식하며 기도했고, 선배 선교사들의 위로와 후원교회들의 사랑과 기도로 극복할 수 있었다. 가장 감사한 것은 지금까지 40여 명이 세례를 받았으며, 6개 가정교회의 목자로 헌신하며 제자로 살아가고 있는 것이다. 또한, 교회를 통해 새로운 개척이 이루어지고 있음에 감사드린다.

조광훈, 이유미자

1992년부터 23년간 동경 에덴교회에서 사역했으며, 2016년부터 일본 동맹교단 아다치아이노교회에서 목회와 노숙자 급식 전도 사역을 감당하고 있다. 가장 어려웠던 점은 자체 건물이 없어 임대 건물을 전전해야 했고, 선교비 부족으로 재정적 압박을 받았던 것이다. 그러나 기도로 하나님의 도우심을 구했을 때 적합한 건물을 찾았고, 예상치 못한 도움으로 은행 융자도 받을 수 있었다. 가장 감사한 것은 하나님의 은혜로 동경 시내에 4층짜리 자체 교회 건물을 마련한 것과, 한 노숙자 여성이 교회에서 평안을 느끼고 세례를 받은 것이다.

최재현, 강세원

2016년 8월부터 일본 개혁파 시코쿠 노회 다카마쓰 히가시교회에서 사역하며 말씀과 성도 케어를 담당하고 있다. 또한, 한국어 교실, 요리 교실, 단기팀을 활용한 전도 사역을 진행하고 있다. 가장 어려운 점은 일본에서 신뢰 관계를 형성하는 것이었다. 일본인들은 관계를 맺는 데 시간이 걸리지만, 신뢰가 쌓이면 지속되는 특징이 있다. 불신자뿐만 아니라 교회 성도 및 동역자들과의 관계 형성도 중요한 과제였다. 이를 극복하기 위해 기도하며 협력하고 있으며, 사역을 통해 신뢰가 점차 쌓이고 있다. 가장 감사한 것은 한국교회와 후원자들의 지속적인 기도와 지원을 경험하며 일본 선교에 동역하고 있음을 느끼는 것이다.

한진숙

2007년부터 일본에서 음악 전문 사역, 개인 전도, 요리 교실, 콘서트, 한국어 수업을 통해 복음을 전해왔다. 현재는 어린이 전도와 이웃 전도에 집중하고 있다. 가장 어려운 점은 동료 선교사들의 오해와 팀 사역 인력 부족이었다. 또한, 일본 사역자들과 협력해야 하지만 문화적 차이로 인해 어려움을 겪었다. 이를 극복하기 위해 하나님께 맡기고 기도하며, 혼자 감당할 수 있는 일들을 지속하고 있다. 일본 헌법상 어린이 전도가 금지되어 있지만, 영혼 구원을 위해 하나님의 법을 따르기로 결단했다. 가장 감사한 것은 하나님께서 부족한 자신을 복음의 도구로 사용해 주셨으며, 전도 대상자 중에서도 한결같이 돕고 배려해 준 이들이 있었다는 점이다.

황경수, 김선미

2010년 일본 선교사로 파송되어 문화 적응과 언어 훈련을 거쳐 2015년 나고야권 나가쿠테교회를 개척했다. 가장 어려운 점은 일본의 낮은 복음화율과 관계형성의 어려움이었다. 관계를 맺는 것도 힘들지만, 유지하는 것은 더욱 어렵다. 그러나 일본인의 영혼을 포기하지 않고 장기적인 비전을 가지고 헌신자를 세워가며 신앙과 재정 자립을 목표로 삼고 있다. 문화 선교(한글 교실, 요리 교실, 김치 교실)를 통해 신뢰를 쌓고 있으며, 성경과 교리를 중심으로 복음을 전하고 있다. 극심한 스트레스로 목회를 포기할 뻔한 순간도 있었지만, 하나님께서 붙들어

주셨고 더욱 신뢰하며 동행하도록 이끌어 주셨음에 감사한다.

12. 필리핀 지역부

1) 대회 및 모임
① 노회초청 필리핀 선교대회 2018년 6월 12-15일, 필리핀 세부
② 선교부 후반기 정기 모임 및 영성훈련 2018년 11월 13-15일 필리핀 마닐라
③ 차세대 세계선교주역 필리핀 2023년 3월 6-9일, 필리핀 세부

2) 필리핀 지역부 현장 이야기

강정인
1989년 필리핀 최북동쪽 뚜게가라오에서 이바낙, 이따위스, 일로카노 부족을 대상으로 노방전도와 축호전도를 통해 직접 교회를 개척했다. 뚜게가라오는 필리핀에서 가장 더운 지역 중 하나이며, 원주민들의 배타적인 성향으로 인해 총칼을 들이대는 핍박도 있었다. 그러나 하나님께서 역사하시며, 선배 김자선 선교사의 헌신과 매달 첫 주 3일 금식기도를 통해 39개 교회가 개척되었고, 성도들이 예배자로 자라게 하셨다. 개인적으로 더위를 싫어했지만, 현지 교인들이 가족처럼 함께하며 사역을 감당할 힘을 준 것이 가장 감사한 일이다.

김상백, 김명옥
복음이 전해지지 않은 미전도 종족과 오지에서 사역하는 선교사들에게 항공 교통을 지원하기 위해 1994년부터 조종사 교육을 받았고, 2001년 필리핀에 파송되어 항공기를 구입해 사역을 시작했다. 항공 선교의 필요성을 알리는 일과 동역자를 찾는 과정이 어려웠으며, 막대한 운영 비용과 코로나로 인해 큰 도전을 겪었다. 그러나 필리핀 타클로반 지역에서 대규모 재난이 발생했을 때, 미국 선교사와 함께 항공 촬영을 통해 피해 상황을 파악하고, 신속하게 구호품을 전달할 수

<그림 36> 필리핀 지역부

있었던 것이 가장 감사한 순간이었다.

김성일, 최혜영

1989년 노회 파송으로 필리핀에 와서 1994년 총회 파송을 받아 두마게티에서 교회 개척과 학교 사역을 감당하고 있다. 현지인들과의 관계 형성, 문화 적응, 풍토병(댕기열), 기후 등이 가장 어려운 점이었다. 또한, 현지 교회들의 자립과 성장을 돕는 과정에서 많은 도전이 있었다. 이를 극복하기 위해 현지 문화에 적응하며 새벽기도를 지속하고 있으며, 나이가 들면서 건강 관리에도 신경을 쓰고 있다. 지금까지 19개 교회가 자립했고, 협력 교회 9개가 세워졌으며, 성도들에게 세례를 베풀 때 가장 감격스럽다. 부족한 종이지만 주님께 쓰임받고 있음에 감사할 뿐이다.

김재용, 윤영숙

1990년 11월 7일 필리핀에 도착해 교회 개척과 신학교 사역을 감당하고 있다.

선교 초창기에는 부모님과의 이별이 가장 힘들었으며, 재정적 어려움과 건강 문제도 큰 도전이었다. 이를 극복하기 위해 한국에서 정기적으로 건강을 점검하고, 선교지에서도 꾸준히 운동하며 관리했다. 무엇보다 어려운 환경 속에서도 자녀들이 믿음 안에서 성장하여 모두 사역자로 헌신한 것이 가장 큰 감사 제목이다.

남기철, 김소희

2013년 필리핀 잠발레스의 작은 마을로 들어가 낮은 자들에게 복음을 전하며 함께 울고 웃고 있다. 사역 중 가장 힘들었던 순간은 현지인들이 복음을 쉽게 받아들이지 않을 때였다. 언어의 장벽과 삶 속 깊은 아픔을 보며 나 자신의 무력함을 느끼기도 했다. 또한, 사역에 필요한 자원이 부족할 때 하나님의 계획을 온전히 신뢰하기가 쉽지 않았다. 그러나 기도와 말씀을 붙들며 하나님의 사랑과 능력을 신뢰했다. 신뢰 관계를 쌓고, 팀원들과 협력하며 문제를 해결해 나갔다. 한 청년이 복음을 듣고 눈물을 흘리며 마음을 열었고, 지금은 교회의 일꾼으로 함께 사역하는 모습을 보며 모든 시간이 헛되지 않았음을 깨닫고 감사할 뿐이다.

남은우, 박지혜

2023년 3월부터 필리핀에서 현지인을 대상으로 교회 목회와 지도자 양성 사역을 감당하고 있다. 처음에는 문화 적응과 의사소통이 어려웠으며, 자녀들의 현지 적응도 쉽지 않았다. 특히 막내를 현지에서 출산하면서 여러 지원 없이 모든 비용을 감당해야 했던 점이 큰 부담이었다. 그러나 본부에서 허락한 2년간의 언어 훈련과 적응 기간을 활용하며 기도로 극복해 나가고 있다. 아직 온전히 적응하지 못한 아쉬움이 있지만, 기도와 후원을 통해 함께해 주는 교회와 성도님들이 있어 큰 위로와 힘이 된다. 선임 선교사의 열정과 결실을 보며 더욱 감사함을 느낀다.

박원제, 이미영

1997년 필리핀에 도착하여 교회 개척, 지도자 양성, 대학 캠퍼스 사역(SFC),

기독교 학교 설립 및 운영을 감당하고 있다. 선교 3년 차에 공동체 사역을 시작하며 가정을 열어 현지 학생들과 함께 생활했다. 그러나 개인적인 프라이버시와 어린 자녀들의 필요를 내려놓아야 했던 과정에서 많은 갈등이 있었다. 하지만 그 어려움을 통해 하나님께서 크신 위로와 공급하심을 경험하게 하셨다. 또한, 공동체를 통해 예수를 믿게 된 이들 중 해외선교사로 헌신한 이들이 있으며, 기독교 학교에서 교사 선교사로 함께하는 이들도 있어 큰 감사와 보람을 느낀다.

박현진

2023년 3월부터 호산나신학교와 SFC 캠퍼스 사역을 통해 필리핀 현지 학생들을 대상으로 제자훈련을 하고 있다. 2011년부터 SFC 필리핀 일로일로를 담당하며 오랜 시간 현지인들과 함께 살아왔지만, 여전히 소통의 어려움과 문화적 차이로 인해 외국인, 이방인으로 느껴질 때 힘들었다. 그러나 대화를 많이 나누고 현지 문화를 깊이 이해하려 노력하며 극복하고 있다. 가장 감사한 것은 필리핀 일로일로에서 안전하게 사역을 감당할 수 있었던 것, 그리고 현지인들이 가족처럼 따뜻하게 품어주며 돕는 관계를 맺게 하신 하나님의 은혜이다.

배태영, 노정희

1992년 유치원을 시작으로 1996년 초등학교, 2007년 중등학교, 2017년 고등학교를 설립하여 성경 교육과 일반 교육을 진행하며 의료 사역도 병행하고 있다. 사역 중 가장 어려웠던 점은 재정 부족과 코로나 이후 사역 축소였다. 그러나 매일 기적으로 채우시는 하나님의 은혜와 후원교회, 가족, 친구들의 기도와 후원으로 어려움을 극복하고 있다. 무엇보다도 저희를 통해 주님을 만났다고 고백하는 이들을 볼 때, 부족한 종을 사용하시는 하나님의 은혜가 가장 큰 감사 제목이다.

신봉철, 박정희

2019년부터 신학생과 목회자들을 대상으로 교수 사역과 설교 작성법 교육을 하고 있다. 가장 어려운 점은 개인의 영성을 유지하며 지속적인 기도 생활을 이어가는 것이었다. 기도 동역자들의 도움을 요청하며 어려움을 극복하고 있다. 가장 감사한 순간은 설교학교 졸업생들을 배출할 때였다.

이용구, 심언애

1994년부터 아이타 부족을 위한 교회 개척과 문맹 성도들을 위한 교육 사역을 감당하며, 차세대 기독교 리더십 양성을 위해 필리핀 문교부 허가 중학교를 16년째 운영하고 있다. 교회 개척 훈련원에서 20년간 강의를 진행하며 현지 교단 교회와 협력하고 있다. 그러나 개척한 교회들이 독립을 선언하며 갈등이 발생하는 어려움이 있었다. 성경 공부와 의료 선교팀의 방문을 병행하며 협력 교회 리더들의 마음을 열 수 있었고, 학교 사역을 통해 아이타 부족의 교육 수준과 교회 기초가 확립되었다. 멸시받던 아이타 부족 성도들의 자녀들이 대학에 진학하여 교회와 사회에서 지도자로 성장하는 모습을 보며 큰 감사와 보람을 느낀다.

이슬기, 남해선

2023년 2월 사역지를 변경하여 영어 북클럽 사역을 시작했다. 초등학생을 대상으로 시작했으나 점차 고등학생까지 확장되었고, 성경 교재를 활용한 영어 교육과 한 끼 식사를 제공하며 복음을 전하고 있다. 빈민가에서 성장하는 아이들을 교육하는 일이 쉽지 않았고, 기본적인 소통조차 어려운 경우가 많았다. 그러나 조선에서 사역했던 서양 선교사들을 떠올리며 어려움을 극복하고 사역을 지속했다. 가장 감사한 것은 많은 이들이 우리를 반겨주고, 우리의 가정을 통해 위로받는다는 사실이다. 하나님께서 이곳에서 우리를 복의 통로로 사용하심에 깊은 기쁨을 느낀다.

임성용, 김미숙

2006년부터 어린이·청소년 사역을 통해 교회를 개척하고, 가정 사역과 장년 지도자 훈련, 청소년 제자훈련을 병행하며 건강한 교회를 세우는 사역을 하고 있다. 그러나 환경과 상황에 따라 마음이 흔들리고, 사역이 감사보다 짐으로 느껴질 때가 많았다. 이를 극복하기 위해 교단은 다르지만 몇몇 사모님들과 성경 공부와 중보 기도를 함께하며 영적인 힘을 얻고 있다. 또한 사역과 가정의 삶을 나누며 위로를 받으며 지혜를 얻고 있다. 가장 감사한 것은 교회가 말씀과 성령 안에서 하나님의 공동체로 세워지고 있으며, 필요한 지역마다 교회가 개척되고 있다는 사실이다. 또한 다음 세대가 교회를 통해 하나님 나라의 일꾼으로 성장하고 있음에 감사한다.

최광석, 김말손

남편은 선교지에서 2년간 언어를 공부했고, 나는 성경과 찬송가, 캔디를 들고 동네마다 방문하며 함께 성경을 읽고 찬양했다. 그렇게 3곳의 달동네에 기도 처소를 마련했고, 이후 교회를 건축했다. 사역 중 가장 어려운 순간은 동역자들 간에 한마음이 되지 못했을 때와 자녀들이 어려움을 겪을 때였다. 아이들을 강하게 키우려다 보니 상처를 주기도 했다. 그러나 새벽 기도와 전도에 집중하며 신기하고 놀라운 하나님의 역사하심을 경험했다. 34년간 선교사역을 이어올 수 있었음에 감사하며, 2년간의 노력 끝에 현지 언어 시험에 합격하여 복음을 전할 수 있음이 감사하다. 남편의 헌신으로 8개 교회가 자립하였고, TEE(평신도 지도자 양성) 사역을 통해 많은 지도자들을 배출할 수 있었음도 감사한 일이다.

황성곤, 김나경

1994년부터 필리핀 일롱고 부족을 대상으로 대학생 사역을 했으며, 1999년부터 필리핀장로교 신학교에서 교수 사역을 감당하고 있다. 또한 2000년부터 필리핀 마라나오 무슬림 부족을 대상으로 유치원 사역을 지속하고 있다. 가장 힘들었던 순간은 사랑하는 아내를 2년간 간호한 후 2017년 천국으로 보내고, 이후 깊은 어려움을 겪었던 시간이었다. 같은 아픔을 나눌 사람이 없어 홀로 방에서 눈물 흘리며 지내야 했던 날들이 가장 힘들었다. 그러나 필리핀 Papaya Center에서 함께하는 목회자 가정과 유치원 선생님들의 격려와 정성 어린 음식으로 힘을 얻었고, 하나님께서 새 아내를 허락하셔서 다시 일어설 수 있었다. 또한, 하나님께서 무슬림 사역의 비전을 함께 나눌 동역자들을 붙여 주셔서 은퇴가 가까운 지금까지도 협력 관계를 지속하게 하셨음에 감사한다.

13. KPM본부

강하동, 윤하영

2016년부터 요르단에서 시리아 난민 사역을 감당해 왔다. 처음에는 이슬람의 종교적 장벽이 가장 큰 도전이라 생각했지만, 시간이 지나며 가장 큰 장애물은 '내가 주체적으로 선교할 수 있다'는 생각이었다는 것을 깨닫게 되었다. 말씀과 기도를 통해 하나님이 선교의 주체이심을 경험하며, 자유함과 기쁨으로 사역할 수 있었다. 무엇보다 무슬림들이 거부하는 예수 복음을 내가 믿고 누린다는 사실 자체가 기적이자 은혜임을 깨달았다. 척박한 요르단 땅에서도 하나님께서 예비하신 영혼들을 만나게 하시고 복음을 전하게 하심에 감사드린다.

김진엽, 서경아

2012년부터 루마니아의 수도 부카레스트에서 제1기사역을 협력사역으로 현지인 엘림교회와 부카레스트 한인교회를 섬겼다. 샬롬치과 단기팀 사역을 돕고 어린이 여름성경학교, 현지인 수련회, 한글문화 사역을 통한 복음 전파사역을 감당하였다. 2017년에는 클루즈 나포카에서 교회를 개척하여 청년대학사역을 감당하였고 2019년-2023에는 코로나 가운데에도 현지 믿음교회 디모데 목사와 미하이 형제와 함께 주일학교,심방,설교사역을 감당했고 집시가정을 대상으로 구제사역을 했다. 2021년 우크라이나 난민 사역을 1년간 고려인난민들과 우크라이나 난민 사역을 도왔다. 함께하는 선교를 통해 팀 사역의 중요성과 현지인 교회들을 세우면서 하나님의 나라가 확장되기를 기도한다.

김평화, 최온유

2000년부터 2013년까지 중국에서 써족과 한족 대학생들을 대상으로 교회 개척 사역을 감당했으며, 이후 선교본부에서 행정국장으로 섬겼다. 2019년에는 키르기즈스탄에서 중국인 디아스포라 교회 사역과 선교중국 지원 사역을 진행하였으며, 2024년 말부터는 멤버케어 원장으로 섬기고 있다. 보안 지역에서 지속적인 감시 속에서 사역하는 것이 가장 어려웠으며, 비자 문제로 인해 갑작스러운 출국을 당했을 때 심적 충격이 컸다. 그러나 기도를 통해 속사람이 강건해졌고, 하나님께서 선교사역의 주인 되심을 인정할 때 마음의 안정을 찾을 수 있었다. 포도나무 교회를 개척하고 현지 리더에게 이양한 후, 교회가 건강하게 성장하는 모습을 보며 깊은 감사를 드린다.

서원민, 장정은

2001년부터 어린이 사역을 시작으로 청소년과 성인 여성들을 대상으로 사역을 확장해 왔다. 무슬림이 95% 이상인 지역에서 복음을 전하는 것이 쉽지 않았으며, 차별과 무시에 부딪히는 것이 큰 어려움이었다. 그러나 매일 말씀 묵상 속에서 위로받으며 견뎌낼 힘을 얻었고, 하나님께서 나의 관점을 주님의 관점으로 변화시켜 주셨다. 무엇보다 하나님을 온전히 의지하는 믿음을 주신 것이 가장 감사하며, 모든 과정을 주님의 인도하심 속에서 걸어가고 있음을 고백한다.

정충호, 박은정

2008년 모로코에서 무슬림을 대상으로 태권도, 탁구, 꿈찾기 프로그램, 한국어 수업, 중고가게 운영을 통해 개인전도와 가정교회 사역을 했다. 가장 어려웠던 것은 장기 체류 비자 문제와 여러 언어 습득이었다. 3개월마다 비자 여행을 다녔으나 보안 문제로 어려워졌고, 가게와 협회를 운영하며 비자를 유지했다. 결국 2018년부터 유럽 비자를 이용해 포르투갈에서 비거주 사역을 하게 되었다. 부족한 자신을 복음 사역에 부르신 하나님께 감사하며, 어려운 환경 속에서도 잘 자라준 자녀들에게도 감사한다.

조동제, 정현실

2005년부터 미얀마에서 교회 개척과 신학교 교수 사역을 감당했으며, 현재는 본부에서 본부장으로 섬기고 있다. 미얀마에서 사역할 당시, 열악한 환경에서 잦은 정전과 나쁜 공기, 극심한 더위로 인해 아내가 힘들어했던 것이 가장 어려운 점이었다. 이를 해결하기 위해 인버터와 정수기를 구입하고, 정전이 심할 때는 다른 곳으로 이동하며 적응해 나갔다. 가장 감사한 순간은 제자 훈련을 통해 양육한 미얀마 학생들이 성장하여 교회의 리더가 되고, 또 다른 학생들을 양육하며 교회를 든든히 세워가는 모습을 볼 때였다. 하나님께서 일하시는 과정을 경험하며, 앞으로도 주님의 사역을 변함없이 감당할 것을 다짐한다.

최우성, 김선미

2016년 3월 네팔로 파송되어 따망족과 라이족을 대상으로 교회 개척과 제자 훈련을 감당하다가, 2023년 10월부터 KPM 본부 연구국장으로 섬기고 있다. 네팔 사역 초기, 세 자녀가 현지 학교에서 적응하는 과정이 가장 큰 도전이었다. 왕따와 음식 문제, 문화적 차이로 어려움을 겪으며 부모로서 마음이 아팠다. 그러나 가족 예배를 통해 기도하며 하나님의 응답을 경험했고, 자녀들도 점차 적응해 나갔다. 사역을 통해 핵심 리더 니얼, 쁘렘, 디뻑이 세워졌고, 이들을 통해 '영원한 생명교회'와 '뻔어우띠 빛 교회'가 개척되었다. 한 영혼이 변화되어 교회가 세워지는 것이 가장 큰 기쁨이며, 하나님 앞에서의 감사이다.

한태준, 박소영

2013년 3월 27일 베트남으로 파송되어 언어 훈련 후, 2014년부터 롱안 세계로병원에서 사랑의 집짓기, 장학 사역, 구제, 한글학교, 교회 개척을 감당하고 있다. 특별히 어려웠던 순간은 병원과 집을 오가는 52km의 길을 폭우 속에서 이동했던 날이었다. 그러나 "아직은 할 만합니다"라는 고백으로 어려움을 이겨냈다. 확실한 부르심과 사역의 목표 속에서 하나님께서 함께하심을 확신하며 사역할 수 있었다. 병원과 현지 교회를 통해 교회가 개척되고, 또 다른 교회들이 세워져 가는 모습을 보며 하나님의 역사하심을 경험하는 것이 가장 큰 감사이다. 하나님의 손에 붙들려 마음껏 쓰임받았다는 사실에 깊은 감사를 드린다.

고신총회세계선교회
정관과 시행세칙

Kosin Presbyterian Mission

고신선교 70년史

고신총회세계선교회 정관

부칙

제20판 2022. 11. 14. 일부개정

KPM 정관

(제정) 1980. 12. 05

(일부개정) 1984. 09. 25

(일부개정) 1987. 09. 25

(일부개정) 1988. 09. 06

(일부개정) 1989. 09. 20

(일부개정) 1991. 10. 04

(일부개정) 1995. 09. 18

(일부개정) 2000. 09. 28

(일부개정) 2003. 09. 25

(일부개정) 2004. 09. 20

(일부개정) 2006. 09. 18

(일부개정) 2007. 09. 10

(일부개정) 2011. 09. 20

(일부개정) 2014. 09. 23

(일부개정) 2016. 09. 20

(일부개정) 2017. 09. 21

(일부개정) 2018. 09. 14

(일부개정) 2019. 09. 19

(전면개정) 2020. 10. 06

(일부개정) 2022. 11. 14

정관

제1장 총칙

제1조 (명칭) 이 준법인은 '대한예수교장로회 고신총회세계선교회'(이하 "선교회"라 한다.)라 하며, 대외적 명칭은 '고신세계선교회'(KPM : Kosin Presbyterian Mission)라 한다.

제2조 (주소) 본 선교회의 사무소는 대전광역시 대덕구 홍도로 99번길 16에 둔다.

제3조 (목적) 본 선교회는 예수님의 지상명령에 따라 전 세계에 선교사를 파송하며 가능한 모든 방법을 동원하여 개혁주의교회를 설립하는 것을 그 목적으로 한다.

제4조 (사업) 본 선교회의 사업은 다음 각호와 같다.
1. 총회 선교 총괄 및 선교업무 주관
2. 총회 선교전략과 정책 수립 및 시행
3. 총회 교회의 선교 지도 및 안내와 선교적 자원 동원

제2장 임원

제5조(임원) 임원이라 함은 본 선교회의 이사회를 의미한다. 본 선교회의 원활한 운영을 위하여 다음의 임원을 둔다.
1. 이사장 1인
2. 이사는 15인 (이사장 포함)으로 하되, 총회선출이사 12인 (목사 8인, 장로 4인)과 당연직 이사 3인으로 한다.
3. 당연직 이사는 본부장, 고신총회세계선교후원교회협의회 1명, 정책위원장으로 한다.
4. 감사 2인(목사 1인, 장로 1인)
5. 모든 임원은 비상임으로 한다.

제6조(임원의 임기) 임원의 임기는 다음 각호와 같다.

1. 총회선출 이사는 4년 단임으로 한다.

2. 당연직 이사는 관련 규정대로 한다.

3. 본부장은 그 회의 임기 시까지 한다.

4. 감사는 2년으로 한다.

제7조(임원의 선임방법) 임원의 선임은 다음 각호와 같다.

1. 이사는 총회규칙 제14조 제2항과 제18조에 의하여 선임한다.

2. 이사장 임기는 2년으로 하되 3년 차 이사 중에서 이사회에서 선출한다.

3. 선교훈련원장, 고신세계선교사회 회장은 이사회에 출석하여 발언할 수 있다.

4. 감사는 총회규칙 제18조에 의하여 선임한다.

5. 이·감사 결원으로 개회성수에 미달될 때는 총회 선출직 이·감사는 당해 총회
   에서 보선하되 임기는 전임자의 잔여 임기로 한다.

제8조(실무임원회 및 이사) ① 이사회 운영을 위해서 실무임원회를 두되 회장은
이사장이 되며, 총회선출이사 중에서 서기 1인, 회계 1인을 선정하고, 본부장은
실무임원회에 참석하여 발언할 수 있다.

1. 이사장은 이사회를 대표하며 본 선교회의 업무를 총괄하고 본부의 업무를 지
   도·감독한다.

2. 서기는 이사회의 모든 회의와 관련된 사항을 기록 보존한다.

3. 회계는 이사회의 재정업무 담당한다.

② 실무임원회는 필요시 이사장이 소집하되 이사회에서 위임한 사항과 긴급한
   사항 등을 다룬다.

③ 이사는 이사회에 출석하여 선교회의 업무에 관한 사항을 심의· 의결한다.

제9조(감사의 직무) ① 감사는 다음 각호의 직무를 수행한다.

1. 법인의 업무와 재산 상황을 감사하는 일 및 이사에 대하여 감사에 필요한 자료

의 제출 또는 의견을 요구하고 이사회에서 발언하는 일

2. 이사회의 회의록에 기명날인하는 일

3. 법인의 업무와 재산 상황에 대하여 이사에게 의견을 진술하는 일

제3장 이사회

제10조(이사회 의결사항)

1. 고신총회의 선교전략과 정책 결정에 관한 사항

2. 본 선교회 정관 및 제 규정 제·개정에 관한 사항

3. 이사의 선임 및 해임건의에 관한 사항

4. 사업계획 및 추진실적 승인에 관한 사항

5. 예산 및 결산의 승인에 관한 사항

6. 재정 운용에 관한 사항

7. 본 선교회의 사역 지도·감독에 관한 사항

8. 본부장이 제청한 인사에 대한 의결

9. 선교발전을 위한 연구, 훈련, 포럼, 대회 등을 결정한다.

10. 선교정책위원회, 멤버케어위원회, 고신세계선교사회, 현지지도자양성전문위
     원회 등을 지도한다.

11. 선교사의 선발, 파송, 재 파송 등을 결정한다.

12. 선교단체 협력에 관한 사항

13. 재산의 취득, 처분, 교환, 기부채납, 관리에 관한 사항

14. 본부장이 회의에 부치는 사항

15. 그 밖에 이사회에서 이사회의 의결을 거치도록 요청한 사항

제11조(이사회 소집)

1. 이사회는 격월로 모이며, 필요할 때 이사장의 요청에 따라 수시로 모일 수 있다.

2. 이사회의 개회성수는 재적 이사의 과반수로 한다.

3. 이사회는 소집 7일 전에 이사들에게 안건과 소집통지서를 발부해야 한다.

4. 이사회 소집권자가 궐위 되거나 또는 이를 기피함으로써 7일 이상 회의 소집이 불가능할 때는 재적이사 과반수의 찬성으로 서기가 이사회를 소집할 수 있다.

제12조(의결정족수 등) 이사회는 이 정관이 따로 정하는 바를 제외하고는 재적이사 과반수의 출석과 출석이사 과반수의 찬성으로 의결한다.

제13조(의결 제척) 이사는 다음 각 호에 관한 사항에 대하여는 의결권을 행사할 수 없다.

1. 이사의 취임과 해임에 있어서 자신에 관한 사항
2. 이사 자신과 이사회의 이해가 상반되는 사항
3. 이사 개인 신상과 관련된 사항

제14조(회의록 작성) 이사회의 의사진행 및 의결사항에 대하여는 회의록을 작성하고 의장과 참석 이사의 기명 및 서명을 받아 보존한다.

제15조(총회 보고) 이사회의 의결 사항은 1개월 이내에 총회장에게 통지한다.

제4장 선교본부

제16조(조직 및 정원) ① 고신세계선교회는 원활한 업무수행을 위하여 선교본부를 설치하며 본부업무의 제반 사항은 규정 및 시행세칙으로 정한다. ② 본 선교회는 본부장을 두며 본부장은 선교행정을 총괄하고 직원을 지휘·감독하며 본부를 대표한다. ③ 본 선교회의 조직은 【별표 1】과 같다. ④ 직원의 임면은 본부장이 한다.

제17조(국의 설치) 선교본부의 행정사무를 분장하기 위하여 행정국, 사역지원국, 연구국, 동원홍보국, 훈련국을 둔다.

제18조(행정국) 국내교회와 본부 안에 관련된 업무를 담당하며 1명의 선교사를 국장으로 둔다.

제19조(사역지원국) 현지 사역과 관련된 업무를 담당하며 1명의 선교사를 국장으로 둔다.

제20조(연구국) 선교연구에 관련된 업무를 담당하며 1명의 선교사를 국장으로 둔다. 연구국장은 임무와 관련이 있는 정책위원회에 참석한다.

제21조(동원홍보국) 선교회를 홍보하며 인적, 물적 자원에 대한 동원 업무를 담당하며 1명의 선교사를 국장으로 둔다.

제22조(훈련국) 선교훈련원의 업무를 담당하며 1명의 선교사를 국장으로 둔다.

제23조(선교훈련원) ① 선교사 교육행정 처리 및 훈련을 위하여 훈련국을 둔다. ② 선교훈련원장은 선교사 선발, 각종 선교훈련, 선교정책개발 등을 위해 별도의 규정을 둔다.

제24조(멤버케어원) 선교사 개인과 가족 그리고 선교현장이나 인간관계 속에서 발생하는 영육 간의 문제, 정서 심리 문제 등의 영역에서 예방적 차원의 돌봄을 제공함으로써 선교회의 건강한 사역 현장을 구축하기 위해 별도의 규정을 둔다.

제5장 선교사
제25조(선교사의 구분) 본 선교회의 선교사는 다음 각 호와 같다.
1. 목회자 선교사
2. 독신 선교사
3. 전문인 선교사

4. 부인 선교사

5. 단기 선교사

6. 자비량 선교사

제26조(자격) 본 총회와 해외 자매총회(재미총회, 유럽총회, 대양주총회)에 속한 사람으로 소정의 훈련을 이수한 자로서 제25조에서 규정한 선교사의 자격은 다음 각 호와 같다.

1. 목회자 선교사는 목사로서 사역하는 사람

2. 독신 선교사는 소정의 신학교육을 받고 독신으로 사역하는 사람과 사역 중 배우자(남, 여)를 사별하고 계속 현지에서 사역하는 선교사를 말한다.

3. 전문인 선교사는 목사가 아닌 자로서 일반 전문적 봉사분야나 직종에 종사하면서 사역하는 사람

4. 부인 선교사는 남편과 함께 사역하는 사람으로서 사역기간은 남편과 일치한다.

5. 단기 선교사는 단기로(1-3년) 사역하는 사람

6. 자비량 선교사는 선교비를 후원 받지 않고 사역하는 사람

제27조(정년) 선교사의 정년은 만 70세로 한다. 단 20년 이상 사역한 60세 이상인 자는 조기 은퇴할 수 있다.

제28조(행정조치 및 징계) 선교사는 교단 헌법, KPM 정관, 선교사 서약 등을 준수하여야 하며 위반 시는 선교사 관리규정에 따라 행정조치 및 징계한다.

제29조(선교사 사역 및 복무 등) 선교본부 근무 및 파송 선교사의 사역, 인사 및 복무 등에 관한 사항은 별도 규정으로 정한다.

제6장 지역선교부

제30조(목적) 본 선교회가 파송한 선교사의 현지 활동이 체계적이며 능률적인

대내외 사역이 이루어질 수 있도록 지역별·국가별 지역선교부를 둔다.

제31조(지역선교부 명칭) 지역선교부의 명칭은 다음 각호와 같이 한다.
1. 지역선교부는 "고신세계선교회 ○○지역선교부"
2. 지역선교부 내 지부는 "고신세계선교회 ○○지역선교부 ○○지부/팀"

제32조(조직 등) 지역선교부의 조직, 역할, 재정은 지역선교부 운영 매뉴얼로 정한다.

제7장 위원회

제33조(고신세계선교사회) 본 선교회는 선교사들의 친목 도모와 고신선교 발전 및 선교본부와의 긴밀한 협력을 위하여 소속선교사들로 구성한 고신세계선교사회를 둔다.

제34조(선교정책위원회) 본 선교회는 선교업무 전반에 대한 정책과 각종 규정의 자문을 위하여 선교정책위원회를 두며 비상설 위원회로 한다.

제35조(고신세계선교후원교회협의회) 본 선교회는 선교후원교회(단체)들로 구성된 고신세계선교후원교회협의회와 선교후원에 대한 자문, 정보공유 등 선교후원 전반에 관하여 긴밀하게 협력한다.

제36조(현지지도자양성전문위원회) 본 선교회는 해외 현지에서의 선교사 사역을 돕기 위한 지도자를 양성하기 위하여 현지지도자 양성 전문위원회를 둔다.

제37조(멤버케어위원회) 본 선교회는 선교사들의 고충 상담과 케어를 위한 멤버케어원의 운영을 위하여 멤버케어원 내에 멤버케어위원회를 둔다.

제38조(구성과 운영) 위원회의 구성과 운영에 관한 사항은 별도의 규정으로 정한다.

제8장 본부직원

제39조(직원임용) ① 본부장은 이사회의 제청으로 총회 규칙 제22조의 규정에 따라 총회장이 임명한다. ② 본 선교회의 직원은 인사규정이 정하는 바에 따라 이사회의 인준을 얻어 본부장이 임명한다.

제40조(직제 및 복무) 본 선교회의 직제 및 직원 복무에 관하여 필요한 사항은 이사회의 의결을 거쳐 따로 정한다.

제41조(직원의 보수) 본 선교회의 직원은 보수규정이 정하는 바에 따른 보수와 그 밖에 직무수행에 따른 실비를 받는다.

제42조(비밀누설의 금지 등) ① 본 선교회의 임원·직원이나 그 직에 있었던 사람은 직무상 알게 된 비밀을 누설하거나 직무 이외에 이용하여서는 아니 된다. ② 본 선교회는 파송을 받은 선교사나 그 직에 있었던 사람은 직무상 알게 된 비밀이나 개인정보를 누설하거나 직무 이외에 이용하여서는 아니 된다.

제43조(신분보장) 본 선교회의 직원은 인사규정에 따른 당연 퇴직 또는 인사위원회의 징계에 따른 경우를 제외하고는 본인의 의사와 다르게 면직되지 아니한다.

제44조(성과평가) 본 선교회는 선교정책, 사업 추진성과 등에 대하여 매년 성과평가를 실시하고 그 결과를 이사회에 보고하여야 한다.

제45조(근무평정) 본부장은 소속 직원들의 직무수행에 따른 연간성과에 대하여 근무평정을 실시하고 인사 등에 반영하여야 한다.

제9장 자산 및 회계

제46조(자산의 구성) ① 본 선교회의 재산은 기본재산과 보통재산으로 구분한다.

② 기본재산은 다음 각 호와 같다.

1. 기본재산으로 출연한 재산

2. 이사회에서 기본재산으로 편입할 것으로 의결한 재산

3. 기본재산 적립을 목적으로 받은 후원금

③ 보통재산은 기본재산 이외의 재산으로 한다.

④ 국내 및 선교지의 자산에 대한 구성은 별도의 규정으로 정한다.

제47조(재산의 관리) ① 기본재산을 변경하고자 하는 경우에는 이사회에서 재적이사 3분의 2 이상의 의결을 거쳐야 한다.

1. 기본재산의 매도· 증여· 임대 또는 교환

2. 기본재산의 담보

3. 기본재산의 용도변경 또는 의무를 부담하거나 권리를 포기하고자 하는 경우

4. 기본재산 총액에서 차입 당시의 부채총액을 공제한 금액의 100분의 5에 상당하는 금액 이상을 장기 차입하는 경우

② 본 선교회가 매수, 후원(기부채납), 그 밖의 방법 등으로 재산을 취득한 때에는 지체 없이 선교본부의 재산으로 편입조치 하여야 한다.

③ 기본재산의 목록이나 평가액에 변동이 있을 때에는 지체 없이 별지 목록을 변경하여 정관 변경절차를 밟아야 한다.

④ 국내 및 선교지 재산 관리는 별도의 규정으로 정한다.

제48조(재원) 본 선교회의 재원은 일반재정과 선교재정으로 구분한다.

1. 일반재정은 총회지원금, 선교재정 전출금(행정관리비), 이사회비, 선교카렌다 후원금, 국내 선교재산 소득금, 기타 수입으로 하되 행정국에서 관리한다.

2. 선교재정은 교회, 개인, 단체의 선교 후원금과 목적헌금으로 하되 사역지원국에서 관리한다.

제49조(예산 및 결산) ① 회계연도는 총회 회계연도에 따른다. ② 세입세출예산은 매 회계연도의 사업계획과 예산안을 작성하여 사업연도 개시 1개월 전까지 이사회의 승인을 받아야 한다. ③ 세입세출결산은 매 회계연도의 사업실적 및 결산서를 작성하여 해당 회계연도 종료일로부터 2개월 이내에 이사회의 승인을 받아야 한다. ④ 세입세출결산은 매 2년마다 공인회계사의 감사를 받는다.

제50조(특별회계) 본 선교회가 후원 사업을 행하거나 또는 기타 필요한 때에는 이사회의 결의에 따라 특별회계를 둘 수 있으며 제45조의 절차에 따라야 한다.

제51조(감사 등) ① 업무· 회계 및 재산에 대하여는 자체 감사 규칙에 따라 이사회의 지도 감독을 받는다. ② 총회 감사국의 감사와 매 2년마다 실시하는 공인회계사의 감사 및 이사회의 지도 감독 결과 행정상· 재정상의 시정 또는 개선을 요구하거나 비위 관련자에 대한 징계 등 필요한 조치를 요구하면 지체 없이 이행하여야 한다.

제10장 보칙
제52조(정관의 개정) 이 정관을 변경하고자 하는 때에는 재적 이사 3분의 2 이상의 의결을 거쳐 고신총회의 승인을 받아야 한다.

제53조(운영규정) 이 정관의 시행에 필요한 사항은 이사회의 의결을 거쳐 별도의 규정으로 정한다.

제54조(공고) 본 선교회의 연간 모금액 및 활용실적 등 중요한 사항의 공고는 일간신문이나 기독교보 또는 고신총회 및 선교본부 홈페이지에 게재한다.

제55조(준용) 이 정관에 명시되지 아니한 사항은 총회의 지도와 감독에 관한 규칙에 따른다.

부칙 (2022년 11월 14일)

본 정관은 의결일로부터 시행한다.

고신총회세계선교회 시행세칙

2024. 07. 16 개정

제1장 총칙

제1조 (근거) 고신세계선교회 시행세칙은 고신세계선교회 정관에 근거하여 제정한다.

제2조 (목적) 본 시행세칙은 개혁주의 교회 건설을 위하여 총회의 세계선교 실무를 관장하는 고신세계선교회 본부와 지역선교부, 선교지원기관 및 총회가 파송하는 선교사의 인사 및 선교행정, 재정운용과 복지 후생 등에 관한 사항을 규정하는 것을 목적으로 한다.

제2장 고신세계선교회 본부

제3조 (임무) 고신세계선교회 본부는 본부장의 주관하에 총회의 세계선교 업무를 총괄 집행하는 전문기구로서 총회 내외의 전반적인 선교 협력을 도모하고 고신세계선교회의 정관대로 선교정책을 효과적으로 운용한다.

제4조 (인사와 급여)

1. 본부장

본부에는 선교업무의 전문성을 위해 선교사 경력이 있는 본부장 1인을 둔다.

1) 본부장의 자격: 본부장의 자격은 다음과 같다.

(1) 본 총회 소속 목사로서 KPM 선교사 경력 15년 이상인 자

(2) 최근 7년 이내 징계나 기타 결격 사유가 없는 자

2) 본부장의 임기와 선임 절차

(1) 본부장의 임기는 3년이며 1차 연임할 수 있다.

(2) 본부장은 고신세계선교회에 속한 선교사들의 투표로 최다수 득표자 2명과 고신세계선교후원교회협의회에서 선임한 2명을 총회선거관리위원회의 감독하에 이사회에서 2/3 이상 득표자로 선임한다. 단 1차 투표 시 2/3 이상의 득표자가 없을 경우 2차 투표하여 최다 득표자로 선임한다.

(3) 본부장 추천을 위한 투표권은 지역선교부 정회원 선교사에게 부여한다.

(4) 본부장 선임은 본부장의 임기만료 2개월 전에 이사회가 선임하고 총회의 인준을 받아 이사장이 임면 한다.

3) 임무: 본부, 지역선교부, 선교사를 지도, 감독하면서 아래의 임무를 수행한다.

(1) 이사회의 지도하에 총회의 선교 실무를 총괄 집행한다.

(2) 지역선교부와 선교사들의 재정과 사역 상황을 수시로 점검하여 이를 이사회에 보고한다.

(3) 선교정책위원회, 고신세계선교후원교회협의회, 멤버케어위원회, 현지지도자 양성전문위원회, 고신세계선교사회 등과 긴밀하게 협력한다.

(4) 국내외 선교연합기구에 대하여 KPM 본부를 대표한다.

4) 근무: 부부가 함께 근무함을 원칙으로 한다.

5) 급여: 총회 규정에 준한다.

2. 원장

1) 자격: 본부장의 자격에 준하되 직무수행 능력이 인정된 자로 한다.

2) 인선과 임기: 정관 제16조 ④에 의하여 선임하되 임기는 3년으로 하며 연임할 수 있다.

3) 근무: 부부가 함께 근무함을 원칙으로 한다.

4) 급여: 급여는 선교사 규정에 준한다.

3. 국장

1) 자격: KPM 현지인 선교사 경력 6년 이상인 자로 한다.

2) 인선과 임기: 본부장이 지역선교부의 동의를 받아 순환보직 형식으로 선임하고 이사회에 보고한다. 임기는 3년으로 하며 필요시 연장 가능하다.

3) 근무: 부부가 함께 근무함을 원칙으로 한다.

4) 급여: 급여는 선교사 규정에 준한다.

제5조 행정국 (임무) 본부의 사무행정과 일반, 기금 회계 재정을 관리 운영하고 선교사 및 직원 복지와 국내 선교 관련 기관들과의 원활한 협력을 통해 효율적인 KPM의 선교행정이 되도록 지원하여 KPM의 선교목적을 이룬다.

1. 행정실 업무

1) 총회 및 총회 내 각 기관, 교회와의 행정 관련 업무를 담당한다.

2) 정기 이사회 및 상, 하반기 감사 준비 및 총회 보고서를 제출한다.

3) 타 단체들과의 교류 협력 및 협약서를 체결하고 관리한다.

4) 국내 행사 시 관련 사항을 준비하고 전체적으로 지원한다.

5) 일반과 기금 회계의 재무 안정성, 투명성 및 효율성을 관리한다.

6) 이사장 및 본부장의 행정업무를 지원한다.

7) 선교사 경조사 및 병원 관계 행정을 지원한다.

8) 선교관 및 선교사 복지 관련 병원을 개발하고 협력한다.

9) 직원 채용 및 퇴직, 근무 관리, 복지 관련 업무를 담당한다.

10) 선교센터의 전체적인 운영 및 시설을 유지, 보수한다.

11) 동산, 부동산 구입 및 관리를 담당한다.

12) 홈페이지, 앱 및 선교통합행정 시스템 (MTAS)와 센터 내 전산, 방송 설비를 관리한다.

13) 선교센터 관람을 위해 방문하는 자들을 맞이하고 안내한다.

2. 재무실 업무

1) 일반회계, 선교회계와 기금 재정을 규정과 바른 절차에 따라 관리하며 반드시 결재권자의 결재를 통하여 집행한다.

2) 일반, 선교와 기금 재정의 수입과 지출을 담당한다.

3) 사역지원국의 관리하에 선교비의 수입과 지출을 담당한다.

4) 필요시 관련자에게 재정 자료를 제공하여 부서 운영을 지원한다.

5) 선교사 계정을 관리하며 정기적, 또는 비정기적으로 개인별 재정 자료를 제공한다.

6) 모든 재정은 규정과 절차에 따라 투명하게 관리하며 반드시 관련 부서장, 본부장, 회계, 이사장의 결재를 득한 후 지출한다.

제6조 사역지원국 (임무) 선교사들의 현장 사역과 관련된 행정 업무와 선교지의

사역에 관련된 선교회계 재정을 관리 운영함으로써 KPM의 선교목적을 이루며 선교현장 강화에 기여한다.

1. 업무

1) 선교사의 청원 내용을 검토하여 지원하거나 조정하는 업무를 감당한다.

2) 선교사의 사역지 이동이나 신분 변경 등의 행정지원 업무를 감당한다.

3) 선교 회계의 재무 안정성, 투명성 및 효율성을 관리한다.

4) 선교사의 연간 사역 및 재정보고서 검토를 통하여 현장사역을 지원한다.

5) 지역선교부의 활동을 지원한다.

제7조 연구국 (임무) 현대 선교의 큰 흐름과 각 지역부의 상황을 파악 연구하여 총회의 선교정책 수립과 실현에 필요한 자료를 제공하며 보관한다.

1. 업무

1) 이사회나 본부가 필요하다고 인지되는 행정적 혹은 사역적 문제점들을 연구하여 해결책을 제시한다.

2) 각 지역선교부 연구원들의 연구 활동을 위한 방향 제시와 안내, 자료제공과 교환, 결과의 취합과 정리 등을 통하여 정책과 전략을 제시한다.

3) 총회와 자매총회 안에 있는 선교학자들로 구성된 선교연구 기구를 조직하여 연구 활동을 통하여 선교발전에 기여한다.

4) 사역별 네트워크를 구성하여 상호 교류, 정보교환, 기회 제공 등을 통하여 선교사들의 사역적 전문성 향상을 지원하고 사역의 발전을 도모한다.

5) 선교사의 재충전을 위한 안내, 지도, 상담, 정보수집, 제공 등을 한다.

6) 선교 세미나, 포럼, 콘퍼런스, 좌담회, 대회 등의 본부 내 실무를 담당한다.

7) 각종 연구 활동의 결과들을 수집, 정리, 인쇄, 출판한다.

8) 대내외 각종 선교연구 모임에 참석하고 활동한다.

제8조 동원홍보국 (임무) KPM 신임 선교사 발굴과 교단 교회들과 기관들의 선교 동참과 지속적인 헌신을 이끌어 낸다. KPM의 선교목적 성취를 위하여 인적

자원과 물적 동원을 하는 일을 감당한다.

1. 업무

1) KPM 홍보와 인적, 물적 동원 업무를 담당한다.

2) 선교축제를 주관한다.

3) KPM 출판물의 발행을 담당한다.

제9조 훈련국 (임무) 선교사 선발 절차에 따른 훈련과 선교의 저변확대를 위하여 정기적, 비정기적 선교훈련과 교육을 실시한다.

1. 업무

1) 기초선교훈련과정(Basic Mission Training Course, BMTC)을 정기 프로그램과 맞춤형 프로그램으로 실시한다.

2) 중급선교훈련과정(Kosin Mission Training Course, KMTC)을 정기 프로그램과 맞춤형 프로그램으로 실시한다.

3) 선교사 후보 훈련 및 오리엔테이션 과정(Orientation and Training Course, OTC)을 연 1회 3개월 이상 실시한다.

4) 선교사, 후원교회의 선교관계자 및 평신도를 상대로 수시로 훈련을 실시한다.

5) 경력선교사의 재훈련(Leadership training Course, LTC)을 통해 지도력과 선교역량을 강화한다.

제10조 선교훈련원 (임무) 선교훈련에 관련된 업무를 주관한다.

1. 업무

1) 선교사 후보생 최종 선발 시에 훈련결과 보고와 허입 적합 여부에 관한 의견을 이사회에 제출한다.

2) 선교훈련원의 업무를 분장, 조정, 총괄한다.

제11조 멤버케어원 (임무) 멤버케어원의 임무는 선교사 개인과 가족 그리고 선교현장이나 인간관계 속에서 발생하는 영육 간의 문제, 정서 심리 문제 등의 영역

에서 예방적 차원의 돌봄을 제공함으로써 KPM의 건강한 사역현장을 구축하는 것이다.

1. 업무

1) 원장은 멤버케어위원회의 당연직 총무 업무를 수행한다.

2) 선교사 가족(부모, 자녀)을 돌아보고 지원하는 일과 국내 체류 중인 선교사들의 필요에 따라 케어 사역을 담당한다.

3) 케어 관련 연구와 정책개발 등에 힘쓴다.

4) 선교현장에서 긴급하게 발생되는 위기상황에 신속하게 대처한다.

5) 멤버케어 관련 자료를 정리하고 관리하며 철저한 보안을 유지한다.

6) 위기상황 등 사안에 따라 선교국과 공조하여 일차적 케어의 범위를 벗어나 전문적인 케어가 필요할 경우에는 멤버케어위원회와 긴밀히 협력한다.

7) 봄과 가을 각 한 차례씩 본국 사역 선교사들을 위한 회복 프로그램을 실시한다.

8) 선교사 재파송 시 인성 및 심리검사 등의 업무를 주관하여 그 결과를 이사회에 제출한다.

9) 선교사의 은퇴 이후의 삶을 위한 디자인과 실제적인 도움을 제공한다.

제12조(본부재산관리)

1. 고신세계선교회의 재산은 총회의 지도 감독하에서 고신세계선교회가 관리한다.

2. 헌금과 기증으로 구입된 국내 부동산은 법이 허락하는 한 총회유지재단에 편입한다.

3. 국내 부동산의 매도, 증여, 교환, 용도변경, 담보 등의 경우에는 이사 3분의 2 이상 찬성으로 결의하여 총회유지재단의 허가를 받아야 한다.

제3장 지역선교부

제13조 (목적) 고신세계선교회는 체계적, 능률적, 창의적, 그리고 자율적인 선교를 위하여 국가별(지역별)로 지역선교부를 조직하여 현지사역과 대외활동을 하도록 한다.

제14조 (명칭)

1. 지역선교부 명칭은 "고신세계선교회 ( ) 지역선교부"라고 한다.

2. 지역선교부 내의 지부는 "고신세계선교회 ( ) 지역선교부 ( )지부"라고 한다.

제15조 (조직)

1. KPM이 선교전략적, 행정적 목적으로 설정한 특정지역범위 혹은 국가 내에 20 가정(유닛) 내외로 구성된 지역선교부를 조직한다.

2. 지역선교부는 사역공동체인 지부/팀을 둘 수 있다.

3. 지역선교부에는 지역부 운영을 위해 지역선교부장(이하 "지역장"이라 칭함), 행정코디와 재정코디와 연구코디를 두고 이들이 지역선교부의 운영팀이 된다.

4. 제15조 제3항에 규정한 조직의 직무는 다음 각호와 같다.

1) 지역장: 지역선교부를 대표하며 운영팀장을 겸하고 지역선교부 정책 기획·조정, 행정 총괄 업무를 담당한다.

2) 행정코디: 지역장 유고시 직무를 대행하며, 행정 업무, 회의록 작성·보존, 문서 생산 및 보존관리를 담당한다.

3) 재정코디: 지역선교부 재산관리, 재정 운용 및 본부에 재정 상황 보고를 담당한다.

4) 연구코디: 지역 연구를 통한 고신총회세계선교회의 정책과 전략 개발에 협력하고, 어젠다 개발을 담당한다.

5. 제15조 제3항에 규정한 조직의 자격과 임기 및 선출 방법은 다음과 같다.

1) 운영팀 선출은 임기종료 3개월 이전에 본부와 지역선교부가 협의하여 실시하며 운영팀원의 유고 시 본부와 협의하여 보선한다.

2) 지역장: KPM 현지 선교경력 10년 이상인 자로 지역선교부 정회원 투표로 선출하며 임기는 3년으로 하고 1회 연임할 수 있다.

3) 행정코디, 재정코디: 정회원 투표로 선출하며 임기는 3년으로 하고 1회 연임할 수 있다.

4) 연구코디: 지역장이 선임하며 임기는 3년으로 하고 1회 연임할 수 있다.

5) 모든 코디는 당해 코디에서 임기가 만료되면 다른 코디가 될 수 있다.

제16조 (부원)

1. 구성

1) 정부원

고신세계선교회가 파송한 목회자 선교사, 부인 선교사, 전문인 선교사, 여성 (독신) 선교사로서 언어와 문화적응 훈련을 마치고 지역선교부에서 정부원으로 인준을 받은 자

2) 준부원

언어와 문화적응 훈련 중인 선교사, 자비량 선교사, 단기 선교사로서 지역선교부에서 준부원으로 인준을 받은 자

2. 의무

1) 모든 부원은 지역선교부의 결의를 준수해야 한다.

2) 모든 부원은 정기회의에 참석해야 한다.

3) 모든 부원은 지역선교부 운영세칙을 준수해야 한다.

4) 모든 부원은 파송 시 지역선교부에 제출한 서약서의 서약사항을 준수해야 한다.

3. 권리

1) 지역선교부의 결의에 의하여 권리가 주어진다.

2) 정부원은 선거권과 피선거권이 있다(준부원은 언권만 있다).

제17조 (임무)

1. 고신세계선교회 선교정책과 현지상황에 맞는 선교전략을 수립한다.

2. 현지의 선교재정과 재산을 관리한다.

3. 매년 연말에 사역과 재정을 보고한다.

4. 소속한 선교사들이 정기적으로 본부와 후원자에게 사역 보고를 하도록 지도한다.

5. 소속 선교사들의 사역방향과 임무를 부여하고 지도 감독한다.

6. 선교사의 임지배정과 이동 및 휴가에 관한 사무를 맡는다.

7 선교사의 사역을 평가한다.

8. 선교사의 재파송에 대한 동의여부를 결의한다.

9. 본부에서 위탁한 선교사 후보생의 현지교육이나 훈련을 실시하고 평가한다.

10. 선교사 후보생의 파송 동의 여부를 결의한다.

11. 신임 선교사의 언어와 문화적응 훈련을 지도하고 평가한다.

12. 회의록, 선교사 명부, 선교사 개인자료, 사역일지, 선교전략 계획서, 보고서 등 기본 문서를 보관한다.

13. 교회법이나 신학적인 문제가 제기될 때에는 이사회의 지도를 받는다.

제18조 (기본정책)

1. 현지교회당이나 기타 건축 혹은 프로젝트는 가능한 현지자원으로 시행하는 것을 원칙으로 한다.

2. 한 선교지에 가능한 세 가정 이상의 선교사를 파송하여 상호 협력하여 팀으로 사역하도록 하고, 사역에 필요한 주요 정책은 지역선교부와 협의하여 시행한다.

3. 지역선교부는 채택된 선교목표를 달성하기 위하여 3년 단위의 전략을 수립하고, 매년 평가하고 조정하여 그 내용을 본부에 보고한다.

제19조 (재정과 재산관리) 지역선교부(선교사)는 선교비의 합리적 관리를 위해 반드시 회계장부와 증빙철 및 부동산 등기서, 기타 필요한 장부를 비치하여 그 기록을 보존해야 하며, 필요시 그 자료 일체를 본부에 제시해야 한다.

1. 재정

1) 지역선교부의 재정은 본부지원금과 기타헌금과 현지에서 발생하는 수입으로 한다.

2) 선교사에게 정기적으로 송금되는 사역비는 원칙적으로 지역선교부가 관리한다.

3) 선교사가 국내외 교회 및 단체(개인)로부터 정기 혹은 비정기적으로 직접 수령한 헌금은 의무적으로 지역선교부와 고신세계선교회에 보고해야 하며, 그 선교비는 지역선교부 관리하에 사용해야 한다.

2. 재산

1) 국내외 교회와 단체(개인)들의 헌금으로 구입한 부동산 일체

2) 선교비로 구입한 선교장비 일체

3) 부동산은 원칙적으로 법인체를 구성하여 총회유지재단 명의로 등기해야 하며, 그렇지 못할 경우에는 등기명의자와 관계없이 현지 등기명의자와 지역선교부장 및 관계자가 그 등기소유권이 고신세계선교회에 있음을 확인하는 확인서와 등기사본을 첨부하여 고신세계선교회에 제출해야 한다.(법인체 구성이 어려운 국가나 지역에서는 선교사의 공동명의로 등록을 해야 한다.)

4) 지역선교부(선교사)는 선교장비 대장을 비치하여 소속 선교사의 선교장비를 기록 보존하며 그 실태를 정기적으로 고신세계선교회에 보고해야 한다.

5) 선교지의 재산은 종국적으로 현지교회를 위해 사용되는 것이 바람직하므로 이전할 준비를 항상 갖추고 있어야 하며, 그 절차는 반드시 고신세계선교회와 협의해야 한다.

6) 선교사가 본국사역과 휴직, 기타의 사유로 현지를 떠날 때는 선교장비 일체를 지역선교부와 상의하여 그 사용을 결정한다.

7) 선교사는 규정에 따라 재산을 등록 관리하고 현지 자산관리를 성실히 수행해야 한다. 책무를 이행하지 않는 자는 선교비 송금을 잠정적으로 중단할 수 있다.

제20조 (현지교회 및 선교단체와의 관계)

1. 신앙고백을 같이하는 현지인 교회가 없는 곳에서는 고신세계선교회의 목적에 부합한 교회를 설립하여 노회와 총회가 조직되도록 노력한다.

2. 고신세계선교회와 신앙고백을 같이 하는 선교단체 혹은 현지인 교회가 있을 경우에는 적극적으로 협력하도록 노력한다.

3. 선교사는 현지 한인교회의 요청에 의하여 사역을 협력할 수 있으며, 선교사의 신분으로 협력하되 지역선교부와 협의하고 고신세계선교회의 사전 승인을 받아야 한다.

제4장 위원회

제21조 고신세계선교사회 (목적) 고신총회의 세계선교를 효과적으로 감당하기 위해 고신선교사들 간의 친목도모, 상호교류, 정보교환, 선교연구 등을 통하여 총회 선교 발전에 기여함을 목적으로 한다.

1. 조직과 활동

조직과 활동은 회칙을 제정하여 시행하며, 회칙은 이사회의 승인을 받아야 한다.

제22조 선교정책위원회 (임무) 선교정책위원회는 세계선교에 관해 연구, 기획, 정책개발 하여 고신총회세계선교회에 제안한다.

1. 구성: 선교학자, 경력선교사, 교회사학자, 후원교회대표로 구성하되 20명 이내로 한다.
2. 인선과 임기: 위원은 본부장과 이사회 임원회의 추천으로 이사장이 위촉하고, 위원장은 위원회에서 호선하여 이사회의 인준을 받고, 임기는 3년이며 연임할 수 있다.

제23조 고신세계선교후원교회협의회 (목적) ① 후원교회들의 상호 교류, 격려, 동원, 정보교환, 연구, 헌금 등을 통하여 총회선교가 보다 효과적으로 이루어질 수 있도록 지원한다. ② 고신세계선교회와 긴밀하게 협력하여 각종 행사나 사역에 동반자로 참여한다. ③ 총회 교회들을 대상으로 선교를 홍보하고 독려하여 총회선교에 보다 적극적으로 참여하도록 선도한다. ④ 총회 내 각급 기관, 단체, 조직 등에 구성원으로 적극 참여하여 그 기관, 단체, 조직의 고유 사역을 통해 최종 목적이 선교로 이어지도록 노력한다.

1. 운영

고신세계선교후원교회협의회는 자체 규정에 의하여 운영한다.

2. KPM 운영 참여

고신세계선교후원교회협의회는 KPM 정관과 시행세칙에 따라서 KPM 운영에 참여한다.

제24조 현지지도자양성전문위원회(목적) 고신세계선교회 정관 제1장 제3조의 "예수님의 지상명령에 따라 전 세계에 선교사를 파송하여 가능한 모든 방법을 동원하여 개혁주의교회를 설립하는 것"을 이루기 위한 필수적 전략 목표인 현지지도자 양성을 지원하는 것을 그 목적으로 한다.

1. 운영

현지지도자양성전문위원회는 자체 규정에 의하여 운영한다.

제25조 멤버케어위원회 (목적) 멤버케어위원회의 목적은 선교사를 전인적으로 돌보고 세워주어 가정과 선교현장에서 영적으로 건강할 뿐 아니라 사역도 원활하게 할 수 있도록 지원하기 위함이다.

1. 임무

1) 선교사들의 심리검사와 개인의 필요를 위한 전반적 돌봄을 제공한다.

2) 선교사들이 영육 간 문제, 정서적, 도덕적인 위기 상황에 대처해 갈 수 있도록 지원과 돌봄을 제공한다.

3) 본부의 멤버케어원과 긴밀하게 협력하여 행정적으로 실제적인 도움을 제공한다.

2. 구성: 의료전문가, 상담전문가, 목회자 및 선교사로 구성하되 20명 이내로 하며, 총무 한 명을 두어 실무를 담당케 한다.

3. 인선과 임기: 위원은 본부장과 이사회 임원회의 추천으로 이사장이 위촉하고, 위원장은 위원회에서 호선하여 이사회의 인준을 받고, 임기는 3년이며 연임할 수 있다.

4. 모임: 연 2회 정기모임을 가지며 긴급을 요할 시에 임시모임을 가질 수 있다.

제5장 선교사 인사행정

제26조 선교사 구분과 선발

1. 선교사 구분은 목회자 선교사, 부인 선교사, 독신 선교사, 전문인 선교사, 자비량 선교사, 단기 선교사로 하며 목회자/부인/독신/전문인 선교사는 정회원 선

교사이고 자비량/단기 선교사는 준회원 선교사다.

2. 선교사 선발은 정기적, 비정기적으로 시행한다.

3. 고신세계선교회의 정책과 전략에 의하여 선발한다.

4. 정회원 선교사는 매년 10월 31일을 기준으로 정기적으로 공모한다.

5. 준회원 선교사는 수시로 선발한다.

6. 단기 선교사는 사역지원국 소속으로 한다.

제27조 선교사 지원, 인준, 파송

1. 신분 자격

1) 본 총회와 해외 자매총회에 소속한 자

2) 본 총회의 표준 교리와 정치에 전적으로 동의하는 자

3) 선교적 소명이 객관적으로 확인된 자

2. 목회자 선교사

1) 지원 자격

(1) 고려신학대학원 목회학(Mdiv) 전공 졸업자나, 선교전공 졸업자는 지원할 수 있다. 선교 전공과 고려신학대학원 선교학 신학석사(Th.M) 졸업자는 BMTC 와 KMTC 훈련을 이수한 것으로 인정한다.

(2) 40세 이하인 자 (선교지 경험이 있고 선교지 언어에 탁월한 자로서 지역선교 부의 추천이 있는 경우는 예외로 한다)

(3) 소속 노회의 결의에 의하여 선교사로 추천받은 자

(4) 목회 경력자

(5) 영어나 현지어로 의사소통이 가능한 자

2) 제출서류

(1) 선교사 지원서(소정양식) 1부

(2) 선교사 지원동기(A4 5매 이내) 1부

(3) 노회장(노회 또는 노회임원회 결의) 추천서 1부

(4) 최종학교 졸업증명서 및 성적증명서 1부(대학원 졸업자는 대학 성적증명서도

포함)

(5) 가족 전원 건강진단서(종합건강진단서 기준) 1부

(6) 가족관계증명서 1부

(7) 증명사진 3매

(8) TOEFL 또는 IELTS, TEPS, TOEIC 점수 중 택일

(9) 목회자의견서(소정 양식) 1부

(10) 선교훈련 과정 이수 증명서 1부

(11) 고려 신학대학원 교수회 의견서(목회자 선교사) 1부

(12) 심리 검사서(지정기관)

3) 인준 및 파송 절차

(1) 서류심사

(2) 면접 – 본부와 이사장

(3) 오리엔테이션(OTC) 과정 이수

(4) 현지 지역선교부 파송 동의

(5) 최종 면접 및 인준(이사회)

위의 전 과정을 충족한 선교사후보생은 선교사로 인준한다.

(6) 후원금 모금(선교사로 허입된 이후 가능)

고신세계선교회가 규정하는 적정선교비를 모금해야 한다. (후원약정서 제출)

(7) 인준보류 및 취소

심각한 결격사유 발생 시, 선교사 인준을 보류 혹은 취소할 수 있다.

(8) 신분 효력 발생

선교사로 인준받은 사람은 파송예배 시 임명장을 받은 날로부터 신분 효력이 발생된다.

(9) 파송예배

• 선교사 파송예배는 고신세계선교회가 주관한다.

• 선교사 파송예배 일시 및 장소는 파송될 선교사의 형편을 고려하여 결정한다.

• 선교사는 파송예배에 앞서 출국(입국)에 따른 수속과 절차가 완료돼 있어야 한다.

- 선교사 파송예배 때 선교사는 사역기간 계약서, 선교사 서약서, 유언서, 후원교회는 후원서약서에 각각 서명하여 이사장에게 제출한 후 총회장이 임명장을 수여한다.

3. 부인 선교사

1) 지원 자격

(1) 목회자 선교사 지원자의 부인

(2) BMTC와 KMTC 이수자 (단, 선교훈련원에서 인정하는 과정으로 대체할 수 있음)

- 고려신학대학원 선교교육원 이수자(BMTC와 KMTC 수료 인정)
- 고려신학대학원 선교학 석사(Th.M) 과정 졸업자(BMTC와 KMTC 수료 인정)
- 고신대학교 국제문화선교학과 졸업자(BMTC와 KMTC 수료 인정)
- 고신대학교 선교대학원 선교전공 졸업자(BMTC 수료 인정)
- 고신대학교 일반대학원 선교전공 졸업자(BMTC 수료 인정)
- 고신대학교 태권도선교학과 졸업자(BMTC 수료 인정)
- 고신대학교 부설 전문인선교학교 수료자(BMTC 수료 인정)
- 고신의료선교훈련원 수료자(BMTC 수료 인정)
- 선교훈련원이 인정하는 기타 대체 과정은 심사 후 결정

2) 제출서류: 목회자 선교사와 동일하게 한다. 단, (3)항은 당회장추천서로 하며 (11)항은 제외한다.

3) 인준 및 파송절차: 목회자 선교사와 동일하게 한다.

4) 부인 선교사의 신분 변경

(1) 남편 목회자 선교사의 유고 시 부인 선교사가 선교사역을 계속하고자 할 경우에는 독신 선교사로 재파송받아야 한다. 단, 선교경력은 인정되며 선교비 항목 중에서 주택비와 자녀교육비는 동일하게 지급한다.

4. 독신 선교사

1) 지원 자격

(1) 40세 이하인 자(선교지 경험이 있고 선교지 언어에 탁월한 자로서 지역선교

부의 추천이 있는 경우는 예외로 한다)

(2) 2년 이상 소정의 개혁주의 신학교육을 받은 자

(3) 소속교회(당회)의 결의에 의해 선교사로 추천을 받은 자

(4) BMTC와 KMTC 이수자 (단, 선교훈련원에서 인정하는 과정으로 대체할 수 있음)

- 고려신학대학원 선교교육원 이수자(BMTC와 KMTC 수료 인정)

- 고려신학대학원 선교학 석사(Th.M) 과정 졸업자(BMTC와 KMTC 수료 인정)

- 고신대학교 국제문화선교학과 졸업자(BMTC와 KMTC 수료 인정)

- 고신대학교 선교대학원 선교전공 졸업자(BMTC 수료 인정)

- 고신대학교 일반대학원 선교전공 졸업자(BMTC 수료 인정)

- 고신대학교 태권도선교학과 졸업자(BMTC 수료 인정)

- 고신대학교 부설 전문인선교학교 수료자(BMTC 수료 인정)

- 고신의료선교훈련원 수료자(BMTC 수료 인정)

- 선교훈련원이 인정하는 기타 대체 과정은 심사 후 결정

(5) 영어나 현지어로 의사소통이 가능한 자

2) 제출서류: 목회자 선교사와 동일하게 한다. 단, (3)항은 당회장추천서로 하며 (11)항은 제외한다.

3) 인준 및 파송 절차

목회자 선교사와 동일하게 한다.

4) 독신선교사의 신분변경

독신 선교사가 결혼하고 선교사역을 계속하기를 원할 경우 목회자 또는 전문인 선교사로 재파송받아야 한다.

5. 전문인 선교사

1) 지원 자격

(1) 60세 이하로 전문 직종의 자격증 소지자와 현지 선교사역 경력자 및 타당성 이 있다고 판단되는 자.

(2) 소속교회(당회)의 결의에 의해 선교사로 추천을 받은 자

(3) BMTC와 KMTC 이수자(단, 선교훈련원에서 인정하는 과정으로 대체할 수 있음)

- 고려신학대학원 선교교육원 이수자(BMTC와 KMTC 수료 인정)
- 고려신학대학원 선교학 석사(Th.M) 과정 졸업자(BMTC와 KMTC 수료 인정)
- 고신대학교 국제문화선교학과 졸업자(BMTC와 KMTC 수료 인정)
- 고신대학교 선교대학원 선교전공 졸업자(BMTC 수료 인정)
- 고신대학교 일반대학원 선교전공 졸업자(BMTC 수료 인정)
- 고신대학교 태권도선교학과 졸업자(BMTC 수료 인정)
- 고신대학교 부설 전문인선교학교 수료자(BMTC 수료 인정)
- 고신의료선교훈련원 수료자(BMTC 수료 인정)
- 선교훈련원이 인정하는 기타 대체 과정은 심사 후 결정

(4) 영어나 현지어로 의사소통이 가능한 자

(5) 1년 이상 소정의 개혁주의 신학교육을 받은 자는 우대한다.

2) 제출서류

목회자 선교사와 동일하나 (3)항은 당회장추천서로 하며 (11)항은 제외한다.

3) 인준 및 파송 절차

목회자 선교사와 동일하게 한다.

4) 전문인 선교사의 신분 변경

(1) 부부 중 전문성을 가진 선교사의 유고 시 배우자 선교사가 그 사역을 계승할 능력이 인정되고 본인의 의지가 있을 경우에는 재파송받아야 한다. 단, 선교 경력은 인정되며 선교비 항목 중에서 주택비와 자녀교육비는 동일하게 지급한다.

(2) 부부 중 전문성을 가진 쪽의 선교사가 은퇴하면 배우자 선교사도 동시에 은퇴된다.

6. 자비량 선교사

1) 사역: 다양한 방법으로 전도하고 가르치나 정회원 선교사와 팀을 이루어 협력하여 사역하는 것을 원칙으로 한다.

2) 지원 자격

(1) 65세 이하로 선교사역에 적합하다고 인정이 되는 자

(2) 선교비 자부담 능력이 인정되는 자

(3) BMTC와 KMTC 이수자 (단, 선교훈련원에서 인정하는 과정으로 대체할 수 있음)

- 고려신학대학원 선교교육원 이수자(BMTC와 KMTC 수료 인정)
- 고려신학대학원 선교학 석사(Th.M) 과정 졸업자(BMTC와 KMTC 수료 인정)
- 고신대학교 국제문화선교학과 졸업자(BMTC와 KMTC 수료 인정)
- 고신대학교 선교대학원 선교전공 졸업자(BMTC 수료 인정)
- 고신대학교 일반대학원 선교전공 졸업자(BMTC 수료 인정)
- 고신대학교 태권도선교학과 졸업자(BMTC 수료 인정)
- 고신대학교 부설 전문인선교학교 수료자(BMTC 수료 인정)
- 고신의료선교훈련원 수료자(BMTC 수료 인정)
- 선교훈련원이 인정하는 기타 대체 과정은 심사 후 결정

(4) 노회장(노회 또는 노회임원회 결의)이 추천한 자(평신도는 당회 결의로 당회 장이 추천한 자)

(5) 평신도일 경우, 1년 이상 소정의 개혁주의 신학교육을 받은 자는 우대한다.

3) 제출서류

목회자 선교사와 동일하나 (3)항은 당회장추천서로 하며 (10)항은 제외한다.

4) 인준 및 파송 절차

(1) 목회자 선교사에 준한다.

(2) BMTC와 KMTC를 이수하고 선임된 자는 OTC 훈련을 이수해야 한다.

(3) 선교현장에서 KPM 단기선교사 과정을 마친 자는 KMTC 훈련을 이수한 것 으로 인정하고 OTC 훈련을 이수해야 한다.

5) 관리

(1) 사역, 행정, 재정 관리는 지역선교부의 지도를 받고 사역비와 기타 재정 청원 은 본부의 지도를 받아야 한다.

(2) 매년 1차 지역선교부와 본부에 사역을 보고한다.

(3) 본부는 매 3년마다 자비량 선교사의 신분 지속 여부를 심의한다.

7. 단기 선교사

1) 사역: 정회원 선교사의 지도하에 사역하되, 지역선교부가 없는 전략지역으로 파송을 받을 경우에는 선교훈련원의 지도하에 사역할 수 있다.

2) 지원 자격

(1) 20세 이상 70세 이하로 선교사역에 적합하다고 인정되는 자

(2) 소속노회 결의에 의해 선교사로 추천받은 자 (평신도는 당회 결의로 당회장이 추천한자)

(3) BMTC 이수자

3) 제출서류

(1) 자비량 선교사에 준하나 다음의 서류를 첨가한다.

(2) 미혼자일 경우에는 부모 혹은 보호자의 동의서 1부

(3) 재정 증명서는 사역 기간 중 생활비에 대한 대책을 증명해야 함

(4) 심리 검사서(지정기관)

4) 인준 및 파송 절차

BMTC를 이수하고 훈련원에서 정한 오리엔테이션 과정을 통과하고 이사회에 보고 후 파송을 받는다.

제28조 타 기관 출신 선교사 허입

1. 건전한 선교기관에서 5년 이상 선교사로 봉사했던 사람이 고신세계선교회의 선교사로 지원할 경우에는 BMTC, KMTC 이수를 면제한다. 단 현지선교부의 동의서를 받아야 한다.

2. 인준 및 파송 절차는 제27조에 따른다.

3. 현재 타 선교기관에 소속하여 사역 중인 현장경력선교사를 고신세계선교회의 이중 소속 선교사로는 허입하지 않는다.

4. 타 협력선교기관에서 고신세계선교회에 신임선교사를 위탁 파송 요청할 경우

에는 파송 절차를 거쳐 본부의 심의와 이사회의 승인을 받아 허락한다.

제29조 선교사 소속

1. 선교사는 이사회에서 선교사로 인준받는 날부터 고신세계선교회에 속한다.
2. 선교사는 고신세계선교회의 선교정책과 행정을 따라야 한다.
3. 원주민 선교사가 교포교회 총(노)회의 관할지역에 파송될 경우, 사역적 협력은
   할 수 있으나 행정통제는 받지 않는다.

제30조 선교사의 위탁 파송

1. 고신세계선교회는 사역적 혹은 지역적 특성으로 타 협력선교기관에 선교사를
   위탁하여 파송할 수 있다.
2. 타 협력선교기관에 위탁하여 파송할 경우에는 먼저 해당 선교기관과 협약서
   를 체결하고 그에 따라서 파송한다.
3. 경력선교사가 타 선교기관에 위탁 파송을 요청할 경우, 본부는 그 필요성과 효
   과를 신중히 검토한 후 이사회의 승인을 받아 시행한다.
4. 위탁하여 파송받은 선교사는 사역적으로는 협력선교기관에 위탁되었으나 그
   소속은 고신세계선교회이며, 임의로 협력선교기관을 이탈하거나 협약을 변경
   하거나 위반하였을 경우에는 행정조치를 받는다.

제31조 출국 및 정착 보고

1. 임명장을 받은 선교사는 그날로부터 1개월 이내에 출국하는 것을 원칙으로 한다.
2. 선교사의 출국 운송 짐은 간소해야 한다.
3. 선교사는 출국 전에 출국신고, 병역(예비군), 민방위, 의료보험, 개인채무 관계
   등 국내의 개인적인 일과 공적인 일을 명료하게 처리해야 한다.
4. 선교사는 임명장과 서약서 사본을 지역선교부에 제출하고 도착 후 최단 기일
   안에 본부에 정착보고를 해야 한다.

제32조 신임선교사의 현지 적응

1. 신임선교사는 현지 정착 후 지역선교부의 지도하에 2년간 현지 언어와 문화 적응 훈련에 집중해야 한다. 단, 지역선교부 결의에 따라 이 기간을 조정할 수 있다.

2. 지역선교부는 신임선교사의 현지 적응을 연 2차 정기 평가하고 그 결과를 본부에 보고해야 한다.

3. 신임선교사는 지역선교부의 현지 적응 훈련 평가에 합격한 후 정부원이 될 수 있다.

4. 신임선교사는 2년간의 현지 적응 훈련기간 중에는 현지를 비우지 않는 것을 원칙으로 한다.

제33조 경력선교사 재배치

1. 고신세계선교회는 필요시 정책이나 전략을 따라서 한 텀(Term) 이상 사역을 마친 선교사를 재배치할 수 있다.

2. 재배치는 기존 지역선교부, 본부, 재배치 예정 지역선교부의 합의와 협력을 통하여 시행한다.

3. 재배치한 경력선교사는 재배치 즉시 지역선교부의 정부원이 된다.

4. 재배치한 선교사는 필요시 지역선교부의 안내와 지도로 현지 언어와 문화적응 훈련 기간을 별도로 가진다.

제6장 선교사의 사역

제34조 선교사역 원칙

1. 선교사역(언어훈련 포함)은 총회의 정책과 지역선교부의 선교전략을 따라야 한다.

2. 선교사역은 지역선교부의 주관하에 공동의 목표를 가지고 협력하여 사역하는 것을 원칙으로 한다.

3. 선교사는 고신세계선교회가 승인한 사역을 현지선교부의 지시를 따라 수행해야 한다.

4. 선교사가 특수한 지역에서 비자 획득, 신분 유지 등의 불가피한 이유로 영리 활동을 하고자 할 경우, 지역선교부의 의결을 거쳐 고신세계선교회의 허락을 받아야 하며, 그 수익금은 지역선교부가 관리한다.

5. 선교사는 어떤 명분으로든지 선교사역과 직접적인 관계가 없는 현지 정치단체 및 그와 유사한 활동에 가담할 수 없다.

6. 위탁 선교사는 사역상 초교파 선총회체에 위탁되어 있을지라도 본 총회의 선교정책인 개혁주의교회 건설에 주력해야 하며, 본 총회 선교행정과 규정에 따라 사역함을 원칙으로 한다.

7. 선교사는 현지 사역기간 중에는 개인적으로 학위 취득을 위한 공부를 시작할 수 없다. 단 인재양성과 사역의 전문화를 위하여 1텀 이상 사역한 선교사가 청원하면 지역부의 동의와 고신세계선교회의 승인에 따라 본인의 사역에 방해가 되지 않는 범위 안에서 인텐시브 학위 과정만을 할 수 있다.

8. 선교사는 본부와 후원교회에 선교기도편지를 분기별로 (연 4회 이상) 보내야 한다.

9. 자비량 선교사와 단기 선교사는 지역선교부의 지도 아래 정회원 선교사들의 사역을 지원하여 사역하며 독립적으로 사역하지 않는 것을 원칙으로 한다.

10. 선교사는 매년 연말에 정기 보고서를 제출해야 한다.

제35조 선교사의 사역 기간, 평가, 재파송

1. 선교사의 사역 기간은 한 기(TERM)를 6년으로 한다.

2. 선교사는 사역 기간 만료 3개월 전에 본인의 사역 평가서를 지역선교부와 본부에 제출해야 한다.

3. 지역선교부는 사역 기간이 만료된 선교사의 대한 사역평가서를 본부에 제출해야 한다.

4. 한 기를 마친 선교사는 지역선교부의 동의와 이사회의 승인을 받아 재파송 한다.

5. 고신세계선교회의 재파송 승인은 선교사의 본국사역 시작일로부터 6개월 이내에 결정하는 것을 원칙으로 한다.

6. 사역기간이 끝난 선교사가 이사회의 승인 없이 재파송 절차를 진행하지 않으면 선교비 송금을 잠정적으로 중단한다.

제36조 사역지(선교지)

1. 모든 선교사의 사역지는 고신세계선교회가 지정한 국가 경내에 제한한다. 단, 종족 및 영역 중심의 사역이 필요할 때는 예외로 한다.

2. 동일 국가 내에서의 사역지 변경은 지역선교부 운영팀이 조정할 수 있으며, 그 결과를 본부에 보고해야 한다.

3. 동일 지역선교부 내의 다른 국가일 때는 지역선교부 운영팀이 본부와 협의 후 이사회의 승인을 받아야 한다.

제7장 일시 이동 및 귀국

제37조 선교사의 일시 이동 및 귀국

선교사가 사역 기간 중에 이동 및 귀국을 경우에는 지역선교부의 운영팀에서 결정하고 그 사유를 본부에 보고해야 한다. 단, 경비를 청원해야 할 경우에는 본부의 허락을 받아야 한다.

1. 사유

일시 이동 및 귀국은 다음 사항에 한하며, 단 지역선교부장의 동의가 있어야 한다.

1) 직계가족(친형제 포함)의 경조사

2) 현지에서 출산이 어려울 때

3) 비자(VISA) 연장 및 갱신(단, 선교지에서 최근 거리의 국가)

4) 의사진단에 의한 긴급치료 및 1개월 이상의 계속적인 입원 치료가 필요할 때

5) 현지에서 긴급 사태가 발생할 때(추방, 천재지변, 전쟁, 불안정한 정치적 상황 등)

6) 선교사 자녀 케어를 위해 필요한 경우

7) 기타 사항은 지역선교부 운영매뉴얼로 정하고 필요시 본부와 협의하여 시행한다.

2. 기간

1) 일시귀국 및 이동기간은 선교지 출발일로부터 선교지 귀임 일까지 15일로 한다.

2) 일시귀국 및 이동 기간을 연장할 수는 있으나 전체 체류 기간이 30일을 초과할 수 없다. 단 연장이 필요할 경우 본부의 허락을 받는다.

3) 일시귀국은 연 2차에 한한다.

3. 경비

1) 선교사의 일시귀국 및 이동 사유가 개인적일 경우 그에 따른 소요 경비는 본인이 부담한다.

2) 선교사가 제1항 2), 3), 4)의 사유로 일시귀국 및 이동할 경우 경비는 개인계정에서 지출하고, 5)의 경우에는 비상금에서 지출한다.

4. 제한

선교사의 일시귀국 및 이동은 원래 허락받은 사유, 기간 및 장소로 제한한다.

제8장 행정조치

제38조 선교사의 권징

모든 선교사는 총회의 헌법, 권징조례, 고신세계선교사회 정관, 시행세칙, 지역선교부 운영세칙, 그리고 선교사 서약을 준수할 책임이 있다.

1. 선교사가 지역선교부의 협력 체제에 위해하는 행동을 할 경우 고신세계선교회는 지역선교부와 협의하여 해당 선교사를 경고한다.

2. 선교사가 정당한 사유 없이 연말 정기보고를 제출하지 않을 경우 경고한다.

3. 선교사가 정당한 절차를 통하지 않고 개인 모금을 할 때는 경고한다.

4. 선교사가 개별적으로 수령한 선교비를 본부에 보고하지 않거나 제3장 19조 2항에서 발생한 이익금을 지역선교부의 관리하에 두지 않고 임의로 사용할 경우 경고한다.

5. 선교사가 지역선교부를 존중하지 않고 선교사 신분으로서 개인행동을 할 경우 그 형편을 신중하게 살펴서 경고한다.

6. 선교사가 고신세계선교회의 승인을 얻지 않고 선교후원금으로 부동산을 매입하여 개인소유로 등록할 경우 경고하고 가장 가까운 시간 안에 현지법인체 이

름으로 명의 변경하거나 가장 객관적인 안전장치를 마련한다.

7. 시행세칙 제2장 제4조 1) (2) 최근 7년 이내 징계나 기타 결격 사유가 없는 자라 함은 헌법 권징조례 제11조 1항 (4) '정직' 이상의 시벌에 준한다.

제39조 선교사의 해임

1. 선교사가 허락 없이 계속 1개월 이상 선교지를 이탈할 경우 선교사직을 해임한다.

2. 사역기간(6년) 내에 3회 이상의 경고를 받은 자는 해임한다.

3. 선교사가 고신세계선교회와 협약을 체결하여 위탁 파송한 단체를 임의로 이탈하거나 계약을 위반했을 경우 해임한다.

4. 선교사가 서약을 위반하거나 선교사의 품위 및 총회의 명예를 실추시켰다고 인정될 때 해임한다.

5. 선교사가 고신세계선교회 정관이나 시행세칙을 위반하고 행정질서를 문란케 할 경우 해임한다.

6. 고신세계선교회는 선교사를 해임할 경우 그 사유를 첨부하여 소속 노회에 통보한다.

제9장 휴가, 병가, 휴직, 사임, 복직과 재 허입, 은퇴

제40조 휴가

1. 신임선교사는 휴가를 일 년에 15일간 가질 수 있으며 근무 연수에 따라 매 2년마다 1일씩 추가할 수 있다. 그러나 최대 25일을 초과하지는 못한다.

2. 휴가 기간 중 사역국가를 벗어날 때는 지역선교부 운영팀에 일정을 보고해야 한다.

제41조 병가

1. 선교사가 의사진단에 의하여 1개월 이상의 요양이나 치료가 필요할 경우 병가를 신청할 수 있다.

2. 선교사의 병가 장소는 국내에 제한하는 것을 원칙으로 한다.

3. 선교사의 병가는 3개월 이내를 원칙으로 하되, 1차에 한하여 연장할 수 있으며, 6개월 이상의 병가는 휴직으로 처리한다.

제42조 휴직

1. 선교사가 신병으로 6개월 이상의 치료가 필요하다는 의사의 진단이 있을 경우와 기타 사유로 3개월 이상 현지사역이 불가능할 경우 휴직해야 한다. 휴직 신청서는 휴직 시작일로부터 최소 30일 이전에 제출한다.

2. 휴직기간에는 모든 예우를 중지한다. 그러나 신병에 따른 휴직기간에는 규정된 국내 생활비의 70%를 지급하고 치료에 필요한 제반 편의를 제공한다.

3. 휴직기간은 1년 이내로 하며 연장 시 본부의 허락을 얻어야 한다.

제43조 사임

1. 선교사는 개인적인 사유로 사임할 수 있다. 사임 신청서는 사임 시작일로부터 최소 30일 이전에 제출한다.

2. 선교사가 신병으로 1년 이상의 장기치료를 요하는 경우나 형편상 계속적인 선교사역이 어렵다고 판단될 경우 그 상황을 신중히 검토한 후 사임으로 처리한다. 신병으로 사임할 경우 최대 1년까지 치료에 필요한 제반편의를 지원할 수 있다.

3. 선교사가 선교지와 후원단체의 환영을 받지 못하거나 능력면에서 부적격자로 판단될 경우 권면하여 사임케 할 수 있다.

제44조 복직과 재 허입

1. 휴직 선교사의 복직

1) 휴직상태에 있는 선교사가 복직을 희망할 경우 복직청원서를 본부에 제출해야 한다.

2) 본부는 복직청원서를 접수한 후 복직청원 선교사의 사정을 검토하는 동시에

지역선교부의 의견을 참고하여 이사회에 보고한다.

3) 복직은 이사회의 결의일로부터 효력을 발생한다.

4) 휴직기간은 근속연수에서 제외된다.

2. 사임 선교사의 재허입

1) 사임한 선교사가 재허입을 청원할 경우 필요한 서류를 구비하여 이사회의 인준을 받아야 한다.

재허입 선교사의 경력은 사임 전의 경력을 포함하여 계산한다.

2) 재허입 신청서류

(1) 신청서(양식)

(2) 재허입 사유서

(3) 선교사역 계획서

(4) 노회 또는 당회 추천서

(5) 건강진단서

3. 재 허입 금지

권고사임이나 해임된 선교사를 재 허입 할 수 없다.

제45조 은퇴

1. 선교사의 정년은 70세로 한다. 단 20년 이상 사역한 60세 이상인 자는 조기 은퇴가 가능하다.

2. 은퇴 선교사가 현지에서 계속 사역을 원할 경우 지역선교부의 동의와 이사회의 승인으로 지역선교부의 언권회원이 될 수 있다.

3. 부부가 함께 선교사로 사역할 경우 같이 은퇴한다.

4. 은퇴가 1년 남았을 경우에는 재정착을 원활하게 하기 위하여 일시이동 및 일시 귀국을 자유롭게 하도록 한다.

5. 은퇴하는 선교사의 후원계좌는 은퇴 당해 연도 12월 31일까지 닫도록 한다.

제10장 선교비와 관리

제46조 선교비

선교비라 함은 고신세계선교회의 선교목적을 위하여 교회나 단체 그리고 개인들의 헌금과 현지에서 발생한 수입과 지역선교부(선교사)에 지급되는 재정일체를 말한다.

1. 선교비 수입

1) 선교비는 교회와 단체 및 개인의 헌금과 현지에서 발생한 수입으로 한다.

2) 모든 선교비는 반드시 고신세계선교회 본부를 경유해야 한다.

2. 선교비 내용

선교비는 반드시 고신세계선교회의 관리하에서 모금되어야 하며, 선교비 후원을 약정한 교회와 단체 및 개인은 약정기간을 준수하여 성실하게 그 책임을 이행해야 한다.

1) 기본선교비

(1) 생활비(자녀는 미혼으로 만 26세까지 하고, 장애 자녀에 대한 경우는 예외로 한다.)

(2) 언어훈련비

(3) 주택비

(4) 자녀교육비(대학은 8학기 혹은 4년만, 휴학기간과 대학 이상은 불 지급)

(5) 활동비

(6) 근속수당

(7) 휴양비

(8) 사역비(지역선교부 운영비)

2) 파송비

(1) 이사비용

(2) 현지 정착비

(3) 항공료(출국공항에서 정착지까지)

3) 기타

(1) 행정비

(2) 비자경비

(3) 은퇴 적립금

(4) 비상금

(5) 경조비

3. 선교비 모금

1) 선교비는 선교사로 가 인준받은 후부터 모금해야 한다.

2) 모든 선교사는 고신세계선교회가 책정한 기본 선교비 모금에 적극 노력해야
   한다.

3) 고신세계선교회는 선교사의 모금활동을 지도하고 협력한다.

4) 선교사는 기본 선교비의 110%를 모금해야 한다.

4. 현지 수령 선교비

1) 선교사가 현지 한인교회나 기타 정기적인 수입이 발생할 경우, 제17조 1항에
   의하여 본부를 경유하여야 하나 편의상 현지에서 입금 처리하고 본부에는 보
   고한다.

2) 이 경우 고신세계선교회 본부는 차기 선교비 송금 시에 수령 금액만큼 공제
   후 지급한다.

5. 자비량선교사의 선교비

자비량선교사는 선교비를 모금할 수 없다.

제47조 개인 계정

개인계정이라 함은 각 선교사 명의로 입금되는 후원금(수입)과 각 선교사에게로
지급되는 선교비(지출)를 계산한 기록을 말한다.

1. 계정 관리

1) 선교사에게 입금된 선교비는 선교사 개인계정을 설정하여 관리하는 것을 원
   칙으로 한다.

2) 선교사의 계정은 본인 외에 열람할 수 없으며, 특별한 경우 본부장의 허락으로

열람할 수 있다.

3) 고신세계선교회는 정기적으로 해당 선교사에게 계정의 수입지출 및 잔고와 증감상황을 통보한다.

4) 특별한 선교목적 헌금은 계정을 별도로 하여 관리할 수 있다.

5) 흑자계정 선교사의 퇴임 시 남은 금액은 고신세계선교회로 귀속시킨다

2. 계정적자 관리

1) 선교사의 개인계정 상황은 원칙적으로 기본 선교비의 110% 선을 유지해야 한다.

2) 전체 선교사의 공동이익을 위해 선교사의 적자계정은 다음의 조치를 취한다.

(1) 적자계정 상황은 해당 선교사의 차기사역 평가에 적극적으로 반영한다.

(2) 선교사 계정의 적자는 선교사가 사임하거나 은퇴할 때 본인이 책임지는 것으로 한다.

(3) 본부는 기본 선교비의 110% 선을 유지하지 못하여 개인계정이 적자 상태에 있는 선교사에게는 단계적으로 아래와 같은 조치를 취하여야 한다.

적자가 1,000만 원까지의 선교사는 지도를, 2,000만 원까지는 경고를, 2000만 원 이상의 선교사는 귀국케 하여 선교후원을 보충하도록 한다. 재파송 심의 시에도 적자가 2,000만 원 이상인 자는 재파송을 보류하되, 차기 이사회 시까지 개인계정의 적자를 해소하지 못한 선교사는 본인의 동의를 얻어 배사례를 지급하지 않고 생활비를 70%만 지급하는 조건으로 재파송할 수 있다.

3) 적자계정의 선교사에게는 새로운 사역(프로젝트)의 확장을 허락하지 않는 것을 원칙으로 한다.

제48조 선교비 지급 기준과 방법

선교비 지급은 고신세계선교회가 제정한 기준에 의하여 집행한다. 단, 고신세계선교회가 제정한 기준에 따라 선교비 송금이 어렵거나 재정 통제가 어려운 상황이 발생할 때는 현행기준을 잠정적으로 중지하고 별도의 비상대책 지침을 제정하여 집행한다.

제11장 선교사의 본국사역

제49조 본국사역

선교사의 본국사역은 사역 기간 만료 후 규정에 따라 시행하며, 모든 선교사는 규정된 본국사역을 의무적으로 실시해야 한다.

1. 본국사역 기간

1) 선교사의 본국사역은 사역 기간이 만료된 날로부터 시작한다.

2) 선교사의 본국사역 기간은 최대 12개월로 한다.

3) 선교사의 본국사역 기간은 연장하지 않는 것을 원칙으로 한다.

4) 선교사의 본국사역 시작 시기는 선교지의 상황에 따라 조정할 수 있다.

5) 본국사역은 형편상 시작 시기를 연기하여 실시할지라도 다음 사역 기간에 그 연기 기간을 가산하지 않는다.

6) 본국사역 기간 총량제

(1) 제1기 사역에는 2년 언어훈련 기간 후 2개월의 휴식과 준비기간을 가지고, 이어서 3년 10개월 사역 후에 본국사역을 가진다.

(2) 제2기 사역부터는 사역 3년 후부터 2회 이내로 본국사역을 나누어 가질 수 있으며 전체 기간은 1년을 넘지 않는다.

2. 본국사역의 장소

(1) 본국사역은 가급적 국내에 실시한다.

(2) 선교사가 본국사역 기간 중 해외에 체류해야 할 경우에 라도 선교보고를 위해 최소 3개월은 국내에 체류하는 것을 원칙으로 한다.

3. 본국사역의 준비

선교사는 자신의 본국사역을 위하여 3개월 전에 계획서를 지역선교부 운영팀에 제출하여 승인을 받고 운영팀은 본부에 보고해야 한다.

4. 본국사역 기간의 활동

1) 정신과 육체의 휴식을 위하여 반드시 일정한 기간 휴식을 취하여야 한다.

2) 휴식을 취함과 동시에 귀국 후 2개월 이내에 지정 기관에서 신체적 건강검진과 심리검사를 하고, 필요시에는 치료를 최우선적으로 해야 한다.

3) 본부와 협의하여 디브리핑(debriefing)을 해야 한다.

4) 빠른 기간 안에 후원교회에 선교활동을 보고하고 교제하여야 한다.

5) 본부장이 필요하다고 판단하여 요청하는 사역을 협력해야 한다.

6) 차기사역을 위하여 아래와 같이 재충전을 권장한다.

(1) 현재 소지하고 있는 학위보다 상위학위를 취득한다.

(2) 차기사역을 위하여 필요한 전문적인 훈련을 받는다.

(3) 재충전은 가급적 국내에서 실시한다.

5. 본국사역 경비

1) 본국사역을 위한 항공료는 1회 왕복료에 한하여 개인계정에서 지출하되, 지역
   에 따라 전반기와 후반기로 나누어 지출할 수 있다.

2) 본국사역을 위한 귀국경비는 선교지에서 한국까지의 최저 경비로 한다.

3) 재충전을 위한 경비는 개인계정에서 지출하며 재충전을 위하여 선택한 기관
   의 공식적인 등록금에 한정한다.

4) 본국사역 기간에는 활동비를 별도로 지급하지 않는다.

5) 본국사역 기간 중이라도 필요시에는 사역비를 지출할 수 있다.

6. 본국사역 기간의 생활비

1) 생활비는 국내 평균 생활비를 참조하여 이사회에서 정한다.

2) 주택비는 규정에 따라 지원하고 국내 거주 시에는 선교관 이용을 권장한다.

제50조 본국사역 기간의 유학

선교사가 본국사역 기간에 학위취득, 전문과정 이수, 기술연수 등이 필요하여 해
외에 유학할 경우, 본국사역 6개월 전에 본부에 신청하고 이사회의 사전승인을
받아야 한다.

1. 조건

1) 선교지에서 1기 사역 이상을 마친 자

2) 지역선교부와 본부의 평가 자료에 의하여 다음 기의 사역에 결격 사유가 없는 자

3) 지역선교부장의 추천을 받은 자

4) 해당 기관의 입학허가서 혹은 등록증명서를 받은 자

5) 개인계정에 적자가 없는 자

2. 경비

1) 유학 경비지원은 제1항의 조건을 충족하고 이사회의 허락을 얻은 자에 한한다.

2) 유학경비는 유학기관의 등록금에 한하여 지원한다.

3) 개인 계정이나 후원교회로부터 후원받아 유학을 하여 학위나 자격증 등을 받은 경우, 석사학위나 자격증을 받은 자는 그 후 한 텀(TERM), 박사학위를 받은 자는 두 텀(TERM)을 의무적으로 선교사역을 해야 하며, 그렇지 못할 경우 유학경비 일체를 반환해야 한다.

제12장 선교회의와 대회

제51조 지역선교부장 회의

1. 목적

선교지 상황에 부합하는 고신세계선교회의 선교정책과 전략개발, 국내교회들의 선교와 선교사에 대한 환경변화 파악과 대처, 각 지역의 선교적 환경변화의 정보 집대성, 본부와 지역선교부 간의 원활한 행정적 소통 등을 목적으로 한다.

2. 주관: 고신세계선교회

3. 대상: 지역선교부장

4. 시기: 필요시

제52조 지역 선교대회

1. 목적

현지 선교사의 영성충족, 선교사간의 유대강화, 지역선교를 위한 창의적이고도 발전적인 선교전략 개발, 정보공유 및 고신세계선교회의 정신함양을 목적으로 한다.

2. 주관: 고신세계선교회와 지역선교부

3. 장소: 지역선교부의 편의를 고려하여 정한다.

4. 시기: 필요시

제53조 고신세계선교대회

1. 목적

현지 선교사의 영성충족, 선교사 간의 유대강화, 지역선교부와 선교사들의 사역
홍보, 최신 세계선교 정보공유, 교회와 선교사 간의 이해와 친밀감 증진, 총회교
회들이 선교를 종합적으로 이해할 수 있는 기회제공, 교인들의 선교정신 고양,
선교동원 및 후원증진을 목적으로 한다.

2. 주관: 고신세계선교회

3. 장소: 국내를 원칙으로 하되 상황에 따라 해외에서도 개최할 수 있다.

4. 시기: 5년 1차

제13장 복지 후생

제54조 정의

복지 후생이란 선교사의 의료에 관계되는 편의를 말한다.

제55조 적용 대상과 시기

1. 대상: 현직 선교사와 만 26세 이하의 미혼자녀

2. 시기: 고신세계선교회로부터 선교사 임명장을 받은 날로부터 적용한다.

제56조 의료혜택

현지 선교사의 의료혜택은 제도적으로 현지 의료보험 혜택을 받을 수 있도록 계
속 노력한다.

1. 혜택기준

1) 의사진단(진단서)에 의한 예기치 못한 질병

2) 파송 목적을 수행하는 중 안전사고로 인한 부상

3) 사역 중 비상사태로 인한 피해

2. 의료기관

1) 국내치료(검진) 기관은 고신대학교 복음병원을 원칙으로 한다.

2) 복음병원에서 치료(검진)를 받을 경우 업무절차 간소화 협약으로 복음병원에 직접 연락하여 예약한다. (부득이한 경우 본부에 청원하여 절차를 진행한다.)

3. 혜택범위

1) 치료비의 실비(증빙서)

2) 일반병실 (4, 5, 6인실) 사용

3) 일반병실 사용이 어렵거나 의사진단에 의하여 격리 혹은 안정이 필요한 중 환자일 경우나 일반병실이 없어서 부득이하게 상급병실을 사용한 경우에는 예외로 한다.

제57조 퇴직금

1. 정의

퇴직금은 선교사가 은퇴 정년이 이르기 전에 선교사의 직무를 계속 수행하기 어려운 사정이 발생하여 퇴직할 시에 지급하는 금액으로 총회은급재단에서 지불하는 금액을 말한다.

2. 지급

1) 본부에서 기준에 의하여 정기적으로 은퇴금이 적립된 자

2) 퇴직 시 본인 계정에 적자가 있을 경우에는 본부와 협의하여야 한다.

3) 퇴직금의 지급액수는 총회은급재단의 기준을 따르고 방법은 총회은급재단에서 본부로 송금하여 본부가 본인에게 지급한다.

제58조 은퇴금

1. 정의

은퇴금은 선교지에서 정년 은퇴한 선교사에게 지급되는 금액으로 총회은급재단에서 지불하는 금액을 말한다.

2. 지급

1) 정년 은퇴 선교사

2) 본부에서 기준에 의하여 정기적으로 은퇴금이 적립된 자

3) 은퇴 시 본인 계정에 적자가 있을 경우에는 본부와 협의하여야 한다.

4) 은퇴금의 지급 액수는 총회은급재단의 기준을 따르고 방법은 총회은급재단에서 본인에게 직접 지급한다.

제14장 비상대책

제59조 정의

비상대책이란 예기치 못한 선교사의 건강을 비롯하여 국내와 선교지의 정변, 천재지변, 경제위기, 전쟁, 각종 재해 등으로 인해 정상적 선교활동이 불가능한 상황에 대한 대처를 말한다.

제60조 비상대책

1. 비상정책

1) 선교사가 인질로 납치되었을 경우 어느 누구와도 보상금을 위한 협상을 하지 않는다.

2) 선교사는 파송 전 서약서를 통하여 서면으로 위의 1) 정책에 동의하고 이를 가족들에게 설명하여 이에 동의하는 서명을 받아야 출국할 수 있다.

2. 비상행동 요령

지역선교부(선교사)는 비상시기에 본부와 긴밀하게 협의를 하면서 다음 행동요령에 의하여 기민하게 대처한다.

1) 제1단계

천재지변, 전쟁, 정변 등으로 치안과 질서유지가 어려울 경우, 가능한 외부출입을 삼가고 비상사태의 추이를 파악하면서 다음 단계의 행동요령에 대비한다.

2) 제2단계

사태가 정상적 선교활동이 실제로 불가능할 정도라고 판단될 경우, 현지 활동을 전면 중지하고 현지의 한국 대사관 및 교민협회 등의 관계기관과 긴밀하게 연락

하면서 철수 준비를 한다.

3) 제3단계

비상사태가 더욱 악화되어 극한 상황이라 판단될 경우, 가능한 신속하게 가족과 함께 선교지에서 안전지대로 철수하며, 비상사태가 2개월 이상 장기화 되어 선교지로 복귀가 어렵다고 판단될 경우, 본부와 협의 후 한국 혹은 제3의 장소로 피신한다.

제15장 타 선교기관과 협력

제61조 협력체결

1. 세계선교의 효율성을 위하여 본 총회의 신학과 신앙고백에 모순되지 않는 선교기관과 협력이 필요할 경우에는 MOU 등을 거쳐 협력할 수 있다.

2. MOU 등의 협력체결이 필요할 경우에는 대상 선교기관의 총회적인 위치 및 법적 책임 등을 신중히 고려해야 한다.

제62조 선교협력

공식적인 협력체결이 없을지라도 지부/팀 또는 선교사가 사역상 필요할 때는 그 상황을 검토한 후 시행하되 지역선교부 운영팀의 사전 승인을 받아야 한다.

제16장 경조사

제63조 경조사

본부에 계정이 있는 선교사의 직계가족의 경조사에는 모든 계정이 있는 선교사들은 아래와 같이 참여한다.

1. 직계가족의 경조사에는 각 선교사의 계정에서 일정 금액으로 (가족 2만 원, 독신 1만 원) 지원한다.

2. 선교사 본인이 사망할 경우에는 각 선교사의 계정에서 일정금액을(10만 원) 지원한다.

3. 선교사는 직계가족의 경조사가 있을 경우 일시귀국을 요청할 수 있으며, 그 비

용은 본인이 부담한다.

제17장 부칙

제64조 수정 및 개정

본 시행세칙은 이사회에서 출석 과반수의 찬성으로 개정 혹은 수정할 수 있다.

제65조 효력

본 시행세칙은 이사회 승인일로부터 그 효력이 발효된다. 끝.

편찬위원회

위원장: 이상규
총무: 권효상
위원: 하민기, 조동제, 최우성, 김진엽

고신선교 70년史

초판 1쇄 인쇄 2025년 5월 18일
초판 1쇄 발행 2025년 6월 10일
편집 고신선교 70년史 편찬위원회
발행 고신총회세계선교회
발행처 총회출판국
등록번호 서울 제22-1443호(1998년 11월 3일)
주소 06593 서울시 서초구 고무래로 10-5(반포동)
전화 02-533-2182
팩스 02-533-2185
홈페이지 www.edpck.org
디자인 CROSS-765
ISBN 978-89-5903-381-2 (03230)